原文 註釋 國譯

漢 書(六)

後漢 班固 著

陳 起 煥 譯註

明文堂

漢 宣帝(선제)

霍光(곽광)

長信宮 燈(장신궁 등)

五銖錢(오수전)

漢 武帝 시대, 중국과 중앙 아시아

〖明文 中國正史 大系〗

原文 註釋 國譯

漢書(六)

後漢 班固 著
陳 起 煥 譯註

明文堂

차례

원문 주석 국역
한서(六)

68 霍光金日磾傳

〔곽광, 김일제전〕

68-1. 霍光

原文

　霍光字子孟, 票騎將軍去病弟也. 父中孺, 河東平陽人也, 以縣吏給事平陽侯家, 與侍者衛少兒私通而生去病. 中孺吏畢歸家, 娶婦生光, 因絶不相聞. 久之, 少兒女弟子夫得幸於武帝, 立爲皇后, 去病以皇后姊子貴幸. 旣壯大, 乃自知父爲霍中孺, 未及求問. 會爲票騎將軍擊匈奴, 道出河東, 河東太守郊迎, 負弩矢先驅, 至平陽傳舍, 遣吏迎霍中孺. 中孺趨入拜謁, 將軍迎拜, 因跪曰, "去病不早自知爲大人遺體也." 中孺扶服叩頭, 曰, "老臣得托命將軍, 此天力也."

去病大爲中孺買田宅, 奴婢而去. 還, 復過焉, 乃將光西至長安, 時年十餘歲, 任光爲郎, 稍遷諸曹, 侍中. 去病死後, 光爲奉車都尉, 光祿大夫, 出則奉車, 入侍左右, 出入禁闥二十餘年, 小心謹愼, 未嘗有過, 甚見親信.

| 註釋 | ○霍光(곽광, ? - 前 68) - 麒麟閣(기린각) 11功臣 중 첫째. 名將 霍去病의 異母弟. 昭帝 上官皇后의 外祖父. 宣帝 霍皇后의 친부. 大司馬, 大將軍 역임. 封 博陸侯. 諡號 宣成. 武帝, 昭帝, 宣帝를 섬김. 사후에 아들(霍禹)의 모반에 의해 멸족. 霍 빠를 곽. ○票騎將軍 - 驃騎將軍. 霍去病(前 140 - 117) - 55권, 〈衛靑霍去病傳〉에 立傳. ○河東 - 郡名. 治所는 安邑縣(今 山西省 運城市 夏縣 서북). 平陽은 縣名. 今 山西省 臨汾市 서남. ○給事平陽侯家 - 給事는 근무하다. ○子夫(衛子夫, ? - 前 91) - 衛少兒의 친정 동생. 景帝 平陽公主의 歌奴. 무제의 총애를 받아 입궁하여 生男(戾太子, 劉據)하고 夫人이 되었다가 황후에 책립. 武帝의 2번째 皇后로 승격. 장군 衛靑의 異父 누나. 霍去病(곽거병)의 이모. 宣帝의 曾祖母. '무고의 화' 때 자살. ○傳舍 - 驛舍. ○大人 - 어르신네. 부친. ○扶服叩頭(부복고두) - 땅에 바짝 엎드려 고개를 땅에 대다. 扶服은 匍匐(포복). ○任光爲郎 - 곽광을 保證 薦擧하여 낭관이 되다. 음서에 의한 채용. ○諸曹, 侍中 - 諸曹와 侍中. 모두 加官의 명칭. ○奉車都尉 - 황제의 거마 관리. 황제의 측근으로 자문 응대. 秩 比二千石. ○光祿大夫(中大夫의 개명) - 光祿勳(郎中令을 개명)의 속관, 秩 比二千石. 황제의 고급 참모. 광록대부는 여러 대부 중 가장 존귀한 자리. 給事中, 侍中의 가관을 받아 영향력 극대. 後漢에서는 점차 閑散職化. ○禁闥(금달) - 궁문. 闥 문 달.

霍光의 字는 子孟으로 票騎將軍 霍去病의 異母弟이다. 부친 霍中孺(곽중유)는 河東郡 平陽縣 사람인데 縣吏로 平陽侯의 저택에 근무하다가 侍者인 衛少兒(위소아)와 사통하여 去病을 낳았다. 곽중유는 임무를 마치고 귀가하여 아내를 얻어 霍光(곽광)을 낳았기에 위소아와는 단절하고 관계가 없었다. 얼마 뒤 위소아의 여동생 衛子夫는 무제의 총애를 받고 황후가 되었으며 곽거병은 황후 언니의 아들로 벼슬에 오르고 신임을 얻었다. 곽거병은 성인이 되어서야 부친이 곽중유인 것을 알았지만 찾지 않았다. 마침 곽거병이 票騎將軍으로 匈奴를 원정할 때 河東郡을 지나가자 河東太守가 교외에서 영접하며 활을 메고 앞길을 안내하여 平陽縣의 傳舍에 도착했는데 곽거병은 관리를 보내 곽중유를 데려오게 하였다. 곽중유가 빠른 걸음으로 들어와 배알하자 將軍도 맞절을 하고 무릎을 꿇고 말했다. "저는 그동안 어르신네께서 저를 낳게 하신 줄을 몰랐습니다." 곽중유는 바짝 엎드려 머리를 땅에 대고 말했다. "老臣이 將軍을 낳게 된 것은 하늘의 힘입니다." 곽거병은 곽중유를 위하여 田宅과 노비를 많이 사주고 떠났다. 돌아오면서 다시 들려 바로 곽광을 데리고 서쪽으로 장안에 왔는데 그때 곽광의 나이 10여 세였고 곽광을 보증 천거하여 낭관이 되게 하였으며 이후 곽광은 점차 승진하여 諸曹와 侍中이 되었다. 곽거병 사후에 곽광은 奉車都尉와 光祿大夫를 역임하면서 밖에서는 어가를 호위하고 좌우에서 입시하였는데 궁궐을 출입하기 20여 년에 조심하고 근신하여 과오가 없었기에 매우 두터운 신임을 받았다.

征和二年, 衛太子爲江充所敗, 而燕王旦,廣陵王胥皆多
過失. 是時, 上年老, 寵姬鉤弋趙婕仔有男, 上心欲以爲嗣,
命大臣輔之. 察群臣唯光任大重, 可屬社稷. 上乃使黃門畫
者畫周公負成王朝諸侯以賜光. 後元二年春, 上游五柞宮,
病篤, 光涕泣問曰, "如有不諱, 誰當嗣者?" 上曰, "君未諭
前畫意邪? 立少子, 君行周公之事." 光頓首讓曰, "臣不如
金日磾." 日磾亦曰, "臣外國人, 不如光." 上以光爲大司馬
大將軍, 日磾爲車騎將軍, 及太僕上官桀爲左將軍, 搜粟都
尉桑弘羊爲御史大夫, 皆拜臥內床下, 受遺詔輔少主. 明日,
武帝崩, 太子襲尊號, 是爲孝昭皇帝. 帝年八歲, 政事壹決
於光.

| 註釋 | ○征和二年 – 前 91년. 征和는 延和(연화)의 誤記라는 주장이 있
다. ○衛太子 – 衛子夫 소생의 태자. 劉據. 63권, 〈武五子傳〉에 입전. ○江
充 – 위태자 및 위황후와 不和하여 태자가 즉위하면 위해를 당한다고 생각
하여 巫蠱(무고)의 禍를 날조. ○燕王旦, 廣陵王胥 – 무제의 3子, 4子. 63권,
〈武五子傳〉에 입전. ○鉤弋趙婕仔 – 鉤弋(구익)은 궁궐 이름. 조첩여. 昭帝
의 생모. 婕仔는 여관 직위. 列侯에 해당. ○後元二年 – 前 87년. 무제 붕어.
○如有不諱 – 황제의 죽음에 대한 완곡한 표현. 不諱는 '피할 수 없다'의
미. ○未諭 – 未知. 이해 못하다. 諭는 曉也. ○金日磾(김일제) – 투항한 흉
노 休屠王(휴저왕)의 태자. 귀항한 이후 무제의 신임이 두터웠다. ○大司馬
大將軍 – 大司馬는 加官. 太尉를 폐하고 大司馬란 加官을 설치. 大將軍과 連
稱. 軍政大權을 장악한 최고 실권자. 승상보다 상위. ○左將軍 – 승상보다

하급 직위, 征伐을 주관. ○搜粟都尉 - 군량 공급 담당. ○孝昭皇帝 - 재위 前 87 - 74년.

征和 2년, 衛太子는 江充 때문에 이미 죽었고, 燕王 劉旦(유단), 廣陵王 劉胥(유서)는 모두 잘못이 많았다. 이때 무제는 연로했고 寵姬 鉤弋夫人(구익부인) 趙婕仔(조첩여)가 낳은 아들을 마음속으로 후사로 생각하여 대신들에게 명하여 보필토록 하였다. 여러 신하를 살펴보아도 오직 곽광만이 중임을 지고 사직을 부탁할 수 있었다. 무제는 이에 궁중 화가에게 周公이 成王을 업고 제후의 조회를 받는 그림을 그리게 하여 곽광에게 보냈다. 後元 2년 봄, 무제가 五柞宮(오작궁)에 행차했으나 위독하자 곽광이 눈물을 흘리며 물었다.

"피할 수 없는 일이 생기면 누가 계승자가 되어야 합니까?"

그러자 무제가 말했다.

"전에 준 그림의 뜻을 아직 모르는가? 막내를 세우고 君이 周公의 일을 하시오." 곽광이 머리를 조아리며 말했다. "臣은 金日磾(김일제)만 못합니다." 김일제도 말했다. "臣은 외국인이고 곽광만 못합니다." 무제는 곽광을 大司馬大將軍에, 김일제를 車騎將軍에, 그리고 太僕인 上官桀을 左將軍에, 搜粟都尉인 桑弘羊을 御史大夫로 정하고 內厥의 침실에서 제수하고 어린 주군을 보필하라는 유조를 받게 하였다.

다음 날 무제는 붕어했고 태자가 제위를 이으니 이가 孝昭皇帝이다. 소제는 나이가 8세라서 모든 정사를 곽광이 처리하였다.

先是, 後元元年, 侍中僕射莽何羅與弟重合侯通謀爲逆,
時, 光與金日磾,上官桀等共誅之, 功未錄. 武帝病, 封璽書
曰, "帝崩發書以從事." 遺詔封金日磾爲秺侯, 上官桀爲安
陽侯, 光爲博陸侯, 皆以前捕反者功封. 時, 衛尉王莽子男
忽侍中, 揚語曰, "帝崩, 忽常在左右, 安得遺詔封三子事!
群兒自相貴耳." 光聞之, 切讓王莽, 莽鴆殺忽.

| 註釋 | ○後元元年 − 무제의 마지막 연호. 前 88년. ○侍中僕射(시중복
야) − 侍中은 加官 명칭. 시중은 궁중에 출입할 수 있고 황제의 측근으로 정
사에 관여할 수 있었다. 위엄 있는 복장을 했으며 여러 시중 중 僕射 1인이
대표 역할을 했다. 射 벼슬 이름 야. ○莽何羅 − 人名. 馬何羅. ○重合侯通
− 重合은 縣名. 今 山東省 德州市 관할의 樂陵市 서남. 莽通은 인명. ○功未
錄 − 논공행상이 끝나지 않았다. ○博陸侯 − 封號. 博은 大, 陸은 平의 뜻으
로 좋은 의미의 봉호이다. 곽광의 식읍은 北海郡, 何間郡, 東郡 등에 분산되
었다. ○王莽(왕망) − 인명. 西漢을 찬탈한 王莽이 아님. ○子男 − 아들. ○鴆
殺(짐살) − 짐새의 독을 먹여 죽이다.

〖 國譯 〗

이에 앞서, 後元 원년(前 88)에 侍中僕射(복야)인 莽何羅(망하라)와
동생인 重合侯 莽通(망통)이 역모를 꾀했는데 그때 곽광과 김일제와
상관걸 등이 함께 그들을 토벌하였으나 그 논공행상도 끝나지 않았
었다. 武帝는 병이 나자 밀봉한 璽書(새서, 國書)를 내리며 말했다.
"황제가 붕어하면 이 국서를 개봉하여 그대로 처리하라."

遺詔에는 김일제를 秺侯(투후)로, 上官桀을 安陽侯에, 霍光을 博陸侯(박륙후)에 봉하는데 이는 앞서 반역자를 토벌한 공적에 대한 책봉이라 하였다. 그때 衛尉인 王莽(왕망)의 아들인 시중 王忽(왕홀)은 "황제가 붕어하기 전 나는 늘 그 좌우에 있었는데 언제 3인을 책봉하는 일로 유조를 남겼겠는가! 여러 사람들이 서로 높여주었을 것이다."라고 떠들었다. 곽광이 이를 알고 왕망을 심하게 문책하자 왕망은 아들을 독살하였다.

原文

光爲人沉靜詳審, 長財七尺三寸, 白晳, 疏眉目, 美鬚髥. 每出入下殿門, 止進有常處, 郎僕射竊識視之, 不失尺寸, 其資性端正如此. 初輔幼主, 政自己出, 天下想聞其風采. 殿中嘗有怪, 一夜群臣相驚, 光召尙符璽郎, 郎不肯授光. 光欲奪之, 郎按劍曰, "臣頭可得, 璽不可得也!"光甚誼之.

明日, 詔增此郎秩二等. 衆庶莫不多光.

| 註釋 | ○長財 ─ 長은 신장. 財는 纔(才). 副詞로 겨우, 쯤. ○白晳(백석) ─ 晳 살결 흴 석. ○郎僕射 ─ 낭관의 우두머리. ○尙符璽郎(상부새랑) ─ 옥새를 관리하는 낭관. 符節令의 속관. ○不多 ─ 多는 칭찬하다. 重也.

〖國譯〗

곽광은 사람됨이 침착하고 신중하였으며, 신장은 7자 3치(170cm 정도)정도이고 피부가 희고 눈썹과 눈 사이가 멀고 멋진 수염이 있었다. 매번 출입하면서 궁전 문에 내려서고 들어가는 곳이 일정했는데 郎僕射가 몰래 살펴보니 한 자의 차이도 없었으니 그 천성의 단정함이 이와 같았다. 어린 황제를 보필하면서 모든 政令이 그에게서 나왔기에 천하 사람들은 그 풍채를 알고 싶어 했다.

어느 날 궁전 안에서 괴이한 일이 있어 밤중에 여러 신하들이 허둥댈 때 곽광이 옥새를 담당하는 낭관을 부르자 낭관은 옥새를 곽광에게 넘기려 하지 않았다. 곽광이 빼앗으려 하자 낭관이 칼을 빼들고 말했다. "내 목을 자를 수 있겠지만 옥새는 뺏을 수 없을 것이요!" 곽광은 그를 매우 옳다고 생각하였다.

다음 날 조서로 그 낭관의 녹봉을 2등급 올려주었다. 많은 사람들이 곽광을 칭찬 않는 사람이 없었다.

原文

光與左將軍桀結婚相親, 光長女爲桀子安妻. 有女年與帝相配, 桀因帝姊鄂邑蓋主內安女後宮爲婕妤, 數月立爲皇后. 父安爲票騎將軍, 封桑樂侯. 光時休沐出, 桀輒入代光決事. 桀父子旣尊盛, 而德長公主. 公主內行不修, 近幸河間丁外人. 桀,安欲爲外人求封, 幸依國家故事以列侯尙公主者, 光不許. 又爲外人求光祿大夫, 欲令得召見, 又不許. 長主大以是怨光. 而桀,安數爲外人求官爵弗能得, 亦慚. 自先帝時, 桀已爲九卿, 位在光右. 及父子並爲將軍, 有椒房中宮之重, 皇后親安女, 光乃其外祖, 而顧專制朝事, 繇是與光爭權.

│ 註釋 │ ○鄂邑蓋主(악읍개주, ? - 前 80) - 무제의 長公主. 蓋候에게 출가했기에 蓋長公主로도 호칭. 鄂邑(악읍, 今 湖北省 長江 남안 鄂州市에 해당)은 公主의 식읍. 燕王 旦과 연계하여 곽광을 제거하려던 음모가 실패하자 자살했다. ○而德長公主 - 長公主(악읍개주)에게 은혜를 갚다. 德은 감격하다. ○內行不修 - 사생활이 문란하다. ○丁外人 - 外人은 關外之人의 뜻. 당시에는 상당히 흔한 이름이었다. 河間은 郡國名. 今 河北省 滄州市 獻縣 동남. ○椒房中宮 - 황후의 거처. 椒房(초방)은 산초나무 열매 가루를 흙과 함께 바른 방. 온기가 있고 향기가 있다. 中宮은 황후의 거처. 重은 倚重. 믿고 신뢰하다.

〚 國譯 〛

　곽광과 左將軍 상관걸은 결혼으로 서로 가까웠으니 곽광의 장녀가 상관걸 아들 上官安(상관안)의 妻였다. 거기서 난 딸이 소제와 나이가 비슷하였기에 상관걸은 소제의 누나인 鄂邑蓋主(악읍개주)를 통하여 상관안의 딸을 후궁으로 넣어 婕妤(첩여)로 삼았다가 몇 달 뒤 황후가 되게 하였다. 이로써 황후의 부친 상관안은 票騎將軍이 되어 桑樂候에 봉해졌다. 곽광이 가끔 休沐日(휴목일)로 나가면 상관걸이 입궁하여 곽광을 대신하여 결재하였다. 상관걸 부자가 이렇고 높이 융성해지면서 장공주에게 보답하였다. 長公主(악읍개주)는 행실을 바로 하지 않고 하간군의 丁外人을 가까이 두고 총애하였다. 상관 부자는 정외인이 나라의 옛 전통에 따라 공주와 결혼한 사람이라 하여 제후로 책봉케 하려 했으나 곽광은 불허하였다. 또 정외인에게 光祿大夫의 관직을 주려고 불러 알현하려고 했으나 곽광이 또

불허하였다. 이 때문에 장공주는 곽광을 크게 원망하였다. 상관걸 부자는 정외인을 위하여 여러 번 관직을 주려 노력했으나 얻지 못하자 한편으로는 부끄러웠다. 전에 무제 재위 중, 상관걸이 九卿의 반열에 올랐을 때 지위는 곽광보다 높았었다. 이제 父子가 나란히 장군이 되었고 中宮 황후의 신임에 있어서도 황후는 상관안의 딸이지만 곽광은 황후의 외조부인데 곽광이 조정의 일을 혼자 전제하기에 이로부터 상관걸은 곽광과 권력을 다투게 되었다.

原文

燕王旦自以昭帝兄, 常懷怨望. 及御史大夫桑弘羊建造酒榷, 鹽鐵, 爲國興利, 伐其功, 欲爲子弟得官, 亦怨恨光. 於是蓋主, 上官桀, 安及弘羊皆與燕王旦通謀, 詐令人爲燕王上書, 言, "光出都肄郎羽林, 道上稱蹕, 太官先置." 又引, "蘇武前使匈奴, 拘留二十年不降, 還乃爲典屬國, 而大將軍長史敞亡功爲搜粟都尉, 又擅調益莫府校尉. 光專權自恣, 疑有非常. 臣旦願歸符璽, 入宿衛, 察奸臣變."

候司光出沐日奏之. 桀欲從中下其事, 桑弘羊當與諸大臣共執退光. 書奏, 帝不肯下.

| 註釋 | ○燕王旦(前 117 - 80년 在任) - 무제와 李夫人 소생, 昭帝의 異腹兄. ○酒榷(주각) - 술을 도거리(전매)하다. ○都肄郎 - 낭관의 업무를 검열하다. 都肄(도이)는 검열하다. 肄 익힐 이. 살펴보다. ○羽林 - 금위군의

명칭. ○稱蹕(칭필) – 도로의 통행을 금지시키다. 蹕 길 치울 필. ○太官先
置 – 태관을 미리 보내 음식을 준비하다. 太官은 少府의 속관. 황제의 식사
를 전담. 秩 一千石. 先置는 미리 음식을 준비하다. 길을 치우게 하는 것과
太官 동원은 人臣으로 할 수 없는 일이다. ○蘇武(소무, ? – 前 60) – 中郞將
으로 흉노에 사신으로 갔다가 억류(前 100년). 昭帝 始元 6년(前 81) 봄에야
장안에 돌아왔다. 54권, 〈李廣蘇建傳〉에 입전. ○典屬國 – 漢 영역 내 거주
하는 소수 민족에 관한 업무를 담당하는 부서. ○楊敞(양창) – 66권, 〈公孫
劉田王楊蔡陳鄭傳〉에 입전. ○調益莫府校尉 – 調益은 관리를 뽑아 인원을
늘리다. 莫府는 幕府. 대장군 집무처. 校尉는 장군 아래 직위, 단위부대의 지
휘관. ○疑有非常 – 비상은 不軌之事. 逆謀. ○宿衛 – 궁에서 숙직하며 지
키다.

〔 國譯 〕

　　燕王 劉旦은 자신이 소제의 형이었지만 늘 불만을 품고 있었다.
그리고 어사대부 桑弘羊(상홍양)은 술과 염철의 전매로 나라를 이롭
게 한 공적을 자랑하며 아들의 관직을 얻으려 하면서 늘 곽광을 원
망하였다. 이에 개주와 상관걸과 상관안 및 상홍양 등이 모두 연왕
劉旦과 모의하여 거짓으로 연왕이 上書하는 것처럼 말했다.

　　"곽광은 외출하며 낭관의 업무와 우림군을 검열한다면서 길을 치
우게 했고 太官에게 음식을 준비케 하였습니다." 또 "蘇武는 전에
흉노에 사신으로 나가서 20년이나 억류되었다가 돌아와 典屬國이
되었습니다만 대장군의 長史인 楊敞(양창)은 아무 공적도 없이 搜粟
都尉(수속도위)가 되었고 마음대로 幕府의 교위를 늘렸습니다. 곽광
이 멋대로 권력을 오로지 하면서 혹 불충한 일을 꾸밀 지도 모릅니
다. 臣 劉旦은 장안으로 돌아가 璽書를 받아 숙위하면서 간신의 변

고를 감시하고자 합니다."

이를 곽광이 휴목일로 출근하지 않는 날을 골라 상주하였다. 상관걸은 궁중으로부터 조사하라고 하면 어사대부인 상홍양이 담당케 하면서 여러 대신과 함께 곽광을 퇴직시키려 했다. 글이 상주되었지만 昭帝는 수락하지 않았다.

原文

明旦, 光聞之, 止畫室中不入. 上問, "大將軍安在?" 左將軍桀時曰, "以燕王告其罪, 故不敢入." 有詔召大將軍. 光入, 免冠頓首謝, 上曰, "將軍冠. 朕知是書詐也, 將軍亡罪." 光曰, "陛下何以知之?" 上曰, "將軍之廣明都郞, 屬耳, 調校尉以來未能十日, 燕王何以得知之? 且將軍爲非, 不須校尉." 是時, 帝年十四, 尙書左右皆驚. 而上書者果亡, 捕之甚急, 桀等懼, 白上小事不足遂, 上不聽.

| 註釋 | ○畫室 – 궁궐 西閣에 고대 제왕의 畫像이 있는 방. ○廣明 – 장안성 동문 밖에 있던 驛亭. ○屬耳 – 가까운 때이다. 屬은 가까울 촉. 시기적으로 가깝다. 耳는 ~일 뿐이다. 而已의 合音. ○尙書 – 少府의 속관. 文書 상주하는 일을 담당. 尙은 주관하다. 中書라고도 함. 환관이 담당. ○不足遂 – 끝까지 밝힐 것은 아니다. 遂는 철저히 규명하다.

〖 國譯 〗

다음 날 아침, 곽광은 이 사실을 알고 畫室에 머물며 들어가지 않왔다. 昭帝가 물었다. "대장군은 어디에 있는가?" 좌장군 상관걸이 때맞춰 대답했다. "燕王이 그의 죄를 고발했기에 감히 들어오지 못합니다." 그러자 대장군을 불러오라고 분부했다.

곽광이 들어와 관을 벗고 머리를 숙이며 사과하자 소제가 말했다. "將軍은 관을 쓰시오. 朕은 이 글이 거짓이며 장군의 무죄를 알고 있소." 이에 곽광이 물었다. "폐하께서는 어찌 아셨습니까?"

"將軍이 廣明驛에 나가 검열한 일은 며칠 전의 일이며 校尉를 선임한 것은 열흘도 되지 않았는데 이를 燕王이 어떻게 알 수 있겠는가? 그리고 장군이 반역을 하겠다 하여 校尉가 더 필요하지도 않소."

이때 소제는 14세였는데 尚書와 측근들이 모두 놀랐다. 그리고 上書한 자는 이미 도망쳤지만 서둘러 체포케 하였는데 상관걸 등은 두려워하면서 소제에게 이런 사소한 일은 끝까지 밝히지 않아도 된다고 말했으나 소제는 따르지 않았다.

原文

後桀黨與有譖光者, 上輒怒曰, "大將軍忠臣, 先帝所屬以輔朕身, 敢有毁者坐之." 自是桀等不敢復言. 乃謀令長公主置酒請光, 伏兵格殺之, 因廢帝, 迎立燕王爲天子. 事發覺, 光盡誅桀,安,弘羊,外人宗族. 燕王,蓋主皆自殺. 光威震海內. 昭帝旣冠, 遂委任光, 訖十三年, 百姓充實, 四夷賓服.

| 註釋 | ○黨與 – 黨人. ○屬 – 맡길 촉. 囑(부탁할 촉)과 동. ○訖十三年
– 재위 13년. 訖 마칠 흘. ○賓服 – 入貢하며 복종하다.

〖 國譯 〗

　이후로 상관걸의 당인으로 곽광을 참소하는 자가 있으면 소제는
그때마다 화를 내며 말했다. "대장군은 충신이라서 先帝께서 짐을
보필하라고 유촉하셨는데 감히 헐뜯는 자 있으면 법으로 다스리겠
다." 이후로 상관걸 등은 다시 참언할 수 없었다. 그리고 長公主가
술자리에 곽광을 초청하여 복병을 시켜 죽이고 아울러 廢帝하고 燕
王을 천자로 영입하려는 모의를 하였다. 그러나 일이 발각되자, 곽
광은 상관걸, 상관안, 상홍양, 정외인 등의 宗族을 죽였다. 연왕과 개
장공주는 자살하였다. 이에 곽광의 위세는 海內를 진동케 했다. 昭
帝는 성인이 되었어도 모든 정사를 곽광에게 일임했는데 재위 13년
동안 백성의 살림은 충실해졌고 四夷들은 조공을 바치며 복종했다.

原文

　元平元年, 昭帝崩, 亡嗣. 武帝六男獨有廣陵王胥在, 群
臣議所立, 咸持廣陵王. 王本以行失道, 先帝所不用. 光內
不自安. 郎有上書言, "周太王廢太伯立王季, 文王舍伯邑考
立武王, 唯在所宜, 雖廢長立少可也. 廣陵王不可以承宗
廟." 言合光意. 光以其書視丞相敞等, 擢郎爲九江太守, 卽
日承皇太后詔, 遣行大鴻臚事少府樂成, 宗正德, 光祿大夫

吉,中郎將利漢迎昌邑王賀.

| 註釋 |　○元平元年－前 74년.　○廣陵王胥－廣陵王 劉胥(유서, ?－前 54)－武帝의 六男, 元狩 6년(前 117)에 책봉. 廣陵은 今 江蘇省 揚州市 일대. 63권, 〈武五子傳〉에 입전.　○太伯－古公亶父(고공단보. 周 太王)의 長子. 太王 3남인 季歷(계력)의 아들 昌(문왕)이 훌륭하기에 태왕은 季歷의 계승을 바라고 있었는데 이런 뜻을 알고 장남 太伯(泰伯)과 차남 仲雍(중옹)은 야만인의 땅인 江南으로 이주하였다.　○伯邑考－周 文王의 장남.　○楊敞(양창, ?－前 74)－司馬遷의 사위. 華陰人, 66권, 〈公孫劉田王楊蔡陳鄭傳〉에 입전.　○承皇太后詔－昭帝의 上官皇后.　○行大鴻臚事－大鴻臚의 업무를 겸하다. 行은 代理. 大鴻臚(原名 典客), 九卿之一. 제후, 지방관원, 이민족의 사신 접대와 조회 등 의례를 주관. 秩 中二千石.　○樂成－人名. 史樂成.　○宗正德－劉德은 劉向의 父.　○光祿大夫吉－光祿大夫 丙吉, 74권, 〈魏相丙吉傳〉에 입전.　○利漢－人名. 姓은 不明.　○昌邑王 賀－昌邑國은 山陽郡을 개명한 것임. 치소는 창읍현(今 山東省 菏澤市 관할의 鉅野縣). 劉賀(유하, 前 92－59)는 5살에 창읍왕이 되었고, 19세인 前 74년에 황제에 옹립되어 27일간 재위. 곽광 등에 의거 축출. 前 63년 宣帝에 의해 海昏侯에 피봉. 63권, 〈武五子傳〉에 입전.

〖 國譯 〗

　元平 원년에 昭帝가 죽었는데 후사가 없었다. 오직 武帝의 六男인 廣陵王 劉胥(유서)가 살아 있었는데 후사를 세울 논의에서 여러 신하는 모두가 廣陵王을 세워야 한다고 주장했다. 광릉왕은 본래 행실이 안 좋아 先帝(武帝)가 후사로 삼지 않았었다. 곽광은 마음속으로 걱정하였다. 어떤 낭관이 글을 올려 말했다.

"周의 太王이 장자 太伯을 폐하고 季歷을 왕으로 삼았고, 文王이 장자 伯邑考를 제치고 막내 武王을 세운 것은 나라에 도움이 되고자 한 것이니 비록 장자를 폐하고 막내를 옹립하는 것도 가능한 일입니다. 廣陵王은 종묘사직을 계승하기가 불가합니다."

이는 곽광의 뜻에 맞았다. 곽광은 그 글을 승상 楊敞(양창) 등에게 보여 주었고 그 낭관을 발탁하여 九江太守에 임명하였으며 그날로 황태후의 조서를 받아 大鴻臚(대홍려) 업무를 대행하는 少府인 史樂成과 宗正인 劉德, 光祿大夫인 丙吉, 中郎將인 利漢을 보내 昌邑王 劉賀를 영입케 하였다.

原文

賀者, 武帝孫, 昌邑哀王子也. 旣至, 卽位, 行淫亂. 光憂懣, 獨以問所親故吏大司農田延年. 延年曰, "將軍爲國柱石, 審此人不可, 何不建白太后, 更選賢而立之?" 光曰, "今欲如是, 於古嘗有此不?" 延年曰, "伊尹相殷, 廢太甲以安宗廟, 後世稱其忠. 將軍若能行此, 亦漢之伊尹也." 光乃引延年給事中, 陰與車騎將軍張安世圖計, 遂召丞相,御史,將軍,列侯,中二千石,大夫,博士會議未央宮. 光曰, "昌邑王行昏亂, 恐危社稷, 如何?" 群臣皆驚鄂失色, 莫敢發言, 但唯唯而已. 田延年前, 離席按劍, 曰, "先帝屬將軍以幼孤, 寄將軍以天下, 以將軍忠賢能安劉氏也. 今群下鼎沸, 社稷將傾, 且漢之傳諡常爲孝者, 以長有天下, 令宗廟血食也. 如令漢家絶祀, 將軍雖死, 何面目見先帝於地下乎? 今日之議, 不得旋踵. 群臣後應者, 臣請劍斬之." 光謝曰, "九卿責光是也. 天下匈匈不安, 光當受難."

於是議者皆叩頭, 曰, "萬姓之命在於將軍, 唯大將軍令."

〖 國譯 〗

劉賀는 무제의 손자로 昌邑 哀王의 아들이다. 장안에 와서 즉위하였으나 음란하였다. 곽광은 근심하고 번민하며 옛 부하였던 大司農 田延年에게 물었다. 이에 전연년이 말했다. "장군은 나라의 기둥이시니 이 사람은 안 되겠다고 생각하셨으면 왜 태후에게 건의하여 다른 현명한 사람을 골라 옹립하지 않으십니까?" 이에 곽광이 말했다. "지금 그렇게 하고 싶은데 옛날에도 이런 일이 있었는가?" 이에 전연년이 대답했다.

"伊尹(이윤)이 殷의 재상일 때 太甲을 폐하여 종묘를 안정시켰었는데 후세에도 그 충성을 칭송하였습니다. 장군께서 그렇게 해 준다면 바로 漢의 伊尹이라 할 수 있습니다."

곽광은 전연년을 천거하여 給事中에 加官하고 은밀히 車騎將軍 張安世와 함께 계획을 세운 뒤, 드디어 丞相, 御史, 將軍, 列侯, 中二千石, 大夫, 博士들을 소집하여 未央宮에서 회의를 열었다. 곽광은 "昌邑王의 행실이 우매하고 난잡하여 사직이 위태로운데 어찌하면 좋은가?"라고 말했다. 여러 신하들은 모두 놀라 얼굴이 하얗게 질려 말을 꺼내는 사람이 없이 그저 예 예! 할 뿐이었다. 전연년이 앞에서 일어나 칼을 잡고 말했다.

"先帝께서 장군에게 어린 황제를 부탁하신 것은 천하를 장군에게 맡긴 것으로 장군의 충성심과 지혜로 능히 유씨를 안정시킬 수 있다 생각하신 것입니다. 지금 천하는 솥의 물이 끓는 듯하고 사직이 곧 기울듯 합니다. 그리고 漢의 諡法(시법)에 모두 孝가 들어가는 것은 오래도록 천하를 다스리어 종묘 제사를 받게 하려는 것입니다. 만일 漢의 제사가 끊어진다면 장군은 죽더라도 무슨 면목으로 지하에서 先帝를 뵙겠습니까? 오늘의 이 의논은 빨리 결정해야 합니다. 군신 중 나중에야 호응하겠다는 자는 제가 칼로 베고자 합니다."

이에 곽광도 사과하며 말했다.

"九卿들이 나를 책망하는 것이 맞습니다. 천하가 흉흉하고 不安한 것은 이 곽광에게 책임이 있습니다."

이에 의논하던 사람들이 모두 머리를 조아리며 말했다.

"온 나라 백성들의 생명이 장군께 달렸으니 오직 대장군의 영을
따르겠습니다."

原文

　光卽與群臣俱見白太后, 具陳昌邑王不可以承宗廟狀. 皇
太后乃車駕幸未央承明殿, 詔諸禁門毋內昌邑群臣. 王入朝
太后還, 乘輦欲歸溫室, 中黃門宦者各持門扇, 王入, 門閉,
昌邑群臣不得入. 王曰, "何爲?" 大將軍跪曰, "有皇太后詔,
毋內昌邑群臣." 王曰, "徐之, 何乃驚人如是!" 光使盡驅出
昌邑群臣, 置金馬門外. 車騎將軍安世將羽林騎收縛二百餘
人, 皆送廷尉詔獄. 令故昭帝侍中中臣侍守王. 光敕左右,
"謹宿衛, 卒有物故自裁, 令我負天下, 有殺主名." 王尙未自
知當廢, 謂左右, "我故群臣從官安得罪, 而大將軍盡繫之
乎?" 頃之, 有太后詔召王, 王聞召, 意恐, 乃曰, "我安得罪
而召我哉!" 太后被珠襦, 盛服坐武帳中, 侍御數百人皆持
兵, 期門武士陛戟, 陳列殿下. 群臣以次上殿, 召昌邑王伏
前聽詔. 光與群臣連名奏王, 尙書令讀奏曰,

| 註釋 | ○毋內昌邑群臣 – 內은 들일 납. 納과 同. 昌邑群臣은 창읍국에
서 데려온 신하들. ○溫室 – 전각 이름. 미앙궁 溫室殿. ○中黃門宦者 – 궁
중의 문을 지키는 환관. 中黃門은 少府 黃門令의 속관. ○中臣侍守王 – 中
常侍가 창읍왕을 감시하게 하다. ○卒 – 갑자기. 猝地(졸지)에. 物故는 죽다.

自裁는 자살하다. ○珠襦－구슬 장식을 한 짧은 저고리. 襦 저고리 유, 속옷 유. ○武帳－兵器를 그린 휘장(帷帳). ○期門－관직명. 무기를 들고 황제를 호위하는 무사.

〔國譯〕

   곽광은 즉시 여러 신하들과 함께 태후를 알현하고 창읍왕이 종묘 사직을 계승할 수 없는 상황을 모두 다 진술하였다. 황태후는 바로 수레를 타고 미앙궁 承明殿에 행차하여 모든 궁궐에 창읍왕의 신하들을 들어오지 못하게 하라고 명령하였다. 창읍왕이 太后를 뵙고 돌아가면서 輦(연)을 타고 溫室殿으로 가자 궁궐 문을 지키던 환관이 각각 한 쪽 문을 지키다가 王이 들어오자 문을 닫아버려 창읍국에서 데려온 신하들은 들어오지 못했다. 왕이 "왜 그러느냐?"고 묻자. 대장군이 무릎을 꿇고 말했다. "皇太后詔의 명령으로 昌邑의 신하들을 못 들어오게 했습니다." 이에 왕이 말했다. "천천히 시행하지 왜 이리 사람을 놀라게 하는가!" 곽광은 창읍왕의 여러 신하들을 모두 金馬門 밖으로 몰아내게 하였다. 車騎將軍 장안세는 羽林軍의 기병을 시켜 이들 2백여 명을 묶어 모두 정위에게 보내 옥에 가두라고 명령했다. 그리고 예전 昭帝의 侍中과 中常侍를 시켜 창읍왕을 지키게 하였다. 곽광은 측근들에게 "철저하게 宿衛(숙위)해야 하니 갑자기 자결이라도 하면 천하 사람들로부터 내가 주군을 살해했다는 누명을 쓸 것이다."라고 말했다. 창읍왕은 아직도 자신이 폐위될 것이라는 것을 모르고 좌우에 말했다. "나의 예전 신하들이 관직에서 무슨 죄를 지었다고 대장군이 모두를 잡아두는가?" 얼마 뒤 황태후가 조서를 내려 창읍왕을 소환하자 왕은 소환 명령을 듣고서야 두려워하면서 말했다. "무슨 죄를 지었다고 나를 소환하는가!"

　황태후는 구슬로 장식한 저고리에 성장을 하고 兵器를 그린 휘장 앞에 앉았고 수백 명의 시종들이 모두 병기를 들었고 期門 武士들도 계단 양쪽에서 병기를 가지고 전각 아래에 줄을 지어 서 있었다. 여러 신하들이 품계대로 전각에 올라서자 창읍왕을 불러 앞에 엎드린 채 조서를 듣게 하였다. 곽광과 여러 신하들은 이름을 적어 창읍왕에게 상주하였고 상서령이 상주한 글을 읽었다.

原文

「丞相臣敞,大司馬大將軍臣光,車騎將軍臣安世,度遼將軍臣明友,前將軍臣增,後將軍臣充國,御史大夫臣誼,宜春侯臣譚,當塗侯臣聖,隨桃侯臣昌樂,杜侯臣屠耆堂,太僕臣延年, 太常臣昌,大司農臣延年,宗正臣德,少府臣樂成,廷尉臣光, 執金吾臣延壽,大鴻臚臣賢,左馮翊臣廣明,右扶風臣德,長信少府臣嘉,典屬國臣武,京輔都尉臣廣漢,司隸校尉臣辟兵,諸吏文學光祿大夫臣遷,臣畸,臣吉,臣賜,臣管,臣勝,臣梁,臣長幸,臣夏侯勝,太中大夫臣德,臣卬昧死言皇太后陛下,臣敞等頓首死罪.

　天子所以永保宗廟總一海內者, 以慈孝,禮誼,賞罰爲本. 孝昭皇帝早棄天下, 亡嗣, 臣敞等議, 禮曰'爲人後者爲之子也', 昌邑王宜嗣後, 遣宗正,大鴻臚,光祿大夫奉節使徵昌邑王典喪. 服斬縗, 亡悲哀之心, 廢禮誼, 居道上不素食, 使從官略女子載衣車, 內所居傳舍. 始至謁見, 立爲皇太子, 常私買雞豚以食. 受皇帝信璽,行璽大行前, 就次發璽不封. 從官更持節, 引內昌邑從官騶宰官奴二百餘人, 常與居禁闥內敖戲. 自之符璽取節十六, 朝暮臨, 令從官更持節從. 爲書曰,'皇帝問侍中君卿, 使中御府令高昌奉黃金千斤, 賜君卿取十妻.' 大行在前殿, 發樂府樂器, 引內昌邑樂人, 擊鼓歌吹作俳倡. 會下還, 上前殿, 擊鐘磬, 召內泰壹宗廟樂人, 輦道牟首, 鼓吹歌舞, 悉奏衆樂. 發長安廚三太牢具祠閤室中, 祀已, 與從官飮啗. 駕法駕, 皮軒鸞旗, 驅馳北宮,桂宮, 弄彘鬪虎. 召皇太后御小馬車, 使宮奴騎乘, 遊戲掖庭中. 與孝昭皇帝宮人蒙等淫亂, 詔掖庭令敢洩言要斬.」

| 註釋 | ○丞相臣敞 − 황제에게 올리는 문서나 보고할 때 신하의 姓을 표기할 수 없다. 번역에서는 이해를 위해 姓을 기록했다. ○屠耆堂(도기당) − 人名. 흉노인으로 漢에 歸降했다. ○辟兵(벽병) − 인명. 姓은 미상. ○臣賜, 臣管, 臣勝, 臣梁, 臣長幸, 臣德 − 인명. 모두 성씨 미상. ○禮誼 − 禮義와 같음. ○早棄天下 − 일찍 죽다. ○爲人後者爲之子也 − 후계자는 곧 그 아들이 되어야 한다. ○斬縗(참최) − 거친 삼베로 만든 상복. 五服 중 가장 오래 복상하는 상복. 斬 벨 참. 縗 상복 이름 최. ○居道上 − 今 山東省에 있는 창읍국에서 장안까지 오는 도중에. ○衣車 − 휘장을 둘러친 수레. ○皇帝信璽,行璽 − 天子의 國璽(국새)는 황제 자신이 차고 다니며 皇帝의 信璽(신새)와 行璽(행새)는 符節臺(印璽를 관장하는 관청)에 보관하였다. ○大行前 − 죽은 지가 오래 되지 않아 시호가 정해지지 않은 황제와 황후. ○就次發璽不封 − 次는 居喪하는 곳. 국새를 꺼내고 봉하지도 않고 열어둔다. 이는 매

우 불경한 행위였다. ○騶宰(추재) - 말을 먹이는 사람. 騶 말 먹이는 사람 추. 宰 주관할 재. 도살하다. ○敖戲(오희) - 作戲(작희). 장난치며 논다. ○皇帝問侍中君卿 - 황제가 侍中인 君卿(군경, 창읍국에서 데려온 從者)을 위문하다. ○中御府令 - 中御府令은 황제의 의복이나 보물을 관리하는 관원. ○作俳倡 - 雜戲(잡희)를 연기하게 하다. ○泰壹 - 神名. 太一神. ○輦道牟首(연도모수) - 輦道는 제왕의 어가가 다니는 길. 牟首는 上林苑의 연못 이름. ○長安廚 - 京兆尹에 속한 황실의 음식을 공급하는 관청. ○三太牢(삼태뢰) - 제왕의 제사에 바치는 牛, 羊, 豕의 제물. ○飮啗(음담) - 씹어 먹다. 啗 먹을 담. 먹이다. ○皮軒鸞旗(피헌난기) - 皮軒은 호피로 장식한 수레. 鸞旗는 천자 의장대의 깃발. 皮軒鸞旗는 천자 의장대의 앞에서 나아간다. ○掖庭(액정) - 궁중 비빈들이 거처하는 곳.

〖 國譯 〗

「승상인 臣 楊敞, 대사마대장군인 신 霍光(곽광), 차기장군인 신 張安世, 度遼將軍인 신 范明友(범명우/ 곽광의 사위), 前將軍인 신 韓增, 後將軍인 신 趙充國, 御史大夫인 신 蔡誼(채의), 宜春侯인 신 王譚, 當塗侯인 신 魏聖, 隨桃侯인 신 趙昌樂, 杜侯인 신 屠耆堂(도기당), 太僕인 신 杜延年, 太常인 신 蘇昌, 大司農인 신 田延年, 宗正인 신 劉德, 少府인 신 史樂成, 廷尉인 신 李光, 執金吾인 신 李延壽, 大鴻臚인 신 衛賢, 左馮翊(좌풍익)인 신 田廣明, 右扶風인 신 周德, 長信宮 少府인 신 傅嘉, 典屬國인 신 蘇武, 京輔都尉인 신 趙廣漢, 司隷校尉인 신 辟兵(벽병), 諸吏文學 光祿大夫인 신 王遷(왕천), 신 宋畸(송기), 신 丙吉, 신 賜(사), 신 管(관), 신 勝(승), 신 梁(량), 신 長幸(장신), 신 夏侯勝, 太中大夫 신 德(덕), 신 趙卬(조앙)은 죽음을 무릅쓰고 황태후 폐하께 아뢰오며, 신 楊敞(양창) 등은 죽을 죄를 짓고 머리를

조아립니다.

　천자께서는 종묘를 영구히 보존하고 해내를 하나로 총괄해야 하는 분이기에 慈孝와 禮義와 상벌을 근본으로 삼아야 합니다. 孝昭皇帝께서 일찍이 승하하신 뒤 후사가 없어 신 양창 등이 의논하기를 禮에 '남의 後嗣(후사)가 되는 자는 그 사람의 아들이다' 라고 하였으니 昌邑王이 후사가 되어야 옳다고 생각하여 宗正과 대홍려와 光祿大夫를 보내어 지절을 가지고 가서 창읍왕을 모셔다가 상례를 주관토록 하였습니다. (창읍왕은) 참최 상복을 입고도 슬퍼하는 마음이 없었으며 예의를 지키지 않고 장안에 오는 동안에도 素食을 하지 않고 시종관을 시켜 여자를 略取(약취)하여 衣車에 태워가지고 머무는 傳舍에 들여보내게 하였습니다. 처음 황태후를 알현하고 황태자로 책립된 뒤에도 여전히 몰래 닭과 돼지고기를 사다가 먹었습니다. 昭帝의 靈柩(영구) 앞에서 황제의 皇帝의 信璽(신새)와 行璽(행새)를 받고서도 居喪하는 곳에 인새를 열어놓고 봉하지 않았습니다. 시종관이 符節을 가지고 가서 창읍국에서 시종과 마부와 官奴 등 2백여 명을 데려와서 늘 궁궐 안에 머물게 하며 장난을 치며 놀게 했습니다. 직접 符節臺에 가서 부절 16개를 갖고 나왔으며 아침저녁에 곡을 하러 가면서 시종에게 지절을 바꾸게 하였습니다. '황제가 시중인 君卿을 위문해야 하니 中御府令인 高昌을 시켜 황금 천근을 가지고 가서 君卿에게 주어 10명의 妻를 얻게 해주라.' 라는 글을 써주기도 하였습니다. 소제의 靈駕(영가)가 前殿에 있는데도 樂府의 樂器를 가져오게 하여 昌邑의 樂人을 불러들여 장단을 맞추며 노래하고 잡기를 연기하게 시켰습니다. 소제의 장례를 마치고 돌아오자마자 前殿에 나아가 악기를 연주하고 치며 泰壹神 宗廟의 樂人을 부르고 輦

道(연도)로 상림원의 연못인 牟首(모수)에 가서 악기를 연주하고 가
무하면서 여러 가지 음악을 즐겼습니다. 長安廚(장안주)의 三太牢를
제사 준비하는 閣室에서 가져오게 하여 제사를 마치자 시종과 함께
먹었습니다. 천자의 法駕를 타고 가며 皮軒과 鸞旗(난기)를 北宮과
桂宮까지 달리게 하고 멧돼지와 호랑이 싸움을 즐겼습니다. 皇太后
의 작은 거마를 가져오게 하여 宮奴를 태우게 하여 궁중 비빈들의
처소에 놀게 하였습니다. 孝昭皇帝의 궁인인 蒙(몽) 등과 음란한 짓
을 하고 掖庭令(액정령)을 불러 감히 발설하면 허리를 잘라 죽이겠다
고 하였습니다.」

原文

太后曰, "止! 爲人臣子當悖亂如是邪!" 王離席伏. 尙書
令復讀曰,

「取諸侯王, 列侯, 二千石綬及墨綬, 黃綬以並佩昌邑郎官
者免奴. 變易節上黃旄以赤. 發御府金錢, 刀劍, 玉器, 采繒,
賞賜所與遊戲者. 與從官官奴夜飮, 湛沔於酒. 詔太官上乘
輿食如故. 食監奏, '未釋服, 未可御故食', 復詔太官趣具,
無關食監. 太官不敢具, 卽使從官出買雞豚, 詔殿門內以爲
常. 獨夜設九賓溫室, 延見姊夫昌邑關內侯. 祖宗廟祠未擧,
爲璽書使使者持節, 以三太牢祠昌邑哀王園廟, 稱嗣子皇
帝. 受璽以來二十七日, 使者旁午, 持節詔諸官署徵發, 凡
一千一百二十七事. 文學, 光祿大夫夏侯勝等及侍中傅嘉數

進諫以過失, 使人簿責勝, 縛嘉繫獄. 荒淫迷惑, 失帝王禮
誼, 亂漢制度. 臣敞等數進諫, 不變更, 日以益甚, 恐危社稷,
天下不安.」

| 註釋 | ○綬 – 인끈 수. 인끈의 색깔은 관리 등급에 따라 달랐다. 漢制에
諸侯王은 金印에 綠綬이고, 열후는 金印에 紫綬, 二千石은 銀印에 靑綬를 사
용했다. 秩 比六百石 이상은 銅印에 墨綬, 比二百石 이상은 銅印에 黃綬이었
는데 이를 함부로 바꿀 수 없었다. 郎官者의 者는 衍字. 免奴는 노비를 면한
평민.   ○黃旄(황모) – 황색의 깃대 장식. 旄(깃대 장식 모)는 깃대의 꼭대기
에 소의 꼬리나 새의 깃털을 달아 드리운 장식. 이런 旄를 단 旗를 旌(정)이
라 한다.   ○采繒(채증) – 채색 비단.   ○湛沔(침면) – 깊이 빠짐. 湛은 잠길
침. 沈과 통. 즐길 담. 沔 물 흐를 면.   ○太官 – 황제의 식사를 조리하는 少府
의 속관.   ○未釋服 – 상복을 벗지 못했다. 居喪이 끝나지 않았다.   ○故食 –
평상시의 식사.   ○趣具(족구) – 재족하다. 趣는 促.   ○食監 – 食監令. 황제
에게 식사 올리는 예절과 의식을 감독하는 관리. 秩 六百石. 無關은 無由.
○設九賓 – 손님을 맞이하는 최고의 의례를 다 갖추게 하다.   ○祖宗廟祠未
擧 – 소제의 36일 葬禮의 절차가 모두 끝나지 않다.   ○昌邑哀王 – 창읍왕의
생부. 劉髆(유박). 창읍왕 劉賀는 지금 昭帝의 복상 기간이기 때문에 생부의
제사를 지낼 수 없었다.   ○稱嗣子皇帝 – 유하는 소제의 嗣子이기에 생부에
대하여 嗣子가 황제라 할 수 없었다.   ○旁午(방오) – 이리저리 다니다. 왕래
가 不絶하다. 旁 두루 방.

〖 國譯 〗
　太后가 말했다.
　"멈추시오! 신하된 자가 이처럼 패륜할 수 있겠는가!"

창읍왕은 자리에서 일어났다가 엎드렸다. 상서령이 다시 읽었다.

「제후왕과 열후, 2천석의 綬帶와 墨綬, 黃綬를 모아서 창읍국에서 데려온 낭관과 免奴의 평민에게 매도록 했습니다. 지절의 黃旄(황모)를 적색으로 변경시켰습니다. 나라 창고의 금전과 刀劍, 옥기, 채색 비단을 가져다가 같이 데리고 노는 자들에게 주었습니다. 시종과 관노들과 밤에 술을 마시며 술에 취했습니다. 太官을 불러 황제의 식사를 전처럼 올리라고 분부했습니다. 그러자 食監이 '상복을 벗지 않았기에 평상시처럼 식사할 수 없습니다.' 라고 아뢰었으나 다시 태관을 불러 재촉하며 식감을 거치지 않게 했습니다. 태관이 보통의 식사를 준비하지 않자 시종을 시켜 나가서 닭과 돼지고기를 사서 늘 궁 안으로 들여오게 하였습니다. 홀로 밤에 溫室에서 九賓의 융성한 예를 갖추게 하여 姊夫(자부)인 창읍국의 關內侯를 접견하였습니다. 祖宗 廟祠의 절차가 아직 끝나지 않았는데 국서를 만들어 지절을 가진 사자를 보내 三太牢의 제물로 昌邑哀王의 묘당에서 제사를 올리게 하면서 嗣子 皇帝라는 명호를 사용했습니다. 국새를 받은 이후 27일간에 使者가 이리저리 다니며 持節로 각 관서의 물품을 징발한 것이 모두 1,127건이나 되었습니다. 文學光祿大夫 夏侯勝 등과 侍中 傅嘉(박가)가 여러 번 과실에 대한 간언을 올렸지만 사람을 시켜 하후승의 문서 잘못을 책망하였고 傅嘉(박가)를 결박하여 옥에 가두었습니다. (창읍왕은) 황음하고 미혹하여 제왕의 예의를 잃고 漢의 여러 법도를 어지럽혔습니다. 신 양창 등이 여러 번 간언을 올렸습니다만 고치지 않고 날마다 더 심해졌기에 사직이 위태롭고 천하가 불안하게 되었습니다.」

「臣敞等謹與博士臣霸,臣雋舍,臣德,臣虞舍,臣射,臣倉議,
皆曰, "高皇帝建功業爲漢太祖, 孝文皇帝慈仁節儉爲太宗,
今陛下嗣孝昭皇帝後, 行淫辟不軌.《詩》云, '籍曰未知, 亦
旣抱子.' 五辟之屬, 莫大不孝. 周襄王不能事母,《春秋》曰
'天王出居於鄭', 繇不孝出之, 絶之於天下也. 宗廟重於君,
陛下未見命高廟, 不可以承天序, 奉祖宗廟, 子萬姓, 當廢."
臣請有司御史大夫臣誼,宗正臣德,太常臣昌與太祝以一太
牢具, 告祠高廟. 臣敞等昧死以聞.」

| 註釋 | ○霸 – 孔霸(공패), 人名. ○雋舍(전사) – 雋이 姓. ○臣德,臣虞
舍,臣射,臣倉 – 德은 성씨 미상. 虞舍는 인명. 虞는 성씨. 臣射는 성씨 미상.
倉은 后倉. 인명. ○行淫辟不軌 – 淫辟은 지나치게 괴벽하다. 不軌(불궤)는
不法. ○《詩》云 –《詩經 大雅 抑》. 나이가 어려 禮를 몰랐다고 하지만 아들
을 안고 있으니 成人이고 그렇다면 禮를 알아야 한다는 뜻. ○五辟之屬 –
五刑에 해당하는 죄. '五刑之屬三千 而罪莫大於不孝.'《孝經. 五刑》. ○周
襄王不能事母 – 周 襄王은 惠王의 왕후에게 효도를 하지 않아 鄭으로 방출
되었다.《春秋 僖公》24년의 사건. ○未見命高廟 – 高祖의 廟堂에 나가 受
命하지 못했다. ○子萬姓 – 만 백성을 아들로 여기다. ○太祝 – 종묘 제사
담당 관리. 太常의 속관.

〔國譯〕

「臣 楊敞 등은 근신하며 박사 신 孔霸(공패)와 신 雋舍(전사)와 신
德, 신 虞舍(우사), 신 射(사), 신 后倉(후창) 등과 의논을 했는데 모두

가 말했습니다.

"高皇帝께서는 건국의 功業을 성취하셨기에 漢의 太祖가 되셨고, 孝文皇帝께서는 인자하시며 절약과 검소로 太宗이 되셨는데 지금의 폐하는 孝昭皇帝의 후사이지만 지나치게 괴벽하며 불법한 짓을 하였습니다.《詩經》에 '설령 (예의를) 몰랐다고 하더라도 벌써 아들을 안고 있네!' 라고 하였습니다. 5가지 형벌에 해당하는 죄에서 불효보다 더 큰 죄는 없습니다.《春秋》에도 '천자인 王이 鄭으로 쫓겨 갔다.'고 하였으니, 이는 불효했기에 방출된 것이며 천하가 절연한 것입니다. 종묘는 군주보다 重하며, 폐하(창읍왕)는 고조의 묘당에서 아직 受命하지도 못하였으니 천자의 서열을 이어 종묘의 제사를 받들고 만 백성을 아들처럼 보살필 수 없으니 응당 폐출되어야 합니다."

臣은 담당자인 어사대부 신 蔡誼, 종정인 신 劉德, 태상인 신 蘇昌 및 태축과 함께 一太牢를 준비하여 고조 묘에 가서 고하고자 합니다. 신 楊敞 등은 죽음을 무릅쓰고 고합니다.」

原文

皇太后詔曰, "可." 光令王起拜受詔, 王曰, "聞天子有爭臣七人, 雖亡道不失天下." 光曰, "皇太后詔廢, 安得天子!" 乃卽持其手, 解脫其璽組, 奉上太后, 扶王下殿, 出金馬門, 群臣隨送. 王西面拜, 曰, "愚戇不任漢事." 起就乘輿副車. 大將軍光送至昌邑邸, 光謝曰, "王行自絶於天, 臣等駑怯,

不能殺身報德. 臣寧負王, 不敢負社稷. 願王自愛, 臣長不
復見左右." 光涕泣而去. 群臣奏言, "古者廢放之人屏於遠
方, 不及以政, 請徙王賀漢中房陵縣." 太后詔歸賀昌邑, 賜
湯沐邑二千戶. 昌邑群臣坐亡輔導之誼, 陷王於惡, 光悉誅
殺二百餘人. 出死, 號呼市中曰, "當斷不斷, 反受其亂."

| 註釋 | ○爭臣七人~ −《孝經》을 인용한 말. 爭은 諍(간할 쟁). 자신에게
그런 신하가 없어 천하를 잃었다는 뜻. ○愚戇(우당) − 우매하다. 愚 어리석
을 우. 戇 어리석을 당. ○乘輿副車 − 황제가 出行할 때 시종이 타는 수레.
○送至昌邑邸 − 도중에 자살할 수도 또 남에게 피살당할 수도 있어 곽광이
직접 데리고 왔다는 친절한 주석도 있다. ○駑怯(노겁) − 겁이 많아서. 하늘
의 뜻을 거스를 수 없기에. 駑 둔할 노. 怯 두려워할 겁. ○房陵縣 − 今 湖北
省 十堰市(십언시) 관할의 房縣. 방현은 유배지로 유명하였다. ○湯沐邑 −
거기서 걷는 부세로 개인의 생활비로 쓸 수 있다.

〖 國譯 〗
  황태후는 "可하다."고 하였다. 곽광이 창읍왕에게 일어나 조서를
받으라고 하자 창읍왕이 말했다. "천자에게 간쟁하는 신하 일곱 사
람만 있어도 無道하지만 천하를 잃지는 않는다고 들었습니다." 이
에 곽광이 말했다. "皇太后께서 폐위를 명하셨는데 어찌 천자란 말
을 할 수 있겠소!" 바로 다가가 그 손을 잡고 국새 인수를 풀어 태후
에게 바치고 왕을 잡아 전각을 내려가 金馬門으로 나가니 군신들도
따라 나와 송별했다. 창읍왕은 서쪽을 향해 절을 하며 말했다. "우
매하여 漢의 국사를 감당 못했습니다." 일어나 시종이 타는 수레에

올라탔다. 대장군 곽광은 창읍왕 사저까지 와서 헤어지며 말했다.

"王의 행실이 하늘의 뜻을 스스로 단절했으며 우리들은 두려워 살신하면서라도 (하늘의) 은덕에 보답할 수 없었습니다. 저는 차라리 왕을 버릴지언정 사직을 등질 수 없었습니다. 왕께서 자애하시길 바라며 시종하는 일로 다시는 뵙지 않을 것입니다."

곽광은 눈물을 흘리며 돌아갔다. 여러 신하들이 말했다. "예전에 폐출한 사람들은 멀리 보내어 정사에 관여하지 못하게 막는다 하였으니 창읍왕 유하를 漢中郡의 房陵縣으로 보내야 합니다."

태후는 유하를 창읍으로 보내라 명하고 탕목읍 2천 호를 하사하였다. 곽광은 창읍왕의 여러 신하들이 보필을 잘못하여 왕을 악에 빠뜨렸다는 죄목으로 2백여 명을 모두 주살하였다. 사형을 받으러 끌려 나가면서 시중에서 큰 소리로 울며 "응당 처단할 사람을 처단하지 못하여 도리어 우리가 죽는다."고 말했다.

原文

光坐庭中, 會丞相以下議定所立. 廣陵王已前不用, 及燕刺王反誅, 其子不在議中. 近親唯有衛太子孫號皇曾孫在民間, 咸稱述焉. 光遂復與丞相敞等上奏曰, "《禮》曰, '人道親親故尊祖, 尊祖故敬宗.' 太宗亡嗣, 擇支子孫賢者爲嗣. 孝武皇帝曾孫病已, 武帝時有詔掖庭養視, 至今年十八, 師受《詩》,《論語》,《孝經》, 躬行節儉, 慈仁愛人, 可以嗣孝昭皇帝後, 奉承祖宗廟, 子萬姓. 臣昧死以聞." 皇太后詔曰, "可."

光遣宗正劉德至曾孫家尙冠里, 洗沐賜御衣, 太僕以軨獵車迎曾孫就齋宗正府, 入未央宮見皇太后, 封爲陽武侯. 已而光奉上皇帝璽綬, 謁於高廟, 是爲孝宣皇帝.

明年, 下詔曰, "夫襃有德, 賞元功, 古今通誼也. 大司馬大將軍光宿衛忠正, 宣德明恩, 守節乘誼, 以安宗廟. 其以河北,東武陽益封光萬七千戶." 與故所食凡二萬戶. 賞賜前後黃金七千斤, 錢六千萬, 雜繪三萬疋, 奴婢百七十人, 馬二千匹, 甲第一區.

| 註釋 | ○廣陵王 – 武帝의 六男인 劉胥(유서). ○燕刺王 – 燕王 劉旦(유단). ○親親~ –《禮記 大傳》의 말. 親親은 자기의 친족을 친애하다. ○太宗 – 大宗의 誤記. 宗法에서 적장자로 이어지는 가문. ○病已 – 劉病已, 등극하고서는 劉詢(유순, 前 91 – 48)으로 개명. 先帝 재위 前 74 – 48년. ○尙冠里 – 장안성 남쪽에 있었다. ○軨獵車(영렵거) – 작고 편한 수레. 수레 앞과 좌우에 난간이 있는 수레. 軨 사냥 수레 영(령). ○陽武侯 – 평민에서 천자가 될 수 없기에 먼저 제후에 봉하였다. ○璽綬(새수) – 국새와 그 綬條. ○元功 – 大功. ○河北 – 縣名. 今 山西省 運城市 芮城縣(예성현). ○東武陽 – 縣名. 今 山東省 聊城市 관할의 莘縣. 山東,河北,河南 三省의 접경. ○甲第一區 – 上等의 저택 一所.

〔國譯〕

곽광은 조정에서 승상 이하 신하를 모아 옹립하는 일을 의논하여 정하였다. 廣陵王은 이전에도 대상에서 제외되었고 燕의 刺王(날왕)은 반역으로 죽었기에 그 아들은 논의하지 않았다. 황실의 근친으로는 오직 衛太子(위태자, 戾태자)의 손자로 皇曾孫이라고 불리면서 민간에 살고 있었는데 모두가 칭찬하는 말을 하였다. 곽광은 마침내 승상 양창과 함께 상주하였다.

"《禮記》에도 '인륜의 도리로 친족을 친히 여기기에 조상을 받들고 조상을 받들기에 가문을 공경한다.' 고 하였습니다. 大宗에서 후사가 없다면 支子孫 중에서라도 현자를 택해 후사로 정해야 합니다. 孝武皇帝의 증손인 劉病已(유병이)는 武帝 때 조서로 掖庭(액정)에서 양육하라 하였는데 지금 나이 18세이며 《詩經》과 《論語》와 《孝經》을 배웠으며 몸소 절검을 실천하시고 인자하며 愛人하시니 孝昭皇帝의 후사가 되어 조종의 종묘를 모시고 만백성을 자식처럼 돌볼 것입니다. 臣은 죽음을 무릅쓰고 아룁니다."

皇太后는 조서를 내려 "可하다."고 하였다. 곽광은 宗正인 劉德을 皇曾孫의 집이 있는 尙冠里에 보내서 목욕을 시키고 御衣를 하사하고, 太僕은 軨獵車(영렵거)로 증손을 데리고 宗正府에 가서 재계하고 未央宮에 들어가 皇太后를 알현하자 陽武侯에 봉했다. 곧이어 곽광 등이 황제의 璽綬(새수)를 받들어 올리었고 高祖 묘당에 가서 참배를 하니, 이가 孝宣皇帝이다.

선제는 다음 해에 조서를 내려 말했다.

"유덕자를 기리고 큰 공에 상을 주는 것은 고금의 通誼이다. 大司馬이며 大將軍인 곽광은 忠正으로 宿衛하고 은혜를 밝혀 宣德하며 의리를 지켜 守節하면서 종묘를 안정케 하였도다. 그리하여 곽광에게 河北縣과 東武陽縣에 17,000호를 더 늘려 봉한다."

이전에 받은 식읍을 합하면 모두 2만 호가 되었다. 그리고 여러 차례에 걸쳐 황금 7천근, 금전 6천만 전, 여러 비단 3만 필, 노비 170

명, 말 2천 필. 대 저택 1채를 하사하였다.

自昭帝時, 光子禹及兄孫雲皆中郎將, 雲弟山奉車都尉,
侍中, 領胡,越兵. 光兩女婿爲東西宮衛尉, 昆弟諸婿外孫皆
奉朝請, 爲諸曹大夫,騎都尉, 給事中. 黨親連體, 根據於朝
廷. 光自後元秉持萬機, 及上卽位, 乃歸政. 上廉讓不受, 諸
事皆先關白光, 然後奏御天子. 光每朝見, 上虛己斂容, 禮
下之已甚.

| 註釋 | ○奉朝請 − 조회에 참여하고 국정의 의논에 참여할 자격을 가진
관리. ○黨親連體 − 族黨과 親戚이 하나로 연결되다. ○關白 − 먼저 상의
하거나 보고하다. ○虛己 − 虛心. ○已甚(이심) − 아주 심하다.

〔國譯〕

昭帝 때부터 곽광의 아들 霍禹(곽우)와 兄(霍去病)의 손자 霍雲(곽
운)은 모두 中郎將이었고, 곽운의 아우 霍山은 奉車都尉이면서 侍中
으로 흉노와 越人으로 편성된 군사를 지휘하였다. 곽광의 두 사위도
각각 東宮과 西宮의 衛尉이었으며, 형제와 여러 사위와 외손들이 모
두 奉朝請이었으며, 여러 부서의 大夫나 騎都尉 또는 給事中이었다.
족당과 친척이 모두 하나로 연결되어 조정에 뿌리를 내렸다. 곽광은
무제 後元 연간부터 국정의 큰일을 장악했는데 이번에 선제가 즉위

하자 정사를 황제에게 되돌렸다. 선제는 겸양하며 받지 않아서 모든 국정은 곽광에게 먼저 보고한 뒤에 천자의 어전에 상주하였다. 곽광이 매번 조회에 알현하면 선제도 마음을 비우고 낯빛을 바로 하며 예를 다해 겸양하는 정도가 매우 심했다.

光秉政前後二十年, 地節二年春病篤, 車駕自臨問光病, 上爲之涕泣. 光上書謝恩曰, "願分國邑三千戶, 以封兄孫奉車都尉山爲列侯, 奉兄票騎將軍去病祀." 事下丞相, 御史, 卽日拜光子禹爲右將軍.

| 註釋 | ○地節 二年 – 선제의 연호, 前 68년.

〔國譯〕

곽광은 전후 20년간 조정을 장악했는데 地節 2년 봄에 병이 위독하자 선제가 직접 방문하여 곽광을 위문했는데 선제가 눈물을 흘렸다. 곽광은 글을 올려 사은하며 말했다.

"봉국의 3천 호를 나누어서 형의 손자인 奉車都尉 霍山(곽산)을 列侯로 만들어 형 票騎將軍 곽거병의 제사를 받들게 하고 싶습니다."

이 일이 승상과 어사에게 내려가자 당일로 곽광의 아들 곽우를 右將軍에 임명하였다.

光薨, 上及皇太后親臨光喪. 太中大夫任宣與侍御史五人持節護喪事. 中二千石治莫府塚上. 賜金錢, 繒絮, 繡被百領, 衣五十篋, 璧珠璣玉衣, 梓宮, 便房, 黃腸題湊各一具, 樅木外臧槨十五具. 東園溫明, 皆如乘輿制度. 載光屍柩以轀輬車, 黃屋在纛, 發材官輕車北軍五校士軍陳至茂陵, 以送其葬. 諡曰宣成侯. 發三河卒穿復士, 起塚祠堂. 置園邑三百家, 長丞奉守如舊法.

|註釋| ○薨 – 죽을 훙. 제후의 죽음. ○太中大夫 – 郎中令의 속관. 政事에 관한 의론을 주관. ○侍御史 – 어사대부의 속관. 관리 감찰. 지방에 출장하여 관련 업무를 처리하기도 하였다. ○莫府塚上 – 묘지 설치 및 장례 업무 처리를 위한 임시 관청. 莫府는 幕府. ○繒絮(증서) – 繒 비단 증. 絮 솜 서. ○百領 – 백 벌. 領은 옷이나 이불 등을 세는 量詞. ○篋 – 상자 협. ○璧珠璣玉衣 – 얇은 옥 조각을 금실로 꿰매어 지은 옷. 시신을 감싼다. 璧 둥근 옥 벽. 璣 구슬 기. ○梓宮(재궁) – 가래나무로 만든 관. 목관. 시신을 1차로 담는 관. ○便房(편방) – 楩木(편목)으로 만든 槨(곽, 덧널). 시신이 들어간 관을 덮는다. ○黃腸題湊(황장제주) – 편방을 감싸는 목재 시설. ○樅木外臧槨(종목외장곽) – 주방 기구나 생활용품을 넣어 보관하는 장치. 漢代에 사람을 殉葬(순장)하지는 않았다. 무덤의 이러한 설비는 제왕의 능과 같은 규모라 할 수 있다. ○東園溫明 – 東園은 무덤의 부장품을 준비하는 官署 이름. 溫明은 부장품 명칭. ○皆如乘輿制度 – 모든 것이 황제의 喪葬 제도와 같았다. 황제와 똑같이 매장했다는 뜻. ○轀輬車(온량거) – 창문이 있는 장례용 수레. ○黃屋在纛(황옥재독) – 수레의 황색 덮개에 수레 왼쪽에 내건

소꼬리로 장식한 깃발. 이는 황제의 행차 모습인데 곽광의 장례행렬에 그대로 적용했다는 뜻. 纛 큰 깃발 독. ○材官 – 精兵. 甲士. 輕車는 전차병. ○北軍五校 – 북군의 다섯 개 단위 부대(五營). 각 부대는 校尉가 통솔한다. ○茂陵 – 武帝의 능. ○三河 – 河東郡, 河內郡. 河南郡.

[國譯]

곽광이 죽자, 宣帝와 皇太后가 친히 곽광의 喪家에 왕림하였다. 太中大夫인 任宣과 시어사 5인이 지절을 가지고 喪事를 처리했으며 중 2천석이 무덤 근처에 막부를 설치하였다. 금전과 비단과 솜. 수놓은 이불 100벌과 의류 50상자, 옥돌을 금실로 연결한 수의와 梓宮(재궁, 관), 便房(편방, 덧 널), 黃腸題湊(황장제주) 각 한 벌과 樅木外臧槨(부장품 보관 상자) 15具를 하사하였다. 東園에서 주관하는 여러 부장품이 모두 제왕의 제도와 같았다. 곽광의 시신을 轀輬車(온량거)에 싣고 황색 덮개에 좌측에는 큰 깃발을 세웠으며 材官(甲士)과 輕車兵, 北軍 五校尉의 군사를 茂陵까지 도열시켜 장지까지 호위하였다. 시호는 宣成侯라고 하였다. 하내, 하동, 하남의 3개 군 병졸을 동원하여 무덤 자리를 파고 다시 흙을 덮어 봉분을 만들고 무덤의 사당을 지었다. 무덤을 관리하는 민가 3백 호를 지정하고 관리자와 수비 병사는 모두 법도대로 시행했다.

原文

旣葬, 封山爲樂平侯, 以奉車都尉領尙書事. 天子思光功德, 下詔曰, "故大司馬, 大將軍, 博陸侯宿衛孝武皇帝三十有餘年, 輔孝昭皇帝十有餘年, 遭大難, 躬秉誼, 率三公, 九卿, 大夫定萬世冊, 以安社稷, 天下蒸庶咸以康寧. 功德茂盛, 朕甚嘉之. 復其後世, 疇其爵邑, 世世無有所與, 功如蕭相國." 明年夏, 封太子外祖父許廣漢爲平恩侯. 復下詔曰, "宣成侯光宿衛忠正, 勤勞國家, 善善及後世, 其封光兄孫中郎將雲爲冠陽侯."

| 註釋 | ○封山爲樂平侯 – 霍山(곽거병의 손자)을 봉하여~. ○領尙書事 – 領은 고급 관리가 낮은 직분의 업무를 겸임하는 것. 尙書는 少府의 속관, 掌書라고도 불렀다. 문서 상주를 담당. 황제의 측근으로 그 업무의 중요성이 점차 증대하여 나중에는 국가행정의 중심기구 상서성으로 발전. ○定萬世冊 – 定萬世策. 冊은 계획. 계략의 뜻. ○蒸庶(증서) – 민중. 백성. 蒸 찔 증. 무리, 많다. 蒸民. ○復其後世 – 復은 賦稅나 徭役을 면제하다. ○疇其爵邑(주기작읍) – 그 봉읍을 축소하지 않다. 규정상 봉후 지위를 자손이 이어받을 때는 최초로 받은 식읍의 2/10를 감하게 했다. 곽광의 후손은 그대로 유지하겠다는 예외 조치. 疇 밭두둑 주. 경계. 같게 하다, 세습하다. ○無有所與 – 부세나 요역을 납부하지 않다. 영구 면세하다. ○許廣漢 – 宣帝 許황후의 부친. ○宣成侯 – 霍光의 시호. ○善善 – 선행을 포상하다.

〔國譯〕

　　장례가 끝난 뒤, 霍山을 樂平侯에 봉하며 奉車都尉로 尙書의 업무를 겸하도록 했다. 선제는 곽광의 공덕을 생각하며 조서를 내렸다.

　　"故 大司馬大將軍博陸侯는 효무황제를 30여 년 시위하였고 효소황제를 10여 년 보필하는 동안 큰 어려움에 봉착해도 정의를 지켜 삼공과 9경, 대부 등을 거느리고 만세의 정책을 결정하며 사직을 편안케 하고 천하 백성들을 모두 평안케 하였다. 그 공덕이 너무 훌륭하여 짐은 이를 매우 가상하게 여기노라. 그 후손의 부세를 면제하고 작읍을 그대로 유지할 것이며 대대로 모든 납부를 면제하나니 상국 蕭何(소하)와 같을지어다."

다음 해 여름, 太子의 外祖父인 許廣漢을 平恩侯에 봉했다. 선제는 다시 조서를 내렸다. "宣成侯 霍光은 忠正으로 근무하며 국가를 위해 애를 썼으니 善者의 그 후손을 포상하여 곽광 형의 손자 霍雲을 冠陽侯에 봉한다."

原文

　禹旣嗣爲博陸侯, 太夫人顯改光時所自造塋制而侈大之. 起三出闕, 築神道, 北臨昭靈, 南出承恩, 盛飾祠室, 輦閣通屬永巷, 而幽良人婢妾守之. 廣治第室, 作乘輿輦, 加畫繡絪馮, 黃金塗, 韋絮薦輪, 侍婢以五采絲挽顯, 遊戲第中. 初, 光愛幸監奴馮子都, 常與計事, 及顯寡居, 與子都亂. 而禹, 山亦並繕治第宅, 走馬馳逐平樂館. 雲當朝請, 數稱病私出, 多從賓客, 張圍獵黃山苑中, 使蒼頭奴上朝謁, 莫敢譴者. 而顯及諸女, 晝夜出入長信宮殿中, 亡期度.

| 註釋 |　○太夫人顯－곽광의 부인 顯(현). 나타날 현.　○塋－무덤 영. 묘역.　○起三出闕－出闕은 출입하는 문. 闕門.　○昭靈, 承恩－茂陵의 館

名. ㅇ永巷 - 능묘의 긴 골목. ㅇ絪馮(인빙) - 絪 자리 인. 깔개. 馮 기댈 빙.
성 풍. 수레의 방석과 車軾(거식). ㅇ韋絮薦輪(위서천륜) - 물에 불린 가죽이
나 솜으로 수레바퀴를 감싸다. 수레를 탈 때 충격 완화. 쿠션 대용. ㅇ奴監
馮子都 - 노비를 감독하는 馮子都(풍자도). 人名. ㅇ平樂館 - 상림원에 있는
경마장. ㅇ朝請 - 제후가 천자를 봄에 알현하는 것을 朝, 가을에 알현하는
것을 請이라 한다. 여기서는 황제를 알현하는 뜻. ㅇ黃山 - 宮名. 今 陝西省
咸陽市 관할의 興平市에 있었다고 한다. ㅇ蒼頭奴 - 머리를 푸른색 두건으
로 감싼 노비. 노비. ㅇ長信宮 - 昭帝 황후인 上官皇后의 거처. 곽광은 상관
황후의 외조부였다.

〔國譯〕

霍禹(곽우)가 博陸侯를 계승하고, 곽광의 부인 顯(현)은 곽광 때 만
든 무덤의 규모를 고쳐 화려하고 크게 만들었다. 3개소의 궐문을 짓
고 神道를 만들었으며, 북쪽으로는 昭靈館에 연결되었고 남으로는
承恩館으로 나갈 수 있었으며, 제사지내는 건물을 화려하게 꾸미고
輦車(연거)가 다니는 복도를 능묘의 긴 골목까지 연결하였으며 良人
의 婢妾을 가두어 두고 지키게 하였다. 저택을 크게 늘려 가마나 연
을 타고 다녔으며, 그림을 그리거나 수를 놓은 수레 방석과 손잡이
에 수레에는 황금을 칠하고 가죽과 솜으로 수레바퀴를 감쌌으며 시
비들이 화려한 비단 끈으로 수레를 끌게 하고 저택 안에서 돌아다니
며 놀았다.

그전에 곽광은 노비를 감독하는 馮子都(풍자도)와 같이 자주 상의
했었는데 顯(현)이 과부로 지내면서 풍자도와 음란한 짓을 하였다.
곽우와 곽산 역시 저택을 크게 고치고 늘렸으며 상림원 平樂館에서
말을 달리곤 했다. 곽운이 조회에 나가 황제를 뵈어야 할 때도 자주

병을 핑계대고 은밀히 놀러 다녔으며 많은 빈객을 거느리고 黃山宮에서 산을 에워싸고 사냥을 하면서 노비를 보내 황제에게 말을 전해도 누가 견책하는 사람이 없었다. 顯(현)과 여러 부녀자들은 밤낮으로 長信宮의 전각을 아무 때나 출입하였다.

原文

宣帝自在民間聞知霍氏尊盛日久, 內不能善. 光薨, 上始躬親朝政, 御史大夫魏相給事中. 顯謂禹,雲,山, "女曹不務奉大將軍餘業, 今大夫給事中, 他人壹間, 女能復自救邪?" 後兩家奴爭道, 霍氏奴入御史府, 欲蹋大夫門, 御史爲叩頭謝, 乃去. 人以謂霍氏, 顯等始知憂. 會魏大夫爲丞相, 數燕見言事. 平恩侯與侍中金安上等徑出入省中. 時, 霍山自若領尙書, 上令吏民得奏封事, 不關尙書, 群臣進見獨往來, 於是霍氏甚惡之.

| 註釋 | ○魏相(위상) − 人名. 자는 弱翁. 나중에 승상이 된다. 74권, 〈魏相丙吉傳〉에 입전. ○女曹 − 너희들. 女는 汝. 曹는 輩. ○他人壹間 − 다른 사람이 도발해오다. 間은 이간하다. 도발하다. ○欲蹋大夫門 − 蹋 밟을 답. 부숴버리다. ○平恩侯 − 宣帝의 장인. 許皇后의 부친. 許廣漢. ○金安上 − 金日磾(김일제) 동생의 아들. 본권에 입전. ○省中 − 宮禁, 궁궐. ○封事 − 신하가 황제에게 기밀사항을 보고하거나 건의할 때는 尙書가 副本을 먼저 확인한 뒤 상서하게 하였으나 이제는 부본을 없애고 황제에게 直報하였다. 이는 霍山의 권한이 약해졌다는 의미.

宣帝도 민간에 있을 때부터 霍氏가 오랫동안 영화를 누리면서도 안으로 선행을 쌓지 않는다는 사실을 들어 알고 있었다. 곽광이 죽자 선제는 친히 조정의 정치를 챙겼고 어사대부 魏相(위상)은 給事中을 겸임했다. 이에 곽광의 부인은 곽우와 곽운, 곽산에게 말했다. "너희들은 대장군이 남기신 일을 제대로 못 하고, 이번에 어사대부가 급사중을 겸하는데 타인이 이간시키면 너희들은 본래대로 지킬 수 있겠는가?"

이후 양가 노비가 길싸움을 했는데 곽씨의 노비들이 어사대부의 집에 가서 대문을 부숴 버리려 하자 어사대부 집에서 머리를 조아려 사죄하자 돌아갔다. 사람들은 곽씨와 곽광부인이 비로소 걱정거리가 생겼다고 말했다. 나중에 위상은 승상이 되고 한가할 때 宣帝에게 이런 이야기를 했다. 平恩侯 許廣漢과 侍中 金安上 등은 궁중에 바로 출입할 수 있었다. 이때 霍山은 전처럼 領尙書事이었으나 선제가 신하나 백성이 封事를 올리면서 尙書를 거치지 않게 하였으며 군신들이 황제를 알현할 때 바로 뵐 수 있게 되자 곽씨들은 이를 크게 싫어하였다.

宣帝始立, 立微時許妃爲皇后. 顯愛小女成君, 欲貴之, 私使乳醫淳于衍行毒藥殺許后, 因勸光內成君, 代立爲后, 語在〈外戚傳〉. 始, 許后暴崩, 吏捕諸醫, 劾衍侍疾亡狀不

道, 下獄. 吏簿問急, 顯恐事敗, 卽具以實語光. 光大驚, 欲
自發擧, 不忍, 猶與. 會奏上, 因署衍勿論. 光薨後, 語稍洩.
於是上始聞之而未察, 乃徙光女婿度遼將軍未央衛尉, 平陵
侯范明友爲光祿勳, 次婿諸吏中郎將, 羽林監任勝出爲安定
太守. 數月, 復出光姊婿給事中光祿大夫張朔爲蜀郡太守,
群孫婿中郎將王漢爲武威太守. 頃之, 復徙光長女婿長樂衛
尉鄧廣漢爲少府. 更以禹爲大司馬, 冠小冠, 亡印綬, 罷其
右將軍屯兵官屬, 特使禹官名與光俱大司馬者. 又收范明友
度遼將軍印綬, 但爲光祿勳. 及光中女婿趙平爲散騎, 騎都
尉, 光祿大夫將屯兵, 又收平騎都尉印綬. 諸領胡越騎, 羽林
及兩宮衛將屯兵, 悉易以所親信許, 史子弟代之.

| 註釋 | ○許妃 – 許平君, 許廣漢의 딸. 前 71년에 독살 당했다. ○乳醫
淳于衍 – 부인과 의원인 순우연. 乳醫는 여인의 병을 주로 보는 女侍醫(여시
의). 宣帝 地節 4년(전 66)에 처형되었다. ○代立爲后 – 成君(霍成君, 前 87 –
54) – 宣帝의 두 번째 황후가 되었다(재위 前 70 – 66). 황후가 된 3년 뒤 곽광
이 죽었고 태자를 독살하려는 음모가 발각되어 폐출된 뒤에 자살하였다.
○猶與 – 猶豫(유예). ○諸吏中郎將 – 諸吏는 加官의 명칭. 관리에 대한 탄
핵권을 가졌다. 임무는 御史中丞과 비슷. ○安定 – 군명. 치소는 高平縣(今
寧夏回族自治區 固原市). ○武威 – 군명. 치소는 姑臧縣(今 甘肅省 武威市).
○冠小冠, 亡印綬 – 곽광은 무관의 최고직위이기에 大冠을 착용했었다고 한
다. 霍禹를 폄하해서 小冠을 착용케 했고, 인수가 없다는 것은 실권이 없다
는 뜻이다. ○許, 史子弟 – 선제의 황후 집안인 許氏와 宣帝의 祖母인 史良
娣(戾태자의 후궁)의 집안 자제.

宣帝는 즉위하면서 미천할 때 맞이한 許씨를 황후로 삼았다. 곽
광의 아내 顯(현)은 막내딸 成君을 귀여워하여 고귀하게 하려고 은
밀히 부인과 의원 淳于衍(순우연)을 시켜 독약을 써 許황후를 죽이고
서 이어 곽광에게 成君을 황후로 들여보내자고 권하여 황후가 되었
는데 이는 〈外戚傳〉에 있다. 그전에 許皇后가 갑자기 죽자 옥리들
이 허황후의 출산에 관여한 의원을 잡아다가 순우연을 조사하면서
치료 중에 최선을 다하지 못했다고 하옥시켰다. 옥리들이 심하게 문
책하자 곽광의 부인은 일이 드러날까 두려워 곽광에게 사실을 말했
다. 곽광은 크게 놀라 자수하려다가 차마 못하고 유예미결하였다.
마침 순우연의 죄상이 상주되자 순우연을 더 이상 조사하지 않게 하
였다. 곽광이 죽은 뒤에 이런 말은 조끔씩 새어나왔다. 이에 선제는
이를 처음에 듣고서는 바로 진위를 조사하지 않고 곽광의 사위인 度
遼將軍으로 미앙궁의 衛尉이며 平陵侯인 范明友(범명우)를 光祿勳
으로 자리를 옮기게 했고, 막내 사위인 諸吏이며 中郞將으로 羽林軍
監인 任勝을 安定郡 태수로 전출시켰다. 몇 달 뒤, 다시 곽광 누나의
사위인 給事中 光祿大夫 張朔을 蜀郡태수로 임명하였고 손자사위
인 中郞將 王漢을 武威太守로 임명하였다. 얼마 뒤 곽광 長女의 사
위인 長樂衛尉 鄧廣漢을 (長樂宮) 少府로 임명하였다. 다시 곽우를
大司馬에 임명하였으나 小冠을 쓰도록 하고 印綬(인수)를 주지 않았
고 그의 右將軍 둔병의 관속들을 면직시키고 다만 곽우의 官名만은
곽광과 같은 大司馬라 하였다. 또 범명우의 度遼將軍의 인수를 회수
하고 오직 光祿勳 업무만 담당하게 하였다. 이어 곽광의 셋째 사위
인 趙平이 散騎騎都尉光祿大夫로 둔병을 통솔하고 있었는데 조평

의 騎都尉의 인수를 회수하였다. 흉노와 越人 기병의 통솔자와 羽林軍과 兩宮의 衛將이나 둔병을 모두 믿을 수 있는 許氏와 史氏의 자제로 대체시켰다.

原文

禹爲大司馬, 稱病. 禹故長史任宣候問, 禹曰, "我何病? 縣官非我家將軍不得至是, 今將軍墳墓未乾, 盡外我家, 反任許, 史, 奪我印綬, 令人不省死." 宣見禹恨望深, 乃謂曰, "大將軍時何可復行! 持國權柄, 殺生在手中. 廷尉李種, 王平, 左馮翊賈勝胡及車丞相女婿少府徐仁皆坐逆將軍意下獄死. 使樂成小家子得幸將軍, 至九卿封侯. 百官以下但事馮子都, 王子方等, 視丞相亡如也. 各自有時, 今許, 史自天子骨肉, 貴正宜耳. 大司馬欲用是怨恨, 愚以爲不可."

禹默然. 數日, 起視事.

| 註釋 | ○故長史 - 예전의 長史. ○縣官 - 天子. 여기서는 宣帝. ○盡外我家 - 우리 집안을 모두 배척하였다. 外는 배척하다. ○不省死 - 죽더라도 이해하지 못하겠다. ○廷尉李種 - 李仲. 昭帝 始元 원년(前 86)에 정위가 되었다가 5년에 옥사하였다. ○車丞相女婿 - 승상 車千秋. 66권, 〈公孫劉田王楊蔡陳鄭傳〉에 입전. ○王平, 徐仁, 賈勝胡에 대해서는 90권, 〈杜周傳〉 참고. ○樂成 - 史樂成. ○馮子都, 王子方 - 두 사람 다 곽광의 家奴.

霍禹(곽우)는 大司馬로 꾀병을 부렸다. 곽우의 예전 長史이던 任宣(임선)이 병문안을 오자 곽우가 말했다.

"내가 왜 병이 낫겠는가? 천자는 우리 대장군(곽광)이 아니었으면 지금처럼 될 수 없었는데 대장군 무덤의 흙이 마르기도 전에 우리 집안을 모두 밀어내며 허씨와 사씨에게 맡기면서 내 인수를 빼앗으니 내가 아무리 생각해도 이해를 못하겠다."

임선은 곽우의 원한이 매우 깊은 것을 알고 바로 말했다.

"대장군 시절이 어찌 다시 오겠습니까! 일국의 권력과 생살권을 손에 쥐고 있었습니다. 廷尉이던 李種이나 王平, 그리고 左馮翊인 賈勝胡나 車丞相의 사위인 少府 徐仁 등이 모두 대장군의 뜻을 거스른다고 옥사하였습니다. 史樂成은 본래 미천한 출신이었으나 대장군의 신임을 받아 九卿에 올랐고 封侯가 되었습니다. 百官 이하 모두가 오직 장군의 가노인 馮子都와 王子方 등을 따르면서 승상은 없는 줄 알았습니다. 각자 때가 있는 것이니 지금 許氏와 史氏는 천자의 인척이니 귀한 자리에 오르는 것이 맞습니다. 大司馬께서 그런 것에 원한을 갖는다면 옳지 않다고 생각합니다."

곽우는 할 말이 없었다. 며칠 뒤 곽우는 일어나 업무를 보았다.

顯及禹,山,雲自見日侵削, 數相對啼泣, 自怨. 山曰, "今丞相用事, 縣官信之, 盡變易大將軍時法令, 以公田賦與貧民, 發揚大將軍過失. 又諸儒生多竊人子, 遠客饑寒, 喜妄

說狂言, 不避忌諱, 大將軍常仇之, 今陛下好與諸儒生語, 人
人自使書對事, 多言我家者. 嘗有上書言大將軍時主弱臣
强, 專制擅權, 今其子孫用事, 昆弟益驕恣, 恐危宗廟, 災異
數見, 盡爲是也. 其言絶痛, 山屛不奏其書. 後上書者益黠,
盡奏封事, 輒下中書令出取之, 不關尙書, 益不信人." 顯曰,
"丞相數言我家, 獨無罪乎?" 山曰, "丞相廉正, 安得罪? 我
家昆弟諸婿多不謹. 又聞民間讙言霍氏毒殺許皇后, 寧有是
邪?" 顯恐急, 卽具以實告山, 雲, 禹. 山, 雲, 禹驚曰,

　"如是, 何不早告禹等! 縣官離散斥逐諸婿, 用是故也. 此
大事, 誅罰不小, 奈何?" 於是始有邪謀矣.

| 註釋 |　○窶人子(구인자) − 빈궁한 집안의 자제. 窶 가난할 구. 좁은 땅
루. 窮人. ○益黠(익할) − 더 간교하다. 黠 약을 할(俗音 힐).

〖國譯〗

　곽광의 부인 顯(현)과 곽우, 곽산, 곽운 등은 날마다 자신들의 세
력이 삭감되는 것을 보며 여러 번 모여 울면서 하소연도 했었다. 곽
산이 말했다.

　"지금 승상이 권력을 쥐었고 천자께서 그를 신임하면서 대장군
(곽광) 때의 법령을 모두 바꾸는데 公田을 빈민에게 대여하면서 대
장군의 과실을 떠들고 있습니다. 그리고 여러 유생들은 가난한 집
출신이 많은데 먼 지방 출신으로 춥고 배고프면 제멋대로 아무 거리
낌도 없이 떠들어대면서 늘 대장군을 원수처럼 말하는데 폐하도 그

런 유생의 말을 좋아하여 유생들은 제각각 글로 대책을 올리면서 우리 집안을 원망하는 자가 많습니다. 전에 어떤 자가 상서하여 대장군 시절에 주군이 허약하고 신하가 강대하여 전권을 휘둘렀고 지금도 그 자손들이 권력을 행사하며 형제들까지 더욱 교만 방자하기에 종묘가 위태로울 수도 있으며 재해와 이변이 자주 나타나는 것도 모두 이 때문이라고 말하고 있습니다. 그 말이 하도 절통해서 제가 그 글을 올리지 못하게 했습니다. 뒤에 올라오는 글들은 더 교활해서 매번 봉사가 올라올 때마다 중서령에게 보내져서 상서가 관여하지 못하게 하니 점점 사람을 못 믿는 것입니다."

부인 顯(현)이 물었다. "승상이 우리 집안 이야기를 자주 한다면 그는 죄가 없겠는가?" 이에 곽산이 말했다. "승상은 염치가 있고 바른 사람인데 무슨 잘못을 저지르겠습니까? 우리 형제나 사위들이 근신하지 못한 것이 많습니다. 그리고 곽씨들이 許皇后를 독살했다고 떠든다는 소문이 들리는데 정말 맞는 얘기입니까?"

곽광 부인 顯(현)은 두렵고 다급하여 곽운과 곽산, 곽운에게 사실을 말해주었다. 곽산과 곽운과 곽우는 놀라면서 말했다.

"사실이라면 더 일찍 우리에게 왜 말해주지 않았습니까? 천자가 우리 사위들을 내쫓고 배척한 것은 이 때문일 것입니다. 이는 정말 큰일이니 형벌도 적지 않을 것이니 어찌해야 합니까?"

이에 (곽우 등은) 역모를 꾸미기 시작했다.

原文

初, 趙平客石夏善爲天官, 語平曰, "熒惑守禦星, 御星,

太僕奉車都尉也, 不黜則死." 平內憂山等. 雲舅李竟所善
張赦見雲家卒卒, 謂竟曰, "今丞相與平恩侯用事, 可令太夫
人言太后, 先誅此兩人. 移徙陛下, 在太后耳." 長安男子張
章告之, 事下廷尉. 執金吾捕張赦, 石夏等, 後有詔止勿捕.
山等愈恐, 相謂曰, "此縣官重太后, 故不竟也. 然惡端已見,
又有弒許后事, 陛下雖寬仁, 恐左右不聽, 久之猶發, 發即族
矣, 不如先也." 遂令諸女各歸報其夫, 皆曰, "安所相避?"

| **註釋** | ○趙平 – 곽광의 사위. ○天官 – 천문학. ○熒惑(형혹) – 熒惑
星, 火星. 熒은 등불 혈. ○守禦星 – 禦星을 犯하다. 守는 침범하다. 禦星은
房宿(今 天蝎星座)에 속하는 작은 二星인데, 이는 천자의 御車者를 상징한다
고 생각했다. 당시 霍山은 奉車都尉이었다. ○卒卒 – 惶惶(황황, 두려워하
다)하고 불안한 모양. ○移徙陛下 – 移徙(이사)는 移動하다. 여기서는 폐출
을 의미. ○張章告之 – 潁川(영천) 사람인 張章은 長安의 亭長이었는데 실
직하고 곽씨의 저택의 마구간에 딸린 방에서 기숙하고 있었는데 마부들끼리
하는 이야기를 주워듣고 이를 근거로 고발했다는 註가 있다. ○執金吾(집금
오) – 武帝 太初 원년(前 104), 衛尉를 집금오로 개칭. 수도(장안, 궁궐 제외)
의 치안 유지. 황제 출행 시 호위 담당. 秩 中二千石의 고관. ○安所相避 –
피할 곳이 어디입니까? 피할 곳이 없다.

〔**國譯**〕

　그전에, 趙平의 門客인 石夏(석하)는 천문을 잘 보았는데 조평에
게 말했다.

　"熒惑星(형혹성)이 禦星(어성)을 침범하는데 어성은 太僕의 奉車

都尉이니 폐출되지 않는다면 죽게 될 것이요."

이에 조평은 곽산을 걱정하였다. 곽운의 외삼촌인 李竟(이경)은 평소에 張赦(장사)와 가까웠는데 곽운의 집안이 허둥대는 것을 보고 장사가 이경에게 말했다.

"지금 丞相과 平恩侯가 힘을 쓰고 있는데 太夫人(곽광의 부인)이 太后(곽광의 딸)에게 말해서 먼저 이 두 사람을 죽이도록 해야 합니다. 그런 다음에 다시 폐하를 바꿔야 하는데 이는 태후에게 달렸습니다."

長安의 張章이란 사람이 이런 말을 고발했고 사건은 정위에게 넘어갔다. 집금오가 張赦(장사)와 석하 등을 체포하였으나 나중에 그들을 체포하지 말라는 명령이 있었다. 곽산 등은 더욱 두려워하며 서로 말했다.

"이는 천자께서 太后를 어려워하기 때문에 끝을 안 보려는 것이다. 그렇지만 범죄의 단서가 나타났고 또 許황후를 시해한 일도 있는데 폐하가 너그럽다 하더라도 그 좌우 측근들은 따르지 않을 것이며 결국은 재발할 것이고 재발하면 멸족 당하는데 차라리 먼저 손을 쓰는 것만 못할 것이요."

마침내 곽광의 딸들에게 돌아가 각자 남편에게 알리게 하자 모두가 말했다. "피할 데가 어디라도 있습니까?"

原文

會李竟坐與諸侯王交通, 辭語及霍氏. 有詔雲, 山不宜宿衛, 免就第, 光諸女遇太后無禮, 馮子都數犯法, 上並以爲

讓, 山,禹等甚恐. 顯夢第中井水溢流庭下, 灶居樹上, 又夢
大將軍謂顯曰, "知捕兒不? 亟下捕之." 第中鼠暴多, 與人
相觸, 以尾畫地. 鴞數鳴殿前樹上. 第門自壞, 雲尙冠里宅
中門亦壞. 巷端人共見有人居雲屋上, 徹瓦投地, 就視, 亡
有, 大怪之. 禹夢車騎聲正讙來捕禹, 擧家憂愁. 山曰, "丞
相擅減宗廟羔, 菟,鼃, 可以此罪也." 謀令太后爲博平君置
酒, 召丞相,平恩侯以下, 使范明友,鄧廣漢承太后制引斬之,
因廢天子而立禹. 約定未發, 雲拜爲玄菟太守, 太中大夫任
宣爲代郡太守. 山又坐寫秘書, 顯爲上書獻城西第, 入馬千
匹, 以贖山罪. 書報聞, 會事發覺, 雲,山,明友自殺, 顯,禹,廣
漢等捕得. 禹要斬, 顯及諸女昆弟皆棄市. 唯獨霍后廢處昭
臺宮, 與霍氏相連坐誅滅者數千家.

| 註釋 | ○免就第 - 免職하고 집(第)에 가다. ○光諸女遇太后無禮 - 곽
광의 딸들은 昭帝의 상관 태후에게는 이모 항렬이라서 무례했다. ○讓 - 사
양할 양. 꾸짖다. 힐책하다. 욕을 하다. ○亟下捕之 - 금방 잡혀갈 것이다.
亟 빠를 극. 자주, 금방. ○鴞 - 부엉이 효. ○巷端人 - 골목에 사는 사람.
巷은 골목. 북방 도시의 胡同, 남방 도시의 弄과 같은 의미. ○徹瓦投地 - 기
와를 걷어 땅에 던지다. ○菟,鼃(蛙) - 菟는 토끼. 鼃 개구리 왜(蛙와 같음).
鼃(왜)는 田鷄라고도 하는데 식용할 수 있다. 두꺼비는 식용할 수 없다. 靑蛙
는 祭需品. ○博平君 - 宣帝의 외조모. ○玄菟太守 - 玄菟郡(현토군)은 今
遼寧省에 있었으니 漢의 동북쪽 끝이다 ○代郡太守 - 代郡의 치소는 代縣
(今 河北省 張家口市 관할의 蔚縣). ○書報聞 - 상서한 것이 보고되어 天子가
알다. ○昭臺宮 - 상림원 내의 이궁.

　그때 李竟(이경)은 제후 왕들과 교제한 내용을 조사받으면서 곽씨 일가의 음모를 말했다. 이에 조서로 곽운과 곽산에게는 숙위를 담당할 수 없으니 면직하고 집에 대기하게 하고 곽광의 여러 딸들이 태후에게 무례한 것과 馮子都(풍자도, 곽광의 監奴, 곽광 죽은 뒤에 부인과 私通)가 자주 법을 어긴 것을 문책하자 곽산과 곽운 등은 크게 두려워하였다. 곽광의 미망인 顯(현)은 집안 우물이 넘쳐 뜰에 흐르고 부엌 아궁이가 나무 위에 올라간 꿈을 꾸었으며 또 대장군 곽광이 현몽하여 "아들이 잡혀갈 것을 아는가 모르는가? 자주 잡혀갈 것이다."라고 말했다. 집안에 갑자기 쥐가 많아져서 사람과 부딪칠 정도였고 꼬리로 땅에 줄을 그었다. 부엉이가 집 앞 나무에 와서 자주 울기도 했다. 저택의 대문이 저절로 무너졌고 곽운의 상관리 저택의 대문도 붕괴되었다. 골목에 사는 여러 사람들이 곽운의 집 지붕에서 어떤 사람이 기와를 걷어 땅에 던지는 것을 보았는데 다시 보니 아무도 안 보여 매우 괴이하게 생각했다. 곽우는 수레 소리가 아주 시끄럽게 들리더니 자신이 잡혀가는 꿈을 꾸었으며 온 집안이 걱정에 잠겼다. 곽산이 말했다. "승상은 종묘 제사에 양과 토끼와 청개구리의 숫자를 제멋대로 줄였으니 이를 문책해야 합니다."

　그리고 태후가 博平君을 위해 잔치를 차리고 승상과 平恩侯 이하 여러 사람을 초대하면 范明友와 鄧廣漢이 태후의 명을 받아 죽이고서 이어 천자를 폐출하고 곽우를 옹립하자는 모의를 하였다.

　그런 약조를 실행하기 전에 곽운은 玄菟(현토) 태수로, 태중대부인 任宣은 代郡태수로 전출되었다. 곽산이 또 기밀 서류를 필사한 죄에 걸려들자 顯(현)은 상서하여 장안성 서쪽의 저택과 말 1천 필을 바쳐 곽산의 죄를 속죄하겠다고 하였다. 그 상서가 황제에게 보고될 때, 역모가 완전히 발각되었는데 곽운과 곽산과 범명우는 자살하고 곽광부인 顯(현)과 곽우와 등광한 등이 모두 체포되었다. 곽우는 허리를 잘려 죽었고 부인 현과 여러 딸 형제들은 모두 棄市(기시)되었다. 곽황후만은 폐출되어 昭臺宮에 거처했다. 곽씨와 연좌되어 죽은 자가 수천 명이었다.

原文

上乃下詔曰, "乃者東織室令史張赦使魏郡豪李竟報冠陽侯雲謀爲大逆, 朕以大將軍故, 抑而不揚, 冀其自新. 今大司馬博陸侯禹與母宣成侯夫人顯及從昆弟子冠陽侯雲, 樂平侯山諸姉妹婿謀爲大逆, 欲詿誤百姓. 賴宗廟神靈, 先發得, 咸伏其辜, 朕甚悼之. 諸爲霍氏所詿誤, 事在丙申前, 未發覺在吏者, 皆赦除之. 男子張章先發覺, 以語期門董忠, 忠告左曹楊惲, 惲告侍中金安上. 惲召見對狀, 後章上書以聞. 侍中史高與金安上建發其事, 言無入霍氏禁闥, 卒不得遂其謀, 皆讎有功. 封章爲博成侯, 忠高昌侯, 惲平通侯, 安上都成侯, 高樂陵侯."

| 註釋 | ○乃者 － 近日에. ○東織室令史 － 종묘 祭禮服을 제조하는 東, 西 織室이 있었는데 직실령이 책임자. 令史는 그 보좌관. ○魏郡豪 － 魏郡(治所는 鄴縣, 今 河北省 邯鄲市 관할의 臨漳縣)의 호족. 권세가. ○詿誤 － 속

여서 미혹하게 하다. 註 그르칠 괘. ○丙申 - 地節 4년(前 66년). ○在吏者 - 연좌되어 옥에 갇혀 있는 자. ○期門 - 관직명. 무기를 들고 황제를 호위하는 무사. ○楊惲(양운) - 司馬遷의 외손. 승상 楊敞의 아들. 66권,〈公孫劉田王楊蔡陳鄭傳〉에 附傳. ○召見對狀 - 황제를 뵙고 상황을 설명하다. ○儷 - 짝 수. 동등한. 同樣의.

〔國譯〕

이에 선제가 조서를 내렸다.

"요즘에 東織室의 令史인 張赦(장사)는 魏郡의 호족 李竟(이경)에게 冠陽侯 霍雲(곽운)의 대역 모의를 알렸는데 짐은 대장군이 관련되었기에 참으며 알리지 않고 스스로 一新하기를 기대했었다. 이번에 대사마 박륙후 곽우와 그 모친 宣成侯夫人 顯(현)과 사촌 형제의 아들인 관양후 곽운과 낙평후 곽산, 그리고 여러 자매의 사위들이 대역을 모의하며 백성을 속여 잘못으로 이끌려 했다. 종묘 신령의 도움으로 먼저 적발하여 모두 처형하였지만 짐은 이를 심히 안타깝게 여기노라. 곽씨에 의해 속은 여러 사람 중 丙申年 이전의 일이나 관리들에게 죄가 드러나지 않거나 옥에 있는 자들을 모두 사면하겠노라. 성인 남자인 張章(장장)은 이를 먼저 알고서 期門인 董忠(동충)에게 말했고, 동충은 이를 左曹인 楊惲(양운)에게 통보했으며 양운은 이를 시중 金安上에게 말했다. 양운은 황제를 뵙고 상황을 설명하였으며 나중에 張章도 상서하였다. 시중 史高(사고)와 김안상은 그 일을 고발하면서 곽씨들의 궁궐에 들어오지 못하게 하라 건의하여 마침내 그 역모를 좌절케 하였으니 모두 비슷한 공을 세웠다. 장장을 博成侯에, 동충을 高昌侯에, 양운을 平通侯에, 김안상을 都成

侯에, 史高(사고)를 樂陵侯에 봉하노라."

　初, 霍氏奢侈, 茂陵徐生曰, "霍氏必亡. 夫奢則不遜, 不遜必侮上. 侮上者, 逆道也. 在人之右, 衆必害之. 霍氏秉權日久, 害之者多矣. 天下害之, 而又行以逆道, 不亡何待!" 乃上疏言, "霍氏泰盛, 陛下卽愛厚之, 宜以時抑制, 無使至亡." 書三上, 輒報聞. 其後霍氏誅滅, 而告霍氏者皆封. 人爲徐生上書曰, "臣聞客有過主人者, 見其竈直突, 傍有積薪, 客謂主人, 更爲曲突, 遠徙其薪, 不者且有火患. 主人嘿然不應. 俄而家果失火, 鄰里共救之, 幸而得息. 於是殺牛置酒, 謝其鄰人, 灼爛者在於上行, 餘各以功次坐, 而不錄言曲突者. 人謂主人曰, '鄉使聽客之言, 不費牛, 酒, 終亡火患. 今論功而請賓, 曲突徙薪亡恩澤, 焦頭爛額爲上客耶?' 主人乃寤而請之, 今茂陵徐福數上書言霍氏且有變, 宜防絶之. 鄉使福說得行, 則國亡裂土出爵之費, 臣亡逆亂誅滅之敗. 往事旣已, 而福獨不蒙其功, 唯陛下察之, 貴徙薪曲突之策, 使居焦髮灼爛之右." 上乃賜福帛十疋, 後以爲郎.

| 註釋 |　○不遜(불손) − 謙遜하지 않다.　○衆必害之 − 害는 妬忌(투기)하다. 시샘하다.　○其竈直突 − 竈 부엌 조. 直突은 곧게 만든 굴뚝.　○輒報聞 − 보고를 대수롭지 않게 여기다. 보고하지 않다. 輒 문득 첩. 쉽게 여기다.

대수롭지 않다. ○更爲曲突, 遠徙其薪 - 曲突徙薪. 장작을 옮겨 놓아 화재를 예방하다. ○嘿然不應 - 말도 없이 따르지 않다. 嘿 고요할 묵. 默과 同. ○灼爛者在於上行 - 灼爛(작란)은 불에 데다. 上行(상항)은 상석. 상좌. 윗줄. ○使居焦髮灼爛之右 - 焦髮灼爛(초발작란)은 머리카락을 태우고 불에 데다. 右은 상석. 焦 그을릴 초. ○十疋 - 千疋의 誤字일 것이라는 註가 있다. 우리나라에서 비단이나 삼베의 경우 폭 60cm에 길이 180cm 정도를 1필이라 하는데, 漢의 황제가 10필을 상으로 내렸다면 事理에 안 맞는 것 같다.

〖 國譯 〗

그전에, 곽씨 일족이 한창 사치할 때, 무릉현의 徐生이란 사람이 말했다.

"곽씨는 필히 멸망할 것이다. 사람이 사치한다면 불손한 것이고 불손하다면 틀림없이 윗사람을 업신여긴다. 윗사람을 업신여기는 것은 道를 거스르는 것이다. 남보다 위에 있다면 여러 사람들이 시샘을 한다. 곽씨가 정권을 잡은 지 오래이니 그를 시샘하는 자가 많을 것이다. 천하가 시샘하고 또 그가 道를 역행한다면 어찌 망하지 않겠는가?"

그리고 상서하였다.

"곽씨가 한창 성할 때 폐하 또한 애정이 도타웠었지만 때를 보아 적당히 억제했었다면 멸망이 이르지는 않았을 것입니다." 상서가 세 번 들어가도 대수롭지 않게 여겨 보고하지 않았다. 그 뒤에 곽씨가 멸족당하고 곽씨를 고발했던 사람들은 모두 제후가 되었다.

어떤 사람이 徐生을 위하여 상서하였다.

"臣이 들은 바, 어떤 객이 주인집에 들렀는데 아궁이에서 곧게 굴뚝을 내었고 옆에는 장작이 쌓여 있는 것을 보고 주인에게 굴뚝을 고쳐 구부러지게 만들고 장작을 멀리 옮겨야 하나니 그렇지 않으면 화재가 날 수 있다고 말했습니다. 주인은 말도 없이 따르지 않았습니다. 얼마 뒤에 그 집에서 실화로 불이나자 이웃 사람들이 같이 힘을 모아 다행히 불을 껐습니다. 이에 소를 잡고 술을 준비하여 이웃에게 사례하며 불에 덴 사람을 상석에 앉히고 나머지는 공적에 따라 차례로 앉혔지만 굴뚝을 구부려 설치하라고 한 사람의 공은 생각하지 않았습니다. 어떤 사람이 주인에게 말했습니다. '지난 번 손님의 말을 들었더라면 소를 잡고 술을 준비하는 비용도 줄이고 끝내 화재도 일어나지 않았을 것입니다. 지금 논공하며 손님을 초청하였지만 曲突徙薪(곡돌사신)하라고 말한 사람은 은혜가 없고 머리를 끄슬리고 이마를 덴 사람을 상객이라 할 수 있습니까?' 主人은 깨달고 그를 초청했습니다. 지금 무릉현의 徐福은 곽씨들의 변고가 있을 것이며 미리 막아야 한다고 여러 번 상서했었습니다. 지난 번 서복이 말한 대로 행했더라면 나라에서 땅을 나누어 주고 작위를 하사하는 비용도 들지 않고 신하는 반역을 하다가 주살당하는 일도 없었을 것입니다. 지난 일은 이미 끝났지만 서복은 그 공적을 받지 못했지만 만약 폐하께서 살펴주시면서 나뭇단을 옮기고 굴뚝을 구부리라는 책략을 높이 생각한다면 머리카락을 태우고 이마를 덴 사람보다 상석에 앉혀야 할 것입니다."

선제는 서복에게 비단 10필을 하사하고 나중에 낭관에 임명하였다.

宣帝始立, 謁見高廟, 大將軍光從驂乘, 上內嚴憚之, 若有
芒刺在背. 後車騎將軍張安世代光驂乘, 天子從容肆體, 甚
安近焉. 及光身死而宗族竟誅, 故俗傳之曰, "威震主者不
畜, 霍氏之禍萌於驂乘."

至成帝時, 爲光置守塚百家, 吏卒奉詞焉. 元始二年, 封
光從父昆弟曾孫陽爲博陸侯, 千戶.

| 註釋 | ○驂乘(참승) – 參乘. 수레 우측의 陪乘한 사람. 군사적 업무일
경우 車右, 평상시에는 참승이라 하였다. 一車에 尊者는 좌측에, 御者는 중
앙, 참승은 우측에 탄다. 尊者가 天子나 大將軍일 경우 御者가 좌측에, 천자
가 중앙에, 참승은 우측에 탄다. ○嚴憚(엄탄) – 두려워하다. 畏懼(외구).
○芒刺(망자) – 가시가 찌르다. 芒은 보리나 밀 같은 곡식의 까끄라기. ○從
容肆體(종용사체) – 몸이 편하여 아무런 구속이 없다. ○不畜 – 용납하지 못
하다. ○萌於驂乘 – 萌 싹 맹. 싹트다. ○元始 – 평제의 연호. 서기 2년.

〔國譯〕

宣帝가 처음 즉위하여 高廟에 알현할 때, 대장군 곽광이 따라 참
승하였는데 선제는 마음속으로 곽광이 두려워 등에 가시가 찔리는
것 같았다. 뒤에 거기장군 장안세가 곽광을 대신하여 참승하자 천자
는 마음과 몸이 모두 너그러워 매우 편안하였다. 곽광이 죽고 그 일
족이 주살당한 뒤에 세속에서는 이를 두고 "위세로 주군을 떨게 하
는 자는 용납할 수 없나니 곽씨 집안의 재앙은 참승할 때부터 싹이
텄다."고 말하였다.

成帝 때에 곽광을 위해 무덤 관리 민호 100호를 두었고 이졸을 시켜 제사하게 하였다. 元始 2년에 곽광 숙부 형제의 증손인 霍陽(곽양)을 博陸侯에 봉하고 식읍 1천 호를 내렸다.

68-2. 金日磾

原文

金日磾字翁叔, 本匈奴休屠王太子也. 武帝元狩中, 票騎將軍霍去病將兵擊匈奴右地, 多斬首, 虜獲休屠王祭天金人. 其夏, 票騎復西過居延, 攻祁連山, 大克獲. 於是單于怨昆邪,休屠居西方多爲漢所破, 召其王欲誅之. 昆邪,休屠恐, 謀降漢. 休屠王後悔, 昆邪王殺之, 並將其衆降漢. 封昆邪王爲列侯. 日磾以父不降見殺, 與母閼氏,弟倫俱沒入官, 輸黃門養馬, 時年十四矣.

| 註釋 | ○金日磾(김일제) – 본래 흉노인. 磾 검은 물 들이는 돌 제. ○匈奴 休屠王(휴저왕) – 흉노 부족장의 칭호. 屠 잡을 도. 흉노왕의 칭호 저. ○元狩 – 무제의 연호 前 122 – 117년. ○祭天金人 – 제천하는 곳에 있던 金人. 55권, 〈衛靑霍去病傳〉 참고. ○居延(거연) – 縣名. 今 內蒙古 阿拉善 盟 관할하의 額濟納旗 동남.(盟과 旗는 내몽고 지역의 행정 단위임). 寧夏回

族自治區의 서쪽 내몽고 지역. ㅇ大克獲 – 크게 이겨 획득하다. ㅇ閼氏(연지) – 흉노의 單于의 正妻, 諸王의 正妻에 대한 칭호. ㅇ輸黃門 – 黃門에 보내지다. 黃門은 궁중의 수레, 狗馬, 廣大, 樂工, 畵工을 관리하는 관서.

[國譯]

金日磾(김일제)의 字는 翁叔으로 본래 匈奴 休屠王(휴저왕)의 太子이었다. 무제 元狩 연간에 표기장군 霍去病(곽거병)은 군사를 거느리고 흉노의 오른쪽 땅을 공격하여 많이 참수하고 흉노 휴저왕이 祭天하는 곳에서 金人을 노획하였다. 그 해 여름, 표기장군은 다시 서쪽으로 거연을 지나 祁連山(기연산)을 공격하여 크게 이겼다. 이에 선우는 昆邪王(혼야왕)과 휴저왕이 관할 지역인 서방이 漢에게 격파된 것을 증오하며 그 왕을 소환하여 죽이려 하였다. 혼야왕과 휴저왕은 두려워 漢에 투항할 것을 모의하였다. 휴저왕이 후회하자 혼야왕이 죽여 버렸고 그 무리를 거느리고 한에 투항하였다. 혼야왕은 열후에 봉해졌다. 김일제는 부친이 투항하지 않고 살해되었기에 모친 연지, 동생 倫(륜)과 함께 관노로 몰입되었고 黃門에 보내져 말을 길러야 했는데 그때 나이는 14세였다.

原文

久之, 武帝游宴見馬, 後宮滿側. 日磾等數十人牽馬過殿下, 莫不竊視, 至日磾獨不敢. 日磾長八尺二寸, 容貌甚嚴, 馬又肥好, 上異而問之, 具以本狀對. 上奇焉, 卽日賜湯沐衣冠, 拜爲馬監, 遷侍中, 駙馬都尉, 光祿大夫. 日磾旣親近,未嘗有過失, 上甚信愛之, 賞賜累千金, 出則驂乘, 入侍左右. 貴戚多竊怨, 曰, "陛下妄得一胡兒, 反貴重之!" 上聞, 愈厚焉.

| 註釋 | ○後宮 – 무제의 妃嬪. ○竊視(절시) – 훔쳐보다. ○八尺二寸 – 약 189cm. ○馬監 – 黃門令 屬官, 養馬 책임자. ○妄 – 어쩌다가. 隨便.

〖 國譯 〗

얼마 후, 武帝는 연회를 하면서 말 구경을 하였는데 후궁들이 양 옆에 가득했다. 김일제 등 수십 명이 말을 끌고 전각 아래를 지나가는데 훔쳐보지 않는 사람이 없었지만 김일제만은 앞을 지나면서 바라보지 않았다. 일제는 키가 8척2촌이고 용모가 아주 위엄이 있고 말은 살찌고 좋았기에 무제가 기이하다 여기면서 물었고 사실 그대로 대답했다. 무제는 기특해 하면서 즉일로 목욕과 의관을 하사하고 馬監에 임명했는데 侍中, 駙馬都尉, 光祿大夫로 승진시켰다. 김일제는 황제 측근으로 신임을 받으면서 잘못도 없어 무제가 매우 아꼈는데 상으로 수천 금을 하사하였으며, 외출 시에는 참승을 하고 들어와서는 측근으로 시중을 들었다. 귀인이나 척신들이 몰래 많이 원망하면서 "폐하는 어쩌다가 흉노 애 하나를 데려다가 정말로 귀히 여긴다."라고 말했다. 무제는 그런 줄 알면서 더욱 후대하였다.

原文

日磾母教誨兩子, 甚有法度, 上聞而嘉之. 病死, 詔圖畫

於甘泉宮, 署曰 '休屠王閼氏'. 日磾每見畫常拜, 鄉之涕
泣, 然後乃去. 日磾子二人皆愛, 爲帝弄兒, 常在旁側. 弄兒
或自後擁上項, 日磾在前, 見而目之. 弄兒走且啼曰, "翁
怒." 上謂日磾 "何怒吾兒爲?" 其後弄兒壯大, 不謹, 自殿
下與宮人戲, 日磾適見之, 惡其淫亂, 遂殺弄兒. 弄兒卽日
磾長子也. 上聞之大怒, 日磾頓首謝, 具言所以殺弄兒狀.
上甚哀, 爲之泣, 已而心敬日磾.

| 註釋 | ○病死 - '母死'가 되어야 文意가 확실함. ○鄉之涕泣(향지체읍)
- 鄉은 向. 涕 눈물 체. 泣 울 읍. ○弄兒 - 재롱을 보려고 재미로 키우는 아
이. ○常在旁側 - 常在帝側으로 보면 文意가 확실함. ○自後擁上項 - 뒤에
서 무제의 목을 껴안다. 擁 안을 옹. ○見而目之 - 目은 怒한 눈으로 보다.
視怒也.

〔國譯〕

　金日磾의 모친은 두 아들을 가르치면서 법도가 매우 엄격했고 무
제도 이를 알고 가상히 여겼다. 김일제의 모친이 죽자 조서로 초상
을 그려 甘泉宮에 두고 '休屠王(휴저왕)의 閼氏(연지)'라고 써 붙였
다. 김일제는 그림을 볼 때마다 매번 절을 하고 바라보며 눈물을 흘
린 뒤에 떠났다. 김일제의 두 아들은 귀여워서 황제의 弄兒(농아)가
되었는데 늘 황제 곁에 있었다. 농아가 가끔은 뒤에서 무제의 목을
껴안기도 하였는데 김일제가 앞에 있다가 노한 눈길로 바라보면 농
아가 달아나 울며 "아버지가 화났다"고 말했다. 무제가 일제에게
"왜 내 아들한테 화를 내는가?"라고 말했다. 그 뒤로 농아가 장대하

여 조심하지 않고 전각 아래서 궁녀를 희롱했는데 마침 일제가 이를 보고서 음란한 짓을 할까 걱정이 되어 농아를 죽여 버렸다. 죽은 아이는 바로 김일제의 장남이었다. 무제가 이를 알고 대노하자 김일제는 머리를 조아려 사죄하면서 농아를 죽여야만 할 상황을 모두 말했다. 무제는 매우 애통해 하면서 눈물을 흘렸고 이후 마음속으로 김일제를 높이 생각하였다.

原文

初, 莽何羅與江充相善, 及充敗衛太子, 何羅弟通用誅太子時力戰得封. 後上知太子冤, 乃夷滅充宗族黨與. 何羅兄弟懼及, 遂謀爲逆. 日磾視其志意有非常, 心疑之, 陰獨察其動靜, 與俱上下. 何羅亦覺日磾意, 以故久不得發. 是時, 上行幸林光宮, 日磾小疾臥廬. 何羅與通及小弟安成矯制夜出, 共殺使者, 發兵. 明旦, 上未起, 何羅亡何從外入. 日磾奏廁心動, 立入坐內戶下. 須臾, 何羅褎白刃從東箱上, 見日磾, 色變, 走趨臥內欲入, 行觸寶瑟, 僵. 日磾得抱何羅, 因傳曰, "莽何羅反!" 上驚起, 左右拔刃欲格之, 上恐並中日磾, 止勿格. 日磾捽胡投何羅殿下, 得禽縛之, 窮治, 皆伏辜. 繇是著忠孝節.

| 註釋 | ○莽何羅 - 인명. 본성은 馬氏. 武帝 後元 원년(前 88)에 侍中僕射(복야)인 莽何羅(망하라)와 동생인 重合侯 莽通(망통)의 역모가 있었다.

○與俱上下 - 함께 궁전을 출입하다. ○林光宮 - 秦의 胡亥가 건축한 별궁. 漢은 그 곁에 甘泉宮을 지었기에 감천궁의 별칭으로 통용되었다. ○矯制(교제) - 가짜 制書. ○亡何 - 無故, 아무 일 없이. ○奏廁(주측) - 뒷간에 가다. 奏는 向하다. ○褎 - 소매. 袖의 古字. 소매에 칼을 품다. ○走趨臥內欲入 - 천자의 침소로 달려 들어가려 하다. 臥內는 천자의 臥室. ○僵 - 쓰러뜨리다. 쓰러질 강. ○捽胡 - 멱살을 잡다. 捽 잡을 졸. 胡 목 호. 목덜미(頸也). ○皆伏辜(개복고) - 모두 죄를 자백하다. 辜 허물 고.

〔國譯〕

전에, 莽何羅(망하라)와 江充은 서로 친했는데 강충이 衛太子를 죽게 만들었을 때, 망하라의 동생 망통은 太子軍을 토벌하는데 공이 있어 제후가 되었다. 뒷날 무제가 태자의 원통함을 알고서 강충의 종족과 무리를 멸족시켰다. 망하라 형제는 화가 닥칠 것이 두려워 반역을 모의하였다. 김일제는 그의 심중에 반역의 낌새가 있는 것을 알고 속으로 의심하며 몰래 그 행동을 관찰하며 함께 궁중을 출입하였다. 망하라 역시 김일제의 뜻을 알기에 행동하지 못했다. 이때 무제는 林光宮에 행차했었는데 김일제는 몸살로 처소에 누워 있었다. 망하라와 망통, 막냇동생 莽安成은 거짓 조서를 밤에 받아 사자를 죽이고 군사를 동원하였다. 다음 날 새벽, 무제가 아직 일어나지 않았을 때, 망하라는 무단히 밖에서 침입하였다. 그때 김일제는 뒷간에 가려다가 가슴이 두근거려 바로 전각에 들어가 창문 아래 앉아 있었다. 곧 망하라가 소매에 하얗게 날이 선 칼을 들고 동쪽 각은 문으로 들어오다가 김일제를 보고 놀라면서 천자의 침소로 달려가려다가 큰 거문고를 건드려 쓰러뜨렸다. 김일제는 망하라를 끌어 잡고 소리쳐 말했다. "망하라가 반역을 한다!" 무제가 놀라 일어나고 측근들이 칼을 빼들고 망하라와 싸우려 하자 무제는 김일제가 찔릴까 걱정되어 격투를 중지시켰다. 김일제가 멱살을 잡아 망하라를 전각 아래로 내던져 사로잡아 결박했고 철저히 조사하여 모든 죄가 드러났다. 이로써 김일제의 충효심이 확실히 드러났다.

原文

 日磾自在左右, 目不忓視者數十年. 賜出宮女, 不敢近. 上欲內其女後宮, 不肯. 其篤愼如此, 上尤奇異之. 及上病, 屬霍光以輔少主, 光讓日磾. 日磾曰, "臣外國人, 且使匈奴輕漢." 於是遂爲光副. 光以女妻日磾嗣子賞. 初, 武帝遺詔以討莽何羅功封日磾爲秺侯, 日磾以帝少不受封. 輔政歲餘, 病困, 大將軍光白封日磾, 臥授印綬. 一日, 薨, 賜葬具塚地, 送以輕車介士, 軍陳至茂陵, 謚曰敬侯.

| 註釋 | ○忓視(오시) - 상대방을 똑바로 보다. ○內其女後宮 - 內는 들일 납. 納과 同. ○屬 - 부탁할 촉. 囑也. ○秺侯(투후) - 秺는 縣名. 今 山東省 定陶縣 동남. 秺 볏단 투. ○塚地 - 무덤 쓸 땅. 塚 무덤 총. ○介士 - 武士. ○茂陵 - 武帝의 능.

〔國譯〕

 김일제는 황제의 측근에 있었지만 수십 년간 남을 똑바로 쳐다보지 않았다. 궁녀를 하사해 내보냈지만 가까이 하지 않았다. 무제가 김일제의 딸을 후궁으로 받아들이려 했지만 따르지 않았다. 그가 이 처럼 독실했기에 무제는 더욱 기특히 여겼다. 무제가 병이 들어 霍 光에게 少主를 보필하라 당부하자 곽광은 김일제에게 사양했다. 이 에 김일제가 말했다. "臣은 외국인이기에 또 흉노가 漢을 얕볼 수 있습니다." 이에 곽광을 도와 보필하라고 하였다. 곽광은 딸을 김일 제의 맏아들 金賞(김상)에게 출가시켰다. 그전에 武帝가 遺詔를 내 려 莽何羅(망하라)를 토벌한 공로로 김일제를 秺侯(투후)로 봉했지만 김일제는 천자가 아직 어리다고 封을 받지 않았다. 일 년 남짓 정치 를 보좌하다가 병이 심해지자 대장군 곽광이 천자에게 아뢰어 김일 제를 봉하게 했고 김일제는 누워 인수를 받았다. 하루 만에 죽으니 葬具와 무덤 쓸 땅을 하사하고 장례용 수레와 무사들을 보냈으며 군 사가 茂陵까지 열을 지었고, 시호는 敬侯라 했다.

原文

日磾兩子, 賞, 建, 俱侍中, 與昭帝略同年, 共臥起. 賞爲奉 車, 建駙馬都尉. 及賞嗣侯, 佩兩綬. 上謂霍將軍曰, "金氏 兄弟兩人不可使俱兩綬邪?" 霍光對曰, "賞自嗣父爲侯耳." 上笑曰, "侯不在我與將軍乎?" 光曰, "先帝之約, 有功乃得 封侯." 時年俱八九歲. 宣帝卽位, 賞爲太僕, 霍氏有事萌牙, 上書去妻. 上亦自哀之, 獨得不坐. 元帝時爲光祿勳, 薨, 亡 子, 國除. 元始中繼絶世, 封建孫當爲秺侯, 奉日磾後.

| 註釋 | ○萌芽(맹아) − 싹. ○去妻 − 처를 친정으로 보내다. 이혼하다.
○亡子 − 無子. ○元始 − 平帝의 연호(서기 1 − 5년).

〖 國譯 〗

 김일제의 두 아들인 金賞(김상)과 金建(김건)은 둘 다 侍中이 되었
는데 昭帝와 나이가 비슷하여 같이 기거하기도 했다. 김상은 奉車都
尉이었고 김건은 駙馬都尉이었다. 김상이 선친에 이어 제후가 되어
두 개의 인수를 찼다. 소제가 곽광에게 물었다. "金氏 兄弟 두 사람
이 인수를 모두 두 개씩 차면 안 되는가?" 곽광이 대답하였다. "김
상은 부친의 뒤를 이어 제후가 되었습니다." 소제가 웃으며 말했다.
"侯가 되는 것은 짐과 대장군에게 달렸지 않은가?" 곽광이 말했다.
"先帝의 약조대로 공을 세우면 제후가 됩니다." 그때 모두가 8, 9세
정도였다. 宣帝가 즉위하고서 김상은 太僕이 되었는데 霍氏가 변
을 일으킬 싹수가 보이자 상서하여 처를 내보내겠다고 하였다. 선제
또한 애처롭게 생각했고 김상만은 연루되지 않았다. 뒤에 元帝때 光
祿勳이 되었다. 김상이 죽자 아들이 없어 侯國은 폐지되었다. 平帝
元始 연간에 후계가 끊겼는데 金建의 손자 金當이 秺侯(투후)가 되
어 김일제의 후손을 제사했다.

68-3. (姪) 金安上

原文

初, 日磾所將俱降. 弟倫字少卿, 爲黃門郞, 早卒. 日磾兩子貴, 及孫則衰矣. 而倫後嗣遂盛, 子安上始貴顯封侯.

安上字子侯, 少爲侍中, 惇篤有智, 宣帝愛之. 頗與發擧楚王廷壽反謀, 賜爵關內侯, 食邑三百戶. 後霍氏反, 安上傳禁門闥, 無內霍氏親屬, 封爲都成侯, 至建章衛尉. 薨, 賜塚塋杜陵, 諡曰敬侯. 四子, 常, 敞, 岑, 明.

│ 註釋 │ ○日磾所將俱降 − 被動文이다. (다른 사람의) 통솔에(將) 의해 (所) (여러 사람이) 함께(俱) 歸降했다(降). ○惇篤(돈독) − 인정이 많고 후덕하다. ○頗與(파여) − 적극 참여하다. ○楚王廷壽反謀 − 劉延壽(유연수, ? − 前 69)는 어설픈 모반을 계획했다가 들통이 나서 楚王 劉延壽는 즉위한 지 32년에 자살하였고 楚國은 없어졌다. 36권, 〈楚元王傳〉 참고. ○杜陵 − 선제의 능. 동시에 縣名. 今 陝西省 西安市 동남.

〖 國譯 〗

그전에 김일제는 다른 사람에 끌려 함께 귀항했었다. 동생 金倫 (김륜)의 字는 少卿으로 黃門郞이 되었다가 일찍 죽었다. 김일제의 두 아들은 높이 올랐으나 손자 대에 가서는 쇠락하였으나 동생 倫의 후사는 번성하였고 아들 金安上은 처음으로 고관이 되어 제후에 봉해졌다.

金安上의 字는 子侯로 젊어 시중이 되었는데 사람이 돈독하고 지혜로워 宣帝가 신임하였다. 楚王 劉廷壽의 반역 모의를 캐내는데 적극 참여하여 關內侯의 작위와 식읍 3백 호를 하사받았다. 뒤에 霍氏들이 반역했을 때 김안상은 궁궐문을 봉쇄하고 곽씨 친족의 출입을 막으라고 지시하여 都成侯가 되었고 建章宮 衛尉로 승진하였다. 죽은 뒤에 杜陵에 무덤을 하사받았고, 시호는 敬侯였다. 金常, 金敞(김창), 金岑(김잠), 金明의 4子를 두었다.

岑,明皆爲諸曹中郎將, 常光祿大夫. 元帝爲太子時, 敞爲中庶子, 幸有寵, 帝卽位, 爲騎都尉光祿大夫, 中郎將侍中. 元帝崩, 故事, 近臣皆隨陵爲園郎, 敞以世名忠孝, 太后詔留侍成帝, 爲奉車水衡都尉, 至衛尉. 敞爲人正直, 敢犯顏色, 左右憚之, 唯上亦難焉. 病甚, 上使使者問所欲, 以弟岑爲托. 上召岑, 拜爲使主客. 敞子涉本爲左曹, 上拜涉爲侍中, 使待幸綠車載送衛尉舍. 須臾卒. 敞三子, 涉,參,饒.

| 註釋 | ㅇ諸曹中郎將 – 中郎將은 황제의 侍衛(시위)를 담당. 낭중령의 속관. 秩 比二千石. 중랑장은 五官 중랑장, 右曹 중랑장의 구분이 있었기에 諸曹中郎將라 하였다. ㅇ中庶子 – 태자의 속관, 太子中庶子. 태자의 시종. 秩 6百石. ㅇ故事 – 관례에 따라. ㅇ園郎 – 관직명. 園令의 속관으로 陵園을 수비. ㅇ水衡都尉 – 上林苑과 황실 재산을 관리하는 도위. ㅇ使主客 – 主客尙書를 시키다. 외국(주로 흉노)에 오가는 문서를 담당. 尙書는 황제에

게 보고되는 문서를 주관한다는 뜻. 成帝는 5명의 상서를 두어 업무를 분장하였는데, 常侍尙書(승상과 어사대부가 올리는 보고 담당), 二千石尙書(14부 자사와 태수가 보고하는 문서 담당), 戶曹尙書(백성들의 上書 담당), 主客尙書(외국 관련 上書 담당), 三公尙書(刑獄 관련 보고 주관) 등이다. ○綠車 − 皇孫車. 皇孫을 위한 수레. 김섭을 녹거를 타게 했다는 것은 그만큼 총애했다는 뜻이다.

〔國譯〕

金岑(김잠)과 金明은 모두 여러 부서의 中郎將이 되었으며, 金常은 光祿大夫였다. 元帝가 太子로 있을 때, 金敞은 中庶子로 신임을 받았고 元帝로 즉위하자 騎都尉光祿大夫로 中郎將侍中이었다. 원제가 붕어하자 관례대로 近臣이 모두 陵을 수행하는 園郎이 되었고 金敞(김창)은 忠孝로 이름이 알려졌기에, 태후의 조서에 의거 남아서 成帝를 모시도록 하였고 奉車水衡都尉가 되었다가 衛尉로 승진하였다. 김창은 사람됨이 정직하고 바른 말을 잘하여 左右에서 경원하였는데 천자도 어려워하였다. 병이 중하자 成帝가 사람을 보내 원하는 바를 묻게 했더니 동생 金岑(김잠)을 부탁하였다. 성제는 김잠을 불러 主客尙書를 시켰다. 김창의 아들 金涉(김섭)은 본래 左曹였는데, 성제가 김섭을 시중으로 임명하고 시종을 시켜 綠車에 태워 衛尉의 관사에 보낼 정도로 총애하였다. 얼마 뒤에 죽었다. 金敞의 三子는 金涉(김섭), 金參(김참), 金饒(김요)이다.

涉明經儉節, 諸儒稱之. 成帝時爲侍中,騎都尉, 領三輔
胡,越騎. 哀帝卽位, 爲奉車都尉, 至長信少府. 而參使匈奴,
匈奴中郎將,越騎校尉,關內都尉, 安定,東海太守. 饒爲越騎
校尉.

| 註釋 | ○三輔 − 장안과 주변. 경기 지역. 京兆尹과 右扶風과 左馮翊(좌
풍익)의 관할 지역. ○哀帝 − 재위 前 6 − 前 1년. ○匈奴中郎將 − 앞에
'拜' 字가 있어야 한다. ○關內都尉 − 關中 지역의 都尉. ○東海郡 − 치소는
郯縣(담현, 今 山東省 臨沂市 관할의 郯城縣).

〚 國譯 〛

金涉(김섭)은 경학에 밝았고 질검 절약하여 유생들이 그를 칭송하
였다. 成帝 때 侍中에 騎都尉로 三輔의 흉노와 越人의 騎兵을 통솔
하였다. 哀帝가 즉위한 뒤 奉車都尉가 되어 長信宮 少府가 되었다.
그리고 金參(김참)은 흉노에 사신으로 다녀왔고 匈奴中郞將과 越騎
校尉와 關內都尉, 그리고 安定郡과 東海郡의 太守를 역임하였다. 金
饒(김요)는 越騎校尉(월기교위)가 되었다.

涉兩子, 湯,融, 皆侍中諸曹將大夫. 而涉之從父弟欽擧明
經, 爲太子門大夫, 哀帝卽位, 爲太中大夫給事中, 欽從父弟

遷爲尙書令, 兄弟用事. 帝祖母傅太后崩, 欽使護作, 職辦, 擢爲泰山,弘農太守, 著威名. 平帝即位, 徵爲大司馬司直, 京兆尹. 帝年幼, 選置師友, 大司徒孔光以明經高行爲孔氏師, 京兆尹金欽以家世忠孝爲金氏友. 徙光祿大夫,侍中, 秩中二千石, 封都成侯.

| 註釋 | ○侍中諸曹將大夫 - 侍中으로 諸曹의 中郞將과 大夫를 역임하다. ○明經 - 경학에 밝다. ○太子門大夫 - 職名. 태자 東宮의 출입문 관리직. 少傅(소부)의 속관. ○護作 - 장례를 주관하다. ○平帝 - 재위 서기 1년－5년. ○孔光 - 字는 子夏. 51권,〈匡張孔馬傳〉에 입전. ○大司馬司直 - 哀帝 때 丞相을 大司徒로 개칭했다. 따라서 大司馬는 大司徒가 되어야 한다. 司直은 승상의 屬官. 秩 比二千石. 大司馬의 속관으로는 長史가 있었다.

〖 國譯 〗

　金涉의 두 아들인 金湯과 金融은 모두 侍中으로 諸曹의 中郞將과 大夫를 역임하였다. 그리고 김섭의 從父弟인 金欽(김흠)은 明經으로 천거되어 太子門大夫가 되었는데, 哀帝가 即位하고서 太中大夫 給事中이 되었고, 김흠의 從父弟인 金遷은 尙書令이 되어 형제가 요직에 있었다. 哀帝의 祖母인 傅(부)太后가 붕어하자, 김흠은 장례 절차를 주관하였고 직분을 수행한 뒤에 泰山郡과 弘農郡의 太守로 발탁되어 威名을 날렸다. 平帝가 즉위하자 부름을 받아 大司馬司直이 되었다가 京兆尹이 되었다. 평제의 나이가 어려 스승과 벗을 선발하였는데 大司徒(대사도) 孔光은 경학에 밝고 품행이 뛰어나 孔氏師라 하였고 京兆尹 김흠은 가문이 대대로 충효가 뛰어나 金氏友라고 하였

다. 光祿大夫로 옮겨갔다가 侍中이 되었는데 秩은 中二千石이었고
都成侯에 봉해졌다.

原文

時, 王莽新誅平帝外家衛氏, 召明禮少府宗伯鳳入說爲人
後之誼, 白令公卿,將軍,侍中,朝臣並聽, 欲以內厲平帝而外
塞百姓之議. 欽與族昆弟秅侯當俱封. 初, 當曾祖父日磾傳
子節侯賞, 而欽祖父安上傳子夷侯常, 皆亡子, 國絶, 故莽封
欽,當奉其後. 當母南卽莽母功顯君同産弟也. 當上南大行
爲太夫人. 欽因緣謂當, "詔書陳日磾功, 亡有賞語. 當名爲
以孫繼祖也, 自當爲父,祖父立廟. 賞故國君, 使大夫主其
祭." 時, 甄邯在旁, 庭叱欽, 因劾奏曰, "欽幸得以通經術,
超擢侍帷幄, 重蒙厚恩, 封襲爵號, 知聖朝以世有爲人後之
誼. 前遭故定陶太后背本逆天, 孝哀不獲厥福, 乃者呂寬,衛
寶復造奸謀, 至於返逆, 咸伏厥辜. 太皇太后懲艾悼懼, 逆
天之咎, 非聖誣法, 大亂之殃, 誠欲奉承天心, 遵明聖制, 專
一爲後之誼, 以安天下之命, 數臨正殿, 延見群臣, 講習《禮
經》. 孫繼祖者, 謂亡正統持重者也. 賞見嗣日磾, 後成爲君,
持大宗重, 則《禮》所謂 '尊祖故敬宗', 大宗不可以絶者也.
欽自知與當俱拜同誼, 卽數揚言殿省中, 敎當云云. 當卽如
其言, 則欽亦欲爲父明立廟而不入夷侯常廟矣. 進退異言,

頗惑衆心, 亂國大綱, 開禍亂原, 誣祖不孝, 罪莫大焉. 尤非
大臣所宜, 大不敬. 秺侯當上母南爲太夫人, 失禮不敬."

莽白太后, 下四輔, 公卿, 大夫, 博士, 議郎, 皆曰, "欽宜以時
卽罪." 謁者召欽詣詔獄, 欽自殺. 邯以綱紀國體, 亡所阿私,
忠孝尤著, 益封千戶. 更封長信少府涉子右曹湯爲都成侯.
湯受封日, 不敢還歸家, 以明爲人後之誼. 益封爲後, 莽復
用欽弟遵, 封侯, 歷九卿位.

| 註釋 | ○宗伯鳳 − 人名. 宗伯은 복성. 字는 君房. ○內厲 − 厲는 勵. 격
려하다. 힘쓰게 하다. 外塞의 塞은 막다. 그치게 하다. ○秺侯當 − 秺侯(투
후)는 본래 김일제의 작위. 金當은 김일제의 증손. ○當上南大行爲太夫人 −
金當은 모친 南을 大行令에게 太夫人이라고 높여 불렀다. 南은 이름. 열후의
妻를 夫人이라 호칭하는데, 그 열후의 아들이 다시 제후가 되었을 때 그 모
친을 太夫人이라 호칭하였다. 金當은 자신이 열후에 올랐지만 부모는 열후
가 아니었다. 곧 김당은 자기 모친 南을 太夫人이라 할 수 없지만 왕망 모친
의 친형제였기에 왕망의 권위를 믿고 이런 호칭을 사용한 것이다. 大行은 관
직명, 곧 大行令. 무제 때 大鴻臚(대홍려)로 개칭. 대홍려는 九卿의 하나로
이민족에 관한 업무를 담당. 김일제가 흉노인으로 歸漢했기에 대행령과 관
계가 있었다. ○因緣(인연) − 기회를 보아서. ○庭叱 − 조정에서 질책하다.
○超擢侍帷幄(초탁시유악) − 超擢은 특별히 발탁되다. 帷幄은 천자를 지칭.
천자가 있는 곳은 반드시 휘장이 둘러쳐 있어야 한다. ○定陶太后 − 定陶
공왕의 왕후, 哀帝의 생모. ○乃者 − 近日에. ○懲艾悼懼(징애도구) − 혼나
서 스스로 경계하며 두려워 떨다. 懲 혼날 징. 艾 거둘 예. 쑥 애. 悼懼는 두려
워 떨다. ○四輔(사보) − 왕망은 托古改制하면서 三公 대신 四輔를 두었다.
○以時卽罪 − 以時는 즉시. 立卽. 卽罪는 문죄하다.

그때 王莽(왕망)은 平帝의 外家인 衛氏(위씨)를 주살한 뒤라서 禮에 밝은 少府 宗伯鳳(종백봉)을 불러 후손의 도리에 대하여 설명하게 하면서 公卿과 將軍, 侍中과 朝臣이 모두 경청하라 하였는데 이로써 안으로는 平帝를 설득시키고 밖으로는 백성의 의논을 막으려고 했다.

金欽(김흠)과 일족의 형제인 秅侯(투후) 金當(김당)은 같이 제후가 되었다. 그전에 김당의 曾祖父 金日磾는 작위를 아들인 節侯 金賞(김상)에게 전했고, 金欽의 祖父 金安上은 아들인 夷侯 金常(김상)에게 전했으나 모두 아들이 없어 나라가 끊겼기에 왕망이 金欽과 金當을 그 후손으로 봉하려 하였다. 김당의 母親인 南(남)은 바로 왕망의 모친 功顯君의 同母弟(친형제)이었다. 김당은 모친 南을 大行令에게 太夫人이라고 높여 불렀다. 김흠은 기회를 보아 김당에게 말했다.

"詔書에 日磾의 공적을 진술하였지만 조부 金賞에 대한 이야기는 없다. 金當은 손자로 조부의 지위를 계승한 것이기에 부친과 조부의 묘당을 세울 수 있다. 조부인 金賞은 전에 國君이었기에 大夫로 그 제사를 주관케 하여야 한다."

그때 甄邯(견한)이 곁에 있다가 조정에서 金欽을 질책하며 죄를 따져 상주하였다.

"金欽은 經學에 박통하다 하여 특별히 발탁되어 천자를 모시면서 두터운 은택을 크게 받았으며 작호를 이어 받았으니 聖朝가 건립된 이후 후손으로서의 의무를 알고 있어야 합니다. 앞서 定陶太后가 背本하고 逆天하는 일을 만나 孝哀帝가 그 복을 받지 못하였으며 근자에 呂寬(여관)과 衛寶(위보)가 다시 역모를 꾸며 반역을 하다가 모두 그 벌을 받았습니다. 太皇太后께서도 혼나고 두려워 떨었으니 逆天하는 죄나 성인을 비난하고 법도를 헐뜯는 것은 대란의 재앙이기에 진실하게 천심을 받들고 성인의 제도를 따라야 하며, 후손의 의무를 한마음으로 지키며 오로지 천하를 편안케 하는 명을 받은 분은 자주 정전에 임하시고 群臣을 불러 만나야 하며 이에 《禮經》을 강습한 것입니다. 손자가 조부를 계승한다는 것은 정통을 이어갈 사람이 없기 때문입니다. 金賞(김상)이 김일제의 뒤를 이었는데 그 후손이 제후가 되었다면 대종의 지위를 이은 것이며, 이는 《禮》에서 말하는 '조상을 받들어야 하기에 대종을 공경하는 것'이며 大宗은 결코 단절할 수 없는 것입니다. 김흠은 김당과 함께 같은 의리로 같이 책봉 받을 수 없다는 것을 알면서도 조정에서 자주 김당에게 가르쳐 준다며 여러 말을 하였습니다. 김당에게 한 말 그 말대로라면 김흠 또한 자기 선친 金明을 위한 묘당을 설치해야 하고 夷侯인 金常의 묘당에 갈 수 없습니다. 進退에 따라 말이 달라지는 것은 백성들의 마음을 현혹시키는 것이며 나라의 大綱을 문란케 하며 禍亂의 근원을 열고 조상을 문란하게 하는 불효이니 그 죄가 이보다 더 클 수가 없습니다. 이는 더군다나 대신이 할 바도 아니며 큰 不敬입니다. 秺侯(투후) 金當이 모친 南을 太夫人이라 올린 것도 失禮이며 不敬입니다."

왕망은 이를 太后(元帝의 황후, 王政君)에게 알리고 四輔와 公卿, 大夫와 博士, 議郎에게 논의하게 하였더니 모두가 말했다. "金欽에게 응당 즉시로 문죄해야 합니다." 謁者(알자)가 김흠을 소환하여 황제 명에 의한 옥으로 데려가자 김흠은 자살하였다. 甄邯(견한)은 國體의 기강을 확립하였으며 한쪽에 치우치지 않고 충효를 드러냈다 하여 식읍 1천 호를 추가로 받았다. 그리고 다시 長信少府이었던 金涉의 아들 右曹인 金湯을 都成侯에 봉했다. 金湯은 受封日에 바로 귀가하지 않고 후손의 도리를 다했다. 후손을 추가로 봉하면서 왕망은 김흠의 동생 金遵(김준)에게 적용하니 김준은 제후가 되었고 나중에 九卿을 역임하였다.

原文

贊曰, 霍光以結髮內侍, 起於階闥之間, 確然秉志, 誼形於主. 受褓褓之托, 任漢室之寄, 當廟堂, 擁幼君, 摧燕王, 仆上官, 因權制敵, 以成其忠. 處廢置之際, 臨大節而不可奪, 遂匡國家, 安社稷. 擁昭立宣, 光爲師保, 雖周公, 阿衡, 何以加此! 然光不學亡術, 闇於大理, 陰妻邪謀, 立女爲后, 湛溺淫溢之欲, 以增顚覆之禍, 死財三年, 宗族誅夷, 哀哉! 昔霍叔封於晉, 晉卽河東, 光豈其苗裔乎!

金日磾夷狄亡國, 羈虜漢庭, 而以篤敬寤主, 忠信自著, 勒功上將, 傳國後嗣, 世名忠孝, 七世內侍, 何其盛也! 本以休屠作金人爲祭天主, 故因賜姓金氏云.

| 註釋 | ○結髮(결발) – 束髮. 20세에 속발하고 관을 썼다. 여기서는 젊었을 때. ○階闥之間 – 궁정. 闥 작은 문 달. ○誼形於主 – 誼는 義. ○褓褓之托 – 託孤. 무제로부터 昭帝를 보필하라는 촉탁. ○仆上官 – 上官氏를 복멸시키다. 仆(엎드릴 부)는 覆敗(복패)시키다. 피동형 문장이다. ○處廢置之

際 – 창읍왕을 폐하고 宣帝를 옹립할 때. ○師保 – 제왕의 스승. 有師 有保의 합칭. ○阿衡(아형) – 商의 관직명. 伊尹이 이를 역임했다. 여기서는 곽광을 지칭. ○闇於大理 – 闇은 暗과 通. 闇 닫힌 문 암. ○死財三年 – 財는 才, 纔(겨우 재). ○霍叔 – 周 武王의 동생 叔處. 霍(곽)에 봉해졌기에 霍叔이라 통칭했다. ○篤敬寤主 – 篤信과 공경으로 주군을 깨닫게 하다. 寤는 悟. ○七世內侍 – 金日磾에서 金涉까지는 五代임. 七은 오류.

〔國譯〕

班固의 論贊 : 霍光은 어렸을 때부터 궁중에서 시중을 들었고 궁중에서 起身하면서 확연한 의지로 주군에 대한 의리를 지켰다. 어린 주군을 보필하라는 촉탁과 漢室을 맡긴다는 임무를 받아 종묘를 지키고 어린 주군을 옹호하며 燕王을 꺾어버렸고 상관씨를 엎으면서 권력으로 적을 제압하며 그 충성을 다했다. 창읍왕을 폐하고 선제를 옹립할 때 大節을 지켜 빼앗기지 않았으며 마침내 나라를 바로 하고 사직을 안정케 하였다. 소제를 옹위하고 선제를 세울 때 곽광은 황제의 스승이며 보호자였으니 비록 周公과 伊尹이라도 이보다 더하지는 못했었다. 그렇지만 곽광은 학문과 經術이 없어 大理에 어두웠고 그래서 妻의 사악한 음모를 숨겼고 딸을 황후로 세우며 탐욕에 흠뻑 빠져 완전히 멸망하는 화를 키웠으니 죽은 지 겨우 3년에 일족이 멸문 당하였으니 슬픈 일이로다! 옛날 周의 霍叔(곽숙)을 晉에 봉했는데, 晉은 곧 河東이니 곽광이 그 먼 후손이 어찌 아니겠는가!

金日磾는 夷狄으로 나라를 잃고 漢에 포로로 잡힌 몸이었지만 돈독한 信心과 공경으로 주군을 깨우쳤고 충성과 신의를 스스로 지켰으며, 上將으로 공을 세워 후손에게 나라를 전해 대대로 충효로 이름을 날리면서 5世에 걸쳐 천자를 모셨으니 그 얼마나 융성했는가?
본래 休屠王(휴저왕)이 金人을 만들어 天帝를 제사했기에 金氏 姓을
하사했다고 한다.

69 趙充國辛慶忌傳
〔조충국,신경기전〕

69-1. 趙充國

原文

　趙充國字翁孫, 隴西上邽人也, 後徙金城令居. 始爲騎士,
以六郡良家子善騎射補羽林. 爲人沉勇有大略, 少好將帥之
節, 而學兵法, 通知四夷事.

　武帝時, 以假司馬從貳師將軍擊匈奴, 大爲虜所圍. 漢軍
乏食數日, 死傷者多, 充國乃與壯士百餘人潰圍陷陳, 貳師
引兵隨之, 遂得解. 身被二十餘創, 貳師奏狀, 詔徵充國詣
行在所. 武帝親見視其創, 嗟歎之, 拜爲中郎, 遷車騎將軍
長史.

| 註釋 | ○趙充國(조충국, 前 137 - 52) - 漢朝 名臣. 名將. ○隴西(농서)
- 郡名. 治所는 狄道(今 甘肅省 定西市 臨洮縣, 蘭州市와 경계). ○上邽(상규)
- 縣名. 今 甘肅省 天水市. ○金城 - 군명. 치소는 允吾縣(今 甘肅省 臨夏回
族自治州 永靖縣 / 蘭州市 서쪽). ○令居(영거) - 현명. 今 甘肅省 蘭州市 관할
의 永登縣 서쪽. ○六郡 - 흉노 지역과 가까운 隴西, 天水, 安定, 北地, 上郡,
西河郡. ○良家子弟 - 七科謫者가 아닌 젊은이. ○通知 - 通曉. 두루 잘 알
다. ○假司馬 - 副司馬, 대장군 휘하의 五營을 설치, 각 營마다 司馬 1인을
두었다. ○貳師將軍 - 李廣利. 61권, 〈張騫李廣利傳〉에 입전. 무제 天漢 2년
(전 99년) 이광리는 3만 기병을 거느리고 酒泉에서 출정했었다. ○潰圍陷陳
(궤위함진) - 포위를 뚫고 적진을 돌파하다. 潰 무너질 궤. 陳은 陣. 陣地.
○二十餘創 - 創은 상처. ○中郞 - 郎中令의 속관. 秩 6백석, 侍衛 담당.
○長史 - 三公이나 大將軍의 속관. 秩 一千石.

〚 國譯 〛

　趙充國(조충국)의 字는 翁孫(옹손)인데 隴西郡 上邽縣(상규현) 사람
이었다. 뒤에 金城郡 令居縣으로 이사하였다. 처음에 기사이었는데
六郡의 良家子로 騎射에 능해 羽林軍으로 뽑혔다. 사람이 침착, 용
기가 있고 지략이 뛰어났으며 젊어서도 장수의 자질이 있어 병법을
익혔고 四夷의 사정에 두루 밝았다.

　武帝 때, 副司馬로 이사장군 李廣利를 따라 흉노를 정벌에 나섰
는데 적에게 완전히 포위되었다. 漢軍은 며칠 동안 식량이 결핍했고
사상자가 많았는데 조충국이 장사 1백여 명과 함께 포위를 뚫고 적
진을 돌파하자 이사장군도 군사를 이끌고 따라 포위를 풀 수 있었
다. 조충국은 몸에 20여 군데의 상처를 입었는데 이사장군이 상주
하자 조충국은 불려 행재소로 갔다. 무제는 친히 그 상처를 보며 용

기를 감탄하며 中郞을 제수하였고 車騎장군의 長史로 승진하였다.

昭帝時, 武都氐人反, 充國以大將軍護軍都尉將兵擊定
之, 遷中郞將, 將屯上谷, 還爲水衡都尉. 擊匈奴, 獲西祁王,
擢爲後將軍, 兼水衡如故.

與大將軍霍光定冊尊立宣帝, 封營平侯. 本始中, 爲蒲類
將軍征匈奴, 斬虜數百級, 還爲後將軍, 少府. 匈奴大發十餘
萬騎, 南旁塞, 至符奚廬山, 欲入爲寇. 亡者題除渠堂降漢
言之, 遣充國將四萬騎屯緣邊九郡. 單于聞之, 引去.

| 註釋 | ○武都 – 군명. 치소는 武都縣(今 甘肅省 隴南市 관할의 西和縣 서
남). ○氐(저) – 종족명. 漢代에 甘肅省, 靑海省 지역에 거주. 氐人의 반란은
昭帝 元鳳 元年(前 80). ○大將軍護軍都尉 – 무제 때 호군도위는 대사마의
속관. 昭帝 때 곽광의 직책은 大司馬大將軍. ○中郞將 – 낭중령의 속관. 장
군 아래 직급, 질록 比二千石. ○上谷 – 군명. 치소는 沮陽縣(今 河北省 張家
口市 懷來縣 동남). ○水衡都尉 – 무제 때 처음 설치한 관직명. 上林苑 관리
와 황실의 재물 및 鑄錢 담당. 秩 二千石. ○西祁王(서기왕) – 흉노의 부족
장. 單于의 신하. ○後將軍 – 漢代에는 前, 後, 左, 右將軍이 있었다. ○定冊
– 定策. ○本始 – 宣帝의 연호(前 73 – 70). ○蒲類將軍 – 蒲類는 본래 흉노
땅의 澤名. 그곳에 연관 지어 漢 將軍의 명칭을 정함. 貳師將軍도 마찬가지
임. ○少府 – 여기서는 장신궁의 少府. ○題除渠堂 – 흉노 人名. ○九郡 –
북방 변경의 9개 군.

昭帝 때, 武都郡의 氐人(저인)들이 반란을 일으키자, 조충국은 大
將軍의 護軍都尉로 군사를 거느리고 출정하여 토벌하였고 이어 중
랑장이 되어 군사를 거느리고 上谷郡에 주둔했다가 돌아와 水衡都
尉가 되었다. 흉노를 토벌하면서 西祁王(서기왕, 부족장 칭호)을 생포
하여 後將軍으로 발탁되었는데 수형도위는 그대로 겸임하였다.

대장군 霍光(곽광)과 함께 宣帝를 옹립하여 營平侯가 되었다. 本
始 연간에 蒲類將軍(포류장군)으로 흉노를 원정하면서 수백 명을 죽
이거나 포로로 잡았으며 돌아와 後將軍과 장신궁의 少府가 되었다.
흉노가 10여만 기병을 대거 동원하여 남쪽 변경에서 符奚廬山(부해
려산)까지 침략하려 했었다. 흉노의 도망자 題除渠堂(제제거당)이란
자가 漢에 투항했는데 (漢이) 조충국을 보내 4만 기병으로 변경 9개
군에 둔병하고 있다는 사실을 흉노 선우가 알고서는 철수했다고 말
했다.

是時, 光祿大夫義渠安國使行諸羌, 先零豪言願時渡湟水
北, 逐民所不田處畜牧. 安國以聞. 充國劾安國奉使不敬.
是後, 羌人旁緣前言, 抵冒渡湟水, 郡縣不能禁.

元康三年, 先零遂與諸羌種豪二百餘人解仇交質盟詛. 上
聞之, 以問充國, 對曰, "羌人所以易制者, 以其種自有豪,
數相攻擊, 勢不一也. 往三十餘歲, 西羌反時, 亦先解仇合

約攻令居, 與漢相距, 五六年乃定. 至征和五年, 先零豪封煎等通使匈奴, 匈奴使人至小月氏, 傳告諸羌曰, '漢貳師將軍衆十餘萬人降匈奴. 羌人爲漢事苦. 張掖,酒泉本我地, 地肥美, 可共擊居之.' 以此觀匈奴欲與羌合, 非一世也. 間者匈奴困於西方, 聞烏桓來保塞, 恐兵復從東方起, 數使使尉黎,危須諸國, 設以子女貂裘, 欲沮解之. 其計不合. 疑匈奴更遣使至羌中, 道從沙陰地, 出鹽澤, 過長阬, 入窮水塞, 南抵屬國, 與先零相直. 臣恐羌變未止此, 且復結聯他種, 宜及未然爲之備."

後月餘, 羌侯狼何果遣使至匈奴藉兵, 欲擊鄯善,敦煌以絶漢道. 充國以爲, "狼何, 小月氏種, 在陽關西南, 勢不能獨造此計, 疑匈奴使已至羌中, 先零,罕,开乃解仇作約. 到秋馬肥, 變必起矣. 宜遣使者行邊兵豫爲備, 敕視諸羌, 毋令解仇, 以發覺其謀." 於是兩府復白遣義渠安國行視諸羌, 分別善惡. 安國至, 召先零諸豪三十餘人, 以尤桀黠, 皆斬之. 縱兵擊其種人, 斬首千餘級. 於是諸降羌及歸義羌侯楊玉等恐怒, 亡所信鄕, 遂劫略小種, 背畔犯塞, 攻城邑, 殺長吏. 安國以騎都尉將騎三千屯備羌, 至浩亹, 爲虜所擊, 失亡車重兵器甚衆. 安國引還, 至令居, 以聞. 是歲, 神爵元年春也.

| 註釋 | ◦義渠安國－인명. 義渠는 복성. ◦先零(선련)－羌族의 한 갈

래. 零 조용히 내리는 비 령. 부족 이름 련. ○豪 – 首長. 우두머리. ○湟水
(황수) – 今 青海省 동부를 흐르는 황하의 지류. 湟水의 북안은 漢의 영역으
로 강족과 흉노를 갈라놓고 있었다. 여기서 그들은 흉노를 공격할 의도였다
는 註가 있다. ○奉使不敬 – 사신으로 실제 상황을 잘못 파악하다. ○旁緣
(방연) – 의거하여. 旁은 依也. ○抵冒(저모) – 觸犯하다. 침략하다. 漢에서
승인 안했는데 渡江했다는 뜻. ○元康三年 – 宣帝의 연호. 前 63년. ○解仇
交質盟詛 – 원한관계를 풀고 인질을 교환하고 맹세하다. 선련족끼리 단결하
다. 詛 맹세할 저, 저주할 저. 盟詛는 詛盟과 同. ○征和 五年 – 征和 二年(前
91)의 오류. ○封煎(봉전) – 人名. ○匈奴困於西方 – 本始 5년(前 69, 地節로
연호를 바꾸기 前)에 흉노는 烏孫에게 격파당했다. ○烏桓(오환) – 東胡族의
한 갈래 漢代에는 지금의 내몽고, 요령성 일대에서 주로 활약하였다. ○尉
黎(위려),危須(위수) – 지금 新疆省(신강성) 일대에 있던 서역의 소국. 96권,
〈西域傳〉에 尉黎(위려)는 尉犁(위리)로 기록. ○沙陰地 – 流沙地, 今 甘肅省
張液市 이북의 사막지대. ○鹽澤(염택) – 今 新疆省의 澤名. ○長阬(장갱)
– 今 甘肅省 酒泉市 북쪽의 지명. 阬(구덩이 갱)은 坑과 同. ○窮水塞(궁수
새) – 今 甘肅省 張液市 북쪽의 지명. ○羌侯狼何 – 강족의 우두머리 狼何
(낭하). ○藉 – 借(차). 借兵하다. ○鄯善(선선) – 서역의 국명. 원명은 樓蘭
(누란), 漢 昭帝 때 개명, 今 羅布泊 일대. ○敦煌(돈황) – 군명. 今 甘肅省 敦
煌市 서쪽. ○陽關 – 今 甘肅省 敦煌市 서남, 玉門關 남쪽. ○罕(한) – 강족
의 일파. 漢代 天水郡의 屬地. 罕 드물 한. 罕과 같음. ○开(견) – 羌族의 일
파. 今 靑海省 동북부 황하 남안에 거주. 开 평평할 견. 오랑캐 이름 견(音
堅). ○桀黠(걸힐) – 순종하지 않고 악행을 저지르다. 桀 사나울 걸. 言不順
從也. 黠 교활할 힐. 악행을 하다. ○歸義羌侯楊玉 – 歸義羌侯인 楊玉. 전에
강족의 우두머리인 양옥이 漢에 귀의하자 漢에서는 歸義羌侯라는 작위를 내
렸었다. ○浩亹(호문) – 金城郡의 현명. 今 甘肅省 蘭州市 관할의 永登縣 서
남. 亹 힘쓸 미. 水門 문. ○神爵(신작) – 宣帝의 연호. 前 61년.

이 무렵에, 光祿大夫 義渠安國(의거안국)이 강족 땅 여러 부족에 사신으로 갔는데 先零(선련) 부족의 우두머리는 원할 때에 湟水(황수)를 건너 북으로 나가 주민을 내쫓고 농사짓지 않는 땅에 목축하겠다고 말했다. 의거안국이 이를 보고했다. 조충국은 의거안국이 사자로 실정을 모른다고 규탄하였다. 이후에 강족은 전에 했던 말 그대로 황수를 건너 침범했는데 군현에서는 이를 막지 못했다. 元康 3년, 先零(선련)에서는 강족의 여러 족장 2백여 명이 함께 원한을 풀고 인질을 교환하자며 맹세하였다. 선제가 이 보고를 받고 조충국에게 묻자 조충국이 대답하였다.

"羌人을 제어하기가 쉬운 것은 종족별로 우두머리가 있어 그들끼리 자주 공격하여 세력이 하나로 합쳐지지 않기 때문입니다. 지난 30여 년간 서쪽 강족은 배반할 때마다 먼저 원한을 풀자고 약속하며 令居縣을 공격하며 漢과 대치하지만 5, 6년이면 저절로 평정이 됩니다. 征和 2년까지 선련의 우두머리 封煎(봉전) 등이 흉노에 사신을 보냈고 흉노에서는 사신을 小月氏(소월지)까지 안내해주면서 여러 강족에게 말하기를 '漢 이사장군의 10여만 명이 흉노에 투항하였다. 강족이 漢을 섬긴다면 이와 같이 될 것이다. 張掖(장액)이나 酒泉(주천)의 땅도 본래 우리 땅으로 비옥한 곳이기에 함께 공격하여 차지할 수 있다.'고 하였습니다. 이를 본다면, 흉노가 강족과 합세하려 한 것은 일시적 일이 아니었습니다. 요즈음 흉노가 서쪽에서도 패전하였는데, 烏桓人(오환인)들이 들어와 보루를 설치하자 漢이 동방에서 정벌해올까 걱정하여 자주 尉黎(위려)와 危須(위수) 같은 나라에도 사신을 보내 여자의 貂裘(초구)를 보내는 등 와해시키려고 합니다. 아마 그런 나라들이 흉노와 합세하지 않을 것입니다. 혹시 흉노에서 강족에게 사신을 다시 보낸다 하더라도 沙陰地를 따라 鹽澤을 통과하여 長阬(장갱)을 지나 窮水塞(궁수새)를 거쳐 남쪽의 나라를 지나가야 하기에 先零(선련)과 서로 연결될 수 있습니다. 臣의 생각으로는 아마 강족이 여기에 그치지 않고 다른 세력과의 연결도 모색할 것이니 응당 미연에 대비해야 할 것입니다."

그 한 달 뒤쯤, 강족의 狼何(낭하)는 사신을 보내 흉노에서 군사를 빌려 鄯善國과 敦煌군을 공격하여 漢의 연결로를 끊으려 했다. 이에 조충국이 말했다.

"狼何(낭하)는 小月氏의 종족으로 陽關의 서남쪽에 있는데 그 세력이 홀로 이런 작전을 할 수 없으니 아마 흉노의 사자가 그 땅에 들어갔을 것이며 先零(선련)과 罕(한), 그리고 幵(견) 등이 원한을 풀자고 약조했을 것입니다. 그리하여 가을이 되어 말이 살찌면 틀림없이 변란이 일어날 것입니다. 따라서 사자를 보내 변경의 병력이 미리 대비토록 하고 여러 강족에게 동맹을 맺지 않도록 권하면서 그 모의를 알아내야 할 것입니다."

이에 승상부와 어사부에서는 의거안국을 다시 파견하여 여러 강족을 시찰하며 선한 종족과 해로운 종족을 구별해야 한다고 건의하였다. 의거안국이 강족에 가서 先零(선련)의 여러 우두머리 30여 명을 소집하여 그중 교활한 자를 골라 모두 참수하였다. 그러면서 군사를 내어 그 부족을 공격하여 천여 명을 참수하였다.

이에 투항한 강족이나 歸義한 羌侯(강후) 楊玉(양옥) 등이 분노하면서 흉노나 漢 어디에도 믿고 귀향할 곳이 없다 생각하여 소수 부족을 침탈하고 배반하며 요새나 성읍을 공격하고 漢의 관리를 죽였

다. 의거안국은 騎都尉로 기병 3천을 거느리고 강족의 내침에 대비
했지만 浩亹縣(호문현)에서 적의 공격을 받아 수레와 중장 병기들을
많이 빼앗겼다. 의거안국이 회군하여 令居縣에 와서 보고하였다.
이 해가 神爵(신작) 원년 봄이었다.

原文

時, 充國年七十餘, 上老之, 使御史大夫丙吉問誰可將者,
充國對曰, "亡踰於老臣者矣." 上遣問焉, 曰, "將軍度羌虜
何如, 當用幾人?" 充國曰, "百聞不如一見. 兵難隃度, 臣願
馳至金城, 圖上方略. 然羌戎小夷, 逆天背畔, 滅亡不久, 願
陛下以屬老臣, 勿以爲憂." 上笑曰, "諾."

| 註釋 | ○踰 – 넘을 유. 뛰어나다. ○隃度(유도) – 추측하다. 隃 넘을 유,
멀 요.

『 國譯 』

이때에 조충국의 나이는 70여세였는데 선제는 너무 늙었다 생각
하여 어사대부 丙吉(병길)을 보내 누구를 장수로 쓰면 좋은가를 물
었다. 그러자 조충국이 대답했다.

"저보다 나은 사람이 없습니다." 그러자 선제가 다시 물었다.

"장군 생각에 강족은 어떠하며 어떤 사람을 써야 하는가?" 그러
자 조충국이 말했다.

"百聞이 不如一見입니다. 군사란 미루어 짐작할 수 없으니 臣이

金城郡에 가서 방략을 올리겠습니다. 그리고 강족은 약소 이민족으로 천자의 뜻을 거스르며 배반하면 머잖아 멸망하니 폐하께서는 저에게 맡기시고 걱정하지 마시길 바랍니다."

이에 선제는 웃으면서 말했다. "알았소!"

原文

充國至金城, 須兵滿萬騎, 欲渡河, 恐爲虜所遮, 卽夜遣三校銜枚先渡, 渡輒營陳, 會明, 畢, 遂以次盡渡. 虜數十百騎來, 出入軍傍. 充國曰, "吾士馬新倦, 不可馳逐. 此皆驍騎難制, 又恐其爲誘兵也. 擊虜以殄滅爲期, 小利不足貪." 令軍勿擊. 遣騎候四望陿中, 亡虜. 夜引兵上至落都, 召諸校司馬, 謂曰, "吾知羌虜不能爲兵矣. 使虜發數千人守杜四望陿中, 兵豈得入哉!" 充國常以遠斥候爲務, 行必爲戰務, 止必堅營壁, 尤能持重, 愛士卒, 先計而後戰. 遂西至西部都尉府, 日饗軍士, 士皆欲爲用. 虜數挑戰, 充國堅守. 捕得生口, 言羌豪相數責曰, "語汝亡反, 今天子遣趙將軍來, 年八九十矣, 善爲兵. 今請欲一鬪而死, 可得邪!"

| 註釋 | ○須兵滿萬騎 - 병력이 1만 명이 될 때까지 기다리다. 須는 기다리다. ○三校 - 3개 단위 부대. 1校는 1部. ○銜枚(함매) - 야간 이동시 정숙을 유지하기 위해 사졸의 입에 물리는 막대. ○軍傍 - 軍營 근처. ○殄滅(진멸) - 盡滅. 殄 다할 진. ○四望陿 - 협곡 이름. 陿은 峽(골짜기 협)과 同.

○落都 - 지명. 今 青海省 海東市 관할 樂都縣. 青海省 동부.   ○守杜 - 지키다. 杜는 막다(塞).   ○西部都尉府 - 金城郡에 설치.   ○饗 - 잔치할 향.

〖 國譯 〗

　조충국은 金城郡에 이르러 병력 1만 명이 찰 때까지 기다렸다가 도강코자 하였다. 조충국은 적이 차단할까 걱정하여 야간에 3개 부대씩 함매를 물고 조용히 도강하고, 건너자마자 보루를 설치하여 날이 밝을 무렵에 끝내면서 순차대로 모두 도강시켰다. 적의 기병 수십 내지 백여 명이 가끔 군영 주변에 나타났다.

　조충국은 "우리 군사와 말이 요즈음 지쳤기에 추격할 수 없다. 이들 날쌘 기병들을 제압하기도 쉽지 않고 또 혹시 우리를 유인하려는 술책일 수도 있다. 적을 친다면 완전 섬멸해야지 소소한 승리를 탐해서는 안 된다."라고 말하면서 추격하지 말라고 명령했다. 그리고 기병을 보내 四望陜(사망협)을 정탐케 하였으나 적을 발견하지 못했다. 야간에 군사를 이끌고 落都란 곳까지 갔는데 각 부대의 司馬를 불러 말했다.

　"내가 알기로, 강족은 용병할 줄 모른다. 저들이 수천 명의 병력을 내어 四望陜(사망협)을 막고 지키면 우리 병력이 어찌 들어올 수 있겠나!"

　조충국은 늘 멀리까지 척후병을 내보내도록 했고 행군한다면 반드시 전투를 했고 멈춘다면 꼭 군영을 튼튼히 방어케 하였으며, 언제나 신중하고 사졸을 사랑하였으며 계략을 먼저 세운 뒤에야 전투를 했다. 마침내 서쪽으로 진군하여 西部都尉府에 이르러 날마다 군사를 위해 잔치하니 사졸은 모두 임무를 부여받고자 하였다. 적이 여러 번 도전해왔지만 조충국은 견고히 수비만 하였다. 잡혀온 포로들은 강족 장수끼리 서로 책망하며 말했다고 하였다.

"너희들이 함부로 배반한다고 해서 지금 천자가 趙 장군을 파견했는데 나이가 8, 90인데도 용병을 잘 한다. 지금 죽을 각오로 한 번 싸워본다지만 싸워 이기겠나!"

原文

充國子右曹中郞將卬, 將期門佽飛,羽林孤兒,胡越騎爲支兵, 至令居. 虜並出絶轉道, 卬以聞. 有詔將八校尉與驍騎都尉, 金城太守合疏捕山間虜,通轉道津渡.

| 註釋 | ○期門 - 관명. 무제 건원 3년에 隴西郡(농서군)과 北地郡의 良家子弟로 騎射에 능한 자들을 선발하여 조직한 황제 호위군. 光祿勳 소속. ○佽飛(차비) - 본래 전설 속의 勇士. 少府에 소속된 무관의 명칭. 상림원에서 주로 사냥에 종사. 佽 도울 차. 민첩하다. ○羽林孤兒 - 羽林軍의 戰死者 아들로 구성된 부대. ○支兵 - 비 주력부대. ○絶轉道 - 군량 운반로를 차단하다. ○八校尉 - 장안 일대의 8개 부대 지휘관. 中壘校尉, 屯騎校尉 등 8교위. ○疏捕 - 수색하여 체포하다.

〖 國譯 〗

趙充國의 아들인 右曹中郞將인 趙卬(조앙)이 期門의 佽飛(차비)와 羽林의 孤兒軍, 그리고 胡越의 기병으로 별도의 군사를 거느리고 令居縣에 도착하였다. 조앙은 적이 대거 출병하여 군량 운반로를 차단했다고 보고했다. 그러자 조서는 八校尉와 驍騎都尉를 거느리고 金城太守와 함께 산간을 수색, 체포하여 운반로와 나루터를 확보하라고 명령하였다.

初, 罕,幵豪靡當兒使弟雕庫來告都尉曰, "先零欲反", 後數日果反. 雕庫種人頗在先零中, 都尉卽留雕庫爲質. 充國以爲亡罪, 乃遣歸告種豪, "大兵誅有罪者, 明白自別, 毋取幷滅. 天子告諸羌人, 犯法者能相捕斬, 除罪. 斬大豪有罪者一人, 賜錢四十萬, 中豪十五萬, 下豪二萬, 大男三千, 女子及老小千錢, 又以其所捕妻子財物盡與之." 充國計欲以威信招降罕,幵及劫略者, 解散虜謀, 僥極乃擊之.

| 註釋 | ○靡當兒(미당아), 雕庫(조고) − 人名. ○都尉 − 金城郡의 西部都尉. ○僥極(요극) − 지칠 때를 기다리다. 僥 구할 요. 要와 同. 極은 倦極(완전히 지치다).

〔國譯〕

전에, 罕(한)과 幵(견)의 우두머리인 靡當兒(미당아)가 동생 雕庫(조고)를 시켜 서부도위에게 "先零(선련) 부족이 배반할 것입니다."라고 말했는데, 과연 며칠 뒤 그대로 반란을 일으켰다. 그런데 조고의 친족들은 대부분 先零(선련) 부족 지역에 있었기에 서부도위는 즉시 조고를 억류하고 인질로 삼았다. 그러나 조충국은 조고는 죄가 없다고 생각하여 돌려보내며 부족의 세력가들에게 말하게 하였다.

"大國(漢)의 군사는 유죄자만 죽일 것이라서 명백하게 구별할 것이며 모두 몰아 죽이지는 않을 것이다. 천자께서 여러 강족에게 고하노니 범법자를 함께 잡아 죽이면 죄를 면하겠노라. 반역을 하는 큰 족장 한 사람을 죽인 사람에게는 돈 40만을 하사하고 중간 세력가는 15만, 하급 세력자는 2만, 반역한 성인 남자는 3천, 여자 및 노소는 1천 전을 하사할 것이며 잡혀 죽은 자의 妻子나 재물을 모두 줄 것이로다."

조충국의 계획은 漢의 위엄으로 罕(한)과 开(견) 및 반역자들의 투항을 유도하고 배반한 적들을 해산시키며 그들이 피폐한 때를 기다려 공격하려는 뜻이었다.

原文

時, 上已發三輔,太常徒弛刑, 三河,穎川,沛郡,淮陽,汝南材官, 金城,隴西,天水,安定,北地,上郡騎士,羌騎, 與武威,張掖,酒泉太守各屯其郡者, 合六萬人矣. 酒泉太守辛武賢奏言, "郡兵皆屯備南山, 北邊空虛, 勢不可久. 或曰, 至秋冬乃進兵, 此虜在竟外之册. 今虜朝夕爲寇, 土地寒苦, 漢馬不能冬, 屯兵在武威,張掖,酒泉萬騎以上, 皆多羸瘦. 可益馬食, 以七月上旬齎三十日糧, 分兵並出張掖,酒泉合擊罕, 开在鮮水上者. 虜以畜産爲命, 今皆離散, 兵卽分出, 雖不

能盡誅, 亶奪其畜產, 虜其妻子, 復引兵還, 冬復擊之, 大兵
仍出, 虜必震壞."

| 註釋 | ○三輔 − 경조윤과 좌풍익, 우부풍의 관할 지역. ○太常徒弛刑
− 太常은 종묘제사와 황제의 능 관리. 太常이 관할하는 陵縣에는 죄수가 차
는 枷鎖(가쇄)를 풀어주고 노역을 하는 죄수(弛刑)가 있었다. 徒는 죄수, 刑
徒. ○三河 − 河南, 河東, 河內郡. ○材官 − 精兵, 強弓을 쏠 수 있는 보병.
○張掖(장액) − 군명. 今 甘肅省 張掖市. ○辛武賢 − 辛慶忌의 부친. 本 39권
에 입전. ○南山 − 酒泉郡의 남쪽에 있는 산. 祈連山. ○此虜在竟外之冊 −
虜는 흉노, 竟은 境, 국경, 冊은 方策. ○漢馬不能冬 − 能은 견딜 내(耐와
同). 能寒(내한) = 耐寒. ○羸瘦(이수) − 마르고 수척하다. 羸 여윌 이(리).
瘦 파리할 수. ○鮮水 − 西海. 一名 靑海. 金城郡에 있는 호수. ○兵卽分出
− 병력이 나누어 출병한다면. 卽은 만일. 가령. ○亶 − 다만 단(但). ○大兵
仍出 − 大兵이 거듭 출병하다. 仍은 자주, 거듭.

〖 國譯 〗
　이때, 선제는 이미 三輔의 군사와 太常 관할의 노역에 종사하는
죄수와 河東, 河內, 河南 등 三河의 郡과 潁川郡, 沛郡, 淮陽郡, 汝南
郡의 材官과 金城郡, 隴西郡, 天水郡, 安定郡, 北地郡, 上郡의 기사
와 羌族의 기병, 그리고 武威郡, 張掖郡, 酒泉郡 태수가 관할하는 둔
병 등 모두 6만 병력을 동원케 하였다. 이때 酒泉太守인 辛武賢이
상주하였다.
　"郡兵이 모두 南山(祈連山)에 주둔하고 있고 北邊이 비게 되어 그
형세가 오래 버틸 수 없습니다. 혹자는 가을이나 겨울이 되어 출병
하는 것이 국경에 대한 방책이라고 말합니다. 지금 강족이 조석으로

침략하지만 그 토지는 척박하고 漢의 軍馬는 겨울을 견디기가 어려우며 武威, 張掖, 酒泉郡의 둔병 중 1만 騎 이상은 모두 마르고 수척합니다. 馬糧을 늘리어 7월 상순까지의 30일치만 준비하고 병력을 나누어 장액군과 주천군에서 출병하면서 鮮水지역에 있는 罕(한)과 开(견)을 공격해야 합니다. 강족도 목축으로 먹고 살기에 지금은 흩어져 있지만 군사가 나누어 출병하면 그들을 다 죽이지도 못하더라도 그들의 가축을 뺏고 그들 처자를 포로로 한 뒤에 군사를 이끌고 회군했다가 겨울이면 다시 공격하여 대군이 자주 출병한다면 강족은 필히 두려워 붕괴될 것입니다."

原文

天子下其書充國, 令與校尉以下吏士知羌事者博議. 充國及長史董通年以爲, "武賢欲輕引萬騎, 分爲兩道出張掖, 回遠千里. 以一馬自佗負三十日食, 爲米二斛四斗, 麥八斛, 又有衣裝兵器, 難以追逐. 勤勞而至, 虜必商軍進退, 稍引去, 逐水屮, 入山林. 隨而深入, 虜卽據前險, 守後厄, 以絶糧道, 必有傷危之憂, 爲夷狄笑, 千載不可復. 而武賢以爲可奪其畜産, 虜其妻子, 此殆空言, 非至計也. 又武威縣, 張掖, 日勒皆當北塞, 有通谷水草. 臣恐匈奴與羌有謀, 且欲大入, 幸能要杜張掖, 酒泉以絶西域, 其郡兵尤不可發. 先零首爲畔逆, 它種劫略. 故臣愚册, 欲捐罕, 开闇昧之過, 隱而勿章, 先行先零之誅以震動之, 宜悔過反善, 因赦其罪, 選擇良吏知其俗者拊循和輯, 此全師保勝安邊之册."

天子下其書. 公卿議者咸以爲先零兵盛, 而負罕,开之助,
不先破罕,开, 則先零未可圖也.

| 註釋 | ○自佗負~ - 佗 다를 타, 더할 타. 짊어지다. 駄(탈 태, 싣다)와
同. ○米, 麥 - 글자의 사전적 뜻은 쌀과 보리이다. 화북이나 장안 지역, 서
역의 酒泉에서는 벼농사를 짓지 않는다. 그렇다면 米는 우리나라의 쌀이 아
니라 밥을 할 수 있도록 껍질을 벗긴 곡식이다. 麥은 보리인지 밀인지 알 수
없다. 10말(斗)을 1斛(곡)이라 한다. 漢代의 1斛은 현재 미터법으로 환산하
면 20ℓ 이다. ○虜必商軍進退 - 商은 헤아리다. ○逐水屮 - 逐 쫓을 축. 정
처 없이 떠다니다. 水屮는 물과 초원(草). 물속에 사는 식물이 아님. 屮는 草.
○千載不可復 - 千載은 천년, 復은 보복. ○日勒(일륵) - 장액군의 縣名. 今
甘肅省 山丹縣 동남. ○欲捐 ~ - 捐은 버리다. 버려두다. ○闇昧 - 暗昧.
闇 어두울 암, 닫힌 문 암. ○拊循(부순) - 按撫(안무)하다. 회유하다. 拊 어
루만질 부. ○負罕,开之助 - 負는 의지하다.

〖 國譯 〗

天子는 그 상서를 조충국에게 내려 주어 교위와 羌族(강족)의 일
을 잘 아는 軍吏들과 넓게 논의하라고 분부하였다. 조충국과 長史
董通年(동통년)이 말했다.

"辛武賢은 경기병 1만기를 거느리고 張掖(장액) 군에서 두 길로
출병하여 천리를 돌며 원정한다고 하였습니다. 말 한필에 30일치
군량을 싣는다면 곡식이 2斛(곡) 4斗에 보리(밀)가 8곡이며, 거기다
가 의류에 장비와 병기가 있어야 하니 따라갈 수가 없을 것입니다.
힘들여 도착하여도 적들은 우리 군의 진퇴를 헤아려 가면서 조금씩

물러날 것이며, 물과 풀을 찾아 헤매며 山林으로 들어가 우리도 따라 깊숙이 들어갈 경우 강족이 앞의 험고한 지형에 퇴로를 막고 糧道를 끊으면 우리가 크게 당할 우려가 있고 이적의 웃음거리가 되어 천년이 지나도 보복하기 어려울 것입니다. 그리고 신무현은 그 가축을 빼앗고 처자를 사로잡을 수 있다고 하였지만, 이는 거의 쓸데이며 바른 계책이 아닙니다. 그리고 武威縣과 張掖郡(장액군)과 日勒縣(일륵현)은 모두 북쪽 요새지로 사방으로 통하는 계곡에 물과 풀밭이 있습니다. 臣은 혹 흉노와 羌(강)족이 사전 모의가 있어 크게 침입하여 그들이 장액군과 주천군을 막으면 서역의 길이 단절되기에 그 郡의 군사는 낼 수가 없습니다. 선련족이 먼저 배반하였으니 그 종족을 공략할 것입니다. 그리하여 臣의 愚策으로는 䍐(한)과 开(견)의 어리석은 짓을 무시하여 드러내지 않고 먼저 선련을 죽여 그들을 공포에 떨게 하면서 잘못을 뉘우치고 善으로 되돌아오게 하여 그 죄를 용서해주고 그들 습속을 잘 아는 착한 관리를 선임하여 그들을 무마한다면 이는 우리 군사가 승리하면서 변경을 안정시킬 수 있는 방책이 될 것입니다.”

천자는 그 답서를 넘겨주었다. 의논을 한 공경들은 모두 선련의 병력이 강하며 䍐(한)과 开(견)의 도움을 믿고 있으니 먼저 䍐(한)과 开(견)을 격파하지 않는다면 선련을 이기지 못할 것이라고 생각하였다.

原文

上乃拜侍中樂成侯許延壽爲强弩將軍, 卽拜酒泉太守武

賢爲破羌將軍, 賜璽書嘉納其册. 以書敕讓充國曰,

| 註釋 | ○許延壽 − 宣帝 許황후의 숙부. ○敕讓 − 勅命으로 책망하다.
讓은 꾸짖다.

〖國譯〗

　선제는 이에 侍中인 樂成侯 許延壽를 强弩(강노) 장군에 임명하
고, 곧이어 酒泉太守 辛武賢에게 破羌將軍(파강장군)을 제수하였으
며, 璽書를 내려 그 방책을 채용케 하였다. 그리고 칙서를 내려 조충
국을 책망하였다.

原文

　「皇帝問後將軍, 甚苦暴露. 將軍計欲至正月乃擊罕羌,
羌人當獲麥, 已遠其妻子, 精兵萬人欲爲酒泉, 敦煌寇. 邊兵
少, 民守保不得田作. 今張掖以東粟石百餘, 芻槁束數十.
轉輸並起, 百姓煩擾. 將軍將萬餘之衆, 不早及秋共水草之
利爭其畜食, 欲至冬, 虜皆當畜食, 多藏匿山中依險阻, 將軍
士寒, 手足皸瘃, 寧有利哉? 將軍不念中國之費, 欲以歲數
而勝微, 將軍誰不樂此者!」

| 註釋 | ○暴露 − 야전에서 고생하다. 暴은 曝(햇볕 쬘 폭). 露는 밤이슬에
젖다. ○已遠其妻子 − 妻子를 멀리 보내다. 피신시키다. ○粟石百餘 − 곡
식 한 섬의 값이 백전이다. 매우 비싸다. ○芻槁束數十 − 건초 한 짐 값이 수

십 전이다. 芻槀(추고)는 乾草. ○虜皆當畜食 – 虜는 적군. 畜食은 양식을 비축하다. 畜은 蓄. ○手足皸瘃 – 손발이 트고 동상에 걸리다. 皸 얼어서 틀군. 瘃은 凍傷(동상) 족. ○歲數而勝微 – 몇 년 동안 승리가 없다.

〖 國譯 〗

「皇帝가 後將軍에게 묻노니, 야전에 고생이 심할 것이다. 장군은 정월에나 罕(한)의 羌族(강족)을 토벌하려 하는데 강족은 보리를 수확하고서 그 처자를 멀리 보내놓고 정병 1만 명으로 주천군과 돈황군을 노략질하려 할 것이다. 변방에는 병력이 적고 백성들은 수비하느라 농사를 지을 수 없을 것이다. 지금 장액군의 동쪽으로는 곡식 1石이 100전이라 비싸고 건초 한 묶음이 수십 전이나 한다. 군량을 운반하느라 백성들은 괴롭고 고생을 많이 한다. 장군은 1만여 군사를 거느리고 연초부터 가을까지 물과 풀이 많을 때 가축과 군량을 비축하지 않았는데 겨울이 되면 적들은 양식을 산중의 험고한 곳에 비축했을 것이니 장군의 사졸은 추위에 떨고 수족이 얼어터지는데도 그때 원정이 이롭다 할 수 있겠는가? 장군은 나라의 비용을 걱정하지 않고 몇 년에 걸쳐 승리가 거의 없으니 장군이면서 이를 즐기지 않을 사람이 있겠는가!」

原文

「今詔破羌將軍武賢將兵六千一百人, 敦煌太守快將二千人, 長水校尉富昌, 酒泉候奉世將婼, 月氏兵四千人, 亡慮萬二千人. 齎三十日食, 以七月二十二日擊罕羌, 入鮮水北句廉上, 去酒泉八百里, 去將軍可千二百里. 將軍其引兵便道西並進, 雖不相及, 使虜聞東方北方兵並來, 分散其心意, 離其黨與, 雖不能殄滅, 當有瓦解者. 已詔中郎將卬將胡越佽飛射士步兵二校尉, 益將軍兵. 今五星出東方, 中國大利, 蠻夷大敗. 太白出高, 用兵深入敢戰者吉, 弗敢戰者凶. 將軍急裝, 因天時, 誅不義, 萬下必全, 勿復有疑.」

| 註釋 | ○敦煌太守快 － 快(쾌)는 인명. ○長水 － 鄠縣(호현, 今 陝西省 西安市 戶縣)의 지명. ○富昌,酒泉侯奉世 － 富昌은 인명. 성씨 미상. 侯는 候가 되어야 함. 奉世는 馮奉世. ○婼(야) － 漢에 복속한 今 新疆省 지역에 있던 羌族의 나라 이름. ○亡慮(무려) － 大略. ○句廉(구렴) － 강이 굽어 흐르는 곳. 句 굽을 구. ○離其黨與 － 黨與는 같은 무리. ○中郎將卬 － 中郎將인 趙卬(조앙), 조충국의 아들. ○佽飛(차비) － 少府에 소속된 무관의 명칭. 상림원에서 주로 사냥에 종사. 佽 도울 차. 민첩하다. ○五星 － 金木水火土의 오성이 모인 곳에 필승한다는 관념이 있는데, 중국은 동방이고 강족은 서방이니 중국이 필승할 것이라는 아주 편리한 思考. ○太白 － 金星. 太白星은 用兵之象.

〖 國譯 〗

「이제 명하노니, 破羌將軍 辛武賢은 군사 6,100명을 거느려 출병하고 돈황태수 快(쾌)는 2천 명을 거느리고, 長水校尉인 富昌과 주천군의 軍候인 馮奉世(풍봉세)는 婼國(야국)과 月氏(월지)의 군사 4천 명 대략 1만2천 명이로다. 30일간의 군량을 준비해서 7월 22일에 罕羌(한강)을 공격하고 鮮水의 북쪽 굽어 흐르는 곳에 진입하였으니 주천군에서 8백 리 떨어진 곳이며 장군에게는 대략 1천2백 리 떨어진 곳이다. 장군도 장군의 군사를 거느리고 길을 따라 서쪽으로 일제히 진격하면 서로 만나지는 못할지라도 적들로 하여금 동쪽과 북쪽에서 군사가 한꺼번에 닥치는 것을 알고 그 주의를 분산시키고 그 무리를 흩어지게 할 것이니 비록 섬멸하지는 못할지라도 와해시킬 수는 있을 것이다. 이미 中郎將 趙卬(조앙)에게 胡越의 伏飛(차비)와 射士와 보병 二校尉를 거느리고 가서 장군의 군사를 도우라는 조서를 내렸노라. 지금 五星이 동방에 출현하였으니 중국에 크게 유리할 것이고, 蠻夷(만이)는 대패할 것이로다. 太白星이 높이 출현하였으니 용병을 잘하여 적진에 깊이 들어 용감히 싸우는 자는 대길하고 용감히 싸우지 않으면 흉할 것이로다. 장군은 급히 무장을 갖춰 천시에 따라 불의한 자를 주살하는데 필히 만전을 기할 것이며 다시는 주저하지 말지어다.」

充國旣得讓, 以爲將任兵在外, 便宜有守, 以安國家. 乃上書謝罪, 因陳兵利害, 曰,

「臣竊見騎都尉安國前幸賜書, 擇羌人可使使罕, 諭告以大軍當至, 漢不誅罕, 以解其謀. 恩澤甚厚, 非臣下所能及. 臣獨私美陛下盛德至計亡已, 故遣幵豪雕庫宣天子至德, 罕, 幵之屬皆聞知明詔. 今先零羌楊玉, 此羌之首帥名王, 將騎四千及煎鞏騎五千, 阻石山木, 候便爲寇, 罕羌未有所犯.

今置先零, 先擊罕, 釋有罪, 誅亡辜, 起一難, 就兩害, 誠非
陛下本計也.」

| 註釋 | ○得讓 – 문책을 받다. ○便宜有守 – 이로우면 자신의 주장을
견지하다. 便宜(편의)는 便利. 이롭다. ○煎鞏(전공) – 강족의 일파.

〖國譯〗

조충국은 문책을 받았지만 장수로서 군사를 거느리고 임지에 있
다면 상황에 따라 자신의 의견을 따르는 것이 나라를 편안케 하는
것이라 생각하였다. 이에 상서하여 사죄하면서 군사적 利害를 진술
하였다.

「臣은 騎都尉 義渠安國(의거안국)으로부터 하사한 조서를 받고서
羌族으로 罕(한)에 사신으로 보낼만한 사람을 골라 漢의 대군이 罕
(한)에 들어가더라도 漢軍은 罕人(한인)을 죽이지 않고 반역을 진압
하려 한다고 알렸습니다. 폐하의 이처럼 후한 은택은 제가 미처 따
라 할 수 없는 것입니다. 臣은 내심으로 폐하의 盛德과 훌륭한 계책
이 끝이 없음을 늘 찬탄하면서 开(견)의 우두머리인 雕庫(조고)에게
천자의 크신 덕을 말했기에 罕(한)과 开(견)의 무리들은 모두 폐하의
명철하신 뜻을 알고 있습니다. 지금 先零(선련) 강족의 楊玉은, 이 사
람은 羌族의 우두머리라 할 수 있는 王인데, 기병 4천 명을 거느렸
고, 煎鞏(전공)은 기병 5천을 험한 돌산이나 숲이 많은 곳에 숨겨두
고서 상황을 보아 침략하지만 罕(한)의 羌人은 우리를 침범하지 않
았습니다. 지금 先零(선련)을 버려두고 먼저 罕(한)을 치는 것은 나쁜
죄인을 버려두고 무고한 사람을 토벌하는 것이라서 힘든 일 한 번으

로 양쪽에 해를 끼치는 것이니 폐하께서 취할 방책이 아닙니다.」

「臣聞兵法, '攻不足者守有餘', 又曰 '善戰者致人, 不致
於人.' 今罕羌欲爲敦煌, 酒泉寇, 宜飭兵馬, 練戰士, 以須其
至, 坐得致敵之術, 以逸擊勞, 取勝之道也. 今恐二郡兵少
不足以守, 而發之行攻, 釋致虜之術而從爲虜所致之道, 臣
愚以爲不便. 先零羌虜欲爲背畔, 故與罕, 幵解仇結約, 然其
私心不能亡恐漢兵至而罕, 幵背之也. 臣愚以爲其計常欲先
赴罕, 幵之急, 以堅其約, 先擊罕羌, 先零必助之. 今虜馬肥,
糧食方饒, 擊之恐不能傷害, 適使先零得施德於罕羌, 堅其
約, 合其黨. 虜交堅黨合, 精兵二萬餘人, 迫脅諸小種, 附著
者稍衆, 莫須之屬不輕得離也. 如是, 虜兵寖多, 誅之用力
數倍, 臣恐國家憂累繇十年數, 不二三歲而已.」

| 註釋 | ○ '攻不足者守有餘' −《孫子 軍形》의 "守則不足 攻則有餘"에 대
한 풀이. 곧 공격할 수 없을 경우에 수비하면 여유가 있다. ○ '善戰者致人,
不致於人.' −《孫子 虛實》. 전투를 잘한다는 것은 주도권을 쥐고 적을 우리
마음대로 부릴 수 있는 것이지 적에게 제압당하는 것이 아니다. 致는 부를
치. 制의 뜻. ○ 罕羌(한강) − 강족의 일파인 罕人. ○ 宜飭兵馬 − 飭(삼갈 칙)
은 갖추다. 부지런히 힘쓰다. ○ 莫須之屬 − 羌族의 한 부류.

〔 國譯 〕

「臣이 알기로는, 병법에 '공격할 수 없을 때 방어하면 여유가 있다'고 하였으며, 또 '善戰者란 적을 제압하는 것이지 적에게 제압당하지 않는다.'고 하였습니다. 지금 罕人(한인)이 敦煌과 酒泉郡을 침략할 것이라 하여 병마를 정비하고 戰士를 훈련시키고 적의 내침을 기다리는 것은 앉아서 적을 유인하는 전술로 편안한 상태에서 지친 적을 공격하는 것으로 승리하는 전술입니다. 지금 2개 郡의 병력으로는 방어하기에도 부족한데 그들을 출동시켜 공격하는 것은 적을 불러들이는 전술을 쓰지 않고 적에게 끌려가는 전술이기에 臣은 우리에게 불리하다고 생각합니다. 先零(선련)의 강족은 (漢을) 배반하려고 罕(한)과 幵(견)에게 원한 관계를 청산하자고 하였으나 그 속셈은 한군이 (선련을) 공격할 경우에 그들이 배신하지 않을까 두려워하고 있습니다. 臣의 愚計이지만 罕(한)과 幵(견)이 위기에 처하면 그들의 맹약을 굳건히 해주는 것이기에 우리가 먼저 罕羌(한강)을 공격할 경우 선련은 틀림없이 한강을 원조할 것입니다. 지금 적의 말은 살쪘고 군량도 풍족하기에 그들을 공격해도 크게 위해를 가할 수 없으며 선련으로 하여금 罕人(한인)에게 은덕을 베풀며 약조를 강화시키고 그들을 뭉치게 만드는 것이 됩니다. 적이 견고히 뭉치면 그 정병이 2만여 명이나 되고 다른 작은 부족들을 협박하여 추종자들은 더 많아질 것이니 莫須(막수)와 같은 무리들은 빠져나오지도 못할 것입니다. 그렇게 되면 적의 병력은 점점 많아지고 그들을 토벌할 우리는 몇 배의 힘을 써야 하니 이렇게 되면 나라의 걱정은 십여 년 이상 계속될 것이며 2, 3년으로 끝나지 않을 것입니다.」

「臣得蒙天子厚恩, 父子俱爲顯列. 臣位至上卿, 爵爲列
侯, 犬馬之齒七十六, 爲明詔塡溝壑, 死骨不朽, 亡所顧念.
獨思惟兵利害至熟悉也, 於臣之計, 先誅先零已, 則罕,幵之
屬不煩兵而服矣. 先零已誅, 而罕,幵不服, 涉正月擊之, 得
計之理, 又其時也. 以今進兵, 誠不見其利, 唯陛下裁察.」

| 註釋 | ○犬馬之齒－犬馬는 주군의 신하. 자신을 극도로 낮춘 표현. ○塡
溝壑(전구학)－죽다. 塡 메울 전. 溝 물도랑 구. 壑 골짜기 학. ○熟悉(숙실)－
잘 이해하다. 悉 모두 실. 다. 전부. ○唯－~하기 바라다. 희망을 표현.

〔國譯〕

「臣은 천자의 후은을 입어 부자가 모두 높은 자리에 근무하고 있
습니다. 臣의 지위는 상경이고 작위로는 열후이면서 나이는 76세이
니 詔命을 실천하다가 죽어 시신이 썩지 않는다 하여도 걱정이 없습
니다. 오로지 병법의 이해득실을 잘 헤아려야 하는데 臣의 계책으로
는 선련을 먼저 토벌한다면 罕人(한인)과 幵人(견인) 같은 부류는 군
사를 내지 않아도 굴복할 것입니다. 선련을 정벌했는데도 한인과 견
인이 불복한다면 정월을 기다렸다가 공격하는 것이 이치로나 시기
로도 적의할 것입니다. 지금 군사를 출동해도 그 이득이 없을 것 같
사오니 폐하께서 살펴주시기 바랍니다.」

六月戊申奏, 七月甲寅璽書報從充國計焉.

充國引兵至先零在所. 虜久屯聚, 解弛, 望見大軍, 棄車重, 欲渡湟水, 道阨狹, 充國徐行驅之. 或曰逐利行遲, 充國曰, "此窮寇不可迫也. 緩之則走不顧, 急之則還致死." 諸校皆曰, "善." 虜赴水溺死者數百, 降及斬首五百餘人, 鹵馬, 牛羊十萬餘頭, 車四千餘兩. 兵至罕地, 令軍毋燔聚落芻牧田中. 罕羌聞之, 喜曰, "漢果不擊我矣!" 豪靡忘使人來言, "願得還復故地." 充國以聞, 未報. 靡忘來自歸, 充國賜飲食, 遣還諭種人. 護軍以下皆爭之, 曰, "此反虜, 不可擅遣." 充國曰, "諸君但欲便文自營, 非爲公家忠計也." 語未卒, 璽書報, 令靡忘以贖論. 後罕竟不煩兵而下.

| 註釋 | ○七月甲寅 – 金城郡과 장안은 1,450里인데 그 왕복과 논의와 결재에 7일이 소요되었다. ○解弛 – 懈弛(해이). ○湟水(황수) – 今 靑海省 동부를 흐르는 황하의 지류. ○阨狹(애협) – 막히고 좁다. 厄狹(액협). 阨 좁을 애. ○還致死 – 되돌아서 죽기로 싸우다. ○四千餘兩 – 兩은 輛. 수레 양(량). ○毋燔聚落芻牧田中 – 毋 말 무. 하지 말라. 금지. 燔 태울 번. 굽다. 聚落(취락)은 마을. 芻牧(추목)은 사료용 건초. ○靡忘(미망) – 인명.

〖 國譯 〗

六月 戊申日에 상주였는데 七月 甲寅日에 조충국의 방책대로 허락한다는 국서를 받았다.

조충국은 군사를 이끌고 선련의 군사가 있는 곳으로 진격하였다. 적은 오랫동안 모여 있으면서 군기가 해이해졌는데 멀리 漢의 대군을 보고서는 수레와 중기를 버리고 湟水(황수)를 건너려 하였는데 길이 막히고 좁았는데도 조충국은 천천히 그들을 몰아갔다. 어떤 사람이 유리한데도 행군이 느리다고 하자 조충국이 말했다.

"저들은 궁지에 몰린 적이니 급박하게 공격할 수 없다. 천천히 공격하면 도주하며 뒤돌아보지 않지만 급히 공격하면 돌아서서 죽기로 싸우려 할 것이다."

여러 교위들은 "맞습니다."라고 했다. 적은 강을 건너며 익사자가 수백 명이었고 투항하거나 참수한 자가 5백여 명이었고 노획한 말과 소와 양이 10여만 마리에, 수레 4천여 량이었다. 한의 군사가 罕人(한인)의 땅에 들어가자 조충국은 군에 마을이나 밭의 건초에 불을 지르지 말라고 명령하였다.

罕人(한인)들이 이를 듣고서는 좋아하며 말했다. "漢은 정말로 우리를 공격하지 않는구나!" 토호인 靡忘(미망)은 사람을 보내 말했다. "예전처럼 漢의 땅이 되고자 합니다." 조충국이 이를 듣고서 보고하지는 않았다. 그 뒤에 靡忘(미망)이 스스로 찾아오자 조충국은 음식을 하사하고 되돌려 보내 종족들을 설득하게 하였다.

護軍 이하 여러 사람들이 이를 따지며 말했다. "이는 포로로 데려가야지 마음대로 보낼 수 없습니다."

그러자 조충국이 말했다. "여러분들은 법 조항대로만 자신의 안전을 도모하려는데 이는 나라에 충성하는 계책이 아니다."

그 말이 끝나지도 않았는데 국서가 도착하여 미망의 죄를 용서한다고 하였다. 그 뒤에 군사를 동원하지 않고도 罕(한)을 평정하였다.

其秋, 充國病, 上賜書曰, "制詔後將軍, 聞苦脚脛寒洩,
將軍年老加疾, 一朝之變不可諱, 朕甚憂之. 今詔破羌將軍
詣屯所, 爲將軍副, 急因天時大利, 吏士銳氣, 以十二月擊先
零羌. 卽疾劇, 留屯毋行, 獨遣破羌,强弩將軍." 時, 羌降者
萬餘人矣. 充國度其必壞, 欲罷騎兵屯田, 以待其敝. 作奏
未上, 會得進兵璽書, 中郎將卬懼, 使客諫充國曰, "誠令兵
出, 破軍殺將以傾國家, 將軍守之可也. 卽利與病, 又何足
爭? 一旦不合上意, 遣繡衣來責將軍, 將軍之身不能自保,
何國家之安?" 充國歎曰, "是何言之不忠也! 本用吾言, 羌
虜得至是邪? 往者擧可先行羌者, 吾擧辛武賢, 丞相御史復
白遣義渠安國, 竟沮敗羌. 金城,湟中穀斛八錢, 吾謂耿中
丞, 糴二百萬斛穀, 羌人不敢動矣. 耿中丞請糴百萬斛, 乃
得四十萬斛耳. 義渠再使, 且費其半. 失此二册, 羌人故敢
爲逆. 失之毫釐, 差以千里, 是旣然矣. 今兵久不決, 四夷卒
有動搖, 相因而起, 雖有知者不能善其後, 羌獨足憂邪! 吾
固以死守之, 明主可爲忠言." 遂上〈屯田奏〉曰.

| 註釋 | ○脚脛寒洩(각경한설) – 脚脛은 종아리의 통증. 寒洩은 설사. 脛
정강이 경. 洩 샐 설. 설사. ○不可諱 – 필할 수 없는 것. 죽음. ○將軍副 –
장군을 돕게 하다. 副는 돕다. 보좌하다. ○卽利與病 – 만약 승리나 패배의
경우에. 卽은 만약, 가령. 利는 勝利. 病은 패전. ○繡衣(수의) – 繡衣直指.
武帝 때 처음으로 설치한 天子의 특사. 처음에는 侍御史를 내보냈기에 繡衣

御史(수의어사)라고 불렀다. 繡衣는 비단 옷이니 고귀하다는 뜻. 直旨는 업무 처리에 私情을 두지 않는다는 뜻. ○耿中丞 − 大司農中丞인 耿壽昌(경수창). 耿은 빛날 경. ○糴 − 곡식 사들일 적. ○屯田(둔전) − 戍卒(수졸)이나 농민, 상인이 새 경작지를 개간하여 군량을 얻거나 稅糧을 확보하는 농업. 軍屯, 民屯, 商屯으로 구분하였다.

[國譯]

그 해 가을, 조충국이 병들자 宣帝가 조서를 내렸다.

"後將軍에게 안부를 묻노라. 종아리 통증과 설사로 고생한다고 들었는데 장군의 고령으로 인한 병이겠지만 갑자기 닥칠 피할 수 없는 일을 짐은 크게 걱정하고 있도다. 이번에 破羌將軍을 주둔지에 파견하여 장군을 돕게 하노니 유리한 천시와 드높은 장졸의 사기를 이용하여 12월에 선련의 강족을 공격하시오. 만약 장군의 병환이 심하면 주둔지에 머물며 행군하지 말 것이며 破羌(파강)장군과 强弩 (강노)將軍을 보내도록 하시오."

이때 강족으로 투항자가 1만여 명이었다. 조충국은 선련의 배반 은 틀림없이 실패하리라 예상하면서 기병의 둔전을 해산하고 적이 스스로 붕괴되기를 기다리고 있었다. 조충국은 上奏文(상주문)을 지 어놓고도 올리지 않고 있었는데 이에 공격하라는 국서를 받게 되자 中郞將 趙卬(조앙, 조충국의 아들)은 두려워하며 문객을 보내어 아버 지에게 간언하였다.

"정말로 출병하여 군사가 패전하고 장수가 죽어 나라에 손해가 된다면 장군의 방어책이 옳을 것입니다. 만약 전쟁의 승패를 예상할 수 없다면 왜 상주하여 간쟁하시렵니까? 일단 폐하의 뜻을 따르지 않는다면 조정에서 繡衣御史(수의어사)를 보내어 장군을 문책할 것이며, 장군의 몸으로 감당하실 수 없을 것인데 나라의 안전을 어찌하시겠습니까?"

이에 조충국이 탄식하며 말했다.

"이 무슨 불충을 말인가! 처음부터 내 의견을 따랐다면 羌人이 어찌 여기까지 왔겠는가? 지난번에 羌에 사신으로 갈만한 사람을 천거할 때 나는 辛武賢을 천거했었고 승상과 어사대부는 義渠安國을 추천하였는데 결과적으로 강족 원정을 망쳐버렸었다. 金城郡과 湟中(황중) 일대의 곡물이 1斛에 八錢을 할 때 나는 大司農中丞인 耿壽昌(경수창)에게 2백만 斛(곡)의 곡식을 사들이면 羌人들이 감히 반동하지 못할 것이라고 말했다. 경중승은 1백만 곡만 사들이겠다고 주청하고서는 실제로는 40만 곡만 매입하였다. 그리고 義渠安國을 다시 사자로 보내면서 비용으로 그 절반을 써 버렸다. 이 두 가지 실책이 있었기에 강족이 배반을 한 것이다. 그야말로 아주 미미한 실수가 천리 차이가 난다더니 이것이 그런 것이다. 지금 전쟁이 오랫동안 종결되지 못하고 四夷들이 가끔 동요하는 것도 이런 데 원인이 있는 것이니, 비록 지혜로운 자일지라도 그 끝을 잘 맺지 못하거늘 걱정할 것이 어찌 강족뿐이겠는가! 내가 정말로 지키다 죽더라도 明主에게는 충언을 할 수 있는 것이다."

조충국은 마침내 〈屯田奏〉를 올렸다.

原文

「臣聞兵者, 所以明德除害也, 故擧得於外, 則福生於內,

不可不愼. 臣所將吏士馬牛食, 月用糧穀十九萬九千六百三
十斛, 鹽千六百九十三斛, 茭藁二十五萬二百八十六石. 難
久不解, 繇役不息. 又恐它夷卒有不虞之變, 相因並起, 爲
明主憂, 誠非素定廟勝之册. 且羌虜易以計破, 難用兵碎也,
故臣愚以爲擊之不便.」

| 註釋 | ○茭藁(교고) ─ 건초와 볏짚. 茭 건초 교. 藁 볏짚 고, 마를 고. ○石
─ 무게 단위, 120근을 1석이라 함. 대략 29kg 정도. ○繇役 ─ 徭役(요역), 노동
력 징발. ○廟勝之册 ─ 조정에서 결정한 승리를 위한 방책.

〖 國譯 〗
　〈屯田奏〉*
　「臣이 알기로는, 전쟁이란 덕행을 실천하며 해악을 제거하는 것
으로 외부에서 승리한다면 내부에서도 이득이 있으나 신중하지 않
을 수 없는 것입니다. 臣이 거느리고 있는 군리와 사졸, 牛馬가 먹는
것은 매월 곡식이 199,630 斛(곡)에 소금이 1,693곡, 건초와 볏짚이
250,286石이나 됩니다. 군사를 해산하지 않고 오래 버틸 수도 없으
며 요역도 그치지 않습니다. 또 갑자기 닥치는 예상 못한 사고로 죽
기도 하며 여러 가지 일이 발생하여 현명하신 주군의 걱정거리가 되
며 때로는 조정에서 결정한 승리의 방책과 다를 수도 있습니다. 게
다가 강족은 계책으로 격파하기는 쉬워도 군대로 쳐부수기는 어렵
기에 신은 공격하는 것이 불리하다고 생각하고 있습니다.」

「計度臨羌東至浩亹, 羌虜故田及公田, 民所未墾, 可二千
頃以上, 其間郵亭多壞敗者. 臣前部士入山, 伐材木大小六
萬餘枚, 皆在水次. 願罷騎兵, 留弛刑應募, 及淮陽,汝南步
兵與吏士私從者, 合凡萬二百八十一人, 用穀月二萬七千三
百六十三斛, 鹽三百八斛, 分屯要害處. 冰解漕下, 繕鄉亭,
浚溝渠, 治湟狹以西道橋七十所, 令可至鮮水左右. 田事出,
賦人二十畮. 至四月草生, 發郡騎及屬國胡騎伉健各千, 倅
馬什二, 就草, 爲田者遊兵. 以充入金城郡, 益積畜, 省大費.
今大司農所轉穀至者, 足支萬人一歲食. 謹上田處及器用
簿, 唯陛下裁許.」

| 註釋 | ○計度 – 헤아리다. 예상하다. ○臨羌(임강) – 金城郡의 縣名.
今 靑海省 湟源縣. ○浩亹(호문) – 金城郡의 현명. 今 甘肅省 蘭州市 관할의
永登縣 서남. ○郵亭(우정) – 驛站(역참). ○水次 – 물 가. 水邊. ○弛刑應
募 – 형구를 풀어주고 노역에 종사할 사람을 모집하여 남겨놓다. ○吏士私
從者 – 관리들을 따라온 자. ○漕下(조하) – 물길을 이용하여 운반하다. 漕
배로 실어 나를 조. ○浚溝渠(준구거) – 하천을 준설하다. 浚 깊을 준. 물도
랑을 치다. 溝渠는 하천. 물길. ○湟狹(황협) – 지명. 今 靑海省 西寧市 동쪽.
○田事出 – 농사일을 시작하다. ○二十畮 – 畮 이랑 무. 畝와 同. ○屬國胡
騎伉健各千 – 屬國은 이민족으로 변경의 군현에서 자기 풍속을 유지하면 거
주하는 집단. 伉健(항건)은 건장한. 튼튼한. ○倅馬什二(쉬마십이) – 수레에
여벌로 따라가는 말. 副馬. 倅 버금 쉬. 갑자기 졸. 什二는 10분의 2. ○爲田
者遊兵 – 둔전하는 병졸을 지키는 이동 부대. ○田處 – 토지대장. ○唯 –

~하기 바라다. 희망을 표현.

〖國譯〗

「臨羌에서 동쪽으로 浩亹(호문)에 이르는 지역에는 羌族이 경작하던 토지나 公田, 백성이 개간하지 않은 땅을 헤아려 보면 대략 2천頃(경) 이상이 되며 곳곳의 역참이 파괴된 곳이 많습니다. 臣은 부대 인력을 데리고 산에 들어가서 크고 작은 재목 6만 여 그루를 베어 모두 강가에 모아두었습니다. 기병을 해산하고 남아서 노역하는 죄수를 모집하였고 淮陽과 汝南郡의 보병과 관리를 사적으로 따라온 자 등등 모두 10,281명을 모았는데 들어가는 곡식이 매월 27,363곡이고 소금은 308곡인데 중요한 지점에 나누어 주둔케 할 것입니다. 얼음이 녹고 조운이 가능하면 곳곳의 역참을 수리하고 하천을 준설하고 湟狹(황협) 서쪽의 교량 70곳을 보수하여 鮮水(선수) 근처까지 통행토록 할 것입니다. 농사 일이 시작되면 둔병 1인에 20畝(무)를 분급할 것입니다. 4월에 풀이 나오면 郡의 기병과 속국의 흉노 기병 각 1천 명에게 副馬를 10분의 2를 주어 초지에 나가 둔전병을 지키게 할 것입니다. 둔전병을 金城郡에 편입시키고 비축을 많이 하고 큰 비용을 줄일 것입니다. 이제 大司農에서 주관하여 운송하는 곡식이 들어오면 1만인이 1년을 먹을 수 있을 것입니다. 삼가 토지 장부와 농기구 장부를 올리오니 폐하께서 재가하시길 바랍니다.」

原文

上報曰, "皇帝問後將軍, 言欲罷騎兵萬人留田, 即如將軍

之計, 虜當何時伏誅, 兵當何時得決? 孰計其便, 復奏." 充
國上狀曰,

「臣聞帝王之兵, 以全取勝, 是以貴謀而賤戰. 戰而百勝,
非善之善者也, 故先爲不可勝, 以待敵之可勝. 蠻夷習俗雖
殊於禮義之國, 然其欲避害就利, 愛親戚, 畏死亡, 一也. 今
虜亡其美地薦草, 愁於寄託遠遁, 骨肉心離, 人有畔志. 而
明主般師罷兵, 萬人留田, 順天時, 因地利, 以待可勝之虜,
雖未卽伏辜, 兵決可期月而望. 羌虜瓦解, 前後降者萬七百
餘人, 及受言去者凡七十輩, 此坐支解羌虜之具也.」

| 註釋 | ○孰計 – 자세히 고려하다. 孰은 熟. ○戰而百勝, 非善之善者也
–《孫子 謀攻》. 백전백승해야 최고가 아니고 전투를 하지 않고 이기는 것이
최고라는 의미. ○先爲不可勝 –《孫子 軍形》. 적이 우리를 이기지 못하게
우리가 완전한 준비를 한다는 의미. ○般師罷兵 – 般師는 班師. 班은 還也.
군사를 철수하다. ○兵決可期月而望 – 전쟁을 끝내는 일은 1년이면 가능하
다. 期月은 1년. ○支解 – 수족을 절단하는 형벌. 具는 방법.

〔 國譯 〕

선제가 답서를 보내왔다.

"皇帝가 後將軍에게 묻나니, 기병 1만인을 해산하여 농사를 짓게
한다고 말했는데 장군의 계획대로 한다면 적을 언제 모두 처단할 수
있으며 군사는 언제 끝낼 수 있는가? 유리한 방법을 상세히 고려하
여 다시 상주하라."

조충국은 글을 올려 말했다.

「臣이 알기로는, 帝王의 군사는 완전한 승리를 거두어야하므로 지모를 귀히 여기고 전투를 비천하게 생각한다고 하였습니다. 싸워서 백 번을 이긴다 하여 가장 좋은 것은 아닙니다. 그래서 먼저 적이 이기지 못하게 만들어 놓고 적을 기다리면 승리할 수 있습니다. 蠻夷(만이)의 습속이 비록 禮義之國인 우리와는 다르지만 나쁜 일을 피하고 좋은 일을 따르려 하며 친척을 아끼고 죽기를 두려워하는 것은 마찬가지입니다. 지금 적들은 비옥한 땅과 초지를 잃고 먼 곳에 피해 숨어야 하고 골육이 한마음이 되지 못하고 백성들이 배반할 것을 걱정하고 있습니다. 明主께서 회군하고 파병하라 하더라도 1만 둔병을 여기에 남겨두었다가 天時에 순응하고 地利를 이용하여 적을 이길 수 있는 기회를 기다린다면 비록 적을 완전히 굴복시키지 않더라도 1년이면 전쟁을 종결할 수 있을 것입니다. 羌族은 지금 와해되고 있어 지금까지 투항해온 자가 1만 7백여 명이고 우리의 권유에 따라 자기 부족을 회유하려고 돌아간 자들이 70여 명이나 되니 이는 앉아서 강족의 적을 해체시키는 방법일 것입니다.」

原文

「臣謹條不出兵留田便宜十二事. 步兵九校, 吏士萬人, 留屯以爲武備, 因田致穀, 威德並行, 一也. 又因排折羌虜, 令不得歸肥饒之墜, 貧破其衆, 以成羌虜相畔之漸, 二也. 居民得並田作, 不失農業, 三也. 軍馬一月之食, 度支田士一歲, 罷騎兵以省大費, 四也. 至春省甲士卒, 循河湟漕穀至

臨羌, 以示羌虜, 揚威武, 傳世折衝之具, 五也, 以閒暇時下
所伐材, 繕治郵亭, 充入金城, 六也. 兵出, 乘危憿幸, 不出,
令反畔之虜竄於風寒之地, 離霜露疾疫瘃墯之患, 坐得必勝
之道, 七也. 亡經阻遠追死傷之害, 八也. 內不損威武之重,
外不令虜得乘間之勢, 九也. 又亡驚動河南大幵,小幵使生
它變之憂, 十也. 治湟陜中道橋, 令可至鮮水, 以制西域, 信
威千里, 從枕席上過師, 十一也. 大費旣省, 繇役豫息, 以戒
不虞, 十二也. 留屯田得十二便, 出兵失十二利. 臣充國材
下, 犬馬齒衰, 不識長册, 唯明詔博詳公卿議臣朶擇.」

| 註釋 | ○條 - 조목별로 열거하다. ○肥饒之墜(비요지지) - 비옥한 땅.
墜는 땅 지. 地와 同. 地의 籀字(주자, 大篆). ○貧破其衆 - 그 백성을 가난하
게 만들어 격파하다. ○居民得並田作 - 주민과 둔전병이 같이 농사를 짓다.
○省甲士卒 - 병사들을 살펴보다. 省은 視察하다. ○傳世折衝之具 - 대대
로 적을 이길 수 있는 길을 마련하다. ○乘危憿幸(승위요행) - 乘危는 모험
하다. 憿幸은 僥倖(요행)과 같음. ○離霜露疾疫瘃墯之患 - 離는 재해를 당
하다. 疾疫(질역)은 질병. 瘃墯(족타)는 동상으로 손발이 잘리다. 瘃 동상 촉.
墯 떨어질 타(墮와 同). ○河南 - 황하의 남안. 靑海省을 흐르는 黃河의 남쪽
지역. ○大幵(대견), 小幵(소견) - 羌族의 일파인 幵族. ○從枕席上過師 -
아주 편안하게 군사가 이동할 수 있다. ○繇役豫息 - 요역을 미리 줄일 수
있다.

〖國譯〗
「臣이 삼가 군사를 출동시키지 않고 둔전의 유리한 점 12가지를

적어 올립니다. 步兵의 9개 단위부대에 군리와 사졸이 1만 명으로 둔전을 해도 무장을 갖추고 농사를 지어 곡식을 생산하기에 위엄과 덕치를 병행할 수 있는 것이 첫째 이익입니다. 또 겸해서 강족을 밀어내어 비옥한 땅으로 돌아오지 못하게 하여 가난으로 그 무리를 격파하니 강족이 점차로 서로 배반하게 만드는 것이 두 번째입니다. 현지 주민과 둔전병이 같이 일하며 농사를 포기하지 않으니 세 번째 이득입니다. 군사와 말의 1달 먹는 것이 둔전병의 일 년치와 비슷하니 기병을 없애면 큰 비용을 줄일 수 있는 것이 네 번째입니다. 봄이 되면 甲士와 병졸이 시찰을 하며 河湟에서 臨羌에 이르도록 곡식을 조운하며 강족에게 武威를 선양하여 대대로 적을 격파할 수 있으니 다섯 번째 이득입니다. 한가한 철에는 산의 나무를 베어다가 역참을 정비하여 金城郡까지 들어갈 수 있으니 여섯 번째 이득입니다. 공격하게 되면 모험과 요행수를 기대해야지만 군사를 출동시키지 않으면 배반한 적들은 추운 산간에 숨어 살며 추위와 질병과 동상의 재해를 입는데 이는 우리의 안전한 승리를 얻는 길이니 일곱 번째 이득입니다. 먼 곳까지 와서 죽거나 다칠 염려가 없는 것이 여덟 번째이고 안으로는 무력의 위엄을 잃지 않으면서도 밖으로는 적이 빈틈을 노릴 수 없게 하는 것이 아홉 번째입니다. 또 황하 남안의 大开(대견)과 小开(소견)을 놀라게 하지 않아 그들이 일으키는 변란에 대한 걱정이 없는 것이 열 번째 이득입니다. 湟陿(황협)까지 통하는 도로의 교량을 수리하여 鮮水(선수)에 이를 수 있어 西域(서역)을 제압하며 천리에 걸쳐 신의와 武威를 보여 편안하게 군사를 이동시킬 수 있는 것이 열한 번째 이득입니다. 대군을 유지하는 큰 비용과 徭役(요역)을 줄이면서도 불의의 사태에 대비할 수 있으니 열두 번째 이득입니다. 臣 조충국은 재주도 없으며 신하로서 쇠약하며 좋은 방책도 모르지만 명철하신 명령에 따라 넓고 상세하게 공경의 의논을 거쳐 신의 방책을 채택해 주시길 바랍니다.」

原文

上復賜報曰, "皇帝問後將軍, 言十二便, 聞之. 虜雖未伏誅, 兵決可期月而望, 期月而望者, 謂今冬邪? 謂何時也? 將軍獨不計虜聞兵頗罷, 且丁壯相聚, 攻擾田者及道上屯兵, 復殺略人民, 將何以止之? 又大开, 小开前言曰, '我告漢軍先零所在, 兵不往擊, 久留, 得亡效五年時不分別人而並擊我?' 其意常恐. 今兵不出, 得亡變生, 與先零爲一? 將軍執計復奏." 充國奏曰,

| 註釋 | ○期月而望者 - '期月而望'의 四字는 중복이라는 註가 있다. ○且丁壯相聚 - 且는 ~할 것이다. 將次. ○得亡效五年 - 元康 5년, 漢의 義渠安國이 羌族을 정벌한 일.

[國譯]

宣帝는 다시 답서를 내려 물었다.

"황제는 후장군에게 묻나니, 12가지 이로움에 대한 설명을 보았노라. 비록 적들을 굴복시키지는 못했지만 전투를 1년 이내로 끝낼 수 있다 하였는데 일 년 이내란 것이 이번 겨울을 말하는가? 아니면 어느 때인가? 장군이 예상하지 못한 것은 적이 우리가 罷兵(파병)했다는 것을 알면 그들의 장정을 다시 모아 농사짓는 백성이나 각지의 둔병을 공격하여 백성을 살육할 것인데 어떻게 막을 수 있겠는가? 또 大幵(대견)과 小幵(소견) 종족이 전에 '우리는 漢軍에게 先零(선련)이 있는 곳을 말해주었는데 한군은 공격하지 않았으며 한참 뒤에 元康 5년에 구별하지 않고 우리를 토벌하게 했는데 또 그때처럼 되지 않겠느냐?'라고 말한 것은 그들이 우리를 의심하는 것이다. 이번에 출동하지 않는다면 일을 만들어 선련과 한 편이 되지 않겠는가? 장군은 어찌 생각하는지 다시 상주토록 하라."

이에 조충국은 다시 상주하였다.

原文

「臣聞兵以計爲本, 故多算勝少算. 先零羌精兵, 今餘下過七八千人, 失地遠客, 分散飢凍. 罕,幵,莫須又頗暴略其羸弱畜産, 畔還者不絶, 皆聞天子明令相捕斬之賞. 臣愚以爲虜破壞可日月冀, 遠在來春, 故曰兵決可期月而望. 竊見北邊自敦煌至遼東萬一千五百餘里, 乘塞列隧有吏卒數千人, 虜數大衆, 攻之而不能害. 今留步士萬人屯田, 地勢平易, 多高山遠望之便, 部曲相保, 爲塹壘木樵, 校聯不絶, 便兵弩, 飭鬬具. 烽火幸通, 勢及並力, 以逸待勞, 兵之利者也. 臣愚以爲屯田內有亡費之利, 外有守禦之備. 騎兵雖罷, 虜見萬人留田爲必禽之具, 其土崩歸德, 宜不久矣. 從今盡三

月, 虜馬羸瘦, 必不敢捐其妻子於他種中, 遠涉河山而來爲
寇. 又見屯田之士精兵萬人, 終不敢復將其累重還歸故地.
是臣之愚計, 所以度虜且必瓦解其處, 不戰而自破之冊也.
至於虜小寇盜, 時殺人民, 其原未可卒禁. 臣聞戰不必勝,
不苟接刃, 攻不必取, 不苟勞衆. 誠令兵出, 雖不能滅先零,
但能令虜絶不爲小寇, 則出兵可也. 卽今同是而釋坐勝之
道, 從乘危之勢, 往終不見利, 空內自罷敝, 貶重而自損, 非
所以視蠻夷也. 又大兵一出, 還不可復留, 湟中亦未可空,
如是, 繇役復發也. 且匈奴不可不備, 烏桓不可不憂. 今久
轉運煩費, 傾我不虞之用以澹一隅, 臣愚以爲不便. 校尉臨
衆幸得承威德, 奉厚幣, 拊循衆羌, 諭以明詔, 宜皆鄕風. 雖
其前辭嘗曰, '得亡效五年', 宜亡它心, 不足以故出兵. 臣竊
自惟念, 奉詔出塞, 引軍遠擊, 窮天子之精兵, 散車甲於山
野, 雖亡尺寸之功, 媮得避慊之便, 而亡後咎餘責, 此人臣不
忠之利, 非明主社稷之福也. 臣幸得奮精兵, 討不義, 久留
天誅, 罪當萬死. 陛下寬仁, 未忍加誅, 令臣數得熟計. 愚臣
伏計孰甚, 不敢避斧鉞之誅, 昧死陳愚, 唯陛下省察.」

| 註釋 | ㅇ故多算勝少算 – 多算勝 少算不勝.《孫子 始計》, 계략을 많이
생각하면 승리하고 적으면 패배한다. 算은 計略. ㅇ飢凍(기동) – 飢는 주릴
기(饑와 同). 凍은 얼 동. ㅇ遼東(요동) – 郡名. 治所는 襄平縣(今 遼寧省 遼陽
市). ㅇ部曲 – 군대 편제 단위. 장군 아래로 5部가 있고(部는 校尉가 지휘), 部
아래 曲이 있는데 曲은 軍候가 지휘한다. ㅇ塹壘木樵(참루목초) – 塹 구덩이

참. 壘 성채 루. 木樵는 목책과 망루. 樵 땔나무 초. ○校聯不絶 – 校는 營壘 (영루). ○飭鬪具(칙투구) – 전투 장비를 준비하다. ○必禽之具 – 禽은 擒 (사로잡을 금)과 通. ○將其累重 – 그들의 처자를 거느리고. 累重은 처자. ○未可卒禁 – 卒은 猝(갑자기 졸). ○戰不必勝, 不苟接刃 – 전투에 꼭 이겨 야 하는 것이 아니니 함부로 접전하지 않는다. 싸우지 않고 이기는 것이 최 상이기에 접전하여 이기고자 한다면 上將이라 할 수 없다는 뜻. 不苟(불구) 는 함부로 하지 않다. 接刃(접인)은 교전하다. 육박전. ○則出兵可也 – 출병 한다 하여도 적을 완전히 섬멸할 수도 없으며 우리가 이긴다 하여도 그들의 소소한 노략질을 완전히 못하게 할 수는 없다. 그러니 출병만이 능사는 아니 라는 완곡한 거부의 뜻임. ○貶重而自損 – 貶重(폄중)은 中國의 위엄을 폄 하하다. ○非所以視蠻夷也 – 視는 示. 그런 상황을 오랑캐에게 보여서는 안 된다. ○繇役復發也 – 먼 곳에서 군량과 장비를 계속 운반하는 繇役(요역) 을 부활해야 한다. ○烏桓(오환) – 東胡族의 한 갈래 漢代에는 지금의 내몽 고, 요령성 일대에서 주로 활약하였다. ○轉運 – 군량 운반. ○傾我不虞之 用以澹一隅 – 傾은 기울다. 번복하다. 澹은 贍의 古字. 공급하다. 一隅(일우) 는 강족을 상대하는 한 지방. ○臨衆(임중) – 人名. 辛臨衆(신임중), 辛武賢 의 아우. ○拊循衆羌 – 拊循(부순)은 어루만지다. 회유하다. ○媮得避慊之 便 – 구차하게 문책이나 피하려 하다. 媮 구차할 투. 慊 의심할 혐. 미덥지 않 을 겸. 의심하다. 嫌의 古字. ○久留天誅 – 天誅는 천벌로 죽여야 할 적.

〔國譯〕

「臣이 알기로, 兵法은 計略이 바탕이 되기에 계략이 많으면 승리 하고 적으면 패배합니다. 先零(선련) 강족의 정병은 지금 7, 8천 명 남았는데 땅을 빼앗기고 멀리 도망가 흩어졌고 굶주리며 추위에 떨 고 있습니다. 罕(한)과 幵(견), 莫須(막수) 또한 그 어린 것들과 가축을 상당히 약탈당했기에 선련을 버리고 돌아오는 자가 많은데 이들은 모두 선련을 생포하거나 참수하면 상을 준다는 천자의 분명한 명령을 알고 있습니다. 臣의 우매한 계산이지만 적이 붕괴할 그 날수나 달을 기대할 수 있으니 멀리는 오는 봄이 될 것 같기에 전쟁의 종결을 1년이면 바라볼 수 있다고 하였습니다. 臣이 볼 때 敦煌(돈황)에서 遼東郡(요동군)까지 11,500여 리에 이어진 요새와 전선에 軍吏가 수천 명이며 적의 수많은 무리가 공격한다 하여 큰 피해를 주지는 못할 것입니다. 지금 보병의 일만여 명을 남겨 둔전을 하는데 지세는 평평하고 높은 산도 많아 멀리까지 감시하기 좋으며 부대가 서로를 지켜주면서 참호를 파고 목책과 망루를 설치했고 보루가 이어졌으며 강궁을 비치하고 전투 장비를 잘 갖추었습니다. 봉화가 잘 연결되고 전투 능력도 좋아 편한 상태에서 피로한 적을 기다리니 전투에도 유리할 것입니다. 臣의 어리석은 생각이지만 屯田은 안으로는 비용을 줄이는 이점이 있고 외부적으로는 방어 태세를 정비한 것입니다. 기병을 폐지했지만 적이 볼 때 1만 명이 둔전을 하니, 이는 적을 잡는 도구이며 그들은 머지않아 붕괴되어 투항할 것입니다. 지금 3개월이 되었는데 적의 말들은 여위었기에 틀림없이 그들의 처자를 다른 부족에게 버려두고 먼먼 산하를 넘어 공격해오지는 못할 것입니다. 또 그들이 볼 때 屯田하는 정병 1만 명이 있는 한 끝내 그들이 살던 옛 땅으로 그들의 처자를 거느리고 다시는 돌아올 수 없는 것입니다. 이는 臣의 우계이지만 이는 적이 틀림없이 그 땅에서 붕괴할 원인이며 싸우지 않고도 적 스스로가 무너지게 하는 방책입니다. 적들의 소소한 노략질이나 가끔 백성을 죽이는 일이야 그 근본을 갑자기 없애기는 어렵습니다. 臣이 알기로, 전투에 필승만이

목표가 아니니 함부로 접전하지 않고 공격에서 꼭 빼앗아야 하는 것은 아니기에 군사를 힘들게 하지 않는다고 하였습니다. 정말로 꼭 출병해야 하더라도 선련을 완전히 섬멸할 수 없으며 적으로 하여금 작은 노략질도 전혀 못하게 할 수 있다면 출병도 가할 것입니다. 곧 지금과 같은 상태에서 앉아서 승리를 얻을 수 있는 방법을 버리고 위험한 상황을 만들어가는 것은 끝내 이롭지 않을 것이며, 내실을 축내고 지치게 하며 대국의 위엄을 손상하고 스스로를 손해를 보는 상황을 만이에게 보여주어서는 안 될 것입니다. 또 대 병력이 한 번 출동하면 회군하여도 다시 둔전할 수 없으며 그렇다고 湟中(황중)을 비워둘 수도 없사오니 그렇게 되면 요역은 다시 시작되어야 합니다. 게다가 흉노에 대비하지 않을 수 없으며 烏桓(오환)을 걱정 않을 수도 없습니다. 지금 오랫동안 군량 수송에 많은 비용이 들었기에 비용 걱정을 하지 않고 한 지방이라도 둔전으로 공급하는 것을 포기해야 한다면 臣은 이를 불리한 일이라고 생각합니다. 校尉인 辛臨衆(신임중)은 다행히 폐하의 은덕을 받아서 많은 재물을 바탕으로 여러 강족을 회유하면서 폐하의 명철하신 조서로 그들을 깨우쳐 모두가 천자를 흠모하게 만들었습니다. 그들이 '元康 5년의 일이 다시 일어나지 않아야 한다.'고 말했지만 그들이 다른 마음을 갖지 않았다면 그들을 의심하여 출병할 수는 없을 것입니다. 臣은 제 스스로 생각해보지만 폐하의 명을 받아 변경에 나와 군사를 이끌고 먼 곳을 원정하며 천자의 精兵을 궁지에 몰거나 車甲을 산야에 버리면서 작은 공도 세우지 못하면서 구차하게 문책이나 피하려 하고 허물이나 책망만 남기지 않으려 한다면 이는 신하로서는 불충한 짓이며 현명하신 폐하나 사직에도 도움이 되지 않을 것입니다. 臣은 다행히도 정병을 거느리고 나와 불의한 자를 토벌하고 천벌로 죽을 적을 오래 남겨둔다면 그 죄는 만 번을 죽어 마땅할 것입니다. 폐하에서는 관대 인자하시어 저를 차마 벌하시지 않으시고 저로 하여금 여러 번 심사숙고하라 하셨습니다. 愚臣이 여러 번 심사숙고하였지만 폐하의 징벌을 감히 피할 수 없을 것이기에 죽음을 무릅쓰고 어리석은 계책을 진술하오니 오직 폐하께서 성찰해 주십시오.」

原文

　充國奏每上, 輒下公卿議臣. 初是充國計者什三, 中什五, 最後什八. 有詔詰前言不便者, 皆頓首服. 丞相魏相曰, "臣愚不習兵事利害, 後將軍數畫軍冊, 其言常是, 臣任其計可必用也." 上於是報充國曰, "皇帝問後將軍, 上書言羌虜可勝之道, 今聽將軍, 將軍計善. 其上留屯田及當罷者人馬數. 將軍強食, 愼兵事, 自愛!" 上以破羌,强弩將軍數言當擊, 又用充國屯田處離散, 恐虜犯之, 於是兩從其計, 詔兩將軍與中郎將卬出擊. 强弩出, 降四千餘人, 破羌斬首二千級, 中郎將卬斬首降者亦二千餘級, 而充國所降復得五千餘人. 詔罷兵, 獨充國留屯田.

| 註釋 |　◦公卿議臣 – 공경과 議臣들에게 논의케 하다. 公卿議臣 아래 '議' 字가 있어야 한다.　◦中什五 – 다시 또 논의하면 10명 중 5명은 옳다고 한다.　◦魏相(위상) – 74권, 〈魏相丙吉傳〉에 입전.

[國譯]

조충국이 매번 상주할 때마다 公卿과 議臣에게 논의하게 하였다. 처음에 조충국의 계획을 옳다고 하는 자가 10에 3이면 두 번째 의논에는 10에 5, 최후에는 10에 8이 되었다. 선제가 조서로 처음에 불편하다고 말한 자를 힐문하자 모두 머리를 조아리며 복종하였다. 승상인 魏相(위상)이 말했다.

"臣들은 어리석어 군사의 이해관계를 잘 모르고 후장군(조충국)이 여러 차례 말한 군사방책은 늘 옳았으니 臣은 그 계책을 그대로 따라야 한다고 확신합니다."

선제는 이에 조충국에게 답신을 보내 말했다.

"皇帝가 後將軍에게 묻나니, 상서한 羌族을 이길 수 있는 방책에 대하여 장군의 계획을 승인하니 장군은 계책을 실행하시오. 또 남아서 둔전하는 人馬와 혁파하는 인마의 숫자를 보고하시오. 장군은 식사를 잘 챙기고 군사 업무에 조심하며 건강에 유념토록 하시오!"

선제는 破羌장군과 强弩장군에게 적을 공격하였는데 조충국이 둔전하는 주변에 적의 침입을 걱정하며 둔전과 공격의 두 계책을 써서 2명의 장군과 中郎將 趙卬(조앙)을 출격케 하였다. 강노장군은 출전하여 4천여 명을 항복케 하였고 파강장군은 2천여 명을 죽였고, 중랑장 조앙이 참수하거나 투항케 한 자가 역시 2천여 명이었고, 조충국에게 또 투항해온 자들도 5천여 명이었다. 조서로 군대를 철수시켰고 조충국은 그대로 남아 둔전케 하였다.

明年五月, 充國奏言, "羌本可五萬人軍, 凡斬首七千六百
級, 降者三萬一千二百人, 溺河湟飢餓死者五六千人, 定計
遺脫與煎鞏, 黃羝俱亡者不過四千人. 羌靡忘等自詭必得,
請罷屯兵." 奏可. 充國振旅而還.

| 註釋 | ○定計 – 定數를 계산하다. ○黃羝(황저) – 강족의 일파. ○自詭
– 자신이 책임을 지다(責成自己). ○振旅(진려) – 군사가 이기고 돌아오다.

〖 國譯 〗

다음 해 5월, 조중국이 상주해 말했다.

"羌族(강족) 군사는 본래 5만 정도였는데 참수된 자가 모두 7,600
명이고 항복한 자가 31,200명, 황하와 湟水(황수)에 익사하고 기아
로 죽은 자가 5, 6천 명이어서 계산을 해보면 도주하거나 煎鞏族(전
공족) 또는 黃羝族(황저족)과 함께 도망한 자는 4천여 명에 불과합니
다. 강족의 靡忘(미망) 등이 책임지고 꼭 잡겠다며 둔병을 폐지해 달
라고 요청하였습니다."

상주가 승인되었다. 조충국은 승리한 군사를 이끌고 귀환하였다.

所善浩星賜迎說充國, 曰, "衆人皆以破羌, 强弩出擊, 多
斬首獲降, 虜以破壞. 然有識者以爲虜勢窮困, 兵雖不出,

必自服矣. 將軍卽見, 宜歸功於二將軍出擊, 非愚臣所及.
如此, 將軍計未失也." 充國曰, "吾年老矣, 爵位已極, 豈嫌
伐一時事以欺明主哉! 兵勢, 國之大事, 當爲後法. 老臣不
以餘命一爲陛下明言兵之利害, 卒死, 誰當復言之者?"

卒以其意對. 上然其計, 罷遣辛武賢歸酒泉太守官, 充國
復爲後將軍衛尉.

| 註釋 | ○所善 – 평소에 가깝게 지내는 友人. ○浩星賜 – 人名. 浩成은
複姓.

〖國譯〗

평소 가깝게 지내던 浩星賜(호성사)가 조충국을 맞이하며 말했다.
"많은 사람들은 대개 破羌장군과 强弩장군이 출격하여 많이 죽이고
투항시켜 적이 격파되었다고 생각합니다. 그러나 유식한 자들은 적
의 형세가 곤궁하여 군사가 출동하지 않았어도 틀림없이 굴복했다
고 생각합니다. 장군이 곧 황제를 알현하면서 이를 두 장군의 공으
로 돌리면서 당신은 그 공적에 미치지 못한다고 말하십시오. 그렇게
말해야만 장군의 방책이 실책이 되지 않을 것입니다."

그러자 조충국이 말했다. "나는 이제 늙었고 작위도 끝까지 올랐
으니 어찌 한때의 혐의를 벗으려고 明主를 속이겠는가! 전쟁이란 나
라의 大事이며 당연히 후세의 법도가 되어야 하오. 늙어 남은 목숨
을 다해 폐하를 위하여 전쟁의 이해관계를 분명히 밝힐 수 있다면
내가 갑자기 죽는다 하더라도 누가 다시 나에 대한 말을 하겠는가?"

조충국은 자신의 의견대로 대답을 하였다. 선제도 그 계책을 옳

다고 생각하였고 辛武賢을 해임하고 본래 酒泉태수의 관직에 복귀시켰으며 조충국은 다시 後將軍으로 衛尉가 되었다.

其秋, 羌若零,離留,且種,兒庫, 共斬先零大豪猶非,楊玉首, 及諸豪弟澤,陽雕,良兒,靡忘皆帥煎鞏,黃羝之屬四千餘人降漢. 封若零,弟澤二人爲帥衆王, 離留,且種二人爲侯, 兒庫爲君, 陽雕爲言兵侯, 良兒爲君, 靡忘爲獻牛君. 初置金城屬國以處降羌.

| 註釋 | ○兒庫(예고) – 兒는 성씨 예. 倪와 通. ○猶非(유비), 楊玉(양옥) –〈宣帝紀〉에는 이들을 漢에서 처형한 것으로 되어 있다. 猶非(유비)는 酋非로도 표기했다. ○金城屬國 – 금성군에 있는 강족의 집단 거주지.

〖 國譯 〗

그해 가을, 羌族인 若零(약령), 離留(이류), 且種(차종), 兒庫(예고) 등이 함께 先零(선련)의 최고 우두머리인 猶非(유비)와 楊玉(양옥)을 죽이고 여러 우두머리인 弟澤(제택), 陽雕(양조), 良兒(양아), 靡忘(미망)과 함께 煎鞏(전공)과 黃羝(황저)의 부족 4천여 명을 거느리고 漢에 투항하였다. 若零(약령)과 弟澤(제택) 2인은 帥衆王(솔중왕)이 되었고, 離留(이류)와 且種(차종) 2인은 제후가 兒庫(예고)는 君이 되었고 陽雕(양조)는 言兵侯에 良兒(양아)는 君에 봉해졌고 靡忘(미망)은 獻牛君이 되었다. 金城屬國을 처음 설치하고 투항한 강족을 살게 하였다.

詔擧可護羌校尉者, 時充國病, 四府擧辛武賢小弟湯. 充國遽起奏, "湯使酒, 不可典蠻夷. 不如湯兄臨衆." 時, 湯已拜受節, 有詔更用臨衆. 後臨衆病免, 五府復擧湯, 湯數醉酗羌人, 羌人反畔, 卒如充國之言.

| 註釋 | ○四府 – 승상부, 어사부, 車騎將軍과 前將軍의 府. ○五府 – 4부에 後將軍府가 보태짐. ○醉酗(취후) – 취해 주정 부리다. 술주정할 후.

〔 國譯 〕

詔命으로 강족을 지킬만한 校尉를 천거하라 하였고, 그때 조충국은 병석에 있었는데 四府에서는 辛武賢의 막냇동생 辛湯(신탕)을 천거하였다. 조충국은 서둘러 상주하여 "신탕은 술주정이 있어 蠻夷를 다스릴 수 없습니다. 신탕의 형인 辛臨衆(신임중)만 못합니다."라고 하였다. 그때 신탕은 이미 지절을 받았지만 조서에 의거 신임중으로 다시 임용하였다. 후에 신임중이 병으로 면직하자 五府에서는 다시 신탕을 천거하였다. 신탕은 자주 강족에게 주정을 부렸고 강족이 배반하였으니 결국 조충국의 말과 같았다.

初, 破羌將軍武賢在軍中時與中郞將卬宴語, 卬道, "車騎將軍張安世始嘗不快上, 上欲誅之, 卬家將軍以爲安世本持

橐簪筆事孝武帝數十年, 見謂忠謹, 宜全度之. 安世用是得
免." 及充國還言兵事, 武賢罷歸故官, 深恨, 上書告卬洩省
中語. 卬坐禁止而入至充國莫府司馬中亂屯兵, 下吏, 自殺.

| 註釋 | ○宴語(연어) - 私談. ○張安世 - 張湯의 아들. 59권, 〈張湯傳〉
에 附傳. ○不快上 - 천자의 마음에 들지 않다. ○卬家將軍 - 저의 집 장군.
곧 趙充國. ○持橐簪筆 - 문서를 꾸미다. 橐(전대 탁)은 문서를 넣는 주머니.
簪筆(잠필)은 붓을 머리에 꽂다. 언제든지 글을 받아쓸 준비가 되어 있다는
뜻. ○省中語 - 조정에서 논의한 이야기. ○司馬中 - 營軍司馬에게 걸리
다. 대장군의 군영에는 5부가 있고 部마다 교위 1인과 軍司馬 1인이 근무한
다. 사마는 군사 훈련을 담당한다.

〔國譯〕

그전에, 破羌將軍인 辛武賢이 軍中에 근무하면서 中郞將 趙卬과
사담을 나누었는데 조앙이 말했다.

"車騎將軍인 張安世는 처음에 폐하의 뜻에 맞지 않아 폐하가 죽
이려 하였는데, 저의 부친께서 장안세는 본래 문서를 만들어 孝武帝
를 수십 년 시중을 들면서 충직근신하다고 인정받았으니 이를 헤아
려야 한다고 말하여 장안세가 살아날 수 있었습니다."

조충국이 둔전에서 돌아와 군사 업무를 보고하면서 신무현은 장
군직에서 밀려나 前職으로 돌아가자 이에 원한을 가져 조앙이 조정
의 일을 누설했다고 상서하였다. 조앙은 조정 출입에 금지되었는데
후장군 조충국의 막부의 병졸과 싸우다가 營軍司馬에게 걸려 옥리
에게 넘겨지자 자살하였다.

原文

充國乞骸骨, 賜安車駟馬, 黃金六十斤, 罷就第. 朝庭每有四夷大議, 常與參兵謀, 問籌策焉. 年八十六, 甘露二年薨, 諡曰壯侯. 傳子至孫欽, 欽尙敬武公主. 主亡子, 主教欽良人習詐有身, 名它人子. 欽薨, 子岑嗣侯, 習爲太夫人. 岑父母求錢財亡已, 忿恨相告. 岑坐非子免, 國除. 元始中, 修功臣後, 復封充國曾孫伋爲營平侯.

| 註釋 | ○乞骸骨(걸해골) – 辭職을 청하다. 乞身과 同. ○安車駟馬(안거사마) – 수레는 본래 서서 탄다. 安車는 귀부인이나 老人尊者는 앉아서 타는 수레. 안거는 보통 말 한 마리가 끌지만 존경의 뜻으로 4마리를 맬 수 있다. ○罷就第 – 사임하고 집에 머물다. ○朝庭 – 朝廷. ○甘露二年 – 宣帝의 연호. 前 52년. ○尙敬武公主 – 敬武公主와 결혼하다. 宣帝의 딸로 元帝의 여동생인 경무공주는 張延壽의 손자인 張臨와 결혼했다가 장림이 죽자 조충국의 손자인 趙欽과 재혼, 조흠이 죽자 다시 또 재가하였다. ○良人習 – 良家 출신 첩인 習. 習은 인명. ○名它人子 – 타인의 아들을 데려와 아들처럼 키우다. ○亡已 – 끝이 없다. ○元始 – 平帝의 연호. 서기 1 – 5년.

國譯

趙充國이 사직을 간청하자 宣帝는 말 4마리가 끄는 安車와 황금 60근을 하사하고 면직하여 귀가하게 했다. 朝廷에서 四夷에 관련하여 큰 논의가 있을 때마다 늘 군사작전에 협의에 참여하며 방책을 건의하였다. 나이 86세인 甘露 2년에 죽었는데, 시호는 壯侯이었다. 아들에 이어 손자 趙欽에게 전위하였는데 조흠은 敬武公主와 결혼하였다. 공주가 아들을 낳지 못하자 공주는 조흠을 시켜 良人인 후궁 翕(습)을 거짓으로 임신했다고 하여 다른 사람의 아들을 데려왔다. 조흠이 죽자 아들 趙岑(조잠)이 이어 제후가 되었고 翕(습)은 太夫人이 되었다. 趙岑의 生父母가 끝없이 재물을 요구하자 화가 나서 서로 고발하였다. 조잠은 친아들이 아니기에 작위가 박탈되고 나라를 없앴다. 元始 연간에 공신의 후손을 다시 봉할 때 조충국의 증손인 趙伋(조급)이 營平侯가 되었다.

原文

初, 充國以功德與霍光等列, 畫未央宮. 成帝時, 西羌嘗有警, 上思將帥之臣, 追美充國, 乃召黃門郞楊雄卽充國圖畫而頌之, 曰,

「明靈惟宣, 戎有先零. 先零昌狂, 侵漢西疆. 漢命虎臣, 惟後將軍, 整我六師, 是討是震. 旣臨其域, 諭以威德, 有守矜功, 謂之弗克. 請奮其旅, 於罕之羌, 天子命我, 從之鮮陽. 營平守節, 婁奏封章, 料敵制勝, 威謀靡亢. 遂克西戎, 還師於京, 鬼方賓服, 罔有不庭. 昔周之宣, 有方有虎, 詩人歌功, 乃列於《雅》. 在漢中興, 充國作武, 赳赳桓桓, 亦紹厥後.」

充國爲後將軍, 徙杜陵.

| 註釋 | ○畫未央宮 − 宣帝 甘露 3년(前 51)에 변경이 안정되고 이민족이 臣服하자 공신들의 공로를 표창하기 위해 미앙궁의 麒麟閣(기린각)에 공신

11인의 초상화를 그리고 업적을 기록하였다. 麒麟閣 11功臣은 功臣을 圖畵하는 제도의 시작이었다. 후대의 唐 太宗은 凌煙閣(능연각)에 24功臣의 초상화를 그려 보관하였다. 기린각 11공신은 大司馬大將軍博陸侯 霍光, 衛將軍富平侯 張安世, 車騎將軍龍頟侯 韓增, 後將軍營平侯 趙充國, 丞相高平侯 魏相, 丞相博陽侯 丙吉, 御史大夫建平侯 杜延年, 宗正陽城侯 劉德, 少府 梁丘賀, 太子太傅 蕭望之, 典屬國 蘇武 등이다. ○明靈惟宣 - 聖明하시고 神靈하신 宣帝. ○先零昌狂 - 강족의 先零(선련)인들이 미쳐 날뛰다. 昌狂은 猖狂. ○虎臣 - 武臣. ○從之鮮陽 - 鮮陽은 鮮水의 北岸. ○營平守節 - 營平은 조충국의 封號. ○靡亢(미항) - 맞설 자가 없다. 亢은 抗. ○鬼方 - 周代의 이민족이름. 외족에 대한 범칭. ○罔有不庭 - 罔은 無. 不庭은 천자의 조정에 와서알현하다. ○有方有虎 - 方은 方叔. 虎는 召虎(邵虎). 周 宣王의 신하. ○乃列於《雅》 - 《詩經 大雅 江漢》, 《詩經 小雅 采芑(채기)》에 실려 있다. ○趙趙桓桓(규규환환) - 웅건, 당당, 용감한 모양. 趙 용맹할 규. 桓 굳셀 환.

〔國譯〕

전에 조충국의 공적은 霍光(곽광)과 같은 반열이었으니 未央宮 기린각에 초상이 있다. 成帝 때 서강족이 소란을 피우자 성제는 신하중 명장을 사모하여 조충국의 공적을 칭송하며 黃門郞인 楊雄(양웅)을 불러 조충국의 초상화에 가서 칭송의 글을 지으라고 하였다. 그글은 다음과 같다.

「聖明神靈 宣帝 時에 先零(선련)이란 강족이 있었네.

선련이 미쳐 날뛰며 漢의 서쪽 땅을 침범했네.

漢에서 무신에 명하니 후장군은

우리 六軍을 동원하여 토벌하고 위엄을 보였네.

그들 땅에 들어가 천자의 위엄과 은덕으로 깨우쳐,

막고 또 공을 세우니 언제나 승리했네.

그 군사들 용감하니 강족의 罕人(한인) 땅에서,

천자께서 명령하사 鮮水의 북안에서 돌아왔네.

營平侯 지조 지키며 누차에 건의하고

적을 헤아려 제압하니 위엄과 책모에 맞설 자 없었네.

西戎(서융)을 모두 이기고 경사로 회군하니

鬼方이 賓服하고 조정에 입조하였네.

옛 周의 宣王 때 방숙과 召虎의 공을

시인이 노래하여《大雅 小雅》에 실렸네.

漢朝의 中興에 趙充國이 무위를 떨쳐

씩씩하고 굳센 장군으로 그 뒤를 이었도다.」

조충국은 後將軍이 되자, 杜陵(두릉)으로 이사했었다.

69-2. 辛慶忌

原文

辛武賢自羌軍還後七年, 復爲破羌將軍, 征烏孫至敦煌, 後不出, 徵未到, 病卒. 子慶忌至大官.

辛慶忌字子眞, 少以父任爲右校丞, 隨長羅侯常惠屯田烏孫赤谷城, 與歙侯戰, 陷陳卻敵. 惠奏其功, 拜爲侍郎, 遷校尉, 將吏士屯焉耆國. 還爲謁者, 尙未知名. 元帝初, 補金城長史, 擧茂材, 遷郎中車騎將, 朝廷多重之者, 轉爲校尉, 遷張掖太守, 徙酒泉, 所在著名.

| 註釋 | ○辛慶忌(신경기) - ? - 前 12. ○長羅侯常惠 - 40권,〈傅常鄭甘陳段傳〉에 입전. ○烏孫(오손) - 西域의 부족명이면서 國名. 祁連山과 敦煌(돈황) 일대에서 지금의 伊犁河(이리하) 지역으로 이주하였다. 新疆維吾爾自治區의 烏魯木齊市 서쪽에서 중앙아시아의 키르키즈스탄(吉爾吉斯斯坦)에 걸쳐 발전했던 나라. ○歙侯(흡후) - 漢代 烏孫國 重臣의 관직명. 翎侯(영호), 翕侯(흡후)라고도 표기. 漢의 將軍처럼 정원이 없었다는 註가 있다. 歙줄일 흡. ○焉耆國(언기국) - 서역의 국명. 今 新疆維吾爾自治區의 巴音郭楞蒙古自治州 북부의 焉耆回族自治縣 일대. ○郎中車騎將 - 아직 장군은 아니다. 秩 比二千石의 고관.

〔國譯〕

辛武賢(신무현)은 羌에서 회군하고 7년 뒤에 다시 破羌장군이 되어 烏孫(오손)을 정벌하러 敦煌郡(돈황군)까지 갔으나 더 이상 출정하지 않았고 황제가 다시 부르지 않자 병들어 죽었다. 아들 辛慶忌는 고관까지 승진하였다.

辛慶忌(신경기)의 字는 子眞으로 젊어 부친의 보증으로 右校丞이 되었고 長羅侯 常惠(상혜)를 따라 烏孫의 赤谷城에서 둔전하면서 오손의 歙侯(흡후)와 싸워 적진을 함락시키고 적을 물리쳤다. 상혜가 그 공적을 상주하자 시랑이 되었다가 교위로 승진하였고 군리와 병사를 거느리고 焉耆國(언기국)에 주둔하였다. 돌아와 謁者(알자)가 되었지만 아직도 이름이 알려지지 않았다. 元帝 초에 金城郡의 長史가 되었다가 茂材(무재)로 천거되어 郞中車騎將으로 승진하였는데 조정에서 칭송이 많아 校尉가 되었다가 張掖(장액) 태수가 되었고 다시 酒泉 태수가 되어 현지에서 이름이 널리 알려졌다.

原文

成帝初, 徵爲光祿大夫, 遷左曹中郎將, 至執金吾. 始武賢與趙充國有隙, 後充國家殺辛氏, 至慶忌爲執金吾, 坐子殺趙氏, 左遷酒泉太守. 歲餘, 大將軍王鳳薦慶忌, “前在兩郡著功跡, 徵入, 歷位朝廷, 莫不信鄕. 質行正直, 仁勇得衆心, 通於兵事, 明略威重行國柱石. 父破羌將軍武賢顯名前世, 有威西夷. 臣鳳不宜久處慶忌之右.” 乃復徵爲光祿大夫,執金吾. 數年, 坐小法左遷雲中太守, 復徵爲光祿勳.

| 註釋 | ㅇ成帝 – 재위 前 32 – 前 7년. ㅇ左曹中郎將 – 左曹는 가관의 칭호. ㅇ執金吾 – 무제 때 中尉를 집금오라 개칭. 장안(궁전은 제외)의 치안 유지. 三輔 지역 순찰, 황제 행차에 호위, 의장대 역할 담당. ㅇ後充國家殺辛氏 – 殺은 덜 쇄. 삭감하다. ‘죽일 살’의 뜻이 아님. ㅇ王鳳 – 西漢末 王氏 세력의 대표. 元帝의 황후 王政君의 친정 오빠. 王莽(왕망)의 숙부. ㅇ慶忌之右 – 신경기보다 상관의 자리. 漢代에는 左보다 右를 높였다. ㅇ光祿勳 – 郞中令의 개명, 황제 시종관의 우두머리. 황제의 고문에 응대. 아주 중요한 관직.

成帝에 황제가 불러 光祿大夫로 삼았는데 左曹中郞將으로 승진하였고 執金吾가 되었다. 전에 辛武賢과 趙充國의 사이가 나빴었는데 뒤에 조충국의 집안에서 辛氏 세력을 꺾어버렸는데 신경기는 집금오가 되어 조충국 아들의 죄를 연관시켜 조씨 세력을 꺾었지만 주천태수로 좌천되었다. 일 년 뒤에 대장군인 王鳳이 신경기를 천거하였다.

"신경기는 이전에 2개 군의 태수로 큰 공적을 남겼기에 부름을 받아 조정의 여러 관직을 역임하면서 그를 믿지 않는 사람이 없습니다. 바탕이 착하고 정직하며 인자하고 용감하여 많은 사람의 신임을 받고 있으며 군사 업무에 능통하고 지략과 위엄으로 나라의 柱石이 될 것입니다. 부친인 破羌將軍 辛武賢은 앞의 先帝 때 이름을 날렸고 西夷를 제압하였습니다. 臣 王鳳은 신경기보다 상관으로 자리에 오래 있을 수 없습니다."

이에 다시 불러들여 신경기는 光祿大夫와 執金吾가 되었다. 몇 년 뒤에 법을 약간 위반하여 雲中태수로 좌천되었다가 다시 불려와 光祿勳이 되었다.

時, 數有災異, 丞相司直何武上封事曰, "虞有宮之奇, 晉獻不寐, 衛靑在位, 淮南寢謀. 故賢人立朝, 折衝厭難, 勝於亡形.《司馬法》曰, '天下雖安, 忘戰必危.' 夫將不豫設, 則亡以應卒, 士不素厲, 則難使死使. 是以先帝建列將之官, 近戚主內, 異姓距外, 故姦軌不得萌動而破滅, 誠萬世之長冊也. 光祿勳慶忌行義修正, 柔毅敦厚, 謀慮深遠. 前在邊郡, 數破敵獲虜, 外夷莫不聞. 乃者大異並見, 未有其應. 加以兵革久寢.《春秋》大災未至而豫御之, 慶忌家在爪牙官, 以備不虞."其後拜爲右將軍, 諸吏, 散騎, 給事中, 歲餘徙爲左將軍.

| 註釋 | ○丞相司直 - 丞相府 屬官의 우두머리. 秩 比二千石. 승상은 哀帝 때 大司徒로 명칭이 바뀐다. ○何武 - 86권,〈何武王嘉師丹傳〉에 立傳. ○虞有宮之奇 - 虞(우)는 춘추시대 小國. 宮之奇는 虞의 대부. 晉 獻公이 虞를 병합하려 할 때 궁지기는 脣亡齒寒의 이론으로 우공을 설득하며 나라를 지켰다. ○晉獻不寐 - 不寐는 잠을 못 이루다. ○衛靑 - 55권,〈衛靑霍去病傳〉에 입전. ○《司馬法》(軍禮司馬法) - 병법서. 司馬穰苴(사마양저)가 저술했다고 하지만 확실하지 않다. 사마양저를 비롯한 많은 사람들이 전국시대 초기에 齊에서 그간의 병법서를 종합한 것으로 인정된다. 사마천은〈司馬穰苴列傳〉에서 이 병법서를 언급하고 있다.〈藝文志〉에서는 全 155篇이라고 했다. 지금은 그중 일부인 5편, 약 3,200자 정도가 남아있다. ○姦軌不得萌動 - 법을 어기는 간사한 무리들이 일어나지 못하다. 중앙에서 위법하며 반기를 드는 것은 不軌(불궤)이고 지방에서 일어나는 반역은 姦이라 한다. ○長冊 - 長策. ○乃者 - 近日에. ○大災未至而豫御之 -《春秋》莊公 18년의 기사. ○爪牙官(조아관) - 武將. ○諸吏, 散騎, 給事中 - 모두 가관의 명칭. 給事中은 황제의 최 측근으로 매일 알현하고 자문에 응대. 尙書의 업무를 분담하는 中朝의 요직. 名儒나 황제의 인척, 大夫, 博士, 議郞 등이 받을 수 있는 加官이었다.

　그 당시 災異가 자주 발생하였는데 丞相司直인 何武가 封事를 올려 말했다.

　"虞나라에 대부 宮之奇(궁지기)가 있어 晉 獻公(헌공)은 잠을 잘 수 없었으며 漢에 衛靑(위청)이 在位하니 淮南王 劉安의 음모가 실패하였습니다. 이처럼 현인이 조정에 있으면 충격을 완화하고 환난을 억제하여 형상이 나타나기 전에 이겨냅니다.《司馬法》에서도 '천하가 비록 안정하더라도 전쟁을 잊으면 틀림없이 위험하다' 하였습니다. 장수를 미리 세우지 않으면 그가 지휘할 군졸도 없으며 군사를 평소에 훈련시키지 않으면 위기에 목숨을 바치게 할 수 없습니다. 이때문에 先帝께서는 여러 장군의 직명을 설정하여 가까운 戚臣(척신)은 중앙을 주관하고 異姓 장군은 지방에서 외적을 막게 하였기에 반역의 무리가 싹트지 못하고 파멸하니 이야말로 만세를 이어갈 좋은 방책입니다. 광록훈인 辛慶忌는 의를 따르고 정도를 지키며 온유하면서고 강하고 돈후한 성품에 생각이 깊고 원대한 사람입니다. 그전에 변방의 군에서 여러 번 적을 격파하고 사로잡았기에 신경기를 모르는 이적들이 없었습니다. 요즈음 여러 재해가 자주 나타나지만 그 대응책이 없습니다. 거기다가 전투도 오랫동안 없었습니다.《春秋》에도 大災가 닥치기 전에 미리 막으라 하였으니 辛慶忌 가문은 무장이기에 불의의 사태에 대비할 수 있을 것입니다."

　그 뒤에 右將軍의 諸吏, 散騎, 給事中의 加官을 받았고 일 년 뒤에 左將軍이 되었다.

慶忌居處恭儉, 食飲被服尤節約, 然性好輿馬, 號爲鮮明,
唯是爲奢. 爲國虎臣, 遭世承平, 匈奴,西域親附, 敬其威信.
年老卒官. 長子通爲護羌校尉, 中子遵函谷關都尉, 少子茂
水衡都尉出爲郡守, 皆有將帥之風. 宗族支屬至二千石者十
餘人.

| 註釋 | ○遭世承平 − 遭 만날 조. 承平은 相承治平. 泰平.

〖國譯〗

　신경기의 생활은 공경 검소하였고 음식과 피복은 더욱 절약하였
으나 천성이 수레와 말을 좋아하여 '鮮明하다'라고 말할 정도로 사
치하였다. 나라의 무신으로 태평한 세대를 만났고 흉노와 서역의 나
라가 친교하며 조공하였기에 무신으로서의 위엄과 신의를 지킬 수
있었다. 나이가 들어 관직을 마쳤다. 長子 辛通은 護羌校尉이었고,
中子 辛遵은 函谷關의 도위이었으며, 막내인 辛茂는 水衡都尉를 지
내다가 군수를 역임하였는데 모두 장수의 풍모가 있었다. 宗族과 支
屬에 2천석에 이른 자가 10여 명이었다.

原文

　元始中, 安漢公王莽秉政, 見慶忌本大將軍鳳所成, 三子
皆能, 欲親厚之. 是時, 莽方立威柄, 用甄豐,甄邯以自助,

豐,邯新貴, 威震朝廷. 水衡都尉茂自見名臣子孫, 兄弟並列, 不甚詘事兩甄. 時, 平帝幼, 外家衛氏不得在京師. 而護羌校尉通長子次兄素與帝從舅衛子伯相善, 兩人俱遊俠, 賓客甚盛. 及呂寬事起, 莽誅衛氏. 兩甄構言諸辛陰與衛子伯爲心腹, 有背恩不說安漢公之謀. 於是司直陳崇舉奏其宗親隴西辛興等侵陵百姓, 威行州郡. 莽遂按通父子,遵,茂兄弟及南郡太守辛伯等, 皆誅殺之. 辛氏繇是廢. 慶忌本狄道人, 爲將軍, 徙昌陵. 昌陵罷, 留長安.

| 註釋 | ○元始 – 平帝의 연호. 서기 1 – 5년. ○甄豐(견풍) – 甄 질그릇 견. 성씨. ○不甚詘事兩甄 – 심히 자신을 낮춰가며 두 견씨를 섬길 수 없다. 詘 굽힐 굴. ○長子次兄 – 長子인 次兄. 차형은 그 사람의 字. 이름은 미상. ○呂寬事起 – 99권, 〈王莽傳〉 참고. 呂寬(여관)은 왕망의 長子 王宇(왕우)의 손위 처남. 왕우와 함께 공모하여 왕망의 저택 대문에 피를 발라 왕망에게 겁을 주어 정권을 황제에게 돌리려 했으나 들통이 나서 왕우는 자살했고 여관은 도주하였다. ○狄道(적도) – 道는 한족과 이민족의 혼거지역. 縣級, 今 甘肅省 定西市 臨洮縣. ○昌陵 – 成帝의 陵. 陵 공사를 하다가 중지, 그러면서 창릉현도 폐지되었다.

〔國譯〕

　평제 元始 연간에 安漢公인 王莽(왕망)이 정권을 장악하였는데 신경기가 본래 대장군 王鳳의 도움으로 출세하였고 세 아들이 모두 유능하다 생각하여 친근하고 후하게 대우하려고 했다. 이 무렵 왕망은 권위를 강화하면서 甄豐(견풍)과 甄邯(견한)이 보조토록 하였는데 견

풍과 견한이 새로 득세하면서 그 위세가 조정을 흔들었다. 水衡都尉
은 辛茂(신무)는 스스로 명신의 자손이며 형제들이 대신의 반열에
있어 일부러 자신을 낮춰가며 두 견씨를 섬길 수 없었다. 그때 평제
는 어리고 외가인 衛氏는 장안에 들어올 수도 없었다. 그리고 護羌
校尉인 辛通의 長子인 次兄은 평소에 平帝의 외당숙인 衛子伯과 서
로 친했는데 둘 다 유협의 기질이 있어 그 빈객이 매우 많았다. 呂寬
(여관)의 사건이 일어나면서 왕망은 衛氏 일족을 주살하였다. 견풍
과 견한은 여러 辛氏들이 은밀하게 衛子伯과 함께 그 심복이 되어
은혜를 배반하며 安漢公 왕망의 책략을 좋아하지 않는다고 없는 말
을 지어내었다. 거기에 司直인 陳崇(진숭)은 신씨의 종친인 隴西郡
의 辛興 등이 그곳 백성들을 침탈하며 주군에서 위세를 부린다고 상
주하였다. 왕망은 辛通의 父子와 辛遵, 辛茂 형제, 그리고 南郡太守
辛伯 등을 모두 주살하였다. 辛氏는 이로써 몰락하였다. 辛慶忌는
본래 狄道 사람이었지만 장군이 되어 昌陵縣으로 이사하였다. 창릉
이 혁파되자 장안에 살았었다.

原文

贊曰, 秦, 漢已來, 山東出相, 山西出將. 秦時將軍白起, 郿
人, 王翦, 頻陽人. 漢興, 郁郅王圍, 甘延壽, 義渠公孫賀, 傅
介子, 成紀李廣, 李蔡, 杜陵蘇建, 蘇武, 上邽上官桀, 趙充國,
襄武廉褒, 狄道辛武賢, 慶忌, 皆以勇武顯聞. 蘇, 辛父子著
節, 此其可稱列者也, 其餘不可勝數. 何則? 山西天水, 隴西,

安定,北地處勢迫近羌胡, 民俗修習戰備, 高上勇力鞍馬騎射. 故〈秦詩〉曰,‘王於興師, 修我甲兵, 與子皆行.’其風聲氣俗自古而然, 今之歌謠慷慨, 風流猶存耳.

| 註釋 |　○山東 山西 － 今 陝西省의 華山 또는 崤山(函谷關)을 경계로 山東과 山西를 구분.　○白起(백기, ? － 前 257) － 公孫起라고도 한다. 百萬敵軍을 죽였다 하여 ‘人屠’라는 별명으로도 불리는 秦의 장군.《千字文》에서도 ‘起翦頗牧, 用軍最精’라 하여 白起, 王翦(왕전), 廉頗(염파)와 李牧(이목)을 戰國 四名將으로 꼽고 있다.　○郿(미) － 縣名. 今 陝西省 眉縣.　○王翦(왕전) － 秦의 장군.　○頻陽(빈양) － 縣名. 今 陝西省 富平縣.　○郁郅(욱질) － 縣名. 今 甘肅省 慶陽市. 郁 성할 욱. 郅 고을 이름 질.　○王圍(왕위) － 강궁을 잘 쏘았다는 장군. 甘延壽(감연수)는 70권, 〈傅常鄭甘陳段傳〉에 입전.　○義渠(의거) － 縣名. 今 甘肅省 慶陽市 서남.　○公孫賀(공손하, ? － 前 91) － 장군이며 太僕 역임. 衛靑의 매부.　○傅介子(부개자) － 70권, 〈傅常鄭甘陳段傳〉에 입전.　○成紀(성기) － 현명. 今 甘肅省 定西市 通渭縣.　○李廣(? － 前 119) － 흉노와 대소 70여 전투를 치룬 명장. 李蔡는 이광의 사촌 형제.　○杜陵(두릉) － 今 陝西省 西安市 동남. 陵縣 이름. 漢 宣帝와 王皇后의 陵園.　○上邽(상규) － 縣名. 今 甘肅省 天水市.　○襄武(양무) － 縣名. 今 甘肅省 定西市 隴西市.　○廉褒(염포) － 成帝 때 右將軍.　○天水, 隴西, 安定, 北地 － 모두 郡名.　○高上 － 숭상하다.　○〈秦詩〉－《詩經 秦風 無衣》.

〔國譯〕

　班固의 論贊 : 秦과 漢 이래로 山東에서는 재상이 나오고 山西에서 명장이 나온다고 하였다. 秦나라 장군인 白起는 郿縣(미현) 사람이고, 王翦(왕전)은 頻陽(빈양) 사람이었다. 漢이 건국된 이후 郁郅縣

(욱질현)의 王圉(왕위)와 甘延壽(감연수), 義渠縣(의거현)의 公孫賀와 傅介子(부개자), 成紀縣의 李廣과 李蔡, 杜陵(두릉)의 蘇建과 蘇武, 上邽(상규)의 上官桀과 趙充國, 襄武(양무)의 廉褒(염포), 狄道(적도)의 辛武賢과 辛慶忌가 모두 용기와 무예로 뚜렷하게 알려졌다. 蘇建 부자와 辛武賢 父子의 굳은 절개 또한 모두가 칭송의 반열에 올라야 하며 그 밖에도 이루 다 셀 수가 없다. 왜 그러한가?

山西의 天水, 隴西, 安定, 北地郡의 형세가 羌族(강족)이나 흉노와 아주 가깝기에 그 민속도 전투 준비에 익숙하고 또 말을 달리고 활 잘 쏘는 것을 숭상하였다. 예전 〈秦詩〉에서도 '王께서 興師한다면, 나의 갑옷과 무기를 챙겨 당신과 함께 가리라.' 하고 노래하였다. 그 풍조와 기개와 습속이 예로부터 그러했으니 지금도 그 노래가 강개하며 그런 풍류가 아직 그대로 남아있는 것이다.

70 傅常鄭甘陳段傳
〔부,상,정,감,진,단전〕

70-1. 傅介子

原文

傅介子, 北地人也, 以從軍爲官. 先是, 龜茲,樓蘭皆嘗殺漢使者, 語在〈西域傳〉. 至元鳳中, 介子以駿馬監求使大宛, 因詔令責樓蘭,龜茲國.

介子至樓蘭, 責其王敎匈奴遮殺漢使, "大兵方至, 王苟不敎匈奴, 匈奴使過至諸國, 何爲不言?" 王謝服, 言, "匈奴使屬過, 當至烏孫, 道過龜茲." 介子至龜茲, 復責其王, 王亦服罪. 介子從大宛還到龜茲, 龜茲言, "匈奴使從烏孫還, 在此." 介子因率其吏士共誅斬匈奴使者. 還奏事, 詔拜介子爲中郞, 遷平樂監.

| 註釋 | ○傅介子(부개자, ? - 前 65) - 傅 스승 부. 성씨. ○北地 - 郡名.
치소는 馬嶺縣(今 甘肅省 慶陽市 서북). ○龜玆(구자) - 西域의 국명. 天山산
맥 남쪽. 今 新疆省 庫車市 일대. ○樓蘭(누란) - 今 新疆省 타림(塔里木) 盆
地의 동편, 若羌縣 以北의 羅布泊 서남. 그 都城은 扞泥城(우니성, 今 新疆省
동남부 若羌縣). 昭帝 元鳳 4년(前 77)에 尉屠耆를 왕으로 세우고 국명을 鄯善
(선선)이라 개칭. ○元鳳 - 昭帝의 연호(前 80 - 75). ○駿馬監 - 太僕의 속
관. 駿馬令丞의 하위직인 駿馬廐監. ○大宛(대원) - 서역의 국명. 宛은 나라
이름 원. 굽을 완. 國都는 貴山城. 汗血馬 산지. 무제 때 복속, 宣帝 神爵 2년
(전 60) 이후로 서역도호부에 소속. 今 중앙아시아의 키르키즈스탄(吉爾吉斯
斯坦)에 해당. ○遮殺(차살) - 길을 가로 막고 죽이다. 截殺(절살). ○烏孫
(오손) - 西域의 부족명이면서 國名. 祁連山과 敦煌(돈황) 일대에서 지금의
伊犁河(이리하) 지역으로 이주하였다. 新疆維吾爾自治區의 烏魯木齊市 서쪽
에서 중앙아시아의 키르키즈스탄(吉爾吉斯斯坦)에 걸쳐 발전했던 나라. ○中
郞 - 낭중령 속관. 侍衛와 門戶의 守衛 담당, 秩 6百石. ○平樂監 - 平樂廐
監. 평락궁의 마필 사육 담당자.

〔國譯〕

　　傅介子(부개자)는 北地郡 사람으로 군졸로 복무하다가 관리가 되
었다. 이보다 앞서 龜玆國(구자국), 樓蘭國(누란국)에서는 漢의 사자
를 죽인 일이 있었는데, 이는 〈西域傳〉에 실려 있다. 昭帝 元鳳 연간
에 부개자는 駿馬廐監(준마구감)으로 대원국의 사신을 자청했고 詔
令을 받아 누란과 구자국의 사신을 맡았다.

　　부개자는 누란국에 도착하여 누란왕이 흉노를 시켜 漢 사절을 도

중에서 죽인 사실을 따지면서 말했다. "漢兵이 지금 도착했지만 王이 정말 흉노를 사주하지 않았다면 흉노 사신이 여기를 지나 다른 나라에 갔다는 것을 왜 말하지 않았소?"

이에 왕이 인정하면서 사죄하였다. "匈奴의 사절이 여기를 지나 오손으로 가는데 지금 구자국에 있을 것입니다."

부개자가 구자국에 가서 그 왕을 문책하자 왕도 죄를 인정하였다. 부개자가 大宛國(대원국)에서 구자국으로 돌아오자 구자국에서 말했다. "匈奴의 사절이 烏孫國(오손국)에서 돌아와 여기에 있습니다." 부개자는 그 군사를 이끌고 흉노의 사절을 모두 죽였다. 귀국하여 이를 보고하자 부개자를 中郎官에 임명하였고 平樂監으로 승진하였다.

<hr />

原文

介子謂大將軍霍光曰, "樓蘭, 龜茲數反覆而不誅, 無所懲艾. 介子過龜茲時, 其王近就人, 易得也, 願往刺之, 以威示諸國." 大將軍曰, "龜茲道遠, 且驗之於樓蘭." 於是白遣之.

介子與士卒俱齎金幣, 揚言以賜外國爲名. 至樓蘭, 樓蘭王意不親介子, 介子陽引去, 至其西界, 使譯謂曰, "漢使者持黃金錦繡行賜諸國, 王不來受, 我去之西國矣." 卽出金幣以示譯. 譯還報王, 王貪漢物, 來見使者. 介子與坐飮, 陳物示之. 飮酒皆醉, 介子謂王曰, "天子使我私報王." 王起隨介子入帳中, 屛語, 壯士二人從後刺之, 刃交胸, 立死. 其貴人左右皆散走. 介子告諭以, "王負漢罪, 天子遣我業誅王, 當更立前太子質在漢者. 漢兵方至, 毋敢動, 動, 滅國矣!" 遂持王首還詣闕, 公卿將軍議者咸嘉其功. 上乃下詔曰, "樓蘭王安歸嘗爲匈奴間, 候遮漢使者, 發兵殺略衛司馬安樂, 光祿大夫忠, 期門郎遂成等三輩, 及安息, 大宛使, 盜取節印獻物, 甚逆天理. 平樂監傅介子持節使誅斬樓蘭王安歸首, 縣之北闕, 以直報怨, 不煩師從. 其封介子爲義陽侯, 食邑七百戶. 士刺王者皆補侍郎."

介子薨, 子敞有罪不得嗣, 國除. 元始中, 繼功臣世, 復封介子曾孫長爲義陽侯, 王莽敗, 乃絶.

| 註釋 | ○反覆 – 反復, 배신을 거듭하다. ○懲艾(징예) – 징벌하다. 懲治와 동. 懲 온낼 징. 艾 벨 예. 쑥 애. ○屛語 – 좌우를 물리치고 조용히 말하다. 屛退而私語. ○三輩 – 三人. ○安息國(前 247 – 서기 224) – 음역은 파르티아(帕提亞), 지금의 이란(伊朗)에 있던 제국. ○節印獻物 – 漢에서 내린 부절과 인수, 그리고 그들이 바치는 공물. ○縣 – 懸. 매달다. 내어걸다. ○以直報怨 – 直道(正道)로 원한을 갚다. 或曰, "以德報怨, 何如?" 子曰, "何以報德? 以直報怨, 以德報德."《論語 憲問》.

〖國譯〗

부개자가 대장군 곽광에게 말했다. "누란국과 구자국은 자주 배신했지만 원정이나 징벌을 내리지 않았습니다. 이 부개자가 구자국에 갔을 때 그 왕과 측근들을 쉽게 접근할 수 있었는데 제가 가서 죽여 여러 나라에 위엄을 보이고자 합니다."

그러자 대장군이 말했다. "구자국은 아주 멀으니 누란에서 먼저 시험해 보라." 그리고 소제에게 아뢴 뒤에 파견하였다.

부개자와 사졸들은 황금과 비단을 많이 가지고 가면서 외국 왕에게 하사할 것이라고 말했다. 누란국에 갔지만 그 왕이 부개자 일행을 친근하게 대할 뜻이 없자 부개자는 거짓 떠나가는 척하며 그 서쪽 경계에 와서 통역자에게 말했다. "漢의 사자가 황금과 비단을 가지고 각국을 다니며 하사하려 했지만 왕이 받을 것 같지 않아 나는 여기를 떠나 서쪽으로 가려 한다." 그러면서 황금과 비단을 통역에게 보여주었다. 통역이 돌아가 보고하자 왕은 漢의 물건이 탐나서 부개자를 찾아왔다. 부개자는 왕과 같이 술을 마시며 물건을 꺼내 보여주었다. 모두 술에 취하자 부개자가 왕에게 말했다. "天子께서는 왕에게 조용히 말하라고 하였소." 왕이 일어나 부개자를 따라 장막 안으로 들어와 사람을 내보내자 장사 2명이 뒤에서 왕을 찔렀고 칼이 엇갈리면서 왕은 즉사했다. 이에 측근 귀족들은 모두 도주했다. 부개자가 그들에게 말했다. "왕이 漢을 배신하는 죄를 지었기에 천자께서 나를 보내 왕을 죽이게 하였고 응당 漢에 인질로 있는 전의 태자를 다시 옹립할 것이다. 漢軍이 곧 도착할 것이니 함부로 동요하지 말라. 난동한다면 나라를 없애겠다!"

그리고 왕의 수급을 가지고 궁궐에 돌아오니 공경과 장군, 그리고 정사를 논의하던 모두가 그 공을 칭송했다. 소제는 바로 조서를 내려 말했다.

"누란왕 安歸(안귀)는 일찍이 흉노와 짜고 漢의 사절을 기다렸다가 군사를 동원하여 略衛司馬인 安樂과 광록대부인 王忠, 기문랑인 遂成(수성) 등 3인을 죽이고 安息國과 大宛國 사절의 부절과 인수,

그리고 공물을 도적질하는 등 천리를 크게 거역하였다. 이에 平樂監인 부개자에게 지절을 주어 누란왕 안귀를 죽이게 하여 그 수급을 북궐에 걸었는데, 이는 正道로 원한을 갚은 것이며 군사를 동원하지도 않았다. 이에 부개자를 義陽侯로 삼고 食邑 7백 호를 하사한다. 그 왕을 찌른 무사를 모두 侍郎에 임명한다.”

부개자가 죽었으나 아들 傅敞(부창)은 죄를 지어 계승할 수가 없어 나라를 없애버렸다. 平帝 元始 연간에 공신의 후손을 봉할 때 부개자의 증손 傅長(부장)을 의양후에 봉했으나 왕망이 망할 때 없어졌다.

70-2. 常惠

原文

常惠, 太原人也. 少時家貧, 自奮應募, 隨栘中監蘇武使匈奴, 並見拘留十餘年, 昭帝時乃還. 漢嘉其勤勞, 拜爲光祿大夫.

是時, 烏孫公主上書言, “匈奴發騎田車師, 車師與匈奴爲一, 共侵烏孫, 唯天子救之!” 漢養士馬, 議欲擊匈奴. 會昭帝崩, 宣帝初卽位, 本始二年, 遣惠使烏孫. 公主及昆彌皆遣使, 因惠言, “匈奴連發大兵擊烏孫, 取車延, 惡師地, 收其人民去, 使使脅求公主, 欲隔絶漢. 昆彌願發國半精兵, 自給人馬五萬騎, 盡力擊匈奴. 唯天子出兵以救公主昆彌!" 於是漢大發十五萬騎, 五將軍分道出, 語在〈匈奴傳〉.

| 註釋 | ○常惠(? - 前 46) - 蘇武(소무)의 副使로 흉노에 갔다가 억류 19년 만에 昭帝 시 回國했다. 宣帝 때 右將軍이 되어 元帝 때 죽었다. ○太原 - 군명. 치소는 晋陽縣, 今 山西省 太原市. ○栘中監(이중감) - 栘園(이원)에서 마구나 사냥개, 사냥도구를 관리하는 직책. 栘中은 마구간이라는 뜻. 栘 나무 이름 이(제). ○蘇武 - 54권, 〈李廣蘇建傳〉에 입전. ○光祿大夫 - 광록훈의 속관. 천자의 政事에 대한 자문 역할, 秩 二千石. ○拘留十餘年 - 정확하게 19년. ○烏孫公主 - 解憂公主. 66권, 〈西域傳〉 참고. ○車師(거사) - 西域의 성곽 국가 이름. 姑師(고사)로도 표기. 지금 新疆省의 奇臺, 哈密, 吐魯番, 烏魯木齊 일대. 국도는 交河城(今 新疆省 투루판 서북 雅爾湖 서쪽). 원명 姑師(고사). 선제 때 나라가 前,後 거사국으로 분국된다. ○唯 - 바라다. 희망하다. ○本始 2년 - 선제의 첫 번째 연호. 前 72년. ○昆彌(곤미) - 오손왕의 칭호. 흉노의 單于와 같다. ○車延,惡師 - 오손의 지명. ○五將軍 - 漢의 장군인 田廣明, 趙充國, 田順, 范明友, 韓增.

〔國譯〕

常惠(상혜)는 太原郡 사람이었다. 젊어 가난했기에 발분하여 수행원 모집에 응모하고서 栘中監(이중감) 蘇武(소무)를 수행하여 흉노에 사절로 갔으나 함께 십여 년 억류되었다가 昭帝 때 돌아왔다. 漢에서는 그 고생을 가상히 여겨 光祿大夫에 임명하였다.

이때, 烏孫公主가 상서하였는데 "匈奴는 騎兵을 동원하여 車師國에서 사냥을 하며, 車師와 匈奴가 하나가 되어 烏孫을 함께 침략하니 천자께서 구원해 주기 바랍니다!'라고 하였다. 漢에서는 군사와 말을 동원과 흉노 정벌을 논의하였다. 마침 昭帝가 붕어하고 宣帝가 막 즉위하였는데 本始 2년에 상혜를 오손에 파견하였다. 오손 공주와 오손의 昆彌(곤미, 王)는 모두 사자를 보내 상혜에게 말했다.

"흉노는 계속 많은 군사를 동원하여 車延(거연)과 惡師(오사) 등지를 차지하고 그곳 백성을 잡아갔고 사자를 보내 공주를 (흉노에) 보내고 漢과 관계를 끊으라고 협박하고 있습니다. 오손 왕은 나라 정병의 절반인 5만 기병을 동원하고 필요한 물자를 공급하며 전력을 다해 흉노와 싸우고 있습니다. 천자께서는 출병하시어 公主와 곤미를 구원해 주십시오!'

이에 漢은 15만 대군을 동원, 장군 5명이 다섯 길로 나누어 출병하였는데, 이는 〈匈奴傳〉에 있다.

原文

以惠爲校尉, 持節護烏孫兵. 昆彌自將翕侯以下五萬餘騎, 從西方入至右谷蠡庭, 獲單于父行及嫂居次, 名王騎將以下三萬九千人, 得馬牛驢騾橐佗五萬餘匹, 羊六十餘萬頭, 烏孫皆自取鹵獲. 惠從吏卒十餘人隨昆彌還, 未至烏孫, 烏孫人盜惠印綬節. 惠還, 自以當誅. 時, 漢五將皆無功, 天子以惠奉使克獲, 遂封惠爲長羅侯. 復遣惠持金幣還賜烏孫貴人有功者, 惠因奏請龜茲國嘗殺校尉賴丹, 未伏誅, 請便道擊之, 宣帝不許. 大將軍霍光風惠以便宜從事. 惠與吏士

五百人俱至烏孫, 還過, 發西國兵二萬人, 令副使發龜茲東
國二萬人, 烏孫兵七千人, 從三面攻龜茲. 兵未合, 先遣人
責其王以前殺漢使狀. 王謝曰, "乃我先王時爲貴人姑翼所
誤耳, 我無罪." 惠曰, "卽如此, 縛姑翼來, 吾置王." 王執姑
翼詣惠, 惠斬之而還.

| 註釋 | ㅇ翕侯(흡후) – 烏孫의 관직명. ㅇ右谷蠡庭(우록여정) – 右谷蠡
王(우록여왕, 흉노의 왕호)의 땅. 흉노 서부의 지역 명칭. 谷은 흉노 벼슬 이름
록. ㅇ父行, 嫂居次 – 선우의 부친 항렬의 귀족과 그 아내들. 居次는 선우의
딸에 대한 칭호. 公主. ㅇ驢騾(여라) – 나귀와 노새. 驢 나귀 려(여). 騾 노새
라(나). ㅇ自以當誅 – 인수를 분실한 것은 황제의 命을 욕보인 것이라 생각
했다. ㅇ風惠以便宜從事 – 風은 諷. 완곡한 말로 암시를 주다. ㅇ西國 – 구
자 서쪽의 여러 나라. ㅇ龜茲東國 – 龜茲 동쪽의 나라. ㅇ姑翼 – 인명. ㅇ置
– 방치하다. 공격하지 않다.

〔國譯〕

(오손은) 常惠(상혜)를 교위로 삼아 부절을 주어 오손의 군사를 통
솔하게 하였다. 昆彌(곤미)는 翕侯(흡후) 이하 5만 여 기병을 거느리
고 서방으로부터 右谷蠡庭(우록여정)으로 진격하여 선우의 父行과
嫂, 居次와 王이라 부르는 騎將 이하 3만9천 명을 생포하였고 우마
와 나귀, 橐佗(탁타, 낙타) 등 5만여 필, 양 60여만 마리를 스스로 노
획하였다. 常惠는 吏卒 10여 명과 함께 昆彌(곤미)를 따라 돌아오는
데 오손에 미처 도착하기 전에 오손인 도둑이 상혜의 인수를 훔쳐갔
다. 상혜는 귀국하여 응당 처형당할 것이라 생각하였다.

상혜가 귀환할 때 漢의 5 장군은 모두 아무 공도 없었는데 천자는 상혜가 사절로 가서 군사를 지휘하여 승리를 거두었기에 결국 상혜를 長羅侯에 봉했다. 그리고 다시 상혜에게 황금과 비단 등을 가지고 가서 오손의 귀족이나 유공자에게 하사하게 하였는데 상혜는 아울러 龜茲國(구자국)이 그전에 校尉 賴丹(뇌단)을 살해했지만 아직 죽이지 못했으니 가는 길에 그들을 토벌하겠다고 주청하였으나 선제는 허락하지 않았다. 대장군 곽광은 상혜에게 상황에 따라 처리하라고 은근히 암시를 주었다. 상혜는 이졸 5백여 명과 오손에 도착하여 지나가면서 서역의 군사 2만 명을 동원하고, 또 副使를 시켜 龜茲의 東國에서 군사 2만 명과 오손의 군사 7천 명을 동원하여 3면에서 구자국을 공격키로 하였다. 이에 군사가 아직 다 모이기 전에 먼저 사자를 보내 구자의 왕에게 전에 漢의 사절을 죽인 일을 문책케 하였다. 그 구자국의 왕은 사죄하면서 말했다. "그것은 내 先王 때에 貴人인 姑翼(고익)이 저지른 잘못이기에 나는 잘못이 없소이다." 그러자 상혜가 말했다. "만일 그러하다면 그 고익을 잡아 보낸다면 내가 왕을 공격하지는 않겠다." 구자국의 왕이 고익을 잡아 상혜에게 보내오자 상혜는 그를 참수한 뒤에 귀국했다.

原文

後代蘇武爲典屬國, 明習外國事, 勤勞數有功. 甘露中, 後將軍趙充國薨, 天子遂以惠爲右將軍, 典屬國如故. 宣帝崩, 惠事元帝, 三歲薨, 諡曰壯武侯. 傳國至曾孫, 建武中乃絶.

| 註釋 |　○典屬國 – 漢에 귀부한 소수민족에 관한 업무 관장. 秩 中二千石. 中은 滿의 뜻. 成帝 때부터는 大鴻臚에 소속되었다.　○甘露 – 선제의 연호. 前 53 – 50년.　○建武 – 東漢(後漢) 光武帝의 연호(서기 25 – 57년).

〔國譯〕

　(상혜는) 그 뒤에 蘇武(소무)의 후임으로 典屬國이 되었는데 외국 관련 업무에 밝고 부지런히 힘써 많은 공적을 남겼다. 甘露 연간에 후장군 趙充國이 죽자 宣帝는 상혜를 우장군에 임명하였고 전속국 일은 그대로 담당케 하였다. 宣帝가 붕어하자 상혜는 元帝를 3년간 섬기다가 죽었는데, 시호는 壯武侯이었다. 나라가 증손까지 전해졌다가 後漢 建武 연간에 단절되었다.

70-3. 鄭吉

原文

　鄭吉, 會稽人也, 以卒伍從軍, 數出西域, 由是爲郎. 吉爲人强執, 習外國事. 自張騫通西域, 李廣利征伐之後, 初置校尉, 屯田渠黎. 至宣帝時, 吉以侍郎田渠黎, 積穀, 因發諸國兵攻破車師, 遷衛司馬, 使護鄯善以西南道.

| 註釋 | ○鄭吉(정길, ?-前 49) - 최초로 西域都護가 되어 서역에서 오래 활약하다가 前 49년에 軍中에서 죽었다. 西漢의 서역 경영은 張騫(장건), 常惠(상혜), 鄭吉, 陳湯(진탕) 등의 노력과 경영으로 흉노를 서역에서 축출했다. ○會稽 - 郡名. 治所는 吳縣(今 江蘇省 蘇州市). ○强執 - 堅强執着. ○張騫, 李廣利 - 61권, 〈張騫李廣利傳〉에 입전. ○渠黎 - 渠黎(거려)는 지명. ○攻破車師 - 宣帝, 地節 2년(前 68년)의 일. 車師는 서역 國名. ○衛司馬 - 무관 직명. ○使護鄯善以西南道 - 鄯善은 국명. 樓蘭(누란)을 개명한 것.

〖國譯〗

鄭吉(정길)은 會稽郡(회계군) 사람으로 병졸로 종군하여 여러 번 서역에 출전하여 낭관이 되었다. 정길은 강한 소신을 지닌 사람으로 외국 업무에 능숙하였다. 장건에 의해 서역의 길이 열리고 李廣利의 정벌 이후 처음에는 校尉를 두고 渠黎(거려)에서 둔전하게 하였다. 선제 때 이르러 정길은 侍郎으로 거려에서 둔전하면서 군량을 비축하고 여러 나라의 군사를 동원하여 車師의 군사를 격파하였고 衛司馬로 승진하여 鄯善國(선선국)에서 서남으로 가는 교역로를 관할하였다.

原文

神爵中, 匈奴乖亂, 日逐王先賢撣欲降漢, 使人與吉相聞. 吉發渠黎,龜茲諸國五萬人迎日逐王, 口萬二千人,小王將十二人隨吉至河曲, 頗有亡者, 吉追斬之, 遂將詣京師. 漢封日逐王爲歸德侯. 吉旣破車師, 降日逐, 威震西域, 遂並護

<u>車師</u>以西北道, 故號都護. 都護之置自<u>吉</u>始焉.

| 註釋 | ㅇ神爵 – 宣帝 연호, 前 61 – 58년. ㅇ乖亂(괴란) – 動亂, 혼란에 빠지다. 乖 어그러질 괴. 배반하다. ㅇ日逐王 – 흉노의 왕호. 先賢撣(선현 탄)은 인명. ㅇ河曲 – 今 甘肅省 지역을 흐르는 黃河가 굽어 흐르는 지역. ㅇ都護 – 西域都護. 서역 여러 나라를 감독하며 남북의 교통로를 보호. 都는 總의 의미. 宣帝 神爵 2년(前 60) 처음 설치. 都護는 加官이었으나 나중에 정식 관직. 秩 二千石. 소재지는 烏壘城(오루성, 今 新疆自治區 중앙부의 巴音郭楞 蒙古自治州 庫爾勒市 輪臺 동쪽 小野云溝 부근.) 속관으로 副校尉, 丞, 司馬, 候, 千人 등이 있고 屯田 담당 校尉인 戊己校尉(무기교위)를 지휘했다.

〖 國譯 〗

　宣帝 神爵(신작) 연간에 흉노가 혼란에 빠지면서 日逐王인 先賢撣 (선현탄)은 漢에 투항하려고 사람을 보내 정길에게 알렸다. 정길은 渠黎(거려)와 龜茲(구자) 등 여러 나라의 5만 명을 동원하였고 日逐王 과 그 백성 1만2천 명, 小王이나 장수 등 12명이 정길을 따라 河曲까 지 오는 도중에 도망자가 많았는데 정길은 이들을 추적하여 참수하 면서 모두 장안에 도착하였다. 漢에서는 日逐王을 歸德侯에 봉하였 다. 정길이 車師國을 격파하고 일축왕의 투항을 받자 위세가 서역에 진동하였는데 車師國에서 서북으로 가는 교역로를 관할하면서 都 護라고 불렀다. 도호의 설치는 鄭吉에서 시작되었다.

上嘉其功效, 乃下詔曰, "都護西域騎都尉鄭吉, 拊循外
蠻, 宣明威信, 迎匈奴單于從兄日逐王衆, 擊破車師兜訾城,
功效茂著. 其封吉爲安遠侯, 食邑千戶."

吉於是中西域則立莫府, 治烏壘城, 鎮撫諸國, 誅伐懷集
之. 漢之號令班西域矣, 始自張騫而成於鄭吉. 語在〈西域
傳〉.

吉薨, 諡曰繆侯. 子光嗣, 薨, 無子, 國除. 元始中, 錄功臣
不以罪絶者, 封吉曾孫永爲安遠侯.

| 註釋 | ○拊循 − 按撫하다. 拊 어루만질 부. 循 좇을 순. 따르게 하다.
○兜訾城(두자성) − 일명 交河城. 新疆維吾爾自治區 吐魯番市에 해당. ○茂
著(무저) − 탁월하다. 茂 우거질 무. 아름답다. ○中西域 − 서역 여러 나라의
중간 지역. ○烏壘城(오루성) − 今 新疆省 輪臺 이동의 小野雲溝 부근. ○班
西域矣 − 班은 頒布(반포)하다.

〔國譯〕

선제는 鄭吉의 공적과 충성을 가상히 여겨 조서를 내려 말했다.
"西域都護인 騎都尉 정길은 밖으로 이민족을 회유하며 위엄과 신의
를 분명히 밝혔으며 흉노 선우의 4촌 형제인 日逐王의 무리를 영입
하였으며 車師國의 兜訾城(두자성)을 격파한 그 공적이 뚜렷하였다.
이에 정길을 安遠侯에 봉하고 식읍은 1천 호로 한다."

정길은 이에 서역의 중심지역에 즉시 막부를 설립하였는데 烏壘
城(오루성)에 치소를 두고 여러 나라를 진무하며 漢의 통치에 불만을

가진 자들을 주살하였다. 漢의 법령을 서역에 널리 전파한 것은 장건에서 시작되어 정길에 의해 완성되었다. 이는 〈西域傳〉에 있다.

정길이 죽자, 시호는 繆侯(목후)이었다. 아들 鄭光이 계승했으나 아들이 없어 나라가 없어졌다. 元始 연간에 공신으로 죄가 없이 단절된 자를 조사하여 정길의 증손 鄭永을 安遠侯에 봉하였다.

70-4. 甘延壽

原文

甘延壽字君況, 北地郁郅人也. 少以良家子善騎射爲羽林, 投石拔距絶於等倫, 嘗超逾羽林亭樓, 由是遷爲郞. 試弁, 爲期門, 以材力愛幸. 稍遷至遼東太守, 免官. 車騎將軍許嘉薦延壽爲郞中諫大夫, 使西域都護騎都尉, 與副校尉陳湯共誅斬郅支單于, 封義成侯. 薨, 諡曰壯侯. 傳國至曾孫, 王莽敗, 乃絶.

| 註釋 | ○甘延壽(감연수) － ? － 전 25. ○郁郅(욱질) － 縣名. 今 甘肅省 慶陽市. 郁 성할 욱. 郅 고을 이름 질. ○拔距 － 뜀뛰기. 跳躍(높이뛰기). ○等倫 － 同輩. 同僚. ○試弁 － 맨손 격투 시합. 弁(고깔 변, 칠 변)은 手搏. ○許嘉(허가) － 인명. 許廣漢의 조카. ○斬郅支單于 － 郅支(질지) 선우를 주

살한 것은 元帝 建昭 3년(前 36)이었다.

〖國譯〗

　甘延壽(감연수)의 字는 君況(군황)으로 北地郡 郁郅縣(욱질현) 사람
이다. 젊어 양가 자제로 騎射에 뛰어나 羽林軍이 되었고, 投石과 높
이뛰기에서 동료들보다 확실하게 잘해서 우림군의 누각을 뛰어 넘
어 낭관으로 승진하였다. 맨손 격투시합을 거쳐 황제의 호위군인 期
門이 되었고 힘이 좋아 신임을 받았다. 점차 승진하여 遼東太守로
관직에서 물러났다. 거기장군 許嘉(허가)가 감연수를 천거하여 郎中
諫大夫가 되었다가 西域都護騎都尉가 되어 副校尉 陳湯(진탕)과 함
께 郅支(질지) 선우를 죽여 義成侯가 되었다. 모연수가 죽자, 시호를
壯侯라 하였다. 증손까지 계승되었다가 왕망이 패망하면서 단절되
었다.

70-5. 陳湯

原文

　陳湯字子公, 山陽瑕丘人也. 少好書, 博達善屬文. 家貧勹
貸無節, 不爲州里所稱. 西至長安求官, 得太官獻食丞. 數
歲, 富平侯張勃與湯交, 高其能. 初元二年, 元帝詔列侯擧

茂材, **勃**舉**湯**. **湯**待遷, 父死不犇喪, 司隸奏**湯**無循行, **勃**選
舉故不以實, 坐削戶二百, 會薨, 因賜諡曰繆侯. **湯**下獄論.
後復以薦爲郎, 數求使外國. 久之, 遷西域副校尉, 與甘延
壽俱出.

| 註釋 | ○陳湯(진탕) − 生卒年 未詳, 爵 關內侯. ○山陽 − 國名, 郡名. 치
소는 昌邑縣(今 山東省 菏澤市 관할의 鉅野縣). ○瑕丘(하구) − 현명. 今 山東
省 濟寧市 동북부 兗州市(연주시). ○匄貸(개대) − 구걸하거나 빌리다. 匄는
丐(빌 개). 無節은 절조가 없다. ○太官獻食丞 − 太官의 獻食丞(헌식승). 太
官은 少府의 속관. 황제의 음식 전체를 담당. 獻食丞은 황제께 음식 진상을
담당. ○富平侯張勃 − 張勃(장발), 武帝의 名臣 張湯의 후손으로 宣帝 大司
馬인 張安世의 孫子, 富平侯 張延壽의 아들. ○初元二年 − 元帝의 첫 연호.
前 47년. ○犇喪(분상) − 奔喪. ○司隸 − 司隸校尉, 처음에는 중앙관서에
서 사역하는 노예를 감독하는 직책이었으나 나중에서 京師, 곧 三輔와 三河,
弘農郡 등 7郡의 관리를 규찰하고 범법자를 다스리는 임무를 수행하였다.
秩 二千石. ○無循行 − 修行이 없다. 행실이 나쁘다.

〖 國譯 〗

　陳湯의 字는 子公으로 山陽郡 瑕丘縣(하구현) 사람이다. 젊어 독
서를 좋아하여 널리 배웠고 글을 잘 지었다. 집이 가난하여 남에게
돈을 얻거나 빌리는 일이 많아 고향에서는 칭송이 없었다. 장안에
와서 관직을 구해 太官의 獻食丞이 되었다. 몇 년 뒤 富平侯 張勃(장
발)은 진탕과 교제하며 그 능력을 높이 평가하였다. 初元 2년에 元
帝는 조서를 내려 열후에게 茂材(무재)를 천거케 하였고 장발은 진

탕을 천거하였다. 진탕이 승진을 기다릴 때 부친이 죽었지만 奔喪 (분상)하지 않았는데 사예교위가 진탕의 행실이 나쁘다고 상주하였고 이 때문에 장발은 부실한 사람을 천거했다 하여 식읍 2백 호가 삭감된 상태에서 죽어 시호가 繆侯(무후)이었다. 진탕은 하옥되어 벌을 받았다. 뒤에 다시 천거되어 낭관이 되었는데 여러 번 외국에 사절로 나가고자 하였다. 얼마 뒤에 西域 副校尉로 승진하여 甘延壽 와 함께 사절로 나갔다.

原文

先是, 宣帝時匈奴乖亂, 五單于爭立, 呼韓邪單于與郅支單于俱遣子入侍, 漢兩受之. 後呼韓邪單于身入稱臣朝見, 郅支以爲呼韓邪破弱降漢, 不能自還, 卽西收右地. 會漢發兵送呼韓邪單于, 郅支於由是遂西破呼偈,堅昆,丁令, 兼三國而都之. 怨漢擁護呼韓邪而不助己, 困辱漢使者江乃始等. 初元四年, 遣使奉獻, 因求侍子, 願爲內附. 漢議遣衛司馬谷吉送之. 御史大夫貢禹,博士匡衡以爲《春秋》之義 '許夷狄者不壹而足', 今郅支單于鄕化未醇, 所在絶遠, 宜令使者送其子至塞而還. 吉上書言, "中國與夷狄有羈縻不絶之義, 今旣養全其子十年, 德澤甚厚, 空絶而不送, 近從塞還, 示棄捐不畜, 使無鄕從之心, 棄前恩, 立後怨, 不便. 議者見前江乃始無應敵之數, 知勇俱困, 以致恥辱, 卽豫爲臣憂.

臣幸得建彊漢之節, 承明聖之詔, 宣諭厚恩, 不宜敢桀. 若懷禽獸, 加無道於臣, 則單于長嬰大罪, 必遁逃遠捨, 不敢近邊. 沒一使以安百姓, 國之計, 臣之願也. 願送至庭."

上以示朝者, 禹復爭, 以爲吉往必爲國取悔生事, 不可許. 右將軍馮奉世以爲可遣, 上許焉. 旣至, 郅支單于怒, 竟殺吉等. 自知負漢, 又聞呼韓邪益强, 遂西奔康居. 康居王以女妻郅支, 郅支亦以女予康居王. 康居甚尊敬郅支, 欲倚其威以脅諸國. 郅支數借兵擊烏孫, 深入至赤谷城, 殺略民人, 毆畜産, 烏孫不敢追, 西邊空虛, 不居者且千里. 郅支單于自以大國, 威名尊重, 又乘勝驕, 不爲康居王禮, 怒殺康居王女及貴人, 人民數百, 或支解投都賴水中. 發民作城, 日作五百人, 二歲乃已. 又遣使責闔蘇,大宛諸國歲遺, 不敢不予. 漢遣使三輩至康居求穀 吉等死, 郅支困辱使者, 不肯奉詔. 而因都護上書言, "居困厄, 願歸計彊漢, 遣子入侍." 其驕嫚如此.

| 註釋 | ○五單于爭立 – 94권, 〈匈奴傳〉참고. 匈奴는 南北으로 갈려 前 58년부터 前 54년 사이에 5명의 선우가 자리를 놓고 싸우며 즉위와 폐위가 이어졌다. ○呼韓邪(호한야) 單于 – 前 54년에 郅支(질지) 선우와 싸워 패배한 뒤에 다음 해 선제에 도움을 청했고, 甘露 3년(前 51)에 장안에 와서 宣帝를 알현했다. ○西收右地 – 서쪽 흉노 우측의 영역을 차지하다. ○呼偈(호게), 堅昆(견곤), 丁令(정령) – 모두 서역의 작은 부족 국가 이름. 呼偈는 呼揭로도 표기. 丁令은 丁零으로도 표기하는데 바이칼 호(貝加爾 湖)의 남쪽에 위

치. ○谷吉(곡길, ? - 前 44) - 흉노에 사신으로 가서 피살. ○貢禹(공우) -
72권, 〈王貢兩龔鮑傳〉에 입전. ○匡衡(광형) - 81권, 〈匡張孔馬傳〉에 입전.
○許夷狄者不壹而足 - 이적의 요구는 한 번으로 만족하지 않는다. 요구가
끝이 없어 충족시켜줄 수 없다는 뜻.《春秋》襄公 29년의 기사 참고. ○羈縻
(기미) - 말의 굴레(羈 재갈 기)와 소의 고삐(縻 고삐 미). 가축을 통제하는 수
단. 주변 소수민족을 견제, 회유하는 정책. ○不宜敢桀 - 감히 사납게 굴지
못하다. 桀 사나울 걸. 言不順從也. 桀黠(걸힐). 악행을 저지르다. ○長嬰大
罪(장영대죄) - 오래도록 감내해야 할 큰 죄. 嬰 목에 걸 영. 두르다. 갓난아
이 영. ○願送至庭 - 여기서 庭은 單于의 朝廷. ○馮奉世(풍봉세) - 79권,
〈馮奉世傳〉에 입전. ○康居 - 중앙아시아 유목민족. 동쪽으로는 烏孫 동남
으로는 大宛(대원), 남으로는 아무르하(阿姆河)에 이르는 지역. 기원전 1세기
경에 인구 약 60만에 12만의 군대를 보유했다고 한다. 국도는 卑闐城(비전
성, 지금 중앙아시아 塔吉克斯坦 타지키스탄 지역). ○都賴水(도뇌수) - 중앙아
시아의 塔拉斯河. ○闔蘇 - 중앙아시아 유목민족인 闔蘇(합소). ○吉等死
- 死는 시신. ○其驕嫚如此 - 귀부한다, 계책을 배우겠다, 아들을 보내겠다
는 여러 말은 漢을 조롱하는 뜻.

〔國譯〕

　이전 선제 때 흉노에 분란이 일어나 5명의 單于가 서로 다투었는
데 呼韓邪(호한야)선우와 郅支(질지)선우가 다 같이 아들을 보내 入侍
하겠다고 하여 漢에서는 둘 다 받아들였다. 뒤에 호한야선우는 직접
입조하여 稱臣하고 朝見하였지만 질지는 호한야가 패배하여 漢에
투항했고 그가 돌아올 수 없다고 생각하며 즉시 흉노 우측의 영역을
차지하였다. 마침 한에서는 군사를 내어 호한야선우를 돌려보내려
하자 질지선우는 이에 서쪽으로 呼偈(호게), 堅昆(견곤), 丁슈(정령)을

격파한 뒤 3국을 아우르고 도읍하였다. 질지선우는 漢이 호한야만을 옹호하고 자신을 도와주지 않은 것에 원한을 품고 한의 사신 江乃始(강내시) 등을 가두기도 하였다. 질지는 元帝 初元 4년에 사신을 보내 조공하면서 인질로 보냈던 아들을 돌려 달라며 漢에 복속하겠다고 하였다. 이에 漢에서는 의논하기를 衛司馬 谷吉(곡길)을 파견하여 인질을 돌려주기로 결정하였다. 그러자 어사대부 貢禹(공우)와 박사 匡衡(광형)이 《春秋》의 '이적의 요구는 한 번 허락으로 만족하지 못한다.'는 뜻을 들어 지금 질지선우의 복속하겠다는 뜻이 순수하지도 않고 그들 있는 곳이 너무 멀기에 사자를 시켜 돌려보내더라도 변새지역까지만 보내 주어야 한다고 말했다. 이에 곡길이 상서하여 말했다.

"중국이 夷狄에 대한 통제 관계를 아예 단절할 수 없는데 지금 이미 그 아들을 10년이나 데리고 있으면서 우리가 베푼 은택이 아주 많은데 별 이유도 없이 관계를 단절하거나 보내지 않거나 변새까지 데려다 주고 오는 것은 그들을 버리고 돕지 않겠다는 뜻을 보여주는 것이라 그들로 하여금 우리를 따르려는 마음을 없애며 그간 베푼 은덕을 버리고 훗날의 원한을 심어주기에 이로울 것이 없습니다. 말씀하시는 분들은 앞서 江乃始(강내시)의 경우에는 적에 대응할 인원도 없었고 지혜와 용기 모두가 부족하여 억류되는 치욕을 겪었다는 것을 알기에 미리 臣을 위해 걱정하는 것입니다. 그러나 臣은 막강한 漢의 부절을 가지고 성명한 폐하의 명을 받아 천자의 은택을 널리 깨우치러 가기에 (질지선우라도) 감히 악행을 저지르지 못할 것입니다. 만약 금수와 같은 마음을 품고 臣에게 무도한 짓을 한다면 선우는 큰 죄를 범하는 것이기에 필히 멀리 도망하여 근처에 나타날 수도 없을 것입니다. 사신 한 사람이 죽어 백성이 편안하고 나라의 방책이라면 臣은 가보겠습니다. 저를 그들 땅에 보내 주십시오."

원제가 이를 조정에 내려 주자 貢禹(공우)는 다시 간쟁하며 谷吉(곡길)이 간다면 틀림없이 나라에 후회할 일이 생길 수 있다며 허락해서는 안 된다고 말했다. 우장군인 馮奉世(풍봉세)가 보낼만하다고 하자 원제는 허락하였다.

곡길이 흉노에 도착했지만 질지선우는 화를 내며 결국 곡길 등을 살해했다. 질지는 漢에 대한 배신이며 호한야선우가 더 강해졌다는 것을 알고서는 서쪽 康居國으로 도주하였다.

康居王은 자기 딸을 질지에게 아내로 주었고, 질지 또한 자신의 딸을 강거왕에게 주었다. 강거왕은 질지를 매우 존중하면서 그 위세를 빌어 주변 나라들을 위협하려고 했다. 질지는 여러 차례 강거의 군사를 빌려 烏孫을 공격하며 赤谷城까지 깊이 쳐들어가 오손의 백성을 약탈하고 가축을 빼앗아 갔지만 오손은 이를 추격하지도 못하고 영역의 서쪽을 비워주어 사람이 살지 못하는 땅이 천여 리나 되었다. 이에 질지선우는 스스로 대국이라 자처하며 위세를 부리며 교만해져서 나중에는 강거왕에게 예를 갖추지도 않았으며 화가 나서 강거의 귀족과 왕녀, 수백 명의 백성을 죽이고 가끔은 사지를 찢어 죽여 都賴水(도뇌수)에 던지기도 하였다. 백성을 징발하여 성을 쌓는 데 하루에 5백 명씩 동원하여 2년 만에 끝내었다. 또 사신을 보내어 閩蘇(함소)와 大宛(대원) 등 여러 나라에 해마다 공물을 바치라고 강요하여 감히 바치지 않을 수 없었다. 漢에서는 사자를 3번이나 강거에 보내 군량과 곡길의 시신을 요구했지만 질지는 사신을 가두는 등 욕을 보이며 천자의 명을 다르지 않았다. 이에 서역도호가 상서하여

말했다. "질지선우는 궁벽한 곳에 살기에 강한 漢나라에 귀부하며
계책을 배우고 아들을 보내 입시케 하겠다고 합니다."

　　질지선우의 교만은 이와 같았다.

原文

　　建昭三年, 湯與延壽出西域. 湯爲人沈勇有大慮, 多策謀,
喜奇功, 每過城邑山川, 常登望. 旣領外國, 與延壽謀曰,
"夷狄畏服大種, 其天性也. 西域本屬匈奴, 今郅支單于威名
遠聞, 侵陵烏孫, 大宛, 常爲康居畫計, 欲降服之. 如得此二
國, 北擊伊列, 西取安息, 南排月氏, 山離烏弋, 數年之間, 城
郭諸國危矣. 且其人剽悍, 好戰伐, 數取勝, 久畜之, 必爲西
域患. 郅支單于雖所在絶遠, 蠻夷無金城强弩之守, 如發屯
田吏士, 驅從烏孫衆兵, 直指其城下, 彼亡則無所之, 守則不
足自保, 千載之功可一朝而成也." 延壽亦以爲然, 欲奏請
之, 湯曰, "國家與公卿議, 大策非凡所見, 事必不從." 延壽
猶與不聽. 會其久病, 湯獨矯制發城郭諸國兵, 車師戊己校
尉屯田使士. 延壽聞之, 驚起, 欲止焉. 湯怒, 按劍叱延壽曰,
"大衆已集會, 豎子欲沮衆邪?" 延壽遂從之, 部勒行陳, 益
置揚威, 白虎, 合騎之校, 漢兵, 胡兵合四萬餘人, 延壽, 湯上
疏自劾奏矯制, 陳言兵狀.

| 註釋 | ○建昭三年 – 원제의 연호. 前 36년. ○伊列 – 中央亞細亞의 부족 이름. ○安息國 – 지금의 이란 지방에 존속했던 파르티아(Parthia) 제국. ○月氏(월지) – 古 종족 이름. 흉노에 쫓겨 서쪽으로 이동한 월지는 대월지라 부르고, 今 甘肅省과 靑海省 일대에 남은 월지는 小月氏라 하는데 여기서는 대월지족을 지칭한다. ○山離烏弋(산리오익) – 지금의 아프카니스탄(阿富汗) 북부에 해당하는 지역. ○城郭諸國 – 城郭(성곽)으로 방어하는 여러 나라. 흉노는 고정된 거점(都城)이 없이 이동하는 유목국가로, 이를 行國이라 한다. 이와 달리 서역의 오아시스를 중심으로 정주하며 성곽에서 외적을 방어하는 나라를 성곽 국가라고 하였다. 西域에는 성곽국과 행국이 섞여 있었고 漢은 서역 성곽 국가들과 관계를 강화하며 흉노에 대항하는 체제를 구축했다. ○剽悍(표한) – 표독하고 날쌔다. ○國家 – 天子. ○車師 – 옛 서역의 국명. 姑師로도 표기. 今 新疆省의 哈密, 吐魯番, 烏魯木齊 일대를 차지. ○戊己校尉(무기교위) – 戊己는 十干의 중앙. 중앙은 土, 곧 황색. 이는 漢을 상징하고 흉노(北)를 제압한다는 뜻으로 택한 이름. 원제 원년(前 48)에 설치한 西域都尉의 속관. 둔전을 관장. 秩 6百石. 車師前王庭에 위치. 今 新疆省의 吐魯番 서북쪽. 무기교위를 戊校尉와 己校尉의 합칭인지 아니면 하나의 직분이 나중에 분리된 것인지 확실하지 않다. ○豎子(수자) – 어린애(小子). 바보. 남을 멸시하는 말. ○部勒行陳 – 部勒은 部署. 行陳은 行陣. ○校 – 단위부대. 장군의 하위직인 교위가 지휘.

〖 國譯 〗

建昭 3년, 陳湯(진탕)과 甘延壽(감연수)는 서역으로 출발했다. 진탕은 사람이 침착하며 용감하고 생각이 깊으면서 책모를 잘 쓰고 기발한 일을 좋아했는데 매번 성읍이나 산천을 지날 때면 늘 높이 올라 주변을 살폈다. 서역에 관한 임무를 받은 뒤 감연수에게 자기 생각을 말했다.

"이적들은 천성적으로 강자를 두려워하고 복종합니다. 서역은 본래 흉노의 땅이었지만 지금 질지선우의 위명은 멀리까지 알려졌고 烏孫과 大宛(대원)을 침략하며 늘 康居에서 일을 꾸미고 지배하려고 합니다. 만약 그 두 나라를 차지한다면 북쪽으로는 伊列(이열)을 공격하고, 서쪽으로는 安息國을 취하고, 남쪽으로는 月氏와 山離烏弋(산리오익)을 밀어내면 수년 내로 성곽을 가진 나라들이 위험에 처할 것입니다. 게다가 그들은 사납고 용맹하고 전쟁을 좋아하며 여러 번 승리하여 전투 기술을 축적했기에 분명 서역의 걱정거리가 될 것입니다. 질지선우가 지금은 멀리 있지만 그들에게는 튼튼한 성곽과 강력한 쇠뇌의 수비전술이 없기에 만약 우리가 둔전하는 군사를 동원하거나 오손의 많은 군사를 몰아 그들의 근거지를 바로 공격한다면 그들로서는 패하면 갈 곳이 없고 수비한다 하여 지킬 수가 없기에 영원히 기록될 큰 공적을 어느 날 갑자기 성취할 수 있을 것입니다."

감연수도 옳다고 생각하며 이를 주청하려고 했는데 진탕이 말했다.

"천자와 公卿이 의논하면 비범한 대책일지라도 따르지 않을 것입니다."

감연수는 유예했지만 동의하지는 않았다. 마침 감연수가 병에 걸려 오래 누워 있는 동안 진탕은 혼자서 황제 명령을 사칭하여 각 성곽이나 나라의 병력, 車師國에 있는 戊己校尉(무기교위)와 屯田하는 군사들을 모두 징발하였다. 감연수가 이를 알고 놀라 일어나 중지시키려 했다. 그러자 진탕도 화를 내며 칼을 뽑아들고 감연수를 질책하며 말했다.

"대군이 이미 다 모였는데 아무것도 모르는 어린애가 군중을 막으려 하는가?"

감연수도 결국 수락하고 부대를 편성하고 진영을 짰는데 揚威(양위), 白虎, 合騎(합기)의 부대를 더 증설하고 漢兵과 胡兵 총 4만여 명을 편성한 뒤에 감연수와 진탕은 상소하여 자신들이 詔命을 위조한 것을 자백하며 부대 상황을 진술하였다.

原文

即日引軍分行, 別爲六校, 其三校從南道逾蔥嶺徑大宛, 其三校都護自將, 發溫宿國, 從北道入赤谷, 過烏孫, 涉康居界, 至闐池西. 而康居副王抱闐將數千騎, 寇赤谷城東, 殺略大昆彌千餘人, 驅畜産甚多, 從後與漢軍相及, 頗寇盜後重. 湯縱胡兵擊之, 殺四百六十人, 得其所略民四百七十人, 還付大昆彌, 其馬牛羊以給軍食. 又捕得抱闐貴人伊奴毒.

| 註釋 | ○逾蔥嶺徑大宛 - 蔥嶺(총령)을 넘어 大宛을 가로 질렀다. 逾 넘을 유. 蔥嶺은 파미르(帕米爾) 고원, 昆侖山, 카라코룸(喀喇昆侖) 산맥을 통칭. ○溫宿國 - 서역의 나라 이름. 今 新疆省 서부의 阿克蘇市 일대. ○闐池(전지) - 今 中央아시아 키르키즈스탄의 伊塞克湖. 지금 지도상으로도 新疆 위구르 自治區를 횡단했다는 사실에 놀랄 수밖에 없다. ○抱闐 - 康居의 副王 이름. ○寇 - 도둑 구. 떼를 지어 저지르는 노략질을 寇라고 한다. 倭寇(왜구)가 그 用例이다. ○胡兵擊之 - 胡兵은 보통 흉노의 군사를 지칭하는

데, 여기서는 진탕이 거느린 흉노병이다.

〔國譯〕

당일로 군사를 나누어 행군하였는데 6개 부대로 나누어 그 3개 부대는 남쪽 길을 따라 蔥嶺(총령)을 넘어 大宛(대원)을 가로질렀고, 다른 3개 부대는 도호가 직접 거느리고 溫宿國을 떠나 북쪽 길을 따라 赤谷으로 들어가 烏孫을 지나서 康居의 국경을 건너 闐池(전지)의 서쪽에 도착하였다. 康居國의 副王인 抱闐(포전)은 수천 기병을 거느리고 赤谷城의 동쪽을 노략질하고 烏孫의 大昆彌(대곤미)의 군사 1천여 명을 죽이고 많은 가축을 몰아갔고 漢軍의 뒤를 따라붙어 많은 군수 물자를 노략질했다. 이에 진탕은 거느린 흉노병을 출동시켜 강거 부왕을 공격하여 460여 명을 죽이고 그들이 생포한 백성 470명을 되찾아 오손의 대곤미에게 돌려주었고 그 우마와 양들을 군대 식용으로 공급하였다. 또 (강거의 副王) 抱闐(포전)의 貴人 伊奴毒(이노독)을 생포하였다.

原文

入康居東界, 令軍不得爲寇. 間呼其貴人屠墨見之, 諭以威信, 與飮盟遣去. 徑引行, 未至單于城可六十里, 止營. 復捕得康居貴人貝色子男開牟以爲導. 貝色子即屠墨母之弟, 皆怨單于, 由是具知郅支情.

| 註釋 | ○間呼 – 은밀히 부르다. ○貴人 – 귀족, 관리. ○單于城 – 흉노

의 질지선우가 웅거하는 성. ○子男 – 아들.

〔國譯〕

　康居國의 동쪽에 들어가서는 부대에 명령을 내려 도적질을 금지
시켰다. 은밀히 그곳 貴人 屠墨(도묵)을 불러 만나서는 위세와 신의
로 설득하고서 함께 술을 마시며 맹서한 뒤에 돌려보냈다. 지름길로
행군하여 질지선우의 성에서 60리쯤 못 가서 멈추고 야영했다. 또
康居의 貴人인 貝色(패색)의 아들 開牟(개모)를 생포해서 길 안내자
로 삼았다. 패색의 아들은 바로 도묵 모친의 형제라서 질지선우에
대한 원한이 많았고, 질지선우에 대한 사정을 모두 알고 있었다.

原文

　明日引行, 未至城三十里, 止營. 單于遣使問, "漢兵何以
來?" 應曰, "單于上書言居困厄, 願歸計强漢, 身入朝見. 天
子哀閔單于棄大國, 屈意康居, 故使都護將軍來迎單于妻
子, 恐左右驚動, 故未敢至城下." 使數往來相答報. 延壽, 湯
因讓之, "我爲單于遠來, 而至今無名王大人見將軍受事者,
何單于忽大計, 失客主之禮也! 兵來道遠, 人畜罷極, 食度
日盡, 恐無以自還, 願單于與大臣審計策."

｜註釋｜　○困厄 – 困阨(곤액). 厄은 阨 막힐 액. 좁을 애. ○名王 – 여러
왕의 대표자. ○大人 – 單于의 관리. ○人畜罷極 – 罷極(피극). 고달플 피.
그만둘 파.

다음 날 군사를 인솔하고 성 30리를 못간 곳에 멈춰 주둔하였다. 질지선우가 使者를 보내 물었다. "漢의 군사가 왜 왔는가?" 이에 "당신의 선우가 국서를 보내 막다른 곳에 몰려 지내면서 강한 한나라에 귀순할 방책을 물어 직접 朝見하고 싶다고 말했었다. 천자께서는 선우가 자기 큰 나라를 잃고 강거국에서 뜻을 굽혀 사는 것을 불쌍히 여겨 서역도호의 장군으로 하여금 군대를 거느리고 가서 그 처자라도 데려오라 하셨지만 측근들이 놀랄 것 같아 일부러 성 아래는 가지 않았다."라고 응답하였다.

그러면서 감연수와 진탕은 사자를 꾸짖었다.

"우리는 선우를 위하여 멀리까지 왔는데 名王이나 大人, 장군이나 일을 맡은 자도 못 만났는데 선우는 큰일을 왜 소홀히 하며 주객의 예를 다하지 못하는가? 우리 군사가 멀리 왔기에 사람이나 말이 지칠 대로 지쳤고 식량도 며칠 내로 다할 것 같아 우리 힘으로는 돌아갈 수도 없으니 선우께서는 대신과 함께 대책을 세워주기 바란다."

明日, 前至郅支城都賴水上, 離城三里, 止營傳陳. 望見單于城上立五采幡幟, 數百人披甲乘城, 又出百餘騎往來馳城下, 步兵百餘人夾門魚鱗陳, 講習用兵. 城上人更招漢軍曰 "鬪來!" 百餘騎馳赴營, 營皆張弩持滿指之, 騎引卻. 頗遣吏士射城門騎步兵, 騎步兵皆入. 延壽, 湯令軍聞鼓音皆

薄城下, 四周圍城, 各有所守, 穿塹, 塞門戶, 鹵楯爲前, 戟
弩爲後, 卬射城中樓上人, 樓上人下走. 土城外有重木城,
從木城中射, 頗殺傷外人. 外人發薪燒木城. 夜, 數百騎欲
出外, 迎射殺之.

│註釋│ ○傅陳 - 布陣. ○幡幟(번치) - 깃발. 幡 깃발 번. 幟 기 치. ○乘
城 - 성 위에서 수비하다. ○鹵楯(노순) - 화살을 막는 큰 방패. 鹵 방패 노,
소금 노. 楯 방패 순. ○卬射 - 仰射.

〖國譯〗

그 다음 날, 전진하여 郅支單于(질지선우)의 성 都賴水(도뢰수)까지
나아가 성에서 3리 떨어진 곳에 주둔하며 포진했다. 單于의 城에는
5색의 깃발을 세우고 수백의 병사가 갑옷을 입고 성을 지키며, 또
백여 명의 기병들이 성 아래 주변을 치달리고, 보병 수백 명이 성문
옆으로 물고기 비늘처럼 진을 치며 병법을 익히고 있었다. 성 위의
병사들은 교대로 한군을 향해 "싸워보자!"고 소리를 질렀다. 백여
명의 기병들이 말을 달려 군영 가까이 오자 한의 군영에서는 모두가
활을 가득 당겨 쏘려고 겨냥하자 기병들은 퇴각하였다. 漢에서는 군
리와 사졸을 보내 성문의 기병과 보병에게 활을 쏘자 기병과 보병은
모두 성문 안으로 들어갔다. 감연수와 진탕은 명령을 내려 북을 치
며 성에 가까이 접근시켰고 사방에서 성을 포위하였으며, 각자 수비
하며 참호를 팠고 출입문을 닫은 뒤 큰 방패를 앞에 세우고, 창과 쇠
뇌를 뒤에 배치하고서 성 누각 위를 향해 발사하자 누상의 병사들은
아래로 달아났다. 土城 밖에는 이중의 목책이 있는데 그 목책 사이

에서 활을 쏘아 밖에 있는 많은 사람을 살상케 하였다. 이에 밖에서
는 장작불을 던져 목책을 태워버렸다. 밤에 적의 기병 수백 명이 밖
으로 나가려 했으나 기병을 따라가며 쏘아 죽였다.

原文

初, 單于聞漢兵至, 欲去, 疑康居怨己, 爲漢內應, 又聞烏
孫諸國兵皆發, 自以無所之. 郅支已出, 復還, 曰, "不如堅
守. 漢兵遠來, 不能久攻." 單于乃被甲在樓上, 諸閼氏夫人
數十皆以弓射外人. 外人射中單于鼻, 諸夫人頗死. 單于下
騎, 傳戰大內. 夜過半, 木城穿, 中人卻入土城, 乘城呼. 時,
康居兵萬餘騎分爲十餘處, 四面環城, 亦與相應和. 夜, 數
奔營, 不利, 輒卻. 平明, 四面火起, 吏士喜, 大呼乘之, 鉦鼓
聲動地. 康居兵引卻. 漢兵四面推鹵楯, 並入土城中. 單于
男女百餘人走入大內. 漢兵縱火, 吏士爭入, 單于被創死.
軍候假丞杜勳斬單于首, 得漢使節二及谷吉等所齎帛書. 諸
鹵獲以畀得者. 凡斬閼氏,太子,名王以下千五百一十八級,
生虜百四十五人,降虜千餘人,賦予城郭諸國所發十五王.

| 註釋 | ○被甲 − 披甲(피갑). 갑옷을 입다. ○閼氏(연지) − 선우 正妻의
칭호. 閼 가로막을 알. 흉노 왕비 연. ○下騎 − 下樓하여 騎馬하다. ○傳戰
− 돌아다니며 싸우다. 傳은 轉과 同. ○中人 − 토성과 밖의 목책 사이에 있
던 병졸. ○乘之 − 乘之는 쫓아내다(逐之). ○軍候(군후) − 武官名. 부대 지

휘관인 校尉 아래 각 部曲을 지휘하는 군관. ○假丞 - 臨時 副校尉. 假는 직무대리. 校尉 - 丞 - 軍候의 명령체계임. ○以畀得者 - 노획물은 노획한 자에게 주다. 畀는 줄 비. 수여하다. 전리품은 노획한 자의 소득이란 뜻. ○城郭諸國所發十五王 - 漢에 협조한 城郭 諸國의 왕 15명.

〔國譯〕

처음에 질지선우는 漢軍이 도착한 것을 알고 도망가려 했으나 康居王이 자신을 원망하기에 한군에 내응할 것이 걱정되었고, 또 오손과 여러 나라의 군사가 다 동원되었기에 갈 곳이 없다고 생각하였다. 질지선우는 일단 나갔다가 돌아와 말했다. "견고하게 방어하면 된다. 漢兵은 멀리서 왔기에 오래 공격할 수 없을 것이다."

선우는 바로 갑옷을 입고 누상에서 지휘하고 여러 閼氏(연지)와 부인 수십 명도 모두 활을 가지고 외적을 쏘았다. 성 밖에서 쏜 화살이 선우의 코에 맞았고 선우의 여러 부인들도 많이 죽었다. 선우는 누각에서 내려가 말을 타고 성 안을 돌면서 싸움을 독려했다. 한밤에 목책이 뚫렸다. 그 안에 있던 병졸은 토성 안으로 들어와 성에 올라서 소리쳤다. 그때 강거의 군사 일만여 기병은 10여 곳에 분산되었는데 사면에서 성을 에워싸고 안과 밖에서 호응해왔다. 밤에 여러 번 한군의 군영을 공격했지만 불리하자 퇴각하였다. 날이 밝자 사방에서 불이 일어나면서 한군의 군리와 병사가 좋아 소리 지르면서 추격하며 징과 북소리가 땅을 진동케 했다. 강거의 군사는 철수했다. 漢兵은 사방에서 큰 방패로 밀어붙이면서 토성으로 진격했다. 선우의 아들 딸 백여 명이 집안으로 달려 들어갔다. 漢兵은 불을 지르며 군리와 병졸이 다투어 진격하였고 선우는 창에 찔려 죽었다. 漢의

軍候(군후)로 假丞인 杜勳(두훈)이 질지선우의 목을 잘랐고 漢 사자의 지절 2개와 谷吉 등이 작성한 帛書를 찾아내었다. 그 밖의 노획물은 노획한 자에게 주었다. 연지와 태자, 名王 이하 1,518명을 죽였고 145명을 포로로 잡았고 투항자 1천여 명은 諸國에서 징발한 15명의 왕에게 주었다.

於是延壽,湯上疏曰, "臣聞天下之大義, 當混爲一, 昔有唐,虞, 今有彊漢. 匈奴呼韓邪單于已稱北藩, 唯郅支單于叛逆, 未伏其辜, 大夏之西, 以爲彊漢不能臣也. 郅支單于慘毒行於民, 大惡通於天. 臣延壽,臣湯將義兵, 行天誅, 賴陛下神靈, 陰陽並應, 天氣精明, 陷陳克敵, 斬郅支首及名王以下. 宜縣頭槀街蠻夷邸間, 以示萬里, 明犯彊漢者, 雖遠必誅."

事下有司. 丞相匡衡,御史大夫繁延壽以爲, "郅支及名王首更歷諸國, 蠻夷莫不聞知. 〈月令〉'春掩骼埋胔'之時, 宜勿縣." 車騎將軍許嘉,右將軍王商以爲, "《春秋》夾谷之會, 優施笑君, 孔子誅之, 方盛夏, 首足異門而出. 宜縣十日乃埋之." 有詔將軍議是.

| 註釋 | ○當混~ - 混은 같게 되다. ○唐,虞 - 唐堯와 虞舜. ○北藩 - 북쪽 울타리. 북쪽을 지키는 신하. 藩 가릴 번. 藩과 通. 울타리. 藩臣. ○大

夏 – 아프가니스탄(阿富汗)간 북부 중앙아시아의 옛 국명. ○槁街(고가) – 장안의 거리 이름. 속국의 관저들이 몰려 있었다. ○繁延壽(포연수) – 李延壽. 繁은 성씨일 때 讀音 포. 79권,〈馮奉世傳〉참고. ○〈月令〉– 周公이 엮었다고 전하는《禮記》의 편명. 1년 매달에 시행할 政令과 관련있는 사물의 활동 및 五行의 相生 체계 등을 기록하였다. 이는 戰國시대와 秦漢 시대의 농업 생산 활동과 풍속과 정치를 알 수 있는 자료이다. ○掩骼埋胔(엄격매자) – 시신을 묻다. 掩 가릴 엄. 骼 뼈 격. 埋 묻을 매. 胔 썩은 고기 자. ○王商 – 82권,〈王商史丹傅喜傳〉에 입전. ○夾谷之會(협곡) – 今 山東省 淄博市의 祝其山의 夾谷(협곡)에서 魯 定公 10년에 齊侯와 회담을 하는데 공자는 定公을 모시고 회담에 참여했었다. 齊에서 준비된 광대가 나와 웃기려 하자 공자가 광대 施(시)를 죽여 버렸다.

[國譯]

이에 甘延壽와 陳湯이 上疏하였다.

"臣이 알기론, 천하의 大義는 당연히 하나가 되어야 하니 옛날에 堯와 舜임금이 있었고 지금은 강력한 漢이 있습니다. 흉노의 호한야 선우는 이미 북쪽의 藩臣이 되었지만 郅支(질지)선우만은 반역하며 그 죄를 인정하지 않고 大夏國의 서쪽에 있어 강한 漢이라도 신하로 거둘 수가 없었습니다. 질지선우는 그 백성들에게 참혹 악독한 짓으로 大惡이 하늘에 닿았었습니다. 臣 감연수와 臣 진탕은 의병을 거느리고 하늘을 대신하여 주살하였으니, 이는 폐하의 神靈에 음양의 상응과 청명한 天氣에 힘입어 적진을 부수고 적을 이겨서 질지선우와 그 名王 이하의 목을 베었습니다. 마땅히 이들의 목을 장안 槁街(고가)의 蠻夷들이 사는 거리에 내걸어서 만 리의 땅에 강대한 漢을 범하는 자는 아무리 멀어도 주살한다는 것을 보여야 했었습니다."

이 사실이 담당자에게 회부되었다. 승상 匡衡(광형)과 어사대부 繁延壽(포연수)는 "질지 및 그 명왕의 수급을 각국에 돌려 모든 蠻夷들에게 알렸어야 했습니다. 《禮記》의 〈月令〉에도 '春은 시신을 묻어야 한다.'는 때이니, 매달지 않았어야 합니다."라고 말했다.

거기장군 許嘉(허가)와 우장군 王商은 "《春秋》의 夾谷(협곡)의 회담에서 광대가 군주를 웃기려 하자 孔子가 죽여 버려 머리와 다리가 각각 다른 문으로 나갔으며 지금 한 여름이니 그 수족이 각 다른 문으로 나갔어야 합니다. 응당 10일간 매달았다가 묻었어야 합니다."라고 말했다. 조서를 내려 장군의 의논이 맞는다고 하였다.

原文

初, 中書令石顯嘗欲以姊妻延壽, 延壽不取. 及丞相,御史亦惡其矯制, 皆不與湯. 湯素貪, 所鹵獲財物入塞多不法. 司隷校尉移書道上, 繫吏士按驗之. 湯上疏言, "臣與吏士共誅郅支單于, 幸得禽滅, 萬里振旅, 宜有使者迎勞道路. 今司隷反逆收繫按驗, 是爲郅支報仇也!"

上立出吏士, 令縣道具酒食以過軍. 旣至, 論功, 石顯,匡衡以爲, "延壽,湯擅興師矯制, 幸得不誅, 如復加爵土, 則後奉使者爭欲乘危憿幸, 生事於蠻夷, 爲國招難, 漸不可開."

元帝內嘉延壽,湯功, 而重違衡,顯之議, 議久不決.

| 註釋 | ○中書令石顯(석현) - 환관. 93권, 〈佞幸傳〉에 입전. ○皆不與湯

- 진탕에게 비호의적이다. 與는 편들 여. 許와 通. ㅇ按驗(안험) - 조사하
다. ㅇ禽滅 - 擒滅. 禽(擒)은 사로잡다. ㅇ振旅 - 대오를 정리하여 회군하
다. 개선하다. ㅇ縣道 - 縣이나 道. 道는 이민족의 집단 거주 지역. 縣有蠻夷
曰道. ㅇ憿幸(요행) - 僥倖(요행). 요행수.

〖 國譯 〗

　전에, 중서령 石顯(석현)은 그의 누나를 감연수에게 아내로 주려
했으나 감연수가 거절했었다. 승상과 어사대부는 그들이 조서를 위
조해 군사를 동원한 것을 증오하여 진탕에게 비우호적이었다. 진탕
이 평소 욕심이 있어 노획한 재물을 많이 들여온 것은 불법이었다.
司隸校尉는 도중에 문서를 보내 군리들을 묶어놓고 조사케 하였다.
이에 진탕이 상서하여 말했다.

　"臣과 군리들이 함께 질지선우를 잡아 죽이고 다행히 만 리 밖에
서 군사를 회군하는데 의당 사자를 보내 길에서 위로를 해줘야 합니
다. 지금 사예교위는 그 반대로 묶어 놓고 조사를 하고 있으니, 이는
질지선우의 원수를 대신 갚아주는 것입니다!"

　元帝는 즉시 관리를 보내 縣이나 道에서 술과 음식으로 군사를
영접하게 하였다. 장안에 도착하여 論功을 하는데 석현과 匡衡(광
형)은 "감연수와 진탕은 멋대로 군사를 일으키고 조서를 위조하였
으니 죽지만 않아도 다행일 것이니, 만약 작위와 토지를 내린다면
이후로 사명을 받은 관리들이 경쟁적으로 위험을 감수하며 요행수
를 바라게 되어 만이의 땅에서 일을 만들어 나라에 위험을 초래할
것이니 그런 단초를 열어서는 안 됩니다."라고 말했다.

　그러나 元帝는 마음으로 감연수와 진탕의 공적을 가상히 여겼지

만 광형과 석현의 뜻을 무시할 수 없어 논의는 오랫동안 결정되지
못했다.

故宗正劉向上疏曰,

「郅支單于囚殺使者吏士以百數, 事暴揚外國, 傷威毀重,
群臣皆閔焉. 陛下赫然欲誅之, 意未嘗有忘. 西域都護延壽,
副校尉湯承聖指, 倚神靈, 總百蠻之君, 攬云之兵, 出百死,
入絶域, 逾蹈康居, 屠五重城, 搴歙侯之旗, 斬郅支之首, 縣
旌萬里之外, 揚威昆山之西, 掃谷吉之恥, 立昭明之功, 萬夷
懾伏, 莫不懼震. 呼韓邪單于見郅支已誅, 且喜且懼, 鄉風
馳義, 稽首來賓, 願守北藩, 累世稱臣. 立千載之功, 建萬世
之安, 群臣大勳莫大焉. 昔周大夫方叔,吉甫爲宣王誅獫狁
而百蠻從, 其《詩》曰, '嘽嘽焞焞, 如霆如雷, 顯允方叔, 征伐
獫狁, 蠻荊來威.'《易》曰, '有嘉折首, 獲匪其醜.' 言美誅首
惡之人, 而諸不順者皆來從也. 今延壽,湯所誅震, 雖《易》之
折首,《詩》之雷霆不能及也. 論大功者不錄小過, 擧大美者
不疵細瑕.《司馬法》曰 '軍賞不逾月', 欲民速得爲善之利
也. 蓋急武功, 重用人也. 吉甫之歸, 周厚賜之, 其《詩》曰,
'吉甫燕喜, 旣多受祉, 來歸自鎬, 我行永久.' 千里之鎬猶
以爲遠, 況萬里之外, 其勤至矣! 延壽,湯旣未獲受祉之報,

反屈捐命之功, 久挫於刀筆之前, 非所以勸有功厲戎士也. 昔齊桓公前有尊周之功, 後有滅項之罪, 君子以功覆過而爲之諱行事. 貳師將軍李廣利捐五萬之師, 靡億萬之費, 經四年之勞, 而僅獲駿馬三十匹, 雖斬宛王毋鼓之首, 猶不足以復費, 其私罪惡甚多. 孝武以爲萬里征伐, 不錄其過, 遂封拜兩侯,三卿,二千石百有餘人. 今康居國强於大宛, 郅支之號重於宛王, 殺使者罪甚於留馬, 而延壽,湯不煩漢士, 不費斗糧, 比於貳師, 功德百之. 且常惠隨欲擊之烏孫, 鄭吉迎自來之日逐, 猶皆裂土受爵. 故言威武勤勞則大於方叔,吉甫, 列功覆過則優於齊桓,貳師, 近事之功則高於安遠,長羅, 而大功未著, 小惡數布, 臣竊痛之! 宜以時解縣通籍, 除過勿治, 尊寵爵位, 以勸有功.」

|註釋| ○故宗正劉向－宗正은 九卿의 한 사람. 황족 관련 업무 담당. 秩中二千石. 劉向은 楚 元王의 후손으로 당당한 황족. 元帝 즉위 초에 宗正이 었다가 사임. 학자로 유명, 劉歆의 父. 36권, 〈楚元王傳〉에 附傳. ○出百死入絶域－그 行軍의 어려움을 표현한 말. ○屠五重城－'屠三重城'이어야 한다. 질지선우의 성은 木柵－土城－內城의 三重 구조로 축조되었다. ○搴歙侯之旗－歙侯(흡후)의 깃발을 뽑아버리다. 搴 뽑을 건. 빼내다. 歙侯는 漢代 烏孫國 重臣의 관직명. ○慴伏(섭복)－慴 두려워할 섭. ○方叔, 吉甫 －인명. 周 宣王의 신하. ○玁狁(험윤)－犬戎(견융). 周代에 흉노족을 지칭. 周代에는 지금의 陝西省과 甘肅省 일대에 살았다. 玁은 오랑캐 이름 험. 주둥이가 긴 개 렵. 狁 오랑캐 이름 윤. ○《詩》曰－《詩經 小雅 采芑(채기)》. ○嘽嘽焞焞(탄탄돈돈)－수많은 수레가 나아가며. 嘽嘽은 말이 헐떡거리는

소리. *煒煒*은 성한 모양. ㅇ蠻荊(만형) - 남쪽 荊과 楚 땅의 오랑캐. ㅇ《易》
曰 -《易經 離卦》의 上九 爻辭. ㅇ有嘉折首 - 왕자가 출정하여 이겨서 참수
하니. 嘉는 善也. 折首는 참수하다. ㅇ獲匪其醜 - 그 나쁜 자를 사로잡다. 匪
는 非. 醜는 類. ㅇ不疵細瑕(부자세하) - 疵 흠 자. 흠결. 瑕 티 하. ㅇ《詩》曰
-《詩經 小雅 六月》. ㅇ吉甫燕喜 - 길보가 잔치에서 기뻐하나니. 吉甫는 周
宣王의 賢臣 尹吉甫(여기서 尹은 관직임). ㅇ來歸自鎬 - 鎬에서 돌아오다. 周
의 북쪽 古 地名. 鎬京이 아님. ㅇ刀筆 - 刀筆吏. 붓과 잘못 쓴 글씨를 깎아
내는 칼을 가진 관리. 최하급 관리. ㅇ厲 - 激勵하다. ㅇ滅項 - 齊 환공은
魯 僖公 17년에 項國을 멸망시켰다. 周 왕실의 후국을 멋대로 없앤 것은 분
명 과오였다. 行事는 지나간 일. ㅇ捐五萬之師 - 捐은 버릴 연. ㅇ靡億萬之
費 - 靡(쓰러질 미)는 허비하다. 散也. ㅇ毋鼓(무고) -〈西域傳〉의 대원국에
관한 기사에는 '毋寡(무과)'로 기록되었다. ㅇ復 - 보상하다. ㅇ甚於留馬
- 대원왕은 漢에 좋은 말을 넘겨주지 않으려고 준마를 감추었다. ㅇ解縣通
籍 - 解縣은 감연수와 진탕이 질지선우를 참수했는데 그 수급을 성문에 매
달지(縣) 않은 죄를 해제하라는 뜻. 通籍은 궁궐 출입 대상자의 성명, 나이,
생김새를 적은 2尺 정도의 竹片을 궁문에 걸어두었다가 해당하는 사람이 오
면 확인한 뒤 입궁시키는 검문 방법.

[國譯]

　전에 宗正이었던 劉向이 上疏하여 말했다.

　「질지선우가 漢의 사자와 관리들을 가두고 죽인 것이 수백 명이
고, 이는 외국에도 알려져 한의 권위가 심히 훼손된 것을 모든 신하
들이 걱정하였습니다. 폐하께서도 크게 분노하시며 주살하고자 해
도 뜻을 실천하지 못했습니다. 서역도호인 甘延壽와 副校尉 陳湯은
聖指를 받고 신령의 도움으로 수많은 蠻夷(만이)의 군주를 아우르고

성곽을 가진 나라의 군사를 총람하여 온갖 어려움과 위험을 이겨내고 겪으면서 康居國을 짓밟고 5중의 성곽을 도륙하면서 歙侯(흡후)의 깃발을 뽑아버렸으며, 질지선우의 목을 베어 만 리 밖 먼 곳까지 천자의 旌旗(정기)를 휘날리며 곤륜산의 서쪽까지 무위를 선양하고 谷吉이 당한 치욕을 씻어 큰 공을 세워 모든 만이들이 겁을 먹고 굴복하며 두려워 떨지 않은 자가 없었습니다. 호한야선우는 질지선우가 주살된 것을 알고 한편으로 기쁘고도 또 두려워하면서 대의를 흠모하여 고개를 숙이고 굴복하면서 북쪽의 번신이 되어 대대로 신하노릇을 하겠다고 하였습니다. 이 두 사람은 천년에 빛날 공을 세웠고 萬世의 안전을 확립하였으니 群臣의 大勳일지라도 이보다 더 큰 것은 없었습니다. 예전에 周의 대부 方叔과 吉甫가 宣王을 위하여 獫狁(험윤)을 정복하자, 모든 만이들이 굴종하였기에 《詩經》에서는 '수많은 수레 지나는 소리 마치 천둥소리와 같네. 훌륭한 方叔이 獫狁(험윤)을 정벌하니 荊楚(형초)의 만이도 위엄에 복종하네.' 라고 하였습니다. 《易經》에서도 '善者가 출정하여 참수하며 그 나쁜 자를 노획하다.' 라고 하여 首惡之人을 주살하자 순종하지 않는 사람들이 모두 복종한 것을 칭송하였습니다. 이번에 감연수와 진탕이 악인을 주살한 것은 비록 《易經》의 '折首' (斬首)와 《詩經》의 '雷霆' 보다도 더 나은 것입니다. 大功을 논하는 자는 小過를 기록하지 않으며 大美한 자를 천거하면서 미세한 瑕疵(하자)를 보지 않는 것입니다. 《司馬兵法》에서도 '軍功에 대한 시상은 달을 넘기지 않는다.' 고 하였으니 백성들은 선행에 대한 빠른 보상을 바라고 있습니다. 武功에 대한 빠른 마무리는 사람을 중용하는 것입니다. 吉甫가 귀환하자 周에서는 후하게 상을 주었기에 《詩經》에서도 '吉甫가 잔치에서 즐거우니 상을 많이 받았다네. 鎬 땅에서 돌아오니 우리의 行役은 오래오래 남으리라.' 라고 하였습니다. 천리 밖 鎬(호) 땅도 멀다고 생각했는데 하물며 만 리 밖이라면 그 노력은 정말 지극한 것입니다!

甘延壽와 陳湯이 아직 보상을 못 받았다는 것은 반대로 목숨을 바쳐 이룩한 공적을 포기하고 오래도록 문서나 만드는 관리 앞에 꿇어앉히는 것으로 공을 세운 무사를 격려하는 길이 아닙니다. 예전에 齊의 桓公(환공)은 앞서 주 왕실을 떠받든 공이 있었지만 나중에는 項國을 멸망시키는 죄를 지었으나 후세의 군자들은 그의 공으로 과오를 덮어 지난 행적을 직접 말하지 않았습니다. 이사장군인 李廣利는 5만의 부대를 잃고 億萬의 비용을 허비했으며 4년의 고생 끝에 경우 준마 30필을 획득하였는데, 비록 이광리 장군이 大宛王(대원왕) 毋鼓(무고)를 참수했다 하더라도 그 비용을 보상하기에는 부족했으며 그가 사적으로 저지른 죄도 매우 많았습니다. 그러나 孝武帝께서는 만 리 정벌의 공을 생각했지 그의 과오를 생각하지 않았기에 2명을 제후로, 3명을 경이나 대부에, 백여 명을 2천석 관리에 봉했습니다. 이번에 康居國은 대원국보다 더 강했고 질지선우의 명성은 대원왕보다 더 높았으며, 질지선우가 우리 사자를 죽인 죄는 말을 감춘 것보다 더 무거운 죄였으며, 감연수와 진탕은 한의 군사를 동원하지도 않았으며 단 한말의 군량도 쓰지 않았으니 이사장군에 비한다면 그 공은 백배가 될 것입니다. 게다가 常惠는 욕망에 따라 烏孫을 공격했고, 鄭吉은 제 발로 걸어오는 일축왕을 영접했는데도 모두 식읍이 있는 작위를 받았습니다. 그런고로 두 사람의 武威와 고생은 周의 方叔이나 吉甫보다 위대하고 공적으로 과오를 덮는다면 齊 환공이나 이사장군보다도 낫고 근래의 공적으로는 安遠侯 鄭吉과 長羅

侯 常惠보다 높은데도 큰 공은 드러내지 않고 작은 과오만 자꾸 말하니 臣으로서는 애통할 뿐입니다. 응당 제때에 그 수급을 매달지 않은 것을 문제 삼지 말고 궁문의 장수에게 통보하시어 과오를 따지지 않고 작위를 높여 주어 유공자를 권장하기 바랍니다.」

原文

於是天子下詔曰,「匈奴郅支單于背畔禮義, 留殺漢使者吏士, 甚逆道理, 朕豈忘之哉! 所以優遊而不征者, 重動師衆, 勞將帥, 故隱忍而未有云也. 今延壽,湯睹便宜, 乘時利, 結云諸國, 擅興師矯制而征之. 賴天地宗廟之靈, 誅討郅支單于, 斬獲其首, 及閼氏,貴人,名王以下千數. 雖逾義干法, 內不煩一夫之役, 不開府庫之臧, 因敵之糧以贍軍用, 立功萬里之外, 威震百蠻, 名顯四海. 爲國除殘, 兵革之原息, 邊竟得以安. 然猶不免死亡之患, 罪當在於奉憲, 朕甚閔之! 其赦延壽,湯罪, 勿治.」

詔公卿議封焉. 議者皆以爲宜如軍法捕斬單于令. 匡衡, 石顯以爲"郅支本亡逃失國, 竊號絶域, 非眞單于." 元帝取安遠侯鄭吉故事, 封千戶, 衡,顯復爭. 乃封延壽爲義成侯. 賜湯爵關內侯, 食邑各三百戶, 加賜黃金百斤. 告上帝宗廟, 大赦天下. 拜延壽爲長水校尉,湯爲射聲校尉.

| 註釋 | ○背畔 － 背叛. ○優遊 － 猶豫. ○重動 － 움직이기 어렵다. 重은

難의 뜻. ○干法 – 犯法. ○以贍軍用 – 군용으로 공급하다. 贍 넉넉할 섬. 공급하다. ○邊竟 – 邊境. ○射聲校尉 – 무관 직명. 무제 때 설치한 8교위 중 하나.

[國譯]

　이에 천자가 조서를 내려 말했다.

　「匈奴의 질지선우는 예의를 배반하고 한의 사신을 억류하고 죽였으니 도리를 크게 거역하였으니 짐이 어찌 잊을 수 있겠는가? 미루면서 정벌하지 못한 까닭은 많은 군사를 움직이고 장수를 고생시키기가 어렵기에 참아왔던 것이다. 이번에 감연수와 진탕은 유리한 상황을 파악하고 좋은 시기를 택해 성곽을 쌓고 방어하는 나라를 묶어 자의대로 군사를 일으키고 짐의 명령을 핑계 대며 흉노를 정벌하였다. 천지와 종묘의 영험으로 질지선우를 토벌하고 그 수급을 베었으며 閼氏(연지)와 귀인, 그리고 名王 이하 천여 명을 죽였다. 비록 정도를 벗어나 범법을 했다지만, 안으로는 한 사람에 힘도 들이지 않았고 나라 창고의 재물을 하나도 쓰지 않고 적의 군량을 우리 군용으로 공급하면서 만 리 밖에서 공을 세워 여러 만이들에게 위엄을 보이고 사해에 이름을 날렸노라. 나라를 위해 잔악한 적을 제거하였으며 군사를 동원할 근원을 막았으며 변경을 안정시켰다. 그런데도 오히려 죽음에 대한 걱정을 면하지 못하는 것은 그 죄가 법을 준수하지 않은데 있다니 짐은 이것이 심히 안타까울 뿐이다! 이에 감연수와 진탕의 죄를 사면하니 처벌하지 말지어다.」

　원제는 公卿에게 책봉을 의논하라 명했다. 의논은 군법의 선우를 잡아 참수한 명을 실천한 것으로 적용키로 하였다. 그러나 승상 匡

衡(광형)과 중서령 석현은 "질지는 본래 나라를 잃고 도망쳐 먼 이역에 가서 선우를 참칭한 것이지 실제 선우는 아니다."라고 말했다. 元帝는 安遠侯 鄭吉의 전례를 따라 千戶의 식읍을 봉하려 했으나 광형과 석현은 다시 간쟁을 하였다. 이에 감연수를 義成侯에 봉하였다. 진탕에게는 관내후의 작위를 내렸다. 식읍은 각각 3백 호로 했고 황금 백 근을 더 하사하였다.

　上帝와 종묘에 고하였으며 천하에 대사령을 내렸다. 감연수에게 長水校尉를 제수하였고 진탕은 射聲校尉가 되었다.

　延壽遷城門校尉,護軍都尉, 薨於官. 成帝初卽位, 丞相衡復奏, "湯以吏二千石奉使, 顓命蠻夷中, 不正身以先下, 而盜所收康居財物, 戒官屬曰絶域事不復校. 雖在赦前, 不宜處位." 湯坐免.

| 註釋 | ○顓 – 마음대로 할 전. 專과 同. ○絶域事不復校 – 이역에서의 일은 관대히 처분하며 대조하지 않는다. ○雖在赦前 – 元帝 竟寧 元年(前33)에 사면을 받았다. 연호 竟寧은 '邊境의 安寧'을 의미.

〚國譯〛

　감연수는 城門校尉, 護軍都尉를 역임하고 재임 중에 죽었다. 成帝가 즉위하자 승상 광형이 다시 상주하였다. "陳湯은 2천석 관리로 사신의 명을 받고서 제멋대로 蠻夷에게 명을 내렸고 바른 행실로 모범을 보이지도 않았으며, 康居國에서 노획한 재물을 빼내면서 아래 군관에게 먼 이역에서의 일은 관대히 처분하며 조사하지 않는다고 하였습니다. 비록 이전에 사면은 받았지만 관직에 근무할 수는 없습니다." 이에 진탕은 면직되었다.

原文

　後湯上書言康居王侍子非王子也. 按驗, 實王子也. 湯下獄當死. 太中大夫谷永上疏訟湯曰,

　「臣聞楚有子玉得臣, 文公爲之仄席而坐, 趙有廉頗, 馬服, 强秦不敢窺兵井陘. 近漢有郅都, 魏尚, 匈奴不敢南鄕沙幕. 由是言之, 戰克之將, 國之爪牙, 不可不重也. 蓋'君子聞鼓鼙之聲, 則思將率之臣'. 竊見關內侯陳湯, 前使副西域都護, 忿郅支之無道, 閔王誅之不加, 策慮倜儻, 義勇奮發, 卒興師奔逝, 橫厲烏孫, 逾集都賴, 屠三重城, 斬郅支首. 報十年之逋誅, 雪邊吏之宿恥, 威震百蠻, 武暢西海, 漢元以來, 征伐方外之將, 未嘗有也. 今湯坐言事非是, 幽囚久繫, 歷時不決, 執憲之吏欲致之大辟. 昔白起爲秦將, 南拔郢都, 北坑趙括, 以纖介之過, 賜死杜郵, 秦民憐之, 莫不隕涕. 今湯親秉鉞, 席捲喋血萬里之外, 薦功祖廟, 告類上帝, 介冑之士靡不慕義. 以言事爲罪, 無赫赫之惡.《周書》曰, '記人之功, 忘人之過, 宜爲君者也.' 夫犬馬有勞於人, 尙加帷蓋之

報, 況國之功臣者哉! 竊恐陛下忽於鼙鼓之聲, 不察《周書》
之意, 而忘帷蓋之施, 庸臣遇湯, 卒從吏議, 使百姓介然有秦
民之恨, 非所以厲死難之臣也.」

書奏, 天子出湯, 奪爵爲士伍.

| 註釋 | ○太中大夫 谷永 － 太中大夫는 조정에서 정사에 관한 의논을 관
장. 郎中令(光祿勳)의 속관. 谷永은 谷吉의 아들. 85권, 〈谷永杜鄴傳〉에 입
전. 訟은 다른 사람의 억울함을 대신 변호해주다. ○子玉得臣 － 子玉은 춘
추시대 楚 成得臣의 字. 得臣은 이름. ○文公 － 晋 文公(재위 前 637 － 628).
春秋五霸의 한 사람. ○仄席而坐 － 仄席(측석)은 側席. 坐不安席한 모양.
○趙有廉頗, 馬服 － 전국시대 말기 趙의 장군. 廉頗(염파)는 藺相如(인상여)와
刎頸之交(문경지교)를 맺은 사람. 《史記 廉頗藺相如列傳》 참고. 馬服은 趙의
명장. ○井陘(정형) － 今 河北省 石家莊市 井陘縣(정형현)의 서북쪽에 있는
산. 당시 趙 영역의 서쪽. 太行山을 넘어 華北평원으로 가려면 꼭 거쳐야 할
요새지. 당시 井陘關이 있었다. ○郅都, 魏尚 － 郅都(질도)는 漢의 장수. 90
권, 〈酷吏傳〉에 입전. 魏尚(위상)은 雲中郡의 太守로 흉노 격퇴에 큰 공을 세
웠으나 포로 숫자가 6명이 틀린다 하여 작위를 삭감당하고 노역의 징벌을
받았다. 20권, 〈張馮汲鄭傳〉 중 馮當(풍당)의 기록 참고. ○爪牙 － 손톱과
어금니. 武將. 무사. ○君子聞鼓鼙~ －《禮記 樂禮》에 나오는 말. 鼙 작은
북 비. ○愊億(핍억) － 가슴에 분노가 쌓이다. 愊 다가올 핍. 億 헤아릴 억.
가득 차다. ○逋誅 － 처형을 피해 도망가다. 逋 달아날 포. ○漢元 － 漢初.
○方外 － 封畿之外. 邊境. ○大辟(대벽) － 사형. 大刑. 辟은 다스릴 벽, 죄
줄 벽. ○白起(? － 前 257) － 公孫起. 百萬敵軍을 죽였다 하여 '人屠'로도 불
리는 秦의 장군. ○趙括(조괄) － 趙의 장군. 趙奢의 아들. 조괄은 用兵에 뛰
어났지만 공리공담을 좋아하였다. ○纖介之過(섬개지과) － 미세한 잘못. 纖

가늘 섬. 介 작을 개, 쓰레기 개. ○杜郵(두우) - 지명. 今 陝西省 咸陽市 동쪽. ○秉鉞(병월) - 도끼를 잡다. 무기를 들다. ○告類上帝 - 類는 하늘에 대한 제사. 특별한 업적이나 일을 성취했을 때 올리는 제사. ○《周書》- 逸書. ○介然 - 걱정이 되는 모양. 잠시. ○士伍 - 병사. 낮은 지위.

[國譯]

뒷날 진탕은 상서하여 康居王의 侍子는 王子가 아니라고 말하였다. 그러나 조사해 보니 실제로 왕자였다. 진탕은 하옥되어 죽게 되었다. 太中大夫인 谷永이 글을 올려 진탕의 억울함을 말하였다.

「臣이 알기로, 楚에 子玉得臣이 있었기에 晉(진) 文公은 좌불안석했고, 趙에 廉頗(염파)와 馬服(마복)이 있었기에 강한 秦에서도 그 군사가 井陘關(정형관)을 엿보지 못했습니다. 근래에 漢에 郅都(질도)와 魏尙(위상) 같은 사람이 있었기에 흉노가 감히 사막 남쪽을 바라보지 못했습니다. 이로써 말한다면, 전쟁에서 승리한 장군은 나라의 호위 무사이니 높이 대우하지 않을 수 없습니다. 그래서 '군자는 군대의 북소리를 들으면 군사를 통솔하는 장수를 생각한다.'고 했습니다.

臣이 생각할 때, 관내후 진탕은 전에 副西域都護의 직책으로 질지선우의 무도한 짓에 분노하며 王法으로 주살하지 못하는 것을 걱정하여 방책을 생각하다가 가슴에 분이 쌓여 마침내 군사를 일으키고 빨리 달려 烏孫 땅을 가로지르고 멀리 都賴水(도뢰수)에 운집하였다가 질지선우의 세 겹 성곽을 도륙하고 질지선우의 목을 베었습니다. 그리하여 10년간 잡아 죽이려던 원수를 갚아 변방 관리의 묵은 치욕을 씻었으며 모든 만이들에게 위세를 떨쳤고 서역에 무위를 날렸으니, 이는 漢이 건국된 이래로 변경 밖을 정벌한 장수로는 일찍이 없었던 일이었습니다.

　지금 진탕은 말을 잘못한 시비에 걸려 오랫동안 갇혀 있지만 시간이 지나도 결말이 나지 않고 있는데 법을 집행하는 관리들은 사형에 처하려고 합니다. 예전에 秦將 白起는 남쪽으로 楚의 도성 郢都(영도)를 점령하고, 북으로는 趙括(조괄)의 군사를 무찔렀지만 아주작은 과오 때문에 杜郵(두우)에서 사형을 받았는데 秦의 백성이 가여워하며 눈물을 흘리지 않는 사람이 없었습니다. 지금 진탕은 직접병기를 들고 만 리 변방을 석권하고 피를 흘렸으며 그 공을 고조의묘당에 고하고 上帝에게도 제사하였으니 무사들은 그 의를 사모하지 않는 사람이 없습니다. 진탕은 말을 잘못한 죄일 뿐 뚜렷한 잘못은 없습니다. 《周書》에도 '사람의 공적을 기억하고 남의 과오를 잊어야만 人君이 될 수 있다'고 하였습니다. 犬馬도 사람에게 수고를하면 덮어주고 감싸주는 보답을 하는데 하물며 나라에 공신을 버려둘 수 있습니까! 저는 폐하께서 갑자기 군사의 북소리를 듣게 되었을 때 《周書》의 뜻을 모르시고 감싸며 덮어주는 시혜를 못하실까 걱정하면서, 보통 신하를 대하듯 진탕을 생각하여 끝내 형리들의 의논을 따른다면 백성으로 하여금 秦의 백성과 같은 한을 품게 할 것이고, 이는 죽음을 감수하며 싸우는 무신들을 격려하는 방법이 아니라고 생각합니다.」

　글이 상주되자 成帝는 진탕을 석방하였는데 작위를 박탈하여 일반 백성이 되게 하였다.

後數歲, 西域都護段會宗爲烏孫兵所圍, 驛騎上書, 願發
云敦煌兵以自救. 丞相王商,大將軍王鳳及百僚議數日不
決. 鳳言, "湯多籌策, 習外國事, 可問." 上召湯見宣室. 湯
擊郅支時中塞病, 兩臂不詘申. 湯入見, 有詔毋拜, 示以會
宗奏. 湯辭謝, 曰, "將相九卿皆賢材通明, 小臣罷癃, 不足
以策大事." 上曰, "國家有急, 君其毋讓." 對曰, "臣以爲此
必無可憂也." 上曰, "何以言之?" 湯曰, "夫胡兵五而當漢
兵一, 何者? 兵刃樸鈍, 弓弩不利. 今聞頗得漢巧, 然猶三而
當一. 又兵法曰 '客倍而主人半然後敵'. 今圍會宗者人衆
不足以勝會宗, 唯陛下勿憂! 且兵輕行五十里, 重行三十里,
今會宗欲發云敦煌, 歷時乃至, 所謂報仇之兵, 非救急之用
也!" 上曰, "奈何? 其解可必乎? 度何時解?" 湯知烏孫瓦
合, 不能久攻, 故事不過數日. 因對曰, "已解矣!" 詘指計其
日, 曰, "不出五日, 當有吉語聞." 居四日, 軍書到, 言已解.
大將軍鳳奏以爲從事中郎, 莫府事一決於湯. 湯明法令, 善
因事爲勢, 納說多從. 常受人金錢作章奏, 卒以此敗.

| 註釋 | ○段會宗(단회종, 前 84 - 10) - 원제 竟寧 원년(전 33)과 成帝 陽
朔 연간(전 24 - 21)에 서역도호를 역임. 본권 및 96권, 〈西域傳〉 참고. ○丞
相 王商(? - 前 25) - 王莽의 숙부. 승상 재임은 전 30 - 25년. 단회종의 서역
도호 재임기간과 맞지 않는다. 승상 張禹의 착오일 것이라는 註가 있다. ○宣
室(선실) - 未央宮의 前殿. ○罷癃(피륭) - 곱사등이. 반신불수. 癃 곱사등이

륭, 느른할 륭.   ○瓦合 - 한데 모아놓은 기와 조각(破瓦). 친하게 결합하지
못하는 烏合之衆.   ○故事 - 지난 일. 경험으로 추측하다.   ○莫府 - 幕府.

〔國譯〕

　그 몇 년 뒤, 西域都護인 段會宗(단회종)이 烏孫의 군사에게 포위
당하자, 驛騎를 통해 상서하여 서역 성곽국의 군사와 敦煌(돈황)의
군사를 동원하여 구원하겠다고 말했다. 승상 王商과 대장군 王鳳 및
여러 신하들이 여러 날 의논하였으나 결말이 나지 않았다.

　대장군 왕봉이 말했다. "陳湯에게 좋은 방책이 많고 또 외국 일에
익숙하니 물어보면 될 것입니다." 성제가 진탕을 宣室(선실)로 불러
만났다. 진탕은 질지선우를 공격할 때 중풍에 걸려 양 팔을 굽힐 수
없었다. 진탕이 들어와 알현하자 成帝는 절을 하지 말라고 하면서
단회종이 상주한 글을 보여주었다. 진탕이 사례하며 말했다. "將相
과 九卿이 모두 賢材이며 사리에 밝으나 소신은 반신불수라 국사를
논하기에 부족합니다." 성제가 말했다. "나랏일이 다급하니 사양하
지 마시오." "소신은 걱정할 일이 아니라고 생각합니다." 성제가 물
었다 "그 이유는 무엇인가?" 진탕이 대답하였다.

　"오손의 군사 5명 정도가 漢의 군사 1명을 막을 수 있는데 그 이
유는 무기가 투박하고 활이 우리보다 못하기 때문입니다. 요즈음 그
들이 우리에 대해 많이 나아졌다고 하지만 여전히 3 대 1정도입니
다. 그리고 병법에서도 '客(공격 측)이 2배이면 主人(수비 측)은 그
반이면 상대할 수 있다.' 고 하였습니다. 지금 단회종을 포위한 군사
가 단회종을 이기기에 부족하니 폐하께서는 걱정하지 마십시오! 또
부대는 경무장으로는 1일 50리, 중무장으로는 1일 30리를 간다고

하는데 지금 단회종이 성곽의 병력과 돈황의 병력을 동원한다 하여
도 날짜가 걸려 도착한다면 보복하기 위한 군사이지 위급을 구원할
군사는 아닐 것입니다."

그러자 성제가 다시 물었다. "왜 그러한가? 정말 포위가 풀릴 것
인가? 얼마나 걸리면 풀리겠는가?" 진탕은 오손의 군사가 오합지졸
이라서 오래 공격할 수 없기에 경험에 의해 불과 수일이면 끝날 것
이라 생각했다. 그래서 대답했다. "이미 풀렸을 것입니다!" 그리고
손가락을 꼽아 날짜를 계산해 보고서 대답하였다. "5일 이내에 기
쁜 소식이 꼭 올 것입니다." 4일이 지나자 軍書가 도착했고 이미 풀
렸다는 보고였다.

대장군 왕봉이 상주하여 진탕을 從事中郎에 임명하였고 幕府의
일을 모두 진탕이 결정하였다. 진탕은 법령에 밝았고, 상황에 따라
잘 대처하였고, 업무에 능숙하여 건의하는 일이 많이 채택되었다.
늘 다른 사람의 돈을 받고 상주하는 글을 작성해 주었는데 결국은
이 때문에 죽었다.

原文

初, 湯與將作大匠解萬年相善. 自元帝時, 渭陵不復徙民
起邑. 成帝起初陵, 數年後, 樂霸陵曲亭南, 更營之. 萬年與
湯議, 以爲, "武帝時工楊光以所作數可意, 自致將作大匠,
及大司農中丞耿壽昌造杜陵賜爵關內侯, 將作大匠乘馬延
年以勞苦秩中二千石, 今作初陵而營起邑居, 成大功, 萬年

亦當蒙重賞. 子公妻家在長安, 兒子生長長安, 不樂東方, 宜求徙, 可得賜田宅, 俱善." 湯心利之, 卽上封事言, "初陵, 京師之地, 最爲肥美, 可立一縣. 天下民不徙諸陵三十餘歲矣, 關東富人益衆, 多規良田, 役使貧民, 可徙初陵, 以强京師, 衰弱諸侯, 又使中家以下得均貧富, 湯願與妻子家屬徙初陵, 爲天下先." 於是天子從其計, 果起昌陵邑, 後徙內郡國民. 萬年自詭三年可成, 後卒不就, 群臣多言其不便者. 下有司議, 皆曰, "昌陵因卑爲高, 積土爲山, 度便房猶在平地上, 客土之中不保幽冥之靈, 淺外不固, 卒徒工庸以鉅萬數, 至薰脂火夜作, 取土東山, 且與穀同賈. 作治數年, 天下遍被其勞, 國家罷敝, 府藏空虛, 下至衆庶, 熬熬苦之. 故陵因天性, 據眞土, 處勢高敞, 旁近祖考, 前又已有十年功緖, 宜還復故陵, 勿徙民." 上乃下詔罷昌陵, 語在〈成紀〉. 丞相,御史請廢昌陵邑中室, 奏未下, 人以問湯, "第宅不徹, 得毋復發徙?" 湯曰, "縣官且順聽群臣言, 猶且復發徙之也."

ㅣ註釋ㅣ ㅇ將作大匠 – 궁궐, 종묘, 능침, 장안성의 목공 일을 담당하는 관리. 특별한 경우 황하의 치수에도 관여하였다. 秩 二千石. ㅇ渭陵 – 元帝의 능. 장안서 북쪽. ㅇ霸陵曲亭 – 霸陵(패릉)은 文帝의 능. 曲亭은 패릉현의 지명. ㅇ可意 – 천자의 뜻에 영합하다. ㅇ大司農中丞 – 大司農의 속관. 秩 1千石. ㅇ杜陵 – 宣帝의 능. ㅇ乘馬延年 – 인명. 乘馬는 複姓. ㅇ子公 – 陳湯의 字. ㅇ昌陵 – 成帝가 새로 짓기 시작한 능. 위치는 今 陝西省 西安市 臨潼區 동쪽. 성제 鴻嘉 원년(前 20)에 시작하여 永始 원년(前 16)에 중지하였

다. 成帝는 죽은 뒤에 延陵에 묻혔는데 연릉은 今 陝西省 咸陽市 周陵鄕 嚴
家溝村에 있고 陵園은 동서 382m에 남북 400m이고, 정상부의 높이는 31m
이다. ○後卒不就 - 卒은 終也. 就는 成也. ○便房(편방) - 梗木(편목)으로
만든 槨(곽, 덧널). 시신이 들어간 관을 덮는다. 梗 나무 이름 편. 녹나무.
○㸐 - 태울 연. 然의 古字. 燃과 同. ○嗸嗸 - 嗷嗷(오오). 여러 사람이 걱
정하며 이야기하는 모양. ○縣官 - 天子.

〔 國譯 〕

전에 진탕은 將作大匠인 解萬年(해만년)과 서로 친했다. 元帝 때,
渭陵에 더 이상 백성을 이사 시켜 성읍을 만들지 않았다. 成帝는 처
음 왕릉을 기공한 몇 년 뒤에 霸陵(패릉) 曲亭의 남쪽 땅이 좋다며 다
시 짓기(昌陵 공사) 시작하였다. 이때 해만년이 진탕과 의논하면서
말했다.

"武帝 때 工匠인 楊光은 여러 번 황제의 마음에 들어 將作大匠까
지 올라갔고, 또 大司農中丞인 耿壽昌(경수창)은 杜陵 공사를 마치고
관내후의 작위를 받았으며, 將作大匠인 乘馬延年(승마연년)은 고생
한 뒤에 질록이 中二千石에 이르렀는데 지금 능을 새로 공사하면서
新邑을 지을 것인데 일을 잘 마칠 수 있다면 이 해만년도 중상을 받
을 것입니다. 당신도 처가가 장안에 있고 자식도 장안에서 낳고 자
랐기에 동쪽으로 이사하는 것을 좋아하지 않겠지만 이사를 간다면
전택을 하사받을 수 있어 피차 유리할 것입니다."

진탕은 마음속으로 이득이 될 것이라 생각하고 즉시 글을 올려
말했다.

"새로 짓는 陵도 京師의 땅으로 매우 비옥하여 현을 하나 둘 수

있습니다. 천하의 백성을 여러 능 주변으로 이사 시키지 않은 지가 30여 년이 되었습니다. 關東의 부자들은 점점 많아지고 대규모 좋은 토지를 차지하고 빈민을 부리는데 이들을 새로 짓는 능으로 이사 시킨다면 제후의 세력을 약화시킬 수 있으며 중간층 이하 백성의 재산을 균등히 맞출 수 있을 것이기에 신은 처자와 가속들을 거느리고 新陵으로 이사하여 천하에 솔선하고자 합니다."

이에 천자도 그 계획을 옳다 하여 昌陵邑을 짓기 시작하면서 관내 군국의 백성을 이사 시켰다. 해만년은 3년이면 완공할 수 있다고 말했는데 뒤에 끝내 완공하지 못했고 여러 신하들은 그 공사의 불리한 점을 많이 말했다. 이를 담당자들이 의논하게 했는데 여러 사람들이 말했다.

"昌陵은 낮아서 높이려면 흙을 쌓아 산을 만들어야 하며 측량해 보면 便房(편방)이 그래도 평지에 있게 됩니다. 그렇게 운반해 온 흙(客土) 안에서는 돌아가신 혼령이 편안하지 못할 것이며, 외곽이 얕아 튼튼하지 못할 것이며, 병졸이나 죄수 고용인들 수만 명이 동원되어야 하고 심지어 횃불을 켜고 밤에도 작업을 해야 하며 동산에서 운반하는 흙의 비용이 곡식 값과 같을 것입니다. 공사를 시작한 지 수년에 천하가 벌써 피폐해지고 나라 창고가 비었으며 일반 서민에 이르기까지 죽겠다고 괴로워하고 있습니다. 본래 능이란 자연 그대로의 땅에 참당(眞土)을 바탕으로 형세가 높이 솟아야 하고 인근에 조상의 능묘가 있어야 하니 전에 이미 10여 년 공사한 것이 있으니 옛 능으로 돌아가는 것이 옳고 또 백성을 이사 시키지 말아야 합니다."

성제는 이에 조서를 내려 昌陵 공사를 중지시켰다. 이는 〈成帝紀〉에 있다. 丞相과 御史가 昌陵邑에 새로 가옥을 짓는 일을 중지시키라고 주청하였는데 주청이 결재되기 전에 어떤 사람이 진탕에게 물었다. "저택들을 헐어버리지 않는데도 이사 들어갈 수 없습니까?" 그러자 진탕이 말했다. "폐하께서는 일단 여러 신하들의 말을 따른 것이지만 그래도 나중에는 다시 이사 시킬 것이요."

原文

時, 成都侯商新爲大司馬衛將軍輔政, 素不善湯. 商聞此語, 白湯惑衆, 下獄治, 按驗諸所犯. 湯前爲騎都尉王莽上書言, "父早死, 獨不封, 母明君共養皇太后, 尤勞苦, 宜封." 竟(莽)爲新都侯. 後皇太后同母弟苟參爲水衡都尉, 死, 子伋爲侍中. 參妻欲爲伋求封, 湯受其金五十斤, 許爲求比上奏. 弘農太守張匡坐臧百萬以上, 狡猾不道, 有詔卽訊, 恐下獄, 使人報湯. 湯爲訟罪, 得逾冬月, 許謝錢二百萬, 皆此類也. 事在赦前. 後東萊郡黑龍冬出, 人以問湯, 湯曰, "是所謂玄門開. 微行數出, 出入不時, 故龍以非時出也." 又言當復發徙, 傳相語者十餘人. 丞相御史奏, "湯惑衆不道, 妄稱詐歸異於上, 非所宜言, 大不敬." 廷尉增壽議, 以爲, "不道無正法, 以所犯劇易爲罪, 臣下承用失其中, 故移獄廷尉, 無比者先以聞, 所以正刑罰, 重人命也. 明主哀憫百姓, 下制書罷昌陵勿徙吏民, 已申布. 湯妄以意相謂且復發徙, 雖頗驚動, 所流行者少, 百姓不爲變, 不可謂惑衆. 湯稱詐, 虛設不然之事, 非所宜言, 大不敬也." 制曰, "廷尉增壽當是.
湯前有討郅支單于功, 其免湯爲庶人, 徙邊." 又曰, "故將作
大匠萬年佞邪不忠, 妄爲巧詐, 多賦斂, 煩繇役, 興卒暴之
作, 卒徒蒙辜, 死者連屬, 毒流衆庶, 海內怨望. 雖蒙赦令,
不宜居京師." 於是湯與萬年俱徙敦煌.

| 註釋 | ○成都侯商 – 成都侯 王商. 왕망의 숙부. ○新都侯 – 왕망은 永
始 원년(前 16)에 新都侯에 봉해졌다. 新都는 南陽郡 新野縣 都鄕(도향). ○明
君 – 왕망 모친의 字. ○許爲求比上奏 – 比는 지난 일을 그대로 다시 하다.
선례에 따른 일을 하다. ○弘農 – 郡名. 치소는 弘農縣(今, 河南省 靈寶市 동
북). ○坐臧百萬以上 – 臧은 贓. 장물. 뇌물을 받다. ○東萊郡 – 군명. 치소
는 掖縣(액현), 今 山東省 煙臺市 관할의 萊州市. ○玄門 – 북방의 門. 흑은
방위로는 北方, 五行으로는 水를 상징. ○增壽議 – 趙增壽. 議는 단죄 여부
를 논하다. 평의하다. ○繇役 – 徭役(요역). ○蒙辜(몽고) – 형벌을 받다.

〔國譯〕

   그때 成都侯 王商은 새로 대사마 衛將軍이 되어 정사를 보필하고
있었는데 평소에 진탕과는 친하지 않았다. 왕상은 진탕의 말을 전해
듣고 진탕이 백성들을 현혹시킨다고 황제께 아뢰어 진탕을 옥에 보
내 치죄하게 했고 조사 결과 모든 죄상이 밝혀졌다.

   전에 진탕은 그전에 騎都尉이었던 王莽(왕망)에게 상서한 일이 있
었다.

   "당신은 부친이 일찍 돌아가셨기에 혼자만 제후가 되지 못했으며
모친 明君께서 황태후를 봉양하시면서 고생이 많으셨기에 당연히

제후가 되어야 합니다."

나중에 왕망은 新都侯가 되었다. 뒤에 皇太后의 同母弟인 苟參(구참)이 水衡都尉가 되었다가 죽었고 그 아들 苟伋(구급)은 侍中이었다. 구참의 처는 구급이 제후가 되기를 바라고 있었는데 진탕은 金 50斤을 받고 선례에 따라 상주하는 글을 써 주기로 허락했었다. 弘農郡 태수인 張匡(장광)은 백만 전 이상을 착복하여 교활무도하여 詔命에 의거 심문을 받게 되자 하옥될 것이 두려워 사람을 시켜 진탕에게 부탁을 해왔다. 진탕은 그 사람을 위해 죄를 변호해 주면서 겨울철을 넘길 수 있게 해주면 사례금 이백만 전을 받기로 약속하였는데 이 모두가 비슷한 일이었다. 진탕의 사안은 사면받기로 되어 있었다.

뒷날 東萊郡에서 黑龍이 겨울에 출현하였다는 말을 듣고 어떤 사람이 진탕에게 이에 대해 묻자, 진탕이 말했다. "이는 玄門이 열린 것이라 할 수 있다. 천자께서 자주 微行(미행)을 나오시는데 불시에 출입하시기에 黑龍도 때가 아닌데 출현한 것이다."

그리고 또다시 (工事에 따라) 백성들을 이사 시킬 것이라 말했는데 이를 10여 명이 서로 이야기했다. 그러자 승상과 어사가 이를 아뢰었다. "진탕이 무도한 언행으로 대중을 현혹시키면서 그 탓을 폐하에게 돌리는 것은 大不敬한 일이라 아니할 수 없습니다."

廷尉인 趙增壽는 이를 논의하며 말했다.

"不道는 正法이 없는 것으로 죄행의 경중에 따라 치죄하여야 하며, 신하가 법을 따르는데 中道를 잃었다면 하옥시켜 정위에게 보내야 하며, 선례가 없다면 먼저 아뢴 다음에 형벌을 결정하는데 이는 인명을 중시하는 것입니다. 明主께서 백성을 불쌍히 여기시어 制書

를 내려 昌陵 공사와 백성 이사를 중지하신 일을 이미 널리 포고하셨습니다. 진탕은 망령되게도 다시 백성을 이사 시킬 것이라고 말하였지만 크게 놀라 동요하거나 퍼트린 자들도 많지 않고 백성들이 변란을 일으킨 것도 아니니 민중을 현혹시켰다고는 말할 수 없습니다. 진탕은 거짓말을 했고 있지 않은 일을 그럴 듯하게 말하였으니, 이는 大不敬한 짓이라고 아니할 수 없습니다."

制書는 "廷尉 조중수의 말이 옳다. 진탕은 그전에 질지선우를 토벌한 공로가 있으니 진탕을 면관시켜 서인으로 만들어 변경으로 이주시켜라."라고 말했다. 그리고 또 "이전 將作大匠 解萬年은 간사하고 불충하며 제멋대로 교묘한 거짓으로 부세를 늘리고 요역을 많게 하였으며 갑자기 공사를 일으키게 하였고 형벌 받은 죄수들을 많이 죽게 하였으니 백성들이 그 폐해를 입고 나라 안에 원한이 많았다. 비록 사면을 받았다지만 京師에 살수가 없을 것이다."라고 하였다. 이에 진탕과 해만년을 함께 敦煌(돈황)으로 이주시켰다.

久之, 敦煌太守奏, "湯前親誅郅支單于, 威行外國, 不宜近邊塞." 詔徙安定.

議郎耿育上書言便宜, 因冤訟湯曰, "延壽,湯爲聖漢揚鉤深致遠之威, 雪國家累年之恥, 討絶域不羈之君, 繫萬里難制之虜, 豈有比哉! 先帝嘉之, 仍下明詔, 宣著其功, 改年垂歷, 傳之無窮. 應是, 南郡獻白虎, 邊陲無警備. 會先帝寢疾,然猶垂意不忘, 數使尙書責問丞相, 趣立其功. 獨丞相匡衡排而不予, 封延壽,湯數百戶, 此功臣戰士所以失望也. 孝成皇帝承建業之基, 乘征伐之威, 兵革不動, 國家無事. 而大臣傾邪, 讒佞在朝, 曾不深惟本末之難, 以防未然之戒, 欲專主威, 排妒有功, 使湯塊然被冤拘囚, 不能自明, 卒以無罪, 老棄敦煌, 正當西域通道, 令威名折衝之臣旅踵及身, 復爲郅支遺虜所笑, 誠可悲也! 至今奉使外蠻者, 未嘗不陳郅支之誅以揚漢國之盛. 夫援人之功以懼敵, 棄人之身以快讒, 豈不痛哉! 且安不忘危, 盛必慮衰, 今國家素無文帝累年節儉富饒之畜, 又無武帝薦延梟俊禽敵之臣, 獨有一陳湯耳! 假使異世不及陛下, 尙望國家追錄其功, 封表其墓, 以勸後進也. 湯幸得身當聖世, 功曾未久, 反聽邪臣鞭逐斥遠, 使亡逃分竄, 死無處所. 遠覽之士, 莫不計度, 以爲湯功累世不可及, 而湯過人情所有. 湯尙如此, 雖復破絶筋骨, 暴露形骸, 猶複製於脣舌, 爲嫉妒之臣所繫虜耳. 此臣所以爲國家尤戚戚也." 書奏, 天子還湯, 卒於長安.

| 註釋 | ○安定－郡名. 치소는 高平縣(今 寧夏回族自治區 固原市). ○耿育(경육) － 인명. 耿 빛날 경. ○便宜(편의) － 국가에 유리한 일. 時宜에 적절한 일. ○鈎深致遠(구심치원) － 鈎深은 깊이 있는 물건을 갈고리로 꺼내다. 鈎 갈고랑이 구. 致遠은 먼 곳에 있는 것을 불러오다. 아주 어려운 일을 해내다. ○討絶域不羈之君 － 絶域은 발길이 닿지 않는 지역. 여기서는 서역. 不羈之君(불기지군)은 통제할 수 없는 군왕. 흉노의 선우. ○改年垂歷 － 元帝

가 竟寧(前 33년)으로 개원한 것은 '邊境이 安寧하다'는 뜻이다. ㅇ南郡 -
치소는 江陵縣(今 湖北省 荊州市 荊州區). ㅇ邊陲(변수) - 변경. 陲 부근 수.
境界. ㅇ趣立其功 - 趣은 재촉할 촉. 促과 같음. ㅇ塊然(괴연) - 흙덩이처럼
홀로. 외로운 모양. ㅇ折衝(절충) - 적을 제압하다. 衝은 衝車(충거), 戰車의
일종. ㅇ旅踵及身(여종급신) - 旅踵은 발길을 돌리다. 시간이 촉박한 모양.
及身은 재앙이 몸에 닥치다. ㅇ漢國之盛 - 漢國之威의 오류일 것이라는 註
가 있다. ㅇ薦延梟俊禽敵之臣 - 薦延(천연)은 천거하고 또 영입하다. 梟俊
(효준)은 梟將. 용감한 장수. 禽敵은 擒敵. ㅇ封表其墓 - 修墓하고 비석을 세
우다. ㅇ鞭逐 - 貶逐의 오류. 진탕이 형벌을 받지 않았기에 鞭이라 쓸 수는
없을 것이다. ㅇ亡逃分竄 - 亡逃는 逃亡. 分竄(분찬)은 離散하고 숨다. ㅇ而
湯過人情所有 - 진탕의 과실은 어떤 사람에게나 다 마찬가지이다. ㅇ戚戚
(척적) - 근심하고 슬퍼하는 모양.

[國譯]

　　얼마 후 敦煌 太守가 상주하였다. "陳湯은 전에 질지선우를 죽여
서역지역에 위세를 떨쳤기에 변경 근처에 살게 할 수 없습니다." 조
서로 진탕을 安定郡으로 이주시켰다.

　　議郎인 耿育(경육)이 국가에 이로운 의견을 상서하며 진탕의 억울
함을 변호하였다.

　　"감연수와 진탕은 위대한 漢을 위하여 아주 힘든 일을 하며 큰 공
을 세워 나라의 오래 치욕을 갚았고 서역의 길들여지지 않은 군왕들
을 토벌하였으며 만 리 이역의 제압하기 어려운 적을 포박하였으니
이를 무엇에 비교할 수 있겠습니까? 先帝께서도 이를 가상히 여겨
명철하신 조서를 내려 그 공을 표창하시고 연호를 바꿔 오래도록 전
하게 하였습니다. 이에 응하여 南郡에서는 白虎를 바쳤고, 변경에서

는 비상사태가 없어졌습니다. 그러나 마침 원제께서 병에 걸리셨어도 마음을 쓰시며 잊지 않으시고 여러 번 尙書를 보내 승상을 문책하시면서 그 공적을 책립하라고 재촉하셨습니다. 오직 승상 匡衡(광형)만이 진탕의 공을 배제하며 주지 않으려 하다가 감연수와 진탕을 수백 호를 주었는데 이 때문에 功臣이나 전사들은 실망하였습니다. 孝成皇帝께서 즉위하신 이후에 그 정벌의 위세를 활용하였기에 군사를 동원하지도 않았고 나라는 무사하였습니다. 그러나 대신은 사악하고 조정에는 참소와 아부하는 신하만 있어 일찍이 본말을 탐구하지 못하는 어려움이 있었고 미연에 방지해야 한다는 교훈을 알지 못하고 자신의 권위만을 내세우며 유공자를 배척 질투하여 진탕으로 홀로 억울하게 죄수가 되어야 했습니다. 자신을 변명할 수도 없었으나 끝내 무죄가 인정되었고 늙은 몸으로 돈황으로 쫓겨 왔는데 혹시 여기 서역의 교통요지에서 위명을 떨치고 적을 격파한 신하가 금방이라도 화를 당한다면 이는 질지선우의 남은 부하들에게 웃음거리가 될 것이니 정말 슬픈 일입니다! 지금 외국 만이에게 사신으로 나가는 사람으로서 질지선우를 죽인 것은 漢 나라의 위신을 드높였다고 말하지 않는 사람이 없습니다. 앞사람의 공적을 이용하여 적을 두렵게 해야 하는데 남의 공적을 폐기하며 참소하니 이 어찌 통탄하지 않겠습니까! 그리고 안전할 때 위급을 잊어서 안 되고 전성할 때 쇠락을 생각해야 하는데 지금 나라에는 文帝가 여러 해에 걸쳐 절검으로 이룬 부유한 비축도 없으며 武帝처럼 적장을 사로잡을 용장을 천거하고 받아들이지도 않아 오직 진탕 한 사람뿐이었습니다. 설령 죽음이 폐하께 오지 않는다 하여도 오히려 나라에서는 그 공을 찾아 알리고 그 무덤을 손질하며 비석을 세워 후진에게 권장해야 합니다. 진탕이 다행히 태평성대를 만나 그 공을 오래 남지 못한다 하더라도 邪臣의 뜻대로 진탕은 폄하되고 쫓겨 멀리 배척되었고 도망치듯 숨어 죽을 곳도 없게 되었습니다. 멀리 내다보는 신하는 계획을 세우지 않을 수 없으니 진탕의 공은 누대에 걸쳐 따라갈 수 없다고 생각하지만 진탕의 과오는 다른 사람도 다 마찬가지 일 것입니다. 비록 다시 육신을 죽어가서 시신으로 나 뒹굴지라도 다시 혀와 입술이 만들어지더라도 아마 질투하는 신하에게 잡힌 몸이 될 것입니다. 이는 신이 국가를 위해 매우 걱정하는 바입니다."

글이 상주되자 천자는 진탕을 귀환케 하였고 진탕은 장안에서 죽었다.

原文

死後數年, 王莽爲安漢公秉政, 旣內德湯舊恩, 又欲諂皇太后, 以討郅支功尊元帝廟稱高宗. 以湯,延壽前功大賞薄, 及候丞杜勳不賞, 乃益封延壽孫遷千六百戶, 追諡湯曰破胡壯侯, 封湯子馮爲破胡侯, 勳爲討狄侯.

| 註釋 |　○王莽爲安漢公 − 前 1年 哀帝가 죽고 후사가 없자 太皇太后인 王政君은 傳國玉璽를 쥐고 있다가 왕망을 大司馬에 임명하였다. 왕망은 군사와 禁軍을 장악하고 平帝를 세웠고 서기 1년 왕망은 '安漢公' 으로 추대되었다.　○皇太后 − 元帝의 황후인 王政君, 왕망의 고모.　○候丞杜勳 − 候丞은 군관의 직위.　○杜勳 − 인명. 질지선우를 직접 죽인 사람.

진탕이 죽고 몇 년 후, 王莽은 安漢公이 되어 정권을 잡았는데 그
는 이미 진탕의 옛날 은덕을 갚기 위해 또 皇太后에게 아부하려고
질지선우를 토벌한 공적을 근거로 元帝의 묘호를 高宗으로 올려불
렀다. 그리고 진탕과 감연수가 세운 공적은 위대하나 포상은 미미하
였고 候丞이었던 杜勳은 상도 받지 못했다 하여 감연수의 손자인 甘
遷(감천)에게 식읍 1,600호를 추가하고 진탕에게 추후 시호를 내려
破胡壯侯로 진탕의 아들 陳馮(진풍)을 破胡侯라 하였고 두훈을 討狄
侯라 하였다.

70-6. 段會宗

段會宗字子松, 天水上邽人也. 竟寧中, 以杜陵令五府擧
爲西域都護, 騎都尉光祿大夫, 西域敬其威信. 三歲, 更盡
還, 拜爲沛郡太守. 以單于當朝, 徙爲雁門太守. 數年, 坐法
免. 西域諸國上書願得會宗, 陽朔中復爲都護.

| 註釋 | ○段會宗(단회종) - 前 84 - 前 10. ○天水上邽 - 天水郡 上邽縣
(상규현). 上邽縣은 今 甘肅省 동남부의 天水市. 상규현은 당시 隴西郡 소속

이었다. ○竟寧－원제의 연호. 前 33년. ○五府－승상 匡衡, 어사대부 李延壽, 車騎將軍 許嘉, 大將軍 王鳳, 右將軍 王商. ○更盡還－지방관 임기 3년을 채우면 교체하는 것을 更라 하였다. ○沛郡－치소는 相縣〔今 安徽省 북부 淮北市 관할 濉溪縣(수계현)〕. 領縣은 37개. ○雁門－군명. 치소는 善無縣(今 山西省 朔州市 右玉縣 南). ○陽朔－成帝의 연호. 前 24－21년.

〖國譯〗

　　段會宗(단회종)의 字는 子松으로 天水郡 上邽縣 사람이다. 竟寧 연간에, 杜陵 縣令으로 五府의 천거를 받아 서역도호 겸 騎都尉光祿大夫가 되었는데 서역에서는 그의 위엄과 신망을 공경하였다. 임기 3년을 채우고 돌아와 沛郡(패군) 太守가 되었다. 선우가 입조하는 일로 雁門(안문) 태수로 전근하였다. 몇 년 뒤 법에 저촉되어 면직되었다. 西城의 諸國에서 상서하여 단회종의 부임을 요청하자 成帝 陽朔 연간에 다시 서역도호가 되었다.

原文▐

　　會宗爲人好大節, 矜功名, 與谷永相友善. 谷永閔其老復遠出, 予書戒曰, "足下以柔遠之令德, 復典都護之重職, 甚休, 甚休! 若子之材, 可優遊都城而取卿相, 何必勒功昆山之仄, 總領百蠻, 懷柔殊俗? 子之所長, 愚無以喩. 雖然, 朋友以言贈行, 敢不略意. 方今漢德隆盛, 遠人賓服, 傅, 鄭, 甘, 陳之功沒齒不可復見, 願吾子因循舊貫, 毋求奇功, 終更亟還,亦足以復雁門之踦, 萬里之外以身爲本. 願詳思愚言."

| 註釋 | ○谷永 – 인명. 谷吉의 아들. 85권, 〈谷永杜鄴傳〉에 입전. ○柔
遠 – 원방을 懷柔(회유)하다. ○復典 – 다시 담당하다. 典은 擔任. ○甚休 –
休는 美也. ○愚無以喩 – 愚는 無以相告하다. 더 부탁할 말이 없다. ○沒齒
– 한평생, 죽을 때까지. ○因循舊貫 – 舊貫(舊禮)를 따르다. ○雁門之踦 –
雁門태수로서의 불우한 관직. 안문태수 때 당했던 좌절. 踦 절뚝발이 기.

〖 國譯 〗

　단회종은 사람됨이 크고 높은 지조를 좋아하고 공명을 중시하였
는데 谷永과 서로 친했다. 곡영은 늙은 벗이 다시 먼 임지로 발령을
받자 걱정하는 글을 보내며 말했다.

　"足下께서는 遠方을 안무하는 미덕이 있어 다시 서역도호의 중책
을 받아 나가니 정말 훌륭하고 장하십니다. 족하와 같은 자질이면
도성에서 公卿이나 재상이 되고도 남을진대, 하필 곤륜산 서쪽에서
온갖 야만인을 거느리며 풍속이 다른 그들을 회유해야 합니까? 당
신의 미덕에 나는 할 말이 없습니다. 그래도 朋友로서 떠나기 전에
간단히 적어 보냅니다. 지금 漢은 융성한 덕에 먼 이민족도 賓服하
고 있지만 傅介子(부개자), 鄭吉, 甘延壽, 陳湯의 공은 아마 다시 보기
어려울 것이니 당신은 전례를 따라 처리하며 새로운 공을 세우려 말
고 임기를 마치면 곧장 돌아와 雁門(안문) 태수 때의 불운을 회복하
기 바라며 만 리 먼 길에 건강하기 바랍니다. 어리석은 이 말을 생각
해주시기 바랍니다."

會宗旣出, 諸國遣子弟郊迎. 小昆彌安日前爲會宗所立,
德之, 欲往謁, 諸翕侯止不聽, 遂至龜茲謁. 云甚親附. 康居
太子保蘇匡率衆萬餘人欲降, 會宗奏狀, 漢遣衛司馬逢迎.
會宗發戊己校尉兵隨司馬受降. 司馬畏其衆, 欲令降者皆自
縛, 保蘇匡怨望, 擧衆亡去. 會宗更盡還, 以擅發戊己校尉
之兵乏興, 有詔贖論. 拜爲金城太守, 以病免.

| 註釋 | ○小昆彌 安日 - 昆彌는 烏孫 王의 칭호. 安日은 인명. ○翕侯(흡
후) - 烏孫의 관직명. ○龜茲(구자) - 今 新疆 위구르 自治州 중서부의 서쪽
阿克蘇 지구. ○戊己校尉 - 원제 원년(前 48)에 설치한 西域都尉의 속관. 둔
전을 관장. 秩 6백석. ○乏興(핍흥) - 軍律의 하나. 군사용으로 징집한 물자
나 장비를 興이라 한다. 잘못된 작전으로 軍備를 잃거나 손해를 끼칠 경우 이
를 軍乏興이라 한다. ○金城郡 - 今 甘肅省 永靖縣 일대.

〔國譯〕

단회종이 부임하자 서역 諸國에서는 왕의 자제를 보내 교외에서
영접하였다. 소곤미 安日은 전에 단회종에 의거 즉위했기에 그 은혜
를 생각하여 가서 배알하려 했는데 여러 翕侯(흡후)들이 말렸으나
따르지 않고 龜茲(구자)까지 와서 배알하였다. 성곽 국가에서는 단
회종에 매우 협조적이었다. 康居太子 保蘇匡(보소익)이 그 부족 1만
여 명을 거느리고 투항하려 하자 단회종은 이를 문서로 보고하였고
漢에서는 衛司馬를 보내 이들을 맞이하게 하였다. 단회종은 戊己校
尉에게 군사를 거느리고 가서 위사마를 따라 투항한 무리를 접수하

게 하였다. 위사마는 무리가 다수라서 겁을 먹고 투항자들을 모두 묶게 하였는데 보소익은 이를 원망하며 무리를 거느리고 도망쳐 버렸다. 단회종이 임기를 채우고 돌아오자 마음대로 戊己校尉의 군사를 내어 군비를 축내었다고 고발되었으나 조서로 벌을 사면하였다. 단회종은 金城太守에 제수되었지만 병으로 사임하였다.

歲餘, 小昆彌爲國民所殺, 諸翕侯大亂. 徵會宗爲左曹中郎將,光祿大夫, 使安輯烏孫, 立小昆彌兄末振將, 定其國而還.

明年, 末振將殺大昆彌, 會病死, 漢恨誅不加. 元延中, 復遣會宗發戊己校尉諸國兵, 即誅末振將太子番丘. 會宗恐大兵入烏孫, 驚番丘, 亡逃不可得, 即留所發兵墊婁地, 選精兵三十弩, 徑至昆彌所在, 召番丘, 責以, "末振將骨肉相殺, 殺漢公主子孫, 未伏誅而死, 使者受詔誅番丘." 即手劍擊殺番丘. 官屬以下驚恐, 馳歸. 小昆彌烏犁靡者, 末振將兄子也, 勒兵數千騎圍會宗, 會宗爲言來誅之意, "今圍守殺我, 如取漢牛一毛耳. 宛王,郅支頭縣槀街, 烏孫所知也." 昆彌以下服, 曰, "末振將負漢, 誅其子可也, 獨不可告我, 令飮食之邪?" 會宗曰, "豫告昆彌, 逃匿之, 爲大罪. 即飮食以付我, 傷骨肉恩, 故不先告." 昆彌以下號泣罷去. 會宗還奏事,

公卿議會宗權得便宜, 以輕兵深入烏孫, 卽誅番丘, 宣明國
威, 宜加重賞. 天子賜會宗爵關內侯, 黃金百斤.

| **註釋** | ○左曹中郞將 - 左曹는 加官. 중랑장은 질록 2천석의 고관. ○安
輯(안집) - 안정시키다. 輯은 集也. ○兄末振將 - 兄은 제가 되어야 한다는
註가 있다. 末振將(말진장)은 인명. 安日의 동생으로 〈西域傳〉에 기록. ○大
昆彌 - 이름은 雌栗靡(자율미). 대곤미의 피산 내용은 〈西域傳〉과 相異하다.
○元延 - 成帝의 연호(前 12 - 9). ○劍擊殺番丘 - 番丘를 죽인 것은 元延 2
년(前 11)이었다. ○烏犁靡(오리미) - 〈西域傳〉에는 安犁靡로 되어 있다.
○卽誅番丘 - 番丘(반구, 番은 盤)는 서역 烏孫의 國王.

〖 國譯 〗

　일 년 뒤쯤, 小昆彌(소곤미)는 백성들에게 피살되었고 여러 翕侯
(흡후)들은 큰 혼란에 빠졌다. 조정에서는 단회종을 불러 左曹中郞
將 겸 光祿大夫에 임명하여 烏孫을 안정시키게 하였는데, 단회종은
小昆彌의 동생 末振將(미진강)을 세워 나라를 안정시키고 돌아왔다.

　다음 해에 末振將은 大昆彌를 살해하였는데 마침 바로 병으로 죽
어 漢은 처벌할 수가 없었다. 成帝 元延 연간에 다시 단회종을 파견
하여 戊己校尉로 하여금 여러 나라의 군사를 거느리고 오손에 가서
末振將의 태자 番丘(반구)를 주살하라고 명령했다. 단회종은 大兵이
烏孫에 침입하면 반구가 놀라 도망할 경우 잡을 수가 없다고 판단하
여 동원한 군사를 墊婁(점루)란 곳에 주둔시켜 놓고 精兵 30명의 궁
노수를 선발하여 지름길로 대곤미가 있는 곳으로 가서 태자 番丘를
불러 "末振將이 골육을 相殺하고 漢 公主의 자손을 살해하였는데도

처형을 받지 않고 죽었기에 황제의 명을 받고 온 사자로 번구를 처형하겠다."라고 문책한 다음에 바로 칼을 빼어들고 番丘를 처형하였다. 그 아래 관리들이 모두 놀라 두려워 떨며 돌아갔다. 小昆彌인 烏犁靡(오리미)는 末振將의 兄의 아들인데 군사 수천 명을 동원하여 단회종을 포위하자 단회종이 번구를 주살한 이유를 설명한 뒤에 말했다.

"지금 나를 포위해 죽이더라도 이는 漢에서 소 털 하나를 취하는 것과 같다. 大宛王(대원왕)이나 질지선우의 목이 장안의 橋街에 걸렸던 일은 너희 烏孫도 다 알고 있는 일이다."

곤미는 이에 굴복하며 말했다. "末振將이 漢을 배반하였기에 그 아들을 주살하는 것이 좋습니다만 왜 나한테도 알리지 않아 최후 식사도 먹지 못하게 했습니까?" 이에 단회종이 말했다. "곤미에게 미리 예고하여 만약 도망했다면 큰 죄를 짓는 것이다. 그에게 마지막 식사를 대접하며 나에게 내부하는 것은 골육의 정을 상하게 하는 것이기에 미리 알리지 않았도다."

곤미 이하 여러 사람들은 울면서 돌아갔다. 단회종이 돌아와 이를 보고하자 公卿들은 단회종이 상황에 따라 경무장한 병사로 오손 땅에 깊이 들어가 番丘(반구)를 처형하여 국위를 크게 선양하였으니 당연히 큰 상을 내려야 한다고 논의하였다. 천자는 단회종에게 관내후의 작위와 황금 1백 근을 하사하였다.

原文

是時, 小昆彌季父卑爰疐擁衆欲害昆彌, 漢復遣會宗使安

輯, 與都護孫建並力. 明年, 會宗病死烏孫中, 年七十五矣,
云諸國爲發喪立祠焉.

| 註釋 | ○卑爰疐(비원치) – 인명. 疐 엎드릴 치, 미끌어질 치. 꼭지 체.
○會宗病死 – 元延 3년(前 10).

〖 國譯 〗

　이때 소곤미의 季父인 卑爰疐(비원치)는 무리를 거느리고 昆彌(곤
미)를 살해하려고 하였는데, 漢에서는 다시 단회종을 파견하여 안정
시키게 하였는데 서역도호 孫建과 함께 협력하였다. 다음 해 단회종
은 烏孫에서 병사하였는데 나이 75세이었다. 서역의 여러 성곽 국
가에서 發喪을 하고 사당을 세우기도 하였다.

原文

　贊曰, 自元狩之際, 張騫始通西域, 至於地節, 鄭吉建都護
之號, 訖王莽世, 凡十八人, 皆以勇略選, 然其有功跡者具
此. 廉褒以恩信稱, 郭舜以廉平著, 孫建用威重顯, 其餘無
稱焉. 陳湯儻蕩, 不自收斂, 卒用困窮, 議者閔之, 故備列云.

| 註釋 | ○元狩 – 무제의 연호. 前 122 – 117년. ○地節 – 선제의 연호.
전 69 – 66년. ○廉褒(염포), 郭舜(곽순), 孫建 – 이 3인의 사적은 96권, 〈西
域傳〉 참고. ○陳湯儻蕩 – 儻蕩(당탕)은 마음이 활달한 모양. 방탕하여 스스
로 단속하지 못함.

〔國譯〕

　班固의 論贊 : 元狩(원수) 연간에 張騫(장건)이 처음으로 서역과 교
통하였고 宣帝 地節 연간에 이르러 鄭吉이 서역도호가 되어 왕망에
의해 폐지될 때까지 총 18명으로 모두 용기와 지략으로 골랐다고
하였지만 그중에서 공적을 세운 사람은 여기에 수록하였다. 廉褒(염
포)는 은택과 신의로 칭송을 받았고, 郭舜(곽순)은 청렴 공평하였으
며, 孫建(손건)은 무위로 이름을 날렸지만 그 외에는 칭송할 만한 사
람이 없었다. 陳湯은 활달하였지만 자신을 수렴하지 못해 곤궁하게
죽었는데 많은 사람이 가엽게 생각하여 여기에 수록하였다.

71 雋疏于薛平彭傳
〔전,소,우,설,평,팽전〕

71-1. 雋不疑

原文

雋不疑字曼倩, 勃海人也. 治《春秋》, 爲郡文學, 進退必以禮, 名聞州郡.

武帝末, 郡國盜賊群起, 爲直指使者, 衣繡衣, 持斧, 逐捕盜賊, 督課郡國, 東至海, 以軍興誅不從命者, 威振州郡. 勝之素聞不疑賢, 至勃海, 遣吏請與相見. 不疑冠進賢冠, 帶櫑具劍, 佩環玦, 褒衣博帶, 盛服至門上謁. 門下欲使解劍, 不疑曰, "劍者, 君子武備, 所以衛身, 不可解. 請退." 吏白勝之. 勝之開閤延請, 望見不疑容貌尊嚴, 衣冠甚偉, 勝之

躧履起迎. 登堂坐定, <u>不疑</u>據地曰, "竊伏海瀕, 聞暴<u>公子威</u>
<u>名舊矣</u>, 今乃承顏接辭. 凡爲吏, 太剛則折, 太柔則廢, 威行
施之以恩, 然後樹功揚名, 永終天祿."

　<u>勝之</u>知<u>不疑</u>非庸人, 敬納其戒, 深接以禮意, 問當世所施
行. 門下諸從事皆州郡選吏, 側聽<u>不疑</u>, 莫不驚駭. 至昏夜,
罷去. <u>勝之</u>遂表薦<u>不疑</u>, 徵詣公車, 拜爲<u>青州</u>刺史.

| 註釋 |　○雋不疑(전불의, 생졸년 미상) - 雋 새 살찔 전, 성씨 전. 우수할
준.　○曼倩(만천) - 曼 아름다울 만. 예쁠 천.　○勃海(발해) - 郡名. 치소는
浮陽縣, 今 河北省 滄州市 동남. 天津市와 山東省의 중간. 바다 이름은 渤海
(발해).　○文學 - 관직명. 郡國에 설치. 文學掾(문학연) 또는 文學史(吏)라고
도 칭함. 郡國의 교육 담당.　○進退 - 일상 기거와 행동.　○直指使者 - 繡衣
御史(수의어사). 황제 특명 전권 使者. '討姦猾 治大獄'의 임무. 부절을 상징
하는 節杖을 들고 繡衣(수의)를 입었다. 郡國의 군사를 동원하고 상벌을 행
하며 부패한 지방관을 처단할 수 있는 특권까지 부여되었다. 武帝 때 처음
설치. 상설 관직은 아님.　○以軍興誅 - 군율에 의한 주살. 興(흥)은 軍에서
필요한 물자를 징발하거나 조달하는 것.　○進賢冠 - 儒者가 쓰는 緇布冠(치
포관).　○櫑具劍(뇌구검) - 長劍 이름. 櫑 칼자루 장식 뢰.　○褒衣博帶(포의
박대) - 널찍한 옷과 넓은 띠. 유생의 복장.　○劍者, 君子武備 - 대부가 40세
면 관을 쓰고 평상시 帶劍할 수 있다. 庶人은 유사시에만 대검, 隸人은 대검
할 수 없다.　○暴勝之(포승지) - 인명. 暴 사나울 포, 갑자기 포. 성씨. 포승
지는 天漢 2년(전 99)에 수의어사이었다. 어사대부로 재직 중 征和 2년(前
91) '무고의 화' 때 무제의 질책을 받고 자살하였다.　○躧履(사리) - 서둘러
가다. 급해서 제대로 신지 못하다. 躧 신 사. 짚 신. 신을 끌다.　○竊伏海瀕
(절복해빈) - 바닷가 시골에 살면서. 瀕 물가 빈.　○聞暴公子威名舊矣 - 公

子는 포승지의 字. 舊는 久와 通. ○ 徵詣公車 – 徵召(징소)에 의거 公車署에 나아가다. 公車署에서 대기하다가 황제의 부름을 받아 입궁하여 황제를 알현한다. ○ 靑州刺史 – 무제 때 설치한 13자사부의 하나. 13部(州)에 자사를 두고 소속 군현의 감찰 업무를 담당하였다. 처음에는 질 6백석으로 군 태수보다 한참 아래였으나 감찰 권한이 있어 권력은 막강하였다. 靑州刺史는 齊郡 齊南, 千乘, 平原 등 6郡과 淄川國 등 3國을 감찰하였다.

〔國譯〕

雋不疑(전불의)의 字는 曼倩(만천)으로 勃海郡 사람이었다.《春秋》를 전공하였고 郡의 文學이었는데 진퇴에 꼭 예를 지켜 군내에 이름이 알려졌었다.

武帝 말에 郡國에 도적들이 떼 지어 일어났는데, 暴勝之(포승지)는 直指使者가 되어 繡衣(수의)를 입고 부절을 받아 도적을 체포하고 군국의 정무를 감독 평가하며 동쪽으로 바다 근처까지 와서 군령을 따르지 않는 자를 처형하니 그 위명이 州郡에 떨쳤다. 포승지는 평소에 전불의가 현명한 사람이라는 것을 알고 있었기에 발해군에 이르러 관리를 보내 상견하기를 청했다. 전불의는 進賢冠을 쓰고 허리에 櫑具劍(뇌구검)을 차고, 둥근 패옥과 헐렁한 옷에 넓은 띠를 두른 잘 차린 모습으로 출입문에 와서 알현하겠다고 알렸다. 문지기가 칼을 풀어놓으라고 하자 전불의가 말했다. "검이란 군자의 武備로 군자의 몸을 지키기에 풀어놓을 수 없으니 이만 돌아가겠다고 아뢰어라." 문지기가 포승지에게 알렸다. 포승지가 작은 문을 열어놓고 손님을 기다리다가 전불의의 용모와 존엄한 표정과 아주 당당한 의관을 멀리서 보고서는 신발을 끌며 달려와 맞이하였다. 대청에 올라

자리를 잡고 앉자 전불의가 바닥을 짚고 말했다.

"이 몸은 바닷가에 살며 暴(포) 公子의 위명을 들은 지 오래이나 오늘에서야 얼굴을 뵙고 인사드립니다. 관리란 너무 강하면 부러지기 쉽고 너무 온유하면 일이 되지 않는 것이오니 위엄 있는 행실에 은혜를 베풀어 공적과 명성을 쌓아 천록을 오래 누리시기 바랍니다."

포승지는 전불의가 보통 사람이 아니라는 것을 알았기에 그 가르침을 삼가 예로 받아들이면서 당세에 힘써야 할 정사에 대하여 물었다. 문하의 여러 종사자들은 모두 각 주군에서 뽑혀 온 관리였는데 옆에서 전불의의 이야기를 들으면서 놀라지 않는 사람이 없었다. 날이 어두워져서야 이야기를 끝내고 돌아갔다. 포승지는 표문을 올려 전불의를 천거하였고 (전불의는) 公車署(공거서)에 가서 황제를 알현하고 靑州 자사를 제수 받았다.

原文

久之, 武帝崩, 昭帝卽位, 而齊孝王孫劉澤交結郡國豪桀謀反, 欲先殺靑州刺史. 不疑發覺, 收捕, 皆伏其辜. 擢爲京兆尹, 賜錢百萬. 京師吏民敬其威信. 每行縣錄囚徒還, 其母輒問不疑, "有所平反, 活幾何人?" 卽不疑多有所平反, 母喜笑, 爲飮食言語異於他時, 或亡所出, 母怒, 爲不食. 故不疑爲吏, 嚴而不殘.

| 註釋 | ○齊孝王孫劉澤 ~ 謀反 – 燕王 劉澤(? – 前 178, 고조의 再從 형제로 文帝 때 燕王에 被封. 35권, 〈荆燕吳傳〉에 입전)이 아니라 齊王 劉澤(? – 前 86, 齊 孝王 劉將閭의 손자)은 武帝 사후 昭帝가 즉위한 始元 元年(前 86)에 燕王 劉旦(유단, 실질적 주동자), 中山靖王 劉長과 결탁하여 모반을 계획했었다. 63권, 〈武五子傳〉 중 燕 刺王(날왕) 劉旦의 기록 참고. ○不疑發覺 – 전불의가 알아채다. 菑川靖王(치천정왕)의 劉建의 아들인 餅候(병후) 劉成(? – 前 69)이 전불의에게 알려주었다. ○平反(평번) – 오판된 獄案(옥안)을 바로 잡다. 反은 뒤집을 번. ○爲不食 – 이 때문에 식사하지 않다.

〖國譯〗

　얼마 뒤에 武帝가 붕어하고 昭帝가 즉위하였는데(前 86), 齊 孝王의 손자 劉澤은 군국의 호걸들과 결탁하여 모반을 꾀하면서 먼저 청주자사를 죽이고자 하였다. 전불의는 이를 알고 유택을 체포하였고 모두 죄를 자백하였다. 전불의는 京兆尹으로 발탁되었고 백만 전을 하사받았다. 경사의 관리와 백성들은 전불의의 위엄과 신의를 공경하였다. 전불의가 매번 현을 순시하면서 죄수들의 기록을 심사하였는데 그때마다 모친이 전불의에게 물었다. "잘못된 판결을 뒤집어 몇 명이나 살렸느냐?" 만일 전불의가 판결을 번복케 한 것이 여러 명이면 모친은 기뻐 웃으며 음식과 언어가 다른 때와 달랐지만 혹 平反(평번)된 건이 없으면 모친은 화를 내며 식사를 하지 않았다. 때문에 전불의는 관리로서 엄격했지만 잔혹하지는 않았다.

始元五年, 有一男子乘黃犢車, 建黃旐, 衣黃襜褕, 著黃冒, 詣北闕, 自謂衛太子. 公車以聞, 詔使公卿, 將軍, 中二千石雜識視. 長安中吏民聚觀者數萬人. 右將軍勒兵闕下, 以備非常. 丞相, 御史, 中二千石至者並莫敢發言. 京兆尹不疑後到, 叱從吏收縛. 或曰, "是非未可知, 且安之." 不疑曰, "諸君何患於衛太子! 昔蒯聵違命出奔, 輒距而不納, 《春秋》是之. 衛太子得罪先帝, 亡不卽死, 今來自詣, 此罪人也." 遂送詔獄.

| 註釋 | ○始元五年 – 前 28년. ○有一男子乘黃犢車 – 男子는 大丈夫. 관직자와 평민에게 모두 사용할 수 있는 호칭이었다. 犢 송아지 독. ○建黃旐 – 旐 깃발 조. 거북과 뱀을 그린 검은 색 기. ○衣黃襜褕 – 衣는 입다. 襜褕(첨유)는 짧은 홑옷. 襜 적삼 첨. 褕 짧은 웃옷 유. ○自謂衛太子 – 무제와 위태후 소생의 태자, 劉據(유거). 衛子夫 소생이라서 위태자라 불렀다. 前 91년에 '巫蠱(무고)의 禍' 때 자살. 시호는 戾太子. ○雜識視 – 여러 사람이 보고서 식별하다. ○並莫敢發言 – 결코(並) 감히 물어보는 사람이 없었다. ○且安之 – 일단 천천히 진행하자. 安은 緩慢(완만). ○昔蒯聵違命出奔 – 예전에 蒯聵(괴외)가 父命을 어기고 出奔(출분)하였는데, 괴외는 춘추 시대 衛나라의 태자. 衛 靈公에게 죄를 짓고 晉으로 쫓겨나갔는데 그동안에 衛 靈公이 죽자 괴외의 아들 輒(첩)이 즉위하였다. 괴외가 衛로 돌아와 즉위하려고 했지만 아들 輒(첩)이 막아 입국하지 못하게 했다. 괴외는 죄를 짓고 망명했기에 그 아들이 아버지의 입국을 막은 것은 정당하다는 뜻이다. 이 사건은 魯 哀公 3년의 일이었다.

　昭帝 始元 5년, 어떤 남자가 누런 소가 끄는 수레를 타고 황색 깃발을 꽂고 크고 넓은 황색 옷에 황색 관을 쓰고 북궐에 와서 자신이 衛太子(위태자)라고 말했다. 公車가 이를 보고하자 詔命으로 公卿과 將軍, 中二千石이 모두 나가 보라고 하였다. 장안 성안의 관리와 백성 수만 명이 모여 그 사람을 보았다. 右將軍은 궁궐 부근에 군사를 거느리고 非常에 대처하였다. 승상과 어사대부, 중 2천석으로 거기에 갔던 사람 그 누구도 말을 꺼내지 못했다.

　경조윤 전불의가 나중에 도착하여 수행 관리들에게 잡아 포박하라고 질책했다. 어떤 사람이 말했다. "사실인가 아닌가를 알 수 없으니 일단 천천히 하시오." 그러자 전불의가 말했다. "여러분들이 왜 衛太子를 두려워합니까! 예전에 蒯聵(괴외)가 부명을 어기고 晉으로 출분하였는데 나중에 그 아들 輒(첩)이 입국을 거부하고 받아들이지 않았는데 《春秋》에서는 옳은 일이라 하였습니다. 衛太子는 先帝에게 죄를 지었고 망명이 아니면 그때 죽었습니다. 지금 스스로 찾아왔다 하여도 이 사람은 죄인입니다."

　그리고는 황제 명에 의한 옥에 잡아가두었다.

　天子與大將軍霍光聞而嘉之, 曰, "公卿大臣當用經術明於大誼." 由是名聲重於朝廷, 在位者皆自以不及也. 大將軍光欲以女妻之, 不疑固辭, 不肯當. 久之, 以病免, 終於家.

京師紀之. 後趙廣漢爲京兆尹, 言, "我禁姦止邪, 行於吏民,
至於朝廷事, 不及不疑遠甚." 廷尉驗治何人, 竟得姦詐. 本
夏陽人, 姓成名方遂, 居湖, 以卜筮爲事. 有故太子舍人嘗
從方遂卜, 謂曰, "子狀貌甚似衛太子." 方遂心利其言, 幾
得以富貴, 卽詐自稱詣闕, 廷尉逮召鄕里知識者張宗祿等,
方遂坐誣罔不道, 要斬東市. 一姓張名延年.

| 註釋 | ○經術 – 經學. ○大誼 – 大義. ○京師紀之 – 京師는 天子之居
也. 京은 大. 師는 衆의 뜻. 위에 기록한 위태자를 자칭한 사건. 紀는 기억하
다. ○趙廣漢 – 76권, 〈趙尹韓張兩王傳〉에 입전. ○湖縣 – 今 河南省 三門
峽市 관할의 靈寶市. ○卜筮(복서) – 점을 치다. 卜 점 복. 筮 점칠 서. ○一
姓張名延年 – '一云姓張名延年'이어야 뜻이 통함. 錯簡. 姓成名方遂 다음에
있어야 할 것임.

〖 國譯 〗

　　昭帝와 대장군 霍光(곽광)은 이를 듣고 기뻐하며 말했다. "公卿大
臣이라면 응당 경학을 바탕으로 大義에 밝아야 합니다." 이로써 전
불의의 명성은 조정에 드높았고 현직자들은 모두 따라갈 수 없다고
생각하였다. 대장군 곽광은 그의 딸을 전불의에게 시집보내려 했으
니 전불의는 고사하며 받아들이려 하지 않았다. 얼마 뒤 전불의는
병 때문에 사직하고 집에서 죽었다. 장안 사람들이 전불의를 오래
기억했다. 뒤에 趙廣漢이 경조윤이 되어 말했다. "나는 사악한 짓을
금지시키고 백성들을 순찰할 수 있지만 조정의 일에 대해서는 전불
의에 절대 따라가지 못할 것이다." 廷尉가 위태자를 칭한 자가 어떤

사람인가 조사하였는데 간악한 거짓임을 밝혀냈다. 그는 본래 夏陽
縣 사람으로 姓은 成이고, 이름은 方遂(방수)로 湖縣에 사는 점쟁이
였다. 우연히 衛太子의 舍人이 방수를 찾아와 점을 치다가 말했다.
"당신 모습이 위태자와 매우 많이 닮았습니다." 방수는 그 말에 잘
됐다고 생각하면서 부귀를 얻을 수 있을 것이라며 궁궐에 와서 거짓
으로 태자를 자칭하였고 정위가 고향에서 그를 아는 사람 張宗祿 등
을 불러 확인했으며 성방수는 무도하게 거짓으로 속인 죄로 東市에
서 허리를 잘라 죽였다. 또는 이름이 張延年이라고도 했다.

71-2. 疏廣

原文

　疏廣字仲翁, 東海蘭陵人也. 少好學, 明《春秋》, 家居敎
授, 學者自遠方至. 徵爲博士, 太中大夫. 地節三年, 立皇太
子, 選丙吉爲太傅, 廣爲少傅, 數月, 吉遷御史大夫, 廣徙爲
太傅. 廣兄子受字公子, 亦以賢良擧爲太子家令. 受好禮恭
謹, 敏而有辭. 宣帝幸太子宮, 受迎謁應對, 及置酒宴, 奉觴
上壽, 辭禮閑雅, 上甚歡說. 頃之, 拜受爲少傅.

| 註釋 | ○疏廣(소광) － 생졸 미상. ○東海蘭陵 － 東海는 郡名. 치소는

郯縣(담현, 今 山東省 臨沂市 관할의 郯城縣). 蘭陵(난릉)은 縣名. 今 山東省 棗
庄市(조장시) 동쪽. ○明《春秋》－소광은《疏氏春秋》를 저술했다고 〈儒林傳〉
에는 기록됐으나 〈藝文志〉에는 기록이 없다. ○丙吉－74권, 〈魏相丙吉傳〉
에 입전. ○太傅, 小傅－太子 二傅, 모두 질록 2천석의 관리. 태부가 소부보
다는 상관이나 태자의 監護, 輔翼(보익), 敎導의 직분을 수행하며 태자궁의
여러 속관을 장악. ○太子家令－태자의 湯沐邑을 관리하고 東宮 내의 刑
獄, 음식, 창고, 재정 관리. 질록 1천석.

[國譯]

　疏廣(소광)의 字는 仲翁(중옹)으로 東海郡 蘭陵縣 사람이었다. 젊
어 호학하여《春秋》에 밝았는데 집에서 敎授를 하자 배우려는 자들
이 먼데서도 찾아왔다. 부름을 받아 博士가 되었다가 太中大夫가 되
었다. 宣帝 地節 3년(前 67)에 皇太子를 책립하고 丙吉을 선임하여
太傅로 삼았고 소광은 少傅가 되었는데 몇 달 뒤에 병길이 어사대부
가 되자 소광은 승진하여 태자태부가 되었다. 소광 형의 아들 疏受
(소수)의 字는 公子인데 역시 賢良으로 천거되어 太子家令이 되었
다. 소수도 好禮하고 恭謹하며 총명하고 말 재주가 좋았다. 宣帝가
太子宮에 행차하면 소수가 영접 배알하며 응대하였고 주연을 베풀
면 잔을 들어 축수하며 언사가 예에 맞고 품위가 있어 선제가 매우
기뻐하였다. 곧 少傅(소부)가 되었다.

原文

　太子外祖父特進平恩侯許伯以爲太子少, 白使其弟中郞

將舜監護太子家. 上以問廣, 廣對曰, "太子國儲副君, 師友
必於天下英俊, 不宜獨親外家許氏. 且太子自有太傅, 少傅,
官屬已備, 今復使舜護太子家, 視陋, 非所以廣太子德於天
下也." 上善其言, 以語丞相魏相, 相免冠謝曰, "此非臣等
所能及." 廣由是見器重, 數受賞賜. 太子每朝, 因進見, 太
傅在前, 少傅在後. 父子並爲師傅, 朝廷以爲榮.

| 註釋 | ○特進 平恩侯 許伯 – 特進은 관직명. 제후 중 공적이 뛰어난 사
람을 임명. '以功德特進見'의 의미. 許伯은 許廣漢. 伯은 그의 字. 許廣漢은
젊어 昌邑王의 낭관이었는데 武帝를 수행하여 甘泉宮에 갔을 때 실수로 남
의 말안장을 자기 말에 얹었는데 이를 절도라 하여 사형을 당해야 했으나 宮
刑으로 대신하였다. 허광한의 딸(許平君)은 그때 14, 5세로 皇曾孫인 劉病已
(유병이, 宣帝)와 결혼하였고 다음 해에 아들 劉奭(元帝)을 출산하였다. ○國
儲副君 – 國儲는 國嗣. 副君은 副 皇帝. ○視陋 – 淺陋(천루)하게 보이다. 보
기에 안 좋다. ○魏相 – 人名. 74권, 〈魏相丙吉傳〉에 입전. ○器重 – 신임하
다. 重用하다. ○父子 – 숙부와 조카. 伯·叔姪의 칭호가 사용되지 않았다
는 註가 있다.

〔國譯〕

　　태자의 외조부인 特進 平恩侯 許伯은 태자가 어리다 생각하여 자
신의 동생인 중랑장 許舜(허순)으로 太子家를 監護하겠다고 아뢰었
다. 선제가 이를 소광에게 묻자 소광이 대답하였다. "태자는 나라를
이어 갈 두 번째 주군으로 그 師友는 반드시 천하의 英俊이어야 하
는데 외가인 許氏만을 가까이 할 수 없습니다. 그리고 太子에게는

이미 太傅와 少傅가 있으며 다른 관속들도 다 갖추어졌는데 지금 다시 허순으로 太子家를 감호하게 한다면 보기에도 안 좋으며 태자의 덕을 천하에 베푸는 것이라 할 수도 없습니다.”

선제는 그 말을 옳다 생각하여 승상인 魏相에게 말하자 위상은 관을 벗고 사죄하며 말했다. “이는 臣 등이 따라갈 수 없습니다.”

소광은 이 때문에 더욱 신임을 받았고 자주 선제의 賞賜를 받았다. 태자가 조회를 하거나 천자를 뵐 때 태부가 앞서고 소부가 뒤에 수행하였다. 숙질이 모두 태자의 사부였기에 조정의 신하들은 그 숙질을 영광이라 부러워했다.

原文

在位五歲, 皇太子年十二, 通《論語》,《孝經》. 廣謂受曰, “吾聞'知足不辱, 知止不殆','功遂身退, 天之道'也. 今仕官至二千石, 宦成名立, 如此不去, 懼有後悔, 豈如父子相隨出關, 歸老故鄕, 以壽命終, 不亦善乎?” 受叩頭曰, “從大人議.” 卽日父子俱移病. 滿三月賜告, 廣遂稱篤, 上疏乞骸骨. 上以其年篤老, 皆許之, 加賜黃金二十斤, 皇太子贈以五十斤. 公卿大夫故人邑子設祖道, 供張東都門外, 送者車數百兩, 辭決而去. 及道路觀者皆曰, “賢哉二大夫!” 或歎息爲之下泣.

| 註釋 | ○'知足不辱, 知止不殆' - '~, 故知足不辱, 知止不殆, 可以長

久.'《老子道德經》44장. ○'功遂身退, 天之道' -《老子道德經》9장. ○移病 - 병가를 내다. 칭병하는 문서를 제출하다. 移는 공문서의 한 종류. ○賜告 - 漢律에 이천석 이상 관리는 병가를 추가로 3개월 낼 수 있었다. 3개월 내에 병이 낫지 않으면 사직해야 했다. 그러나 관직을 지닌 채 3개월 병가를 받는 것을 賜告라 하였다. ○乞骸骨 - 乞骸(걸해). 늙거나 질병으로 퇴직을 신청하다. ○祖道 - 먼 길의 평안한 여행을 위하여 지내는 노제와 송별잔치. ○供張 - 휘장과 음식을 준비하고 연회를 차리다.

〖國譯〗

태부로 5년을 근무하자 皇太子는 12세가 되어 《論語》와 《孝經》에 두루 통했다. 소광이 疏受(소수)에게 말했다. "내가 알기로 '知足하면 욕을 당하지 않고 知止하면 위태롭지 않다.' 하였으며, '공을 이루고 물러나는 것은 하늘의 道'라 하였다. 이제 벼슬이 2천석에 올랐고 지위와 명성이 다 성공했는데 이런 때 물러나지 않으면 후회할지도 모르니 우리 叔姪(숙질)이 함께 함곡관을 나서 고향으로 은퇴하여 여생을 누리고 죽는 것이 좋지 않겠느냐?"

소수가 고개를 조아리며 말했다. "大人(叔父)의 의견을 따르겠습니다." 卽日로 숙부와 조카가 함께 병을 이유로 사임하였다. 3개월 병가가 끝나자 소광은 병이 위급하다며 글을 올려 퇴직을 신청하였다. 선제는 나이도 많고 병이 있다 하여 모두 허락하면서 황금 20근을 하사하였고 황태자는 50근을 보내주었다. 공경대부와 우인과 고향 사람들이 떠나는 송별연을 東都門 밖에 차렸는데 전송 나온 사람의 수레가 수백 량이었고 송별 인사를 나누고 떠나갔다. 도로에서 이들을 보내는 여러 사람이 말했다. "현명하도다. 二大夫여!" 어떤 이는 탄식하며 눈물을 흘리기도 하였다.

　廣旣歸鄕里, 日令家共具設酒食, 請族人故舊賓客, 與相
娛樂. 數問其家金餘尙有幾所, 趣賣以共具. 居歲餘, 廣子
孫竊謂其昆弟老人廣所愛信者曰, "子孫幾及君時頗立産業
基址, 今日飮食, 費且盡. 宜從丈人所, 勸說君買田宅."

　老人卽以閒暇時爲廣言此計, 廣曰, "吾豈老誖不念子孫
哉? 顧自有舊田廬, 令子孫勤力其中, 足以共衣食, 與凡人
齊. 今復增益之以爲嬴餘, 但敎子孫怠惰耳. 賢而多財, 則
捐其志, 愚而多財, 則益其過. 且夫富者, 衆人之怨也, 吾旣
亡以敎化子孫, 不欲益其過而生怨. 又此金者, 聖主所以惠
養老臣也, 故樂與鄕黨宗族共饗其賜, 以盡吾餘日, 不亦可
乎!"於是族人說服. 皆以壽終.

| 註釋 | ○幾所 – 多少. 얼마나? ○趣 – 재촉할 촉(促也). ○昆弟老人과
所愛信者는 同一人. ○宜從丈人所 – 丈人은 노인의 경칭. 昆弟老人. ○老
誖(노패) – 늙은 망령. 誖 어지러울 패. 惑也. 糊塗(멍청하다). ○嬴餘(영여)
– 剩餘(잉여). 嬴財(영재). ○說服 – 悅服.

〔國譯〕

　소광은 향리로 돌아온 뒤에 날마다 집에 술과 음식을 차리게 하
여 집안 사람이나 옛 벗과 손님을 청해 같이 즐겼다. 가끔 집에 金이
얼마나 남아 있는가를 물어 빨리 팔아 음식을 준비하라고 재촉하였
다. 1년 쯤 지나 소광의 자손은 조용히 평소에 소광의 신임을 받는

형제 노인들에게 말했다.

"자손으로 바라기는 부친 살아계실 때 기본재산을 축적하는 것이나 요즈음 음식 비용이 바닥이 나려 합니다. 어르신 말씀은 따르실 것 같으니 田宅을 좀 사라고 권해 주십시오."

老人이 한가한 틈을 보아 소광에게 그런 계획을 말하자 소광이 말했다.

"내가 어찌 늙은 바보라서 자식을 생각하지 않겠는가? 생각해보면 옛 땅과 집이 있으니 자식이 그것으로 힘써 일하면 족히 의식은 해결하며 보통 사람과 비슷하게 살 수 있을 것이다. 지금 여기에 더 재산을 늘려 의식이 남아돌면 이는 단지 자손을 게으르게 만들 뿐이다. 똑똑한데 재산이 많다면 그 지조를 버리게 되고 어리석은 후손에게 재물이 많다면 그 허물을 보태는 것이다 그리고 부자란 여러 사람의 원망이니 내가 재산을 다 없애는 것으로 후손을 가르치되 그 허물을 보태고 원망을 사게 하지는 않겠다. 또 이 황금이란 聖主께서 내 늙은 몸을 보양하라고 하사하신 것이니 향당 종족과 함께 하사받은 것을 다 쓰면서 여생을 즐기는 것이 옳을 것이로다!"

이에 집안 사람은 기꺼이 따랐다. 두 사람은 천수를 누리고 죽었다.

71-3. 于定國

原文

于定國字曼倩, 東海郯人也. 其父于公爲縣獄史, 郡決曹, 決獄平, 羅文法者于公所決皆不恨. 郡中爲之生立祠, 號曰 于公祠.

東海有孝婦, 少寡, 亡子, 養姑甚謹, 姑欲嫁之, 終不肯. 姑謂鄰人曰, "孝婦事我勤苦, 哀其亡子守寡. 我老, 久累丁 壯, 奈何?" 其後姑自經死, 姑女告吏, "婦殺我母." 吏捕孝 婦, 孝婦辭不殺姑. 吏驗治, 孝婦自誣服. 具獄上府, 于公以 爲此婦養姑十餘年, 以孝聞, 必不殺也. 太守不聽, 于公爭 之, 弗能得, 乃抱其具獄, 哭於府上, 因辭疾去. 太守竟論殺 孝婦. 郡中枯旱三年. 後太守至, 卜筮其故, 于公曰, "孝婦 不當死, 前太守强斷之, 咎黨在是乎?" 於是太守殺牛自祭 孝婦塚, 因表其墓, 天立大雨, 歲孰. 郡中以此大敬重于公.

| 註釋 | ○于定國(우정국, ? − 前 40) − 宣帝 地節 원년(前 69)부터 정위로 18년 근무, 甘露 2년(前 52)에 御史大夫. 선제 甘露 3년에 승상으로 西平侯. 元帝 永光 원년(前 43)에 致仕. ○郯縣(담현) − 縣名. 東海郡의 治所. 今 山 東省 臨沂市 관할의 郯城縣. ○縣獄史, 郡決曹 − 縣의 獄史. 형벌을 주관하 는 獄掾(옥연)의 보좌관. 郡決曹는 郡의 여러 부서의 하나. 決獄, 斷獄, 用法, 囚徒(수도)를 관리하는 직책. ○丁壯 − 젊은이. 젊은 과부. ○吏驗治 − 옥리

가 조사하며 治罪하다. ○竟論 - 결국 죄를 판결하다. 竟은 最終. ○咎黨在
是乎 - 咎 허물 구. 재앙. 黨은 儻(혹시 당) 倘(혹시 당). ○因表其墓 - 表는
石碑. 석비를 세우다. ○天立大雨 - 立은 곧. 즉시. ○孰 - 熟. 풍년이 들다.

〔 國譯 〕

　于定國(우정국)의 字는 曼倩(만천)으로 東海郡 郯縣 사람이었다.
부친 于公(우공)은 縣의 獄吏와 郡의 決曹로 그의 決獄은 공평하여
비록 법 조항만 따지는 사람이라도 于公의 결정에 대해 원망하지 않
았다. 군민들은 우공이 살아 있는데도 사당을 세우고 于公祠라 하였
다.

　동해군에 어떤 효부가 젊어 과부가 되었으나 자식도 없이 시어머
니를 정성으로 모시었는데 시어머니가 재가시키려 해도 끝내 따르
지 않았다. 시어머니가 이웃 사람에게 말했다.

　"착한 며느리가 나를 봉양하느라 고생이 많은데 자식도 없이 수
절하는 것이 애처롭기만 하다. 나는 이미 늙어 젊은이만 오랫동안
고생시켜야 하니 이를 어찌하겠나?"

　그 뒤에 시어머니는 스스로 목을 매 죽었고 시누이는 "며느리가
시어머니를 죽였다"고 고발하였다. 관리가 효부를 체포하였고 효부
는 시어머니를 죽이지 않았다고 설명하였다. 옥리가 심하게 문초하
자 효부는 거짓으로 자백하였다. 조사가 끝나 상부에 보고하자 于公
은 이 효부가 시어머니를 10여 년이나 봉양했고 효부라 소문이 났
으니 틀림없이 죽이지 않았을 것이라 생각하였다. 태수는 우공의 말
을 인정하지 않았고, 우공은 태수에게 따졌으나 이길 수 없자 그 문
서를 끌어안고 郡府에서 통곡을 하고 병을 이유로 사직하였다. 태수

는 결국 효부를 처형했다. 군에는 3년 동안 가뭄이 들었다. 후임 태수가 부임하여 그 까닭을 점을 쳤는데 우공이 말했다.

"효부는 부당하게 죽었습니다. 전 太守가 억지로 단옥하였으니 잘못은 혹시 그것 때문이 아니겠습니까?"

이에 태수는 소를 잡고 직접 효부의 무덤에 가서 제사를 지내고 효부 무덤에 석비를 세우자 하늘에서 바로 큰 비가 내렸고 그 해는 풍년이 들었다. 군민들은 이 때문에 우공을 더욱 존중하였다.

原文

定國少學法於父, 父死, 後定國亦爲獄史,郡決曹, 補廷尉史, 以選與御史中丞從事治反者獄, 以材高擧侍御史, 遷御史中丞. 會昭帝崩, 昌邑王徵卽位, 行淫亂, 定國上書諫. 後王廢, 宣帝立, 大將軍光領尙書事, 條奏群臣諫昌邑王者皆超遷. 定國由是爲光祿大夫平尙書事, 甚見任用. 數年, 遷水衡都尉, 超過廷尉.

| 註釋 | ○廷尉史 – 정위의 속관. 결옥이나 치옥을 담당. ○反者獄 – 이미 판결되었으나 재조사를 해야 할 獄案. ○侍御史(시어사) – 어사대부의 속관. 어사대부의 명을 받아 감찰 업무를 수행. 황제의 지시에 따라 외지에 출장을 나가 지정업무를 수행. ○御史中丞 – 어사대부의 副職에 해당, 황제의 近臣. 秩 一千石. 殿中의 蘭臺에서 皇家의 도서도 관리, 州의 刺史를 감독. 15명의 시어사를 지휘하고 公卿의 상주를 접수하며 백관을 탄핵할 수 있는 요직. ○昭帝崩 – 元平 원년(前 74). ○昌邑王 – 武帝의 손자 劉賀(유하, 前

92 - 59) - 5살에 창읍왕이 되었고, 19세인 前 74년, 霍光(곽광) 등에 의해 황
제에 옹립, 27일간 재위. 곽광에 의거 축출. 前 63년 宣帝에 의해 海昏侯에
피봉. 63권, 〈武五子傳〉 중 昌邑 哀王 劉髆(유박) 기사 참고. ㅇ領尙書事 -
領은 고급 관리가 낮은 직분의 업무를 겸임하는 것. 尙書는 少府의 속관, 문
서 상주를 담당. 황제의 측근. ㅇ光祿大夫 - 무제 太初 원년에 郎中令을 光
祿勳으로 개칭하면서 中大夫를 光祿大夫로 개명(질록 比2천석), 광록대부는
여러 대부 중 가장 존귀한 자리. 給事中, 侍中의 加官을 받아 영향력 극대.
後漢에서는 점차 閑散職化. ㅇ水衡都尉 - 武帝 때 처음 설치. 上林苑 관리,
황실의 財物 및 鑄錢 담당. 질록 2천석.

〔國譯〕

　于定國은 젊어 부친으로부터 법을 배웠는데 부친이 죽은 뒤에 우
정국 역시 獄史가 되고 郡의 決曹가 되었으며 廷尉史에 임명되었다
가 뽑혀서 御史中丞과 함께 판결이 바뀐 옥안을 처리하는데 종사하
였으며 재능이 있어 특별히 시어사에 천거되었다가 어사중승으로
승진하였다. 마침 昭帝가 붕어하고 昌邑王을 불러 즉위케 하였으나
행실이 음란하였는데 우정국은 상서하여 이를 간쟁하였다. 뒤에 창
읍왕이 폐위되고 宣帝가 즉위하자 大將軍 霍光(곽광)은 尙書事를 겸
직하면서 창읍왕의 행실을 諫한 群臣을 모두 적어 순서를 뛰어 등용
토록 상주하였다. 우정국은 이로써 光祿大夫平尙書事가 되어 매우
신임을 받았다. 몇 년 뒤 수형도위로 승진했다가 순서를 뛰어 넘어
정위가 되었다.

定國乃迎師學《春秋》, 身執經, 北面備弟子禮. 爲人廉恭,
尤重經術士, 雖卑賤徒步往過, 定國皆與鈞禮, 恩敬甚備, 學
士咸聲焉. 其決疑平法, 務在哀鰥寡, 罪疑從輕, 加審慎之
心. 朝廷稱之曰, "張釋之爲廷尉, 天下無冤民, 于定國爲廷
尉, 民自以不冤." 定國食酒至數石不亂, 冬月治請讞, 飮酒
益精明. 爲廷尉十八歲, 遷御史大夫.

| 註釋 | ○北面備弟子禮 − 北面하여 제자의 예를 행하다. ○鈞禮(균례)
− 평등한 예절로 상대하다. 抗禮. 亢禮. ○咸聲 − 聲은 稱頌하다. ○張釋之
(장석지) − 50권,〈張馮汲鄭傳〉에 입전. ○天下無冤民 − 그 판결이 정당했
다는 뜻. ○請讞 − 형량에 대한 의결을 요청하다. 讞 죄를 의논할 언. 죄의
경중을 評議하여 판정하다.

〔 國譯 〕

우정국은 스승을 모시고 《春秋》를 배웠는데 경전을 들고 수업을
받으며 北面하고 제자의 예를 다하였다. 사람됨이 청렴하고 공손
하였는데 특히 유생을 우대하면서 비록 비천하여 걸어 다니는 하
급관리에게도 유정국은 대등한 예를 갖추었으며 恩愛恭敬을 다하
였기에 학사들도 모두 칭송하였다. 그의 疑獄(의옥) 평결에 법 적용
이 공평하였고 홀아비나 과부를 불쌍히 여겼고 죄상이 의심스러울
때는 가벼운 쪽을 따랐으며 특히 신중하게 처리하였다. 그래서 조
정에서도 우정국을 칭송하였다. "張釋之(장석지)가 정위가 되니 천
하에 억울한 백성이 없었고 우정국이 정위가 되니 백성은 원망하지

않았다."

우정국은 술 몇 말을 먹어도 난잡하지 않았으며 겨울에 판결을 내고 평의를 청할 때 음주하면 더욱 정밀하고 명철하였다. 정위로 18년을 근무한 뒤에 어사대부로 승진하였다.

原文

甘露中, 代黃霸爲丞相, 封西平侯. 三年, 宣帝崩, 元帝立, 以定國任職舊臣, 敬重之. 時陳萬年爲御史大夫, 與定國並位八年, 論議無所拂. 後貢禹代爲御史大夫, 數處駁議, 定國明習政事, 率常丞相議可. 然上始卽位, 關東連年被災害, 民流入關, 言事者歸咎於大臣. 上於是數以朝日引見丞相, 御史, 入受詔, 條責以職事, 曰, "惡吏負賊, 妄意良民, 至亡辜死. 或盜賊發, 吏不亟追而反繫亡家, 後不敢復告, 以故浸廣. 民多冤結, 州郡不理, 連上書者交於闕廷. 二千石選擧不實, 是以在位多不任職. 民田有災害, 吏不肯除, 收趣其租, 以故重困. 關東流民饑寒疾疫, 已詔吏轉漕, 虛倉廩開府臧相振救, 賜寒者衣, 至春猶恐不贍. 今丞相,御史將欲何施以塞此咎? 悉意條狀, 陳朕過失." 定國上書謝罪.

| 註釋 | ○甘露 − 선제의 연호. 前 53 − 50년. ○黃霸(황패) − 89권, 〈循吏傳〉에 입전. ○宣帝崩 − 黃龍 원년(前 49). ○陳萬年(?−前 44) −66권, 〈公孫劉田王楊蔡陳鄭傳〉에 立傳. 우정국의 후임으로 어사대부를 8년간 역임.

○貢禹(공우) - 72권, 〈王貢兩龔鮑傳〉 입전.　○駁議(박의) - 駁 어긋날 박, 얼룩말 박.　○言事者 - 政事를 상소하는 자.　○朝日 - 천자는 5일에 한번 씩 조회를 하였다.　○亡家 - 도둑맞은 집. 失物之家.　○在位多不任職 - 군현에서 일하는 많은 자가 제 임무를 다하지 못하다.　○饑寒疾疫 - 饑 굶주릴 기. 疫 염병 역.　○轉漕(전조) - 轉은 陸運. 漕는 水運.　○府臧 - 官府에서 필요한 물건을 보관하는 곳.　○不贍 - 不足. 贍 넉넉할 섬.

〖國譯〗

甘露 연간에 黃霸(황패)의 후임으로 승상이 되어 西平侯에 봉해졌다. 승상 재임 3년에 선제가 붕어하고 원제가 즉위하였는데 우정국을 요직을 담당한 舊臣이라며 공경하고 신임하였다. 이전에 陳萬年이 어사대부가 되어 우정국과 8년간 같이 근무하면서 국사를 논의하며 서로 충돌하지 않았었다. 뒤에 貢禹(공우)가 뒤를 이어 어사대부가 되어 여러 번 의견이 충돌하였는데 우정국이 정사에 밝았기에 宣帝는 대체로 우정국의 의견에 따랐었다. 그러나 원제가 즉위한 이래로 관동지방에 해마다 재해가 닥쳐서 그 백성들이 關中으로 흘러들어왔고 상서하여 국사를 논하는 자들은 대신들의 허물을 탓했다. 원제는 이에 조회하는 날에 승상과 어사대부를 자주 불러 만났는데 입시하여 조서를 받을 때 원제는 조목조목 직무를 지적하며 말했다.

"惡吏들은 도적을 잡지 못하면 도리어 양민들을 탓하며 심지어 무고한 사람을 죽이기도 한다. 혹 도적이 고발되면 관리들은 빨리 추격하여 잡지 못하면 도리어 도둑맞은 사람을 잡아가서 이후로는 다시 신고하지 못하게 하니 그 폐해는 점점 많아질 것이다. 백성의 맺힌 원한이 많은데도 주군에서는 이를 다스리지 못하니 상서하는 자들만 연이어 조정에 보낸다. 二千石 관리들이 무능력자를 천거하니 일을 해야 할 많은 관리들이 업무를 제대로 수행하지 못한다. 백성의 토지가 재해를 당했어도 관리들은 부세를 면제해주지 않고 田租(전조)의 징수를 재촉하니 백성들은 거듭 곤궁해질 것이다. 關東의 流民들이 굶주리며 질병에 시달리기에 육로나 수로로 운송하고 나라의 창고나 府庫를 열어서라도 구제하고 추위에 떠는 백성들에게 옷을 하사하라고 명령하였는데도 봄이 될 때까지도 공급되지 못할 것 같다. 지금 승상과 어사대부의 생각으로는 어떻게 해야만 이런 병폐를 막을 수 있겠는가? 사실대로 적어 올려 짐의 과실을 말해보시오."

이에 우정국은 상서하여 사죄하였다.

原文

永光元年, 春霜夏寒, 日靑亡光, 上復以詔條責曰, "郎有從東方來者, 言民父子相棄. 丞相,御史案事之吏匿不言邪? 將從東方來者加增之也? 何以錯繆至是? 欲知其實. 方今年歲未可預知也, 卽有水旱, 其憂不細. 公卿有可以防其未然, 救其已然者不? 各以誠對, 毋有所諱." 定國惶恐, 上書自劾, 歸侯印, 乞骸骨. 上報曰, "君相朕躬, 不敢怠息, 萬方之事, 大錄於君. 能毋過者, 其唯聖人. 方今承周,秦之敝, 俗化陵夷, 民寡禮誼, 陰陽不調, 災咎之發, 不爲一端而作, 自聖人推類以記, 不敢專也, 況於非聖者乎! 日夜惟思所以,未能盡明. 經曰, ‘萬方有罪, 罪在朕躬.’ 君雖任職, 何必顧焉? 其勉察郡國守相群牧, 非其人者毋令久賊民. 永執綱紀, 務悉聰明, 强食愼疾."

定國遂稱篤, 固辭. 上乃賜安車駟馬, 黃金六十斤, 罷就第. 數歲, 七十餘薨. 諡曰安侯.

| 註釋 | ○永光元年 – 원제의 연호. 前 43년. ○父子相棄 – 가난으로 부자가 서로를 돌보지 못하다. ○案事之吏 – 업무 담당 관리. ○何以錯繆至是 – 錯繆(착류)는 錯謬(착류). 錯은 相互. 繆 잘못할 류(本音 무). 違背.. ○不細 – 不小. ○大錄於君 – 錄은 살피다. 다스리다. 통괄하다. ○萬方有罪~ –《尙書 湯誥》. 萬方은 諸侯. 朕躬은 天子 자칭. ○守相 – 군수나 제후왕의 相. 群牧은 모든 지방관. 태수와 현령.

〖 國譯 〗

永光 원년에는 봄에 서리가 내리고 여름에도 추웠으며 해가 흐려지며 빛을 잃었는데 元帝는 다시 조서를 내려 조목조목 문책하였다.

"동쪽에서 온 낭관이 말하길 백성 부자가 서로를 버린다고 하였소. 승상과 어사대부나 담당 관리는 이를 숨기고 보고하지 않았는가? 아니면 동방에서 온 사람이 과장해서 말한 것인가? 어찌하여 이렇게까지 일이 잘못되었는가? 그 사실을 알고자 한다. 지금 연말의 상황을 미리 알 수야 없지만 수해나 가뭄이 닥친다면 그 걱정이 결코 작지 않을 것이다. 公卿들은 미연에 대처하거나 사후라도 구제해야 하지 않겠는가? 각자 성심으로 답변하되 숨기지 말지어다."

우정국은 惶恐(황공)해서 자신의 잘못을 토로하고 제후 인수를 반납하며 사직을 요청하였다. 이에 원제가 대답하였다.

"승상은 짐에 대한 보필을 결코 게을리 할 수 없고 萬方之事는 모두 승상에게 달려 있소. 과오가 없다면 아마 聖人일 것이요. 지금 周와 秦의 폐정을 이어받은 漢은 세속에 대한 교화가 무너지고 백성이 예의를 잘 따르지 않으며 음양이 조화되지 못하고 재해가 발생하는 것은 결코 한 가지 원인만은 아닐 것이며 성인께서도 이를 기록하여 분류하고 함부로 할 수 없었으니 하물며 보통 사람이라면 더 말하겠는가! 밤낮으로 그 까닭을 생각해보지만 확실히 알 수 없었다.《書經》에서도 '제후들이 有罪지만 허물은 짐에게 있노라.' 하였으니, 승상이 비록 직책을 맡았다지만 혼자 다 책임져야 하겠는가? 군국의 守相이나 모든 지방관 중에 적임자가 아닌 자가 백성을 해치지 못하게 힘써 감찰하시오. 기강을 확실하게 잡고 총명을 다하여 힘써 근무하되 억지로라도 식사하며 건강에 유념키 바라오."

우정국은 병이 위독하다며 고사하였다. 그러자 원제는 安車에 駟馬와 황금 60근을 하사하며 사직하여 물러나게 허락하였다. 몇 년 뒤 70여 세에 죽었다. 시호는 安侯이었다.

子永嗣. 少時, 耆酒多過失, 年且三十, 乃折節修行, 以父任爲侍中中郎將,長水校尉. 定國死, 居喪如禮, 孝行聞. 由是以列侯爲散騎,光祿勳, 至御史大夫. 尙館陶公主施. 施者, 宣帝長女, 成帝姑也, 賢有行, 永以選尙焉. 上方欲相之,會永薨. 子恬嗣. 恬不肖, 薄於行.

　始, 定國父于公, 其閭門壞, 父老方共治之. 于公謂曰,
"少高大閭門, 令容駟馬高蓋車. 我治獄多陰德, 未嘗有所
冤, 子孫必有興者." 至定國爲丞相, 永爲御史大夫, 封侯傳
世云.

| 註釋 | ○耆酒 − 嗜酒(기주). ○折節 − 평소의 志行을 바꾸다. ○父任
− 부친의 保證에 따른 천거. 2천석 이상의 관리의 자제를 채용하는 일종의
蔭敍制(음서제). ○長水校尉 − 무제 때 처음 설치한 무관직. 長安을 방위하
는 北軍 8교위 중 하나. 질록 2천석. ○散騎,光祿勳 − 散騎는 加官임. 본래
황제를 수행하지만 천자의 고문에 응대할 수 있는 朝廷의 顯官이었다. 光祿
勳의 秩은 中二千石으로 궁궐 門戶의 宿衛를 담당하였다.

〔 國譯 〕

　于定國의 아들 于永(우영)이 계승했다. 우영은 젊어 술을 좋아하
고 過失이 많았으나 나이 30이 되자 지조를 바꿔 수행에 힘썼고 부
친의 보증으로 시중 중랑장이 되었다가 長水校尉가 되었다. 우정국
이 죽자 禮에 따라 居喪하여 효행으로 알려졌다. 이 때문에 우영은
열후로 散騎光祿勳이 되었다가 어사대부로 승진하였다. 우영은 館
陶公主 施(시)를 아내로 맞이했었다. 施(시)는 宣帝의 장녀로 成帝의
고모였는데 행실이 현숙하였고, 우영은 특별히 선발되어 공주와 결
혼하였다. 성제가 승상에 임명하려 할 바로 그 무렵에 우영이 죽었
다. 아들 于恬(우염)이 계승했다. 우염은 불초한 사람으로 행실이 경
박하였다.

그전에 우정국의 부친 于公은 마을의 閭門(여문)이 무너져 마을 어른들과 함께 수리를 했다. 그때 우공이 말했다. "여문을 좀 더 높고 크게 만들어 駟馬(사마)가 끄는 덮개가 높은 수레가 다닐 수 있게 합시다. 나는 治獄하면서 음덕을 많이 베풀었고 남의 원한을 산 일이 없으니 필히 융성한 자손이 있을 것입니다."

아들 우정국은 승상이 되었고, 손자 우영은 어사대부가 되었으니 제후로 후세에 전할 수 있었다.

71-4. 薛廣德

原文

薛廣德字長卿, 沛郡相人也. 以《魯詩》敎授楚國, 龔勝,舍師事焉. 蕭望之爲御史大夫, 除廣德爲屬, 數與論議, 器之, 薦廣德經行宜充本朝. 爲博士, 論石渠, 遷諫大夫, 代貢禹爲長信少府,御史大夫.

|註釋| ○薛廣德 − 薛은 쑥 설. 성씨. ○沛郡相人 − 沛郡(패군) 치소는 相縣〔今 安徽省 북부 淮北市 관할 濉溪縣(수계현)〕. ○龔勝,舍 − 龔勝(공승), 龔舍(공사). 72권, 〈王貢兩龔鮑傳〉입전. ○蕭望之 − 78권, 〈蕭望之傳〉입전. ○經行 − 인재 추천 덕목. 經學에 정통하고 덕행이 있다. ○論石渠 − 선

제 甘露 3년(前 51), 궁중 장서각인 石渠閣(석거각)에서의 경학 토론. ○諫大夫 − 光祿勳 소속, 議論을 관장. 주로 名儒를 임명, 천자의 고문에 응대. 질록은 8백석. ○長信少府 − 長信宮의 少府. 소부는 宮의 재정과 운영을 담당.

〔國譯〕

薛廣德(설광덕)의 字는 長卿으로 沛郡(패군) 相縣 사람이었다.《魯詩》를 楚國에서 교수했는데 龔勝(공승)과 龔舍(공사)가 스승으로 받들었다. 蕭望之(소망지)는 어사대부가 되어 설광덕을 속관으로 임명하고 자주 여러 의논을 했는데 기량이 있다 생각하여 설광덕을 經行으로 本朝 요직에 천거하였다. 설광덕은 博士가 되어 石渠閣에서의 논의에 참여했고 諫大夫로 승진했으며, 貢禹(공우)의 뒤를 이어 長信少府가 되었다가 어사대부로 승진하였다.

原文

廣德爲人溫雅有醞藉. 及爲三公, 直言諫爭. 始拜旬日間, 上幸甘泉, 郊泰時, 禮畢, 因留射獵. 廣德上書曰, "竊見關東困極, 人民流離. 陛下日撞亡秦之鐘, 聽鄭,衛之樂, 臣誠悼之. 今士卒暴露, 從官勞倦, 願陛下亟反宮, 思與百姓同憂樂, 天下幸甚." 上卽日還. 其秋, 上酎祭宗廟, 出便門, 欲御樓船, 廣德當乘輿車, 免冠頓首曰, "宜從橋." 詔曰, "大夫冠." 廣德曰, "陛下不聽臣, 臣自刎, 以血汚車輪, 陛下不得入廟矣!" 上不說. 先毆光祿大夫張猛進曰, "臣聞主聖臣直. 乘船危, 就橋安, 聖主不乘危. 御史大夫言可聽."

上曰, "曉人不當如是邪!" 乃從橋.

| 註釋 | ○醞藉(온자) - 마음이 넓고 온화하다. ○及爲三公 - 成帝 綏和 원년(전 8)에 승상제도를 폐지하고 삼공이 모두 재상 역할을 하는 공동 집정의 형태로 조직이 바뀐다. 大司徒(승상), 大司馬, 大司空(어사태부)를 삼공으로 하고 질록을 같이했으며 각자 府를 운영하는 三分權의 체제였다. 설광덕은 어사대부였기에 三公이라 기록하였다. 물론 이때 설광덕에게 대사공이란 칭호가 사용된 것은 아니다. ○旬日 - 十日. ○郊泰畤 - 郊는 제왕이 天地의 신에게 올리는 제사. 겨울에는 남교에서 여름에는 북교에서 제사했다. 泰畤(태치)는 제사 터. 元帝 永光 원년(전 43)년의 일. ○鄭, 衛之樂 - 鄭과 衛나라의 음란한 음악. ○上酎祭宗廟 - 酎는 醇酒(순주), 정월에 술을 담가 8월에 숙성하는데 이 술을 종묘에 바치며 제사를 지냈다. ○出便門 - 정문이 아닌 측면의 출입문. ○當乘輿車 - 황제가 수레에 타는 것을 저지하다. 當은 阻擋. ○先敺 - 先驅. ○張猛 - 張騫(장건)의 손자.

〖 國譯 〗

薛廣德(설광덕)은 사람이 온아하면서도 마음이 넓었다. 삼공의 반열에 오르자 직언으로 간쟁을 하였다. 처음 어사대부가 된 지 열흘에 元帝가 감천궁에 행차하여 泰畤(태치)에서 郊祭를 지냈는데 제례를 마치고 머물러 사냥을 하였다. 설광덕이 상서하여 말했다.

"臣이 볼 때 關東의 곤궁이 극에 달해 백성이 떠돌고 있습니다. 폐하께서는 날마다 망한 秦나라를 따라 하고 鄭과 衛의 음란한 음악을 듣고 계시니 臣은 정말 마음이 아픕니다. 지금 사졸들은 야전에서 고생하고 시종 관리들도 지쳤으니 폐하께서는 빨리 궁으로 돌아가시어 백성들의 시름과 즐거움을 같이 생각한다면 천하를 위해 다행일 것입니다."

원제는 당일로 환궁하였다.

그해 가을에 원제는 새 술을 종묘에 바치고 제사를 지내려 便門으로 나가 누각이 있는 배를 타고 가려 하자, 설광덕이 황제의 수레를 막으면서 관을 벗고 머리를 숙이며 말했다. "응당 다리를 건너가셔야 합니다." 그러자 원제가 명했다. "대부께서는 관을 쓰시오." 설광덕이 말했다. "폐하께서 臣의 말을 따라 주시지 않는다면 臣은 목을 찔러 피를 수레바퀴에 바를 것이고 폐하께서는 종묘에 들어가시지 못할 것입니다!"

원제는 불쾌하였다. 그때 광록대부 張猛(장맹)이 앞으로 나와 말했다. "臣이 듣기로, 주군이 聖明하면 신하도 정직하다 하였습니다. 배를 타는 것은 위험하고 교량을 건너는 것이 안전하며, 聖主는 위험한 곳을 가지 않는 것입니다. 어사대부의 말은 따라야 합니다."

이에 원제가 말했다. "사람을 깨우치려면 이처럼 해야 하지 않겠는가!" 그리고서는 교량으로 행차하였다.

原文

後月餘, 以歲惡民流, 與丞相定國,大司馬車騎將軍史高俱乞骸骨, 皆賜安車駟馬,黃金六十斤, 罷. 廣德爲御史大夫, 凡十月免. 東歸沛, 太守迎之界上. 沛以爲榮, 縣其安車傳子孫.

| 註釋 | ○大司馬車騎將軍 – 大司馬는 군사권을 장악한 최고의 무신. 실권을 장악한 외척에게 이 관직을 수여하거나 아니면 폐지하였다. 거기장군은 대장군 다음에 고급 무관, 정사를 보필하는 문신에게도 이 직함이 수여되었다. ○史高(? – 前 43) – 선제의 부친(史皇孫)의 외삼촌인 史恭의 아들이니, 곧 宣帝의 祖母인 史良娣의 친정 조카이다. 黃龍 원년(전 49)에 大司馬 車騎將軍 領尙書事가 되었다가 前 43년에 노령으로 은퇴하고 그 해에 죽었다.

〖 國譯 〗

그 한 달 뒤에, 나라는 흉년이 들었고 유민이 떠돌았다. 승상 于定國과 大司馬車騎將軍인 史高(사고)는 함께 사직하였고 모두에게 安車駟馬와 황금 60근을 하사하고 면직케 하였다. 설광덕이 어사대부가 되어 총 10개월 만에 사직하였다. 동쪽 패군으로 돌아오자 태수가 경계까지 나와 영접하였다. 패군에서는 이를 영광으로 생각하여 그 수레를 보관하여 자손에게 전하게 하였다.

71-5. 平當

原文

平當字子思, 祖父以訾百萬, 自下邑徙平陵. 當少爲大行治禮丞, 功次補大鴻臚文學, 察廉爲順陽長, 栒邑令, 以明經爲博士, 公卿薦當論議通明, 給事中. 每有災異, 當輒傳經術, 言得失. 文雅雖不能及蕭望之, 匡衡, 然指意略同.

| 註釋 | ○平當(평당) － ? － 前 4. ○以訾百萬 － 訾는 資와 通. 錢財. 그의 祖父는 漢中太守이었던 平訾(평전)으로 알려졌다. ○下邑 － 縣名. 今 安徽省 宿州市 관할의 碭山縣. ○平陵 － 縣名. 今 陝西省 咸陽市 서쪽. ○大行治禮丞 － 大鴻臚 소속 大行令의 속리. ○功次 － 연공에 의한 승진. ○大鴻臚文學 － 질록 1백석의 하급 관리. ○順陽 － 현명. 今 河南省 南陽市 淅川縣. ○枸邑(순읍) － 현명. 今 陝西省 咸陽市 枸邑縣. ○給事中 － 가관. 황제 수행, 자문 응대.

〔國譯〕

平當(평당)의 字는 子思로 조부가 백만의 자산을 들여 下邑縣에서 平陵縣으로 이사하였다. 평당은 젊어 大行治禮丞이 되었다가 승진하여 大鴻臚文學에 보임되었고 청렴하다 하여 順陽縣과 枸邑縣(순읍현)의 현령이 되었으며 明經으로 천거되어 博士가 되었고 다시 공경들이 의논에 뛰어나다고 천거하여 給事中이 되었다. 나라에 災異가 있을 때마다 평당은 경전의 뜻에 附會하여 그 득실을 논하였다. 文雅함은 蕭望之(소망지)나 匡衡(광형)에 미치지 못하였으나 그 뜻은 대략 비슷하였다.

原文

自元帝時, 韋玄成爲丞相, 奏罷太上皇寢廟園, 當上書言,

"臣聞孔子曰, '如有王者, 必世而後仁.' 三十年之間, 道德和洽, 制禮興樂, 災害不生, 禍亂不作. 今聖漢受命而王, 繼體承業二百餘年, 孜孜不怠, 政令淸矣. 然風俗未和, 陰陽未調, 災害數見, 意者大本有不立與? 何德化休徵不應之久也! 禍福不虛, 必有因而至者焉. 宜深跡其道而務修其本. 昔者帝堯南面而治, 先'克明俊德, 以親九族', 而化及萬國. 《孝經》曰 '天地之性人爲貴, 人之行莫大於孝, 孝莫大於嚴父, 嚴父莫大於配天, 則周公其人也.' 夫孝子善述人之志, 周公旣成文,武之業而製作禮樂, 修嚴父配天之事, 知文王不欲以子臨父, 故推而序之, 上極於后稷而以配天. 此聖人之德, 亡以加於孝也. 高皇帝聖德受命, 有天下, 尊太上皇, 猶周文,武之追王太王,王季也. 此漢之始祖, 後嗣所宜尊奉以廣盛德, 孝之至也. 《書》云, 正稽古建功立事, 可以永年, 傳於亡窮." 上納其言, 下詔復太上皇寢廟園.

| 註釋 | ○韋玄成 － 韋賢의 아들. 73권, 〈韋賢傳〉에 입전. ○太上皇寢廟園 － 태상황은 고조의 부친. 태상황 묘당의 주변 능원. 廟는 宗廟의 正殿. 寢 (침)은 後殿. ○如有王者, 必世而後仁 － 《論語 子路》. 1世 30년이 지나야 仁道가 성취한다는 뜻. ○孜孜(자자) － 부지런히 힘쓰는 모양. ○克明俊德~ － 큰 덕을 밝히시고 九族을 화목하게 하시니. 《書經 堯典》. ○嚴父 － 부친을 공경하다. 嚴은 공경하다. 존경하다. ○配天 － 王者가 조상을 하늘과 함께 祭享(제향)하는 일. ○故推而序之 － 周公은 文王의 부친 季歷(王季)와 祖父 古公亶父(太王)을 추존하고 后稷 이후 선조의 계승을 확정하였다. ○《書》

云, 正稽古~ -현재의 《書經》에는 이 구절이 없다.

〖國譯〗

元帝 때부터 韋玄成(위현성)은 승상이었는데 태상황 寢廟의 능원을 혁파하자고 주청하였는데 平當(평당)이 상서하여 말했다.

"臣이 알기로는, 공자께서 '王者가 통치하더라도 반드시 1世(30년)가 지나야만 仁道를 성취할 수 있다.' 고 말했습니다. 그렇게 되려면 30년 동안에 도덕을 실천하고 예악이 제정되며 재해가 없고 화란이 일어나지 않아야 합니다. 지금 위대한 漢이 천명을 받아 王者로서 왕정을 잇고 덕업을 계승한지 2백여 년에 부지런히 힘쓰며 게으르지 않았고 정령도 깨끗하였습니다. 그런데도 풍속의 교화가 부족하고 음양이 조화되지 않아 재해가 자주 닥치는 것에 대해 뜻있는 사람들은 '대본이 아직 확립되지 않았는가? 또 德化의 상서로움이 응하지 않는 것이 어찌 이리 오래인가!' 라고 말합니다. 화복은 공허한 것이 아니기에 반드시 원인이 있어 나타나는 것입니다. 응당 道의 깊은 근원을 찾아 그 근본을 힘써 닦아야 합니다. 예전에 堯임금이 남면하여 치국할 때 먼저 '큰 덕을 밝히시고 九族을 화목하게 만든' 그 다음에 德化가 만국에 미치게 되었습니다. 《孝經》에서도 '天地의 본성 중에 사람이 귀하고 사람의 행실 중 효보다 큰 것이 없으며, 孝는 부친을 공경하는 것보다 더한 것이 없으며, 부친 공경은 부조를 하늘과 함께 제사하는 것보다 더한 것이 없다.' 고 하였으니 이를 실천한 분이 周公입니다. 효자란 조상의 큰 뜻을 잘 서술하는 사람이니 周公께서는 文王과 武王의 왕업을 이루게 하고 예악을 제정하였으며 조상을 하늘과 함께 제사하였는데 文王께서는 아들로서 부친을 그냥 모실 수 없다는 뜻을 헤아려 (太王을) 추존하였으며 世系(세계)를 확립하여 위로는 后稷(후직)까지 하늘과 함께 제사하였습니다. 이로써 성인의 덕이 효도보다 더한 것이 없다는 뜻입니다. 高皇帝께서는 성덕으로 受命하시고 천하를 소유하시면서 太上皇을 존중하셨으니, 이는 周 문왕과 무왕이 太王과 王季를 왕으로 추존한 것과 같습니다. 이는 漢의 시조이시니 후손들은 의당 받들어 모시며 盛德을 더 널리 펴는 것이 효도의 완성일 것입니다. 《書經》에서도 '옛 법도 및 건립하신 공적을 바르게 살펴 오래도록 받들어 무궁히 전해야 한다.' 하였습니다."

성제는 그 상서를 받아들였고 조서를 내려 太上皇의 묘당과 능원을 복원케 하였다.

原文

頃之, 使行流民幽州. 擧奏刺史二千石勞徠有意者, 言勃海鹽池可且勿禁, 以救民急. 所過見稱, 奉使者十一人, 爲最, 遷丞相司直. 坐法, 左遷朔方刺史, 復徵入爲太中大夫給事中, 累遷長信少府, 大鴻臚, 光祿勳.

| 註釋 | ○使行流民幽州 – 幽州의 유민을 순시하다. 行은 순시하다. 구휼하다. 流民은 흉년이나 기근으로 본거지를 떠나 유랑하는 백성. 幽州는 幽州刺史府 관할 지역. 涿郡(탁군)에서 遼西, 遼東, 樂浪郡까지 9개 군과 1국이 그 관할 지역이었다. ○勞徠 – 유민을 구제한 것을 위로하다. 勞는 위로하다. 徠 위로할 래. 用恩招來의 뜻. ○勃海 – 여기서는 발해군이 아닌 바다를

지칭. 구휼책의 일환으로 바닷가에서 백성들이 소금을 제조 판매하는 국가에서 관여하지 말자는 뜻. 소금은 국가 전매품이었다. 鹽池는 소금을 제조하는 곳. ○丞相司直 - 승상부의 속관 중에서 최고위직. 승상의 감찰 기능을 보좌. 秩 比二千石. ○朔方(삭방) 刺史 - 北地郡, 上郡, 西河郡, 朔方郡, 五原郡 등 5군의 감찰을 수행. 자사는 秩 6백석으로 太守보다 하위직이었다.

[國譯]

　얼마 후, 명을 받아 幽州(유주) 일대의 流民을 순시하였다. 刺史와 二千石(太守) 중 백성 구휼에 힘쓴 자를 천거 상주하였고 勃海의 鹽池에서 소금 제조를 허용하여 백성의 위급을 구제하자고 건의하였다. 平當은 가는 곳마다 칭송을 들었으니 명을 받아 나간 使者 11명 중 가장 우수하여 丞相司直으로 승진하였다. 뒤에 법에 저촉되어 朔方刺史로 좌천되었다가 다시 불려 와 太中大夫給事中이 되었고 승진하여 長信少府, 大鴻臚, 光祿勳을 역임하였다.

原文

　先是, 太后姊子衛尉淳于長白言昌陵不可成, 下有司議. 當以爲作治連年, 可遂就. 上既罷昌陵, 以長首建忠策, 復下公卿議封長. 當又以爲長雖有善言, 不應封爵之科. 坐前議不正, 左遷鉅鹿太守. 後上遂封上. 當以經明〈禹貢〉, 使行河, 爲騎都尉, 領河堤.

｜註釋｜　○淳于長(순우장) - 93권, 〈佞幸傳〉에 입전. ○昌陵 - 미완성된

성제의 능원. 5년이나 공사를 하다가 결국 재정 부족으로 永始 원년(前 16)에 중지시켰다. ○有司 — 各有專司의 뜻. 職官. 담당자. ○鉅鹿(거록) — 군명. 치소는 鉅鹿縣[今 河北省 남부 邢台市(형태시) 관할의 巨鹿縣]. ○〈禹貢〉—《書經》의 편명. 중국의 산천과 지리에 관한 내용. ○騎都尉 — 관직명. 무제 때 처음 설치. 羽林軍의 기병을 감독.

〔國譯〕

이보다 앞서 태후 언니의 아들인 衛尉 淳于長(순우장)이 昌陵의 공사를 마칠 수 없다고 상주하자 이를 담당자들에게 논의하게 하였다. 平當은 해마다 계속하면 완공할 수 있다고 말했다. 成帝는 창능 공사를 중지시키고 순우장에게 좋은 방책을 마련하라고 지시하고 순우장을 책봉하는 문제를 토론하라고 하였다. 평당은 순우장이 언사는 매우 유창하지만 작위를 받을만한 공적이 없다고 말했다. 이에 어전에서 부정한 논의를 한 죄에 걸려 鉅鹿(거록)太守로 좌천되었다. 성제는 나중에 순우장을 책봉하였다. 平當은 〈禹貢〉에도 밝아 명을 받아 황하를 순행하였고 騎都尉가 되어 황하의 제방을 관할하였다.

原文

哀帝卽位, 徵當爲光祿大夫,諸吏,散騎, 復爲光祿勳,御史大夫, 至丞相. 以冬月, 賜爵關內侯. 明年春, 上使使者召, 欲封當. 當病篤, 不應召. 室家或謂當, "不可强起受侯印爲子孫耶?" 當曰, "吾居大位, 已負素餐之責矣, 起受侯印, 還

臥而死, 死有餘罪. 今不起者, 所以爲子孫也." 遂上書乞骸
骨. 上報曰, "朕選於衆, 以君爲相, 視事日寡, 輔政未久, 陰
陽不調, 冬無大雪, 旱氣爲災, 朕之不德, 何必君罪? 君何疑
而上書乞骸骨, 歸關內侯爵邑? 使尙書令譚賜君養牛一, 上
尊酒十石. 君其勉致醫藥以自持." 後月餘, 卒. 子晏以明經
歷位大司徒, 封防鄕侯. 漢興, 唯韋,平父子至宰相.

| 註釋 | ○哀帝卽位 – 劉欣(유흔, 前 27 – 前 1), 재위 前 7년 – 前 1년. 元
帝의 庶孫, 成帝의 동생 定陶恭王 劉康의 아들. ○諸吏 – 加官의 칭호. 법에
의거 관리를 탄핵할 수 있는 권리를 가졌다. 역할은 御史中丞과 비슷하다.
무제 때 처음 설치. 列侯, 將軍, 卿大夫가 이 加官을 받을 수 있다. 無 定員.
加官은 황제가 총애하는 신하에게 본 관직 외에 추가로 다른 업무를 담당할
수 있는 권한을 수여한 직함이다. 侍中, 左右曹, 諸吏, 散騎, 中常侍 給事中
등이 모두 加官이다. 列侯, 將軍, 卿大夫, 都尉, 尙書, 太醫, 太官令에서 郎中
에 이르는 관직이라면 加官을 받을 수 있었다. 加官은 內朝官에 한했으며,
政事의 논의에 참여할 수 있어 권한도 강대하였다. ○散騎 – 가관의 칭호.
천자의 고문에 응대. ○賜爵關內侯 – 승상에 임명되면 列侯에 봉해지는 것
이 관례였는데 열후보다 한 등급 아래인 관내후에 봉했다. 겨울철에는 열후
를 봉하지 않아 관내후에 봉했다는 註가 있다. ○素餐(소찬) – 功도 없이 국
록을 받다. 일하지 않고 먹다. ○養牛 – 宮中의 소요에 대비하여 기르는 소.
○上尊酒十石 – 곡식 1斗에서 술 1斗를 얻을 때 上尊(상준)이라 한다. 尊은
술잔 준. 높을 존. ○大司徒 – 成帝 때, 丞相을 대사도로 개칭. 三公의 한 사
람. ○唯韋,平父子~ – 오직 韋賢과 平當 부자가~ 평민 중 文學으로 천거
된 사람으로 父子가 승상에 오른 사람은 ~.

〖國譯〗

哀帝가 즉위하자 平當을 불러 光祿大夫諸吏散騎에 임명하였고 다시 광록훈과 어사대부를 거쳐 승상이 되었다. 겨울철이라서 關內 侯의 작위를 내렸다. 다음 해 봄, 애제가 사자를 보내 평당을 불러 열후에 봉하고자 했다. 마침 평당은 병이 심해 부름에 응하지 못했다. 집안의 어떤 사람이 평당에게 말했다.

"억지로라도 일어나 열후의 인수를 받는 것이 자손을 위한 일이 아니겠습니까?" 그러자 평당이 말했다.

"나는 높은 자리에서 하는 일도 없이 국록을 이미 받고 있는데 일어나 제후 인수를 받고 돌아와 누워 있다가 죽으면 죽은 다음에도 죄가 남을 것이요. 지금 자손을 위해 일어나지 않는 것이요."

그리고서는 상서하여 면직을 요청하였다. 애제가 답서를 보내 말했다.

"朕이 골라서 당신을 승상에 임명했고 일을 맡은 지 얼마 안 되고 정사를 보필한 지 오래지 않은데 음양이 조화롭지 못하여 겨울인데도 눈이 내리지 않고 겨울 가뭄의 재해가 있으니, 이는 짐의 부덕이지 승상의 죄이겠는가? 승상은 무슨 걱정으로 상서하여 면직하고 관내후 작위와 식읍을 반납하려 하시는가? 상서령 譚(담)을 시켜 승상에게 소 1마리와 上尊酒(상준주) 十石을 보내오. 승상은 치료에 힘쓰며 건강에 유념하시기 바라오."

그 한 달 뒤에 죽었다. 아들 平晏(평안)은 明經으로 천거되어 여러 관직을 거쳐 大司徒에 올라 防鄉侯가 되었다. 漢이 흥기한 이후로 오직 韋賢과 平當 父子만이 문학으로 천거되어 재상에 올랐다.

71-6. 彭宣

原文

彭宣字子佩, 淮陽陽夏人也. 治《易》, 事張禹, 擧爲博士, 遷東平太傅. 禹以帝師見尊信, 薦宣經明有威重, 可任政事, 繇是入爲右扶風, 遷廷尉, 以王國人出爲太原太守. 數年, 復入爲大司農,光祿勳,右將軍. 哀帝卽位, 徙爲左將軍. 歲餘, 上欲令丁,傅處爪牙官, 乃策宣曰, "有司數奏言諸侯國人不得宿衛, 將軍不宜典兵馬, 處大位. 朕唯將軍任漢將之重, 而子又前取淮陽王女, 婚姻不絶, 非國之制. 使光祿大夫曼賜將軍黃金五十斤,安車駟馬, 其上左將軍印綬, 以關內侯歸家."

| 註釋 | ○彭宣(팽선. ?-서기 4) - 哀帝 때 御史大夫(前 2). ○淮陽 陽夏 - 淮陽은 郡國名. 치소는 陳縣(今 河南省 周口市 淮陽縣). 陽夏는 縣名. 今 河南省 周口市 관할의 太康縣. ○張禹 - 成帝의 사부. 81권, 〈匡張孔馬傳〉에 입전. ○東平太傅 - 東平國(宣帝 甘露 元年, 前 53년에 皇子 劉寧을 봉한 나라. 大河郡을 동평국으로 개명하였다. 치소는 今 山東省 泰安市 관할의 東平縣.)의 태부. ○王國人出爲太原太守 - 군국의 관리는 漢 조정에 출사할 수 없었는데 이는 특별한 경우였다. 太原은 郡名. 今 山西省 省都인 太原市. ○右將軍 - 前,後將軍과 함께 上卿에 속하는 무관직. 大將軍이나 驃騎, 車騎, 衛將軍의 차하 직급. 평상시에는 구체적 직무가 없지만 황제을 호위하고 가관의 직함을 받아 정사의 논의에 참여할 수 있다. ○丁,傅處爪牙官 - 哀帝의 모친 丁

氏와 哀帝의 황후 傅(부)씨. 외척. 爪牙官(조아관)은 무관직에 대한 통칭.

【國譯】

　　彭宣(팽선)의 字는 子佩(자패)로 淮陽郡 陽夏縣 사람이다. 張禹(장우)를 스승으로 《易經》을 전공하였는데 천거되어 박사가 되었고 東平國 太傅로 승진하였다. 장우는 成帝의 사부로 존경을 받았는데 팽선은 경학에 밝고 위엄이 있어 정사를 담당할 수 있다고 천거하여 漢 조정에 들어와 우부풍이 되었다가 정위로 승진하였고 王國 출신으로 太原太守가 되었다. 몇 년 뒤, 다시 조정에 들어가 大司農, 光祿勳, 右將軍을 역임하였다. 哀帝가 즉위하자 左將軍으로 옮겼다. 1년 뒤에 애제가 丁氏와 傅氏(부씨) 등 외척을 무관으로 임명하려고 팽선에게 책서를 내려 말했다.

　　"담당 관리들이 諸侯國의 관리는 숙위의 직책을 맡을 수 없고, 제후국의 장군은 漢의 병마에 관한 고위직에 오를 수 없다고 여러 번 상주하였다. 朕은 將軍이 漢將의 중임을 담당하고 장군의 아들은 또 淮陽王의 딸과 결혼하여 관계가 있는데 이는 國制가 아니라고 생각한다. 광록대부 昄(만)을 시켜 장군에게 황금 50근과 安車에 駟馬를 보내니 左將軍의 印綬를 반납하고 關內侯로 歸家하기 바란다."

原文

　　宣罷數歲, 諫大夫鮑宣數薦宣. 會元壽元年正月朔日蝕, 鮑宣復言, 上乃召宣爲光祿大夫, 遷御史大夫, 轉爲大司空, 封長平侯.

會哀帝崩, 新都侯王莽爲大司馬, 秉政專權. 宣上書言, "三公鼎足承君, 一足不任, 則覆亂美實. 臣資性淺薄, 年齒老眊, 數伏疾病, 昏亂遺忘, 願上大司空, 長平侯印綬, 乞骸骨歸鄕里, 俟置溝壑." 莽白太后, 策宣曰, "惟君視事日寡, 功德未效, 迫於老眊昏亂, 非所以輔國家, 綏海內也. 使光祿勳豐册詔君, 其上大司空印綬, 便就國." 莽恨宣求退, 故不賜黃金,安車駟馬. 宣居國數年, 薨, 諡曰頃侯. 傳子至孫, 王莽敗, 乃絶.

| 註釋 | ○鮑宣(포선) – 백성들에게는 '七亡七死가 있고 無一生'이라는 유명한 말을 남겼다. 72권, 〈王貢兩龔鮑傳〉에 입전. ○新都侯 – 新都는 南陽郡 新野縣 都鄕(도향). ○鼎足 – 다리가 셋인 솥. 鼎 세발 솥 정. ○一足不任 – 왕망의 1인 독재를 비난한 말. ○覆亂美實 – 솥이 기울면 그 안의 좋은 음식(美實)을 다 버리게 된다. ○年齒老眊 – 眊 눈 흐릴 모. ○俟置溝壑 – 俟 기다릴 사. 溝壑(구학)은 구덩이. 무덤.

〖 國譯 〗

팽선이 파직 된 몇 년 뒤, 諫大夫인 鮑宣(포선)은 여러 번 팽선을 천거하였다. 그때 元壽 원년(前 2) 정월 초하루에 일식이 일어나자 포선은 다시 상서하였고 애제는 팽선을 불러 광록대부에 임명했는데, 御史大夫로 승진하고 직명을 바꿔 大司空이 되어 長平侯에 봉해졌다.

그때 哀帝가 붕어하고 新都侯 王莽이 大司馬가 되어 정사의 전권을 장악하였다. 이에 팽선이 상서하였다.

"三公은 鼎足하여 주군을 모시는데 一足으로는 책무를 다할 수 없으며 엎어지면 모든 것을 잃습니다. 臣은 자질이 淺薄(천박)하고 나이도 많아 눈도 잘 안 보이며 자주 앓아 누우며 정신도 혼미하여 大司空과 長平侯의 印綬를 반납하면서 사직하여 향리를 돌아가서 죽을 날을 기다리겠습니다." 왕망이 太后에게 아뢰자 팽선에게 책서를 내려 말했다.

"대사공으로 일을 맡은 지 오래되지도 않아 그 공덕이 나타나지도 않았는데 늙어 눈이 흐리고 정신이 혼미하다니 이는 나라를 보필하고 海內를 편안케 하는 일이 아니오. 光祿勳 豐(풍)을 시켜 대사공에게 명하나니 大司空의 印綬를 반납하고 封國으로 돌아가시오."

왕망은 팽선이 사임한 것을 미워하여 黃金과 安車駟馬를 내려 주지도 않았다. 팽선은 봉국에 몇 년 살다가 죽었고, 시호는 頃侯(경후)이었다. 아들에서 손자까지 전했으나 왕망이 敗死하면서 단절되었다.

原文

贊曰, 雋不疑學以從政, 臨事不惑, 遂立名跡, 終始可述. 疏廣行止足之計, 免辱殆之累, 亦其次也. 于定國父子哀鰥哲獄, 爲任職臣. 薛廣德保縣車之榮, 平當逡遁有恥, 彭宣見險而止, 異乎 '苟患失之' 者矣.

| 註釋 | ○止足之計 - 知其所止 功成身退. ○免辱殆之累 - 免은 免脫. 辱은 수치를 당하다. 殆 위태할 태. 累 허물 누(루). ○哀鰥哲獄 - 鰥 홀아비

환. 哲獄은 명철하게 판결하다. ○逡遁(준준) − 우물쭈물 대다. 逡 뒷걸음질 준, 遁 뒷걸음질 칠 준. 달아날 둔. ○苟患失之 − 子曰, "鄙夫可與事君也與哉? 其未得之也, 患得之. 旣得之, 患失之. 苟患失之, 無所不至矣."《論語 陽貨》.

〖國譯〗

班固의 論贊 : 雋不疑(전불의)는 학문을 바탕으로 벼슬하면서 국사에 임해 不惑하여 명성과 공적을 남겼기에 그 처음과 끝을 모두 기록하였다. 疏廣(소광)은 止足之計를 지켜 위험한 허물에서 벗어날 수 있었기에 그 다음이라 할 수 있다. 于定國(우정국) 부자는 어려운 사람을 보살피고 바른 평결로 소임을 다한 신하였다. 薛廣德(설광덕)은 은퇴할 때 타고 온 수레가 보존되는 영광을 누렸고 平當(평당)은 머뭇거리다가 치욕을 당했으며 彭宣(팽선)은 위험에 처해 그만두었으니 '잃을까 걱정하는' 사람과는 달랐다.

72 王貢兩龔鮑傳
〔왕,공,양공,포전〕

原文

昔武王伐紂, 遷九鼎於雒邑, 伯夷,叔齊薄之, 餓死於首陽, 不食其祿, 周猶稱盛德焉. 然孔子賢此二人, 以爲'不降其志, 不辱其身'也. 而《孟子》亦云, '聞伯夷之風者, 貪夫廉, 儒夫有立志.' '奮乎百世之上, 百世之下莫不興起, 非賢人而能若是乎!'

│註釋│ ○九鼎 - 夏의 禹王은 九州의 상징으로 九鼎을 주조하였는데, 이후 이는 傳國之寶로 인식되었다. ○雒邑(낙읍) - 今 河南省 洛陽市. ○薄之 - 武王의 殷 정벌을 경멸하다. 鄙薄하다. ○首陽 - 山名. 일반적으로 今 河南省 洛陽市 동쪽 30km 偃師市(언사시)의 산 해발 359m '日出之初,光必先及'이라 해서 얻은 이름. ○不降其志, 不辱其身 - 子曰, "不降其志, 不辱其身, 伯夷 叔齊與!"《論語 微子》○《孟子》亦云 -《孟子 盡心 下》. 문장은 이

와 똑같지는 않다. ○본 72권을 〈高士傳〉이라고도 한다.

〔國譯〕

　옛날에 武王이 紂王(주왕)을 정벌하고 九鼎을 雒邑(낙읍)으로 옮겨 왔는데, 伯夷(백이)와 叔齊(숙제)는 이를 경멸하고 首陽山에서 아사하며 周의 녹을 먹지 않았는데 周에서는 그 훌륭한 덕을 칭송하였다. 그러나 공자는 이 두 사람은 현명하다 여기면서 '그 뜻을 굽히지 않았기에 그 자신이 욕을 당하지 않았다'고 하였다. 그리고《孟子》에서도 '백이의 풍모를 들으면 욕심 많은 사람은 염치를 알고 겁쟁이도 뜻을 세운다.' 하였고, '위로는 백세에 걸쳐 비분강개하고 아래로는 백세에 이르도록 지켜나갈 것이며 분연히 일어나지 않는 사람이 없으니 현인이 아니라면 누가 이와 같겠는가!' 라고 평하였다.

原文

　漢興有園公,綺里季,夏黃公,甪里先生, 此四人者, 當秦之世, 避而入商雒深山, 以待天下之定也. 自高祖聞而召之, 不至. 其後呂后用留侯計, 使皇太子卑辭束帛致禮, 安車迎而致之. 四人既至, 從太子見, 高祖客而敬焉, 太子得以爲重, 遂用自安. 語在〈留侯傳〉.

| 註釋 |　○園公,綺里季,夏黃公,甪里先生 − 園公(東園公), 綺里季(기리계), 夏黃公(하황공), 甪里先生(각리선생, 녹리선생, 甪 사람 이름 록. 또는 角의 訛字).《史記 留侯世家》에는 이들을 商山 四皓(사호)라고 했다. 40권, 〈張陳王

周傳〉에는 이들의 이름을 기록하지 않았다. ○商雒(상락) – 山名. 今 陝西省 商洛市.

〖國譯〗

漢이 흥기한 이후에 園公(東園公), 綺里季(기리계), 夏黃公, 甪里先生(각리선생)의 이들 4인은 秦 시대에 세상을 피해 商雒(상낙)의 깊은 산속에 들어가 천하가 안정되기를 기다렸다. 高祖가 그들을 알고 불렀으나 오지 않았다. 그 뒤에 呂后가 유후 張良의 계책에 따라 황태자를 시켜 겸손한 편지글과 비단으로 예를 갖추어 安車로 영접하고 초치하였다. 4인이 태자의 빈객으로 와서 태자를 따라 고조를 알현하였는데 고조가 손님으로 공경했으며 태자는 존중되고 마침내 안정되었다. 이는 〈留侯傳(張陳王周傳)〉에 실려 있다.

原文

其後谷口有鄭子眞, 蜀有嚴君平, 皆修身自保, 非其服弗服, 非其食弗食. 成帝時, 元舅大將軍王鳳以禮聘子眞, 子眞遂不詘而終. 君平卜筮於成都市, 以爲, "卜筮者賤業, 而可以惠衆人. 有邪惡非正之問, 則依蓍龜爲言利害. 與人子言依於孝, 與人弟言依於順, 與人臣言依於忠, 各因勢導之以善, 從吾言者, 已過半矣." 裁日閱數人, 得百錢足自養, 則閉肆下簾而授《老子》. 博覽亡不通, 依老子,嚴周之指著書十餘萬言. 揚雄少時從遊學, 已而仕京師顯名, 數爲朝廷在位賢者稱君平德. 杜陵李彊素善雄, 久之爲益州牧, 喜謂雄曰, "吾眞得嚴君平矣." 雄曰, "君備禮以待之, 彼人可見而不可得詘也." 彊心以爲不然. 及至蜀, 致禮與相見, 卒不敢言以爲從事, 乃歎曰, "揚子雲誠知人!" 君平年九十餘, 遂以其業終, 蜀人愛敬, 至今稱焉. 及雄著書言當世士, 稱此二人. 其論曰, 「或問, "君子疾沒世而名不稱, 盍勢諸名卿, 可幾?" 曰, "君子德名爲幾. 梁, 齊, 楚, 趙之君非不富且貴也, 惡虖成其名! 谷口鄭子眞不詘其志, 耕於岩石之下, 名震於京師, 豈其卿? 豈其卿? 楚兩龔之潔, 其淸矣乎! 蜀嚴湛冥, 不作苟見, 不治苟得, 久幽而不改其操, 雖隨, 和何以加諸? 擧茲以旃, 不亦寶乎!"」

| 註釋 | ○谷口 － 현명. 今 陝西省 禮泉縣 동북. ○鄭子眞 － 鄭樸. 子眞은 字. 修道守默했다는 道人. 王鳳이 禮聘했으나 不應. 漢 趙岐(조기)가 편찬한 《三輔決錄》이란 책에 등장. 原典은 逸失되었다는 註가 있다. ○嚴君平 － 嚴遵. 君平은 字. ○詘 － 굽힐 굴. ○著龜(시귀) － 점치는 대나무 조각과 龜甲(귀갑). 卜筮(복서). 著 시초 시. 점대. ○裁日閱數人 － 裁는 겨우(僅). 閱 볼 열. 여기서는 점을 치다. ○閉肆下簾 － 肆 점포 사. 가게. 영업하는 곳. 저자. 방자할 사. 簾 발 렴. 주렴. 간판. ○嚴周 － 莊周. ○揚雄(前 53 – 18) － 楊雄으로도 표기. 哲學家로 《法言》, 《太玄》, 《方言》 등을 저술. 辭賦 작가로 유명. 87권, 〈揚雄傳(上, 下)〉에 입전. ○目而(이이) － 目는 以의 本字. 以와 同. 以而는 不久. ○杜陵李彊 － 杜陵은 宣帝의 능, 현명. 今 陝西省 西安市. 李彊은 人名. ○牧 － 成帝 때부터 州의 刺史를 牧으로 바꿔 불렀다. 질록은 2천석이며, 郡守보다 상위직으로 軍政 大權이 주어졌다. ○盍勢諸名卿 － 盍 어찌

아니할 함. 의문사. 何不~. 諸는 之於. ○可幾 - 바라다. 희망하다. 幾는 冀.
○梁, 齊, 楚, 趙 - 당시의 제후국. ○惡虖(오호) - 누가. 어디서. 무슨? 嗚呼.
○龔氏 - 龔勝과 龔舍. 본권에 입전.   ○湛冥(침명) - 幽玄. 깊고 고요함.
○隨,和 - 隨侯珠와 和氏璧(화씨벽). 최고의 보배.   ○擧玆以旃(거자이전) -
旃 깃발 전. 여기서는 드러내다.

[國譯]

그 뒤에 谷口縣에 鄭子眞과 蜀郡에 嚴君平이 살았는데 모두 修身
하며 자신을 지켰는데 입을 옷이 아니라면 입지 않았고, 먹을 음식
이 아니라면 먹지 않았다. 成帝 때 황제의 큰외삼촌(元舅)인 대장군
王鳳(왕봉)이 예의를 갖춰 정자진을 초빙했지만 자진은 끝내 뜻을
굽히지 않고 죽었다. 君平은 成都의 저자에서 점을 쳐주며 살았는데
"점쟁이야 賤業이지만 많은 사람에게 혜택을 줄 수 있다. 사악하거
나 옳지 않은 사람에게도 점괘에 따라 이해관계를 말해 줄 수 있다.
남의 아들에게는 孝에 의거해 말을 해주고, 남의 아우에게는 순종
을, 신하에게는 충성을 말하여 각각 형편에 따라 善으로 이끌 수 있
는데 절반은 내 말을 따른다."라고 말했다. 엄군평은 하루에 겨우
몇 사람이 점을 보아도 돈 백전을 벌어 먹고 살 수 있었는데 저자의
점집을 걷어치우고《老子》를 가르쳤다. 많은 책을 보아 모르는 것이
없었으며 老子와 莊子의 요지를 10여만 자 책으로 저술하였다.

揚雄(양웅)은 젊어 그를 따라 배웠는데, 얼마 뒤 장안에 와서 출사
하여 이름을 날리며 여러 번 조정의 고관에게 엄군평의 학덕을 말했
다. 杜陵縣의 李彊(이강)은 평소에 양웅과 친했는데 얼마 뒤 益州의
牧(刺史)이 되자 좋아하며 양웅에게 말했다. "내가 정말로 엄군평을

만나 뵐 것이요." 그러자 양웅이 말했다. "당신이 예를 갖추어 그 분을 대우한다면 만날 수 있지만 뜻을 꺾지는 못할 것이요." 그러나 이강은 그렇지 않을 수도 있다고 생각했다. 蜀에 와서 예를 갖춰 상견했지만 끝내 출사하라는 말을 꺼내지 못하고 탄식하며 말했다. "揚子雲(揚雄)은 정말 사람을 아는구나!"

엄군평은 나이가 90여 세로 그 일생을 마쳤는데 蜀人들이 경애하며 지금까지도 칭송하고 있다. 양웅은 그 당시의 인사들에 대한 글을 남겨 이 두 사람을 칭송하였다. 양웅이 그 논찬에서 말했다.

「어떤 이가 묻기를, "당신은 죽을 때까지 이름이 나지 않는 것을 걱정하면서 왜 유명한 公卿과 가까이 하여 뜻을 이루려 하지 않습니까?" 이에 양웅이 말했다. "君子는 德名을 바랄 뿐이요. 梁, 齊, 楚, 趙의 君王으로 부유하고 고귀하지 않은 사람이 없었지만 그 누가 명성을 얻었는가! 곡구현의 鄭子眞은 그 뜻을 굽히지 않고 산속에서 농사를 지었지만 그 명성은 장안에 떨쳤는데, 벼슬아치에게 의지했겠는가? 벼슬아치 때문이겠는가? 楚의 두 龔氏의 결백은 깨끗하지 않은가? 蜀郡 엄군평은 깊숙이 숨어 굳이 나타나려 하지 않고 오래 묻혀 살면서 그 지조를 바꾸지 않았기에 비록 隨侯珠와 和氏璧(화씨벽)이 있다 한들 그분에게 무엇을 보태주겠는가? 그분을 천거하여 드러내는 것이 보배는 아닐 것이다!"」

原文

自園公,綺里季,夏黃公,甪里先生,鄭子眞,嚴君平皆未嘗仕, 然其風聲足以激貪厲俗, 近古之逸民也. 若王吉,貢禹,兩龔之屬, 皆以禮讓進退云.

| 註釋 | ○激貪厲俗(격탐려속) – 탐욕을 억제하고 세속을 격려하다. ○逸
民 – 隱逸. 隱居하는 高士. ○여기까지는〈高士傳〉의 서론이라 할 수 있다.

〖國譯〗

　東園公, 綺里季, 夏黃公, 甪里先生, 鄭子眞, 嚴君平은 모두 출사하
지 않았으나 그들의 풍모와 명성으로 족히 탐욕을 억제하고 바른 기
풍을 진작할 수 있으니 모두 근래의 逸民이다. 王吉과 貢禹(공우), 그
리고 두 龔氏(공씨) 같은 분들은 모두 그 거취에 예의로 사양하였다.

72-1. 王吉

原文

　王吉字子陽, 琅邪皋虞人也. 少好學明經, 以郡吏擧孝廉
爲郞, 補若盧右丞, 遷雲陽令. 擧賢良爲昌邑中尉. 而王好
遊獵, 驅馳國中, 動作亡節, 吉上疏諫, 曰,

| 註釋 | ○王吉(? – 前 48) – 琅邪王氏의 先祖. '東家有樹, 王陽婦去. 東家
棗完, 去婦復還.'이라는 이야기의 주인공. ○琅邪皋虞 – 琅邪는 군명. 치소

는 東武縣, 今 山東省 濰坊市 관할의 諸城市. 皐虞(고우)는 현명. 今 山東省 靑島市 관할의 卽墨市. ㅇ若盧右丞 – 少府의 속관인 若盧令의 보좌관. 若盧 令은 소부내의 府兵과 治獄을 담당. ㅇ雲陽 – 현명. 今 陝西省 咸陽市 淳化 縣. ㅇ賢良 – 인재 등용 방법 중 特科에 속했고 孝廉과 茂材는 常科였다. 현 량은 재덕이 고루 출중하다는 뜻. 일단 추천을 받으면 對策에 응하고 거기서 高第에 속하면 바로 관리에 임용되었다. 漢代 選官에서는 賢良을 가장 우대, 중시했다. ㅇ昌邑中尉 – 昌邑國의 치안과 군사를 담당하는 中尉. 창읍국 도 성은 昌邑縣(今 山東省 菏澤市 관할의 鉅野縣). ㅇ吉上疏諫 – 다음의 글을 〈諫 昌邑王疏〉, 당시 창읍왕은 劉賀(유하, 前 92 – 59)로 5살에 창읍왕이 되었고, 19세인 前 74년, 霍光(곽광) 등에 의해 황제에 옹립되어 27일간 재위, 곽광 등에 의거 축출.

王吉(왕길)의 字는 子陽으로 琅邪郡(낭야군) 皐虞縣(고우현) 사람이 었다. 젊어 호학했고 경학에 밝아 郡吏에서 孝廉(효렴)으로 천거되 어 郎官이 되었고, 若盧右丞(약로우승)에 보임되었다가 雲陽縣令이 되었다. 賢良(현량)으로 천거되어 昌邑國의 中尉가 되었다. 창읍왕 은 사냥을 좋아하여 나라 안을 질주하였고 행동에 절제가 없어 왕길 은 이를 충고하는 상소를 했다.

「臣聞古者師日行三十里, 吉行五十里. 《詩》云, ‘匪風發 兮, 匪車揭兮, 顧瞻周道, 中心怛兮.’ 說曰, 是非古之風也,發發者, 是非古之車也, 揭揭者. 蓋傷之也. 今者大王幸方與, 曾不半日而馳二百里, 百姓頗廢耕桑, 治道牽馬. 臣愚以爲民不可數變也. 昔召公述職, 當民事時, 舍於棠下而聽斷焉. 是時, 人皆得其所, 後世思其仁恩, 至虖乎不伐甘棠, 〈甘棠〉之詩是也.

〖國譯〗

〈諫昌邑王疏〉*

「臣이 알기로, 옛날 군사는 하루에 30리를 행군하고 吉事에는 50리를 간다고 하였습니다. 《詩經》에 '저 바람 사납게 불고 저 수레 무섭게 질주하는데, 周의 정치를 알고나니 마음이 슬프네.' 라 하였는데, 그 설명에 지금 사납게 부는 바람은 옛날의 바람이 아니며 예전의 수레는 저렇게 빨리 달리지 않았다고 하였습니다. 이를 보고서는 마음이 아팠을 것입니다. 요즈음 대왕께서 方與縣에 행차하시는데 반나절이 안 되어 2백 리를 달리셨는데 백성들은 농사와 길쌈을 그만두고 도로를 수리하고 말을 끌어야 했습니다. 신의 어리석은 생각이지만 백성들을 자주 변하게 할 수는 없습니다. 옛날에 召公이 할 일을 하는데 농사철이었기에 감당나무 아래 쉬면서 백성들의 소청을 들었습니다. 그때 사람들은 모두 자기 일을 할 수 있었기에 후세에도 그 인자한 은택을 생각하여 그 甘棠나무를 베지 못하였으니 〈甘棠〉의 시가 바로 그것입니다.」

「大王不好書術而樂逸游, 馮式撙銜, 馳騁不止, 口倦乎叱吒, 手苦於箠轡, 身勞乎車輿. 朝則冒霧露, 晝則被塵埃, 夏則爲大暑之所暴炙, 冬則爲風寒之所匽薄. 數以燕脆之玉體犯勤勞之煩毒, 非所以全壽命之宗也, 又非所以進仁義之隆也.」

| 註釋 | ○馮式撙銜(풍식준함) - 수레 몰기와 말달리기. 馮은 기대다. 탈 빙. 式은 軾. 수레 앞 가로나무 식. 撙 누를 준. 몰다. 銜 말 재갈 함. ○口倦乎叱吒 - 叱吒(질타)는 큰 소리로 꾸짖다. 말이나 수레를 몰면서 지르는 소리. ○箠轡(추비) - 箠 채찍 추. 轡 고삐 비. ○塵埃(진애) - 塵 티끌 진. 埃 먼지 애. ○匽薄(언박) - 匽은 偃(쓰러질 언). 薄은 시달리다(侵逼). ○燕脆(연취) - 연약하다. 燕 가냘플 연(柔也). 脆 무를 취. 취약하다.

〖 國譯 〗

「대왕께서는 경서와 학술을 좋아하지 않으시고 즐거이 놀러 다니길 좋아하시며 수레를 몰고 말을 타면서 쉬지 않고 달리며, 입으로는 목이 쉬도록 말을 몰고, 손으로는 말채찍을 휘두르며 수레와 함께 몸을 혹사합니다. 아침에 안개와 이슬을 맞고 낮에는 먼지를 뒤집어 쓰며, 여름에는 무더위 속에 몸을 태우고, 겨울에는 차가운 바람 속에 흔들리며 시달립니다. 연약한 옥체를 힘들게 자주 혹사하는 것은 장수할 근본이 아니며 또 인의를 융성하게 하는 길도 아닙니다.」

原文

「夫廣夏之下, 細旃之上, 明師居前, 勸誦在後, 上論唐,虞之際, 下及殷,周之盛, 考仁聖之風, 習治國之道, 訢訢焉發憤忘食, 日新厥德, 其樂豈徒衒櫑之間哉! 休則俯仰詘信以利形, 進退步趨以實下, 吸新吐故以練臧, 專意積精以適神, 於以養生, 豈不長哉! 大王誠留意如此, 則心有堯,舜之志, 體有喬,松之壽, 美聲廣譽登而上聞, 則福祿其鞈而社稷安矣.」

| 註釋 | ○廣夏 − 廣廈. 좋은 집. 夏는 廈(처마 하. 큰 집). ○細旃(세전) − 좋은 깔 자리. 旃은 氈 모전 전. 양탄자. ○勸誦(권송) − 암송을 도와주는 사람. ○訢訢焉 − 欣欣焉. 마음이 기뻐하는 모양. ○衒櫑(할궐) − 말달리기와 사냥. 櫑 말뚝 궐. 수레의 바퀴 축대. ○詘信 − 屈伸과 同. ○練臧 − 臟腑를 단련하다. 복식호흡으로 내장을 튼튼히 하다. 臧은 臟. 五臟. ○適神 − 정신을 온화하게 하다. ○喬,松之壽 − 仙人 伯喬(백교)와 赤松子의 수명.

○輳 – 모일 주. 한곳으로 모여들다.

〔國譯〕

　「크고 넓은 집 좋은 자리에 앉아 스승을 모시고 뒤에는 도움을 주는 사람을 앉히고서 멀리는 堯舜시대를 논하고, 가까이는 殷과 周代의 번성을 말하면서 仁과 聖의 모습을 고찰하고 治國之道를 익히면서 마음이 기뻐 발분망식하면서 날마다 덕을 새롭게 한다면 그 즐거움이 어찌 한낱 말 타기나 수레몰기와 같겠습니까! 쉬면서 위아래로 몸을 굽혔다 펴보고 진퇴에 걷다 뛰면서 하체를 충실히 하며 들이마시고 토하는 호흡으로 오장을 단련하며 한마음으로 정기를 모아 마음을 온화하게 하면서 양생한다면 어찌 장수하지 않겠습니까! 대왕께서 진실로 이와 같이 하신다면 마음에는 요순과 같은 큰 뜻이 자리 잡고 신체는 伯喬(백교)와 赤松子같이 장수할 것이오니 아름다운 평판과 칭송이 피어올라 천자까지 알려질 것이니 복록이 모여들며 사직은 편안할 것입니다.」

原文

　「皇帝仁聖, 至今思慕未怠, 於宮館囿池弋獵之樂未有所幸, 大王宜夙夜念此, 以承聖意. 諸侯骨肉, 莫親大王, 大王於屬則子也, 於位則臣也, 一身而二任之責加焉, 恩愛行義孅介有不具者, 於以上聞, 非饗國之福也. 臣吉愚戇, 願大王察之.」

| 註釋 | ○皇帝仁聖 – 昭帝. ○大王於屬則子也 – 형제의 자식도 곧 친자식이라고 생각했다. ○孅介(섬개) – 微細한. 孅 가늘 섬. 介는 芥(티끌, 먼지).

〖 國譯 〗

「昭帝께서는 인자하시고 聖明하시어 지금도 武帝에 대한 사모의 정이 식지 않아 宮館이나 園囿(원유)의 놀이나 사냥을 즐기지 않는다 하니 대왕께서도 응당 이를 염두에 두시고 聖意를 본받으셔야 합니다. 제후 중 골육으로는 대왕보다 더 가까운 사람이 없으니 대왕께서는 친족으로 따지면 아들이고 자리로는 신하이시니 일신에 두 가지 임무를 책임지고 있으니 은애를 베풀고 대의를 행하는데 조금이라도 부족하다면 천자에게 까지 알려질 것이니, 이는 나라를 다스리는 복이라 할 수 없습니다. 臣 왕길의 어리석은 말이지만 대왕께서는 살펴보시기 바랍니다.」

原文

王賀雖不遵道, 然猶知敬禮吉, 乃下令曰, "寡人造行不能無惰, 中尉甚忠, 數輔吾過. 使謁者千秋賜中尉牛肉五百斤, 酒五石, 脯五束." 其後復放從自若. 吉輒諫爭, 甚得輔弼之義, 雖不治民, 國中莫不敬重焉.

| 註釋 | ○造行 – 所行. 행위. ○不能無惰 – 경솔하지 않을 수 없다. 경솔하다. ○謁者 – 漢의 궁궐, 황후궁, 태자궁, 제후 왕국에 설치한 관직. 빈객 접대와 시중 담당. ○不治民 – 侯國에서는 內史가 행정을 담당. 中尉는

백성을 직접 다스리지 않았다.

[國譯]

창읍왕 劉賀는 비록 법도를 따르지는 않았지만 그래도 왕길에게
예를 갖출 줄 알았기에 곧 하명하였다.

"과인의 행위가 경솔하다 않을 수 없었으니 中尉는 충성스럽게
자주 나의 과오를 바로 잡아주었다. 謁者(알자) 千秋(천추)를 통해 중
위에게 牛肉 5백 근, 술 5石, 脯(포) 5속을 하사하노라."

그러나 그 뒤로도 여전히 방종하였다. 왕길이 간쟁할 때마다 잘
보필하려는 뜻이 있었으니 직접 백성을 다스리지는 않았지만 나라
에서 존경하지 않는 사람이 없었다.

原文

久之, 昭帝崩, 亡嗣, 大將軍霍光秉政, 遣大鴻臚,宗正迎
昌邑王. 吉卽奏書戒王曰 "臣聞高宗諒暗, 三年不言. 今大
王以喪事徵, 宜日夜哭泣悲哀而已, 愼毋有所發. 且何獨喪
事, 凡南面之君何言哉? 天不言, 四時行焉, 百物生焉, 願大
王察之. 大將軍仁愛勇智, 忠信之德天下莫不聞, 事孝武皇
帝二十餘年未嘗有過. 先帝棄群臣, 屬以天下, 寄幼孤焉,
大將軍抱持幼君襁褓之中, 布政施教, 海內晏然, 雖周公,伊
尹亡以加也. 今帝崩, 亡嗣, 大將軍惟思可以奉宗廟者, 攀

援而立大王, 其仁厚豈有量哉! 臣願大王事之敬之, 政事一聽之, 大王垂拱南面而已. 願留意, 常以爲念."

| 註釋 | ○昭帝崩 − 前 74년. ○大鴻臚(대홍려) − 원명은 典客, 제후 및 지방 관리, 소수민족의 영접과 조회 등의 의례행사를 주관. 질록 中二千石. ○宗正 − 황족 관련 업무 담당. 九卿의 一. 秩 中二千石. ○高宗諒暗 − 諒暗 은 服喪中. 殷 高宗(武丁)은 居喪 중 3년간 말을 하지 않았다. 거상 중에는 재상이 국사를 처리했다. 諒暗는 諒陰, 말을 하지 않다. 《論語 憲問》 子張曰, "書云, '高宗諒陰, 三年不言.' 何謂也?" ○天不言 −《論語 陽貨》子曰, "予欲無言."∼子曰, "天何言哉? 四時行焉, 百物生焉, 天何言哉?" ○棄群臣 − 죽다. ○垂拱(수공) − 垂衣拱手. 정사를 친람하지 않다.

〔 國譯 〕

얼마 후, 昭帝가 붕어하고 후사가 없어 大將軍 霍光이 정권을 잡으며 大鴻臚와 宗正을 보내 昌邑王을 영립케 하였다. 왕길은 즉시 글을 올려 창읍왕을 타일러 말했다.

"臣이 알기로, 殷 高宗은 상중에 3년을 말하지 않았습니다. 지금 喪事 때문에 대왕을 부른 것이니 응당 주야로 통곡하고 슬퍼하시면 되니 삼가 아무것도 하지 마십시오. 어찌 상사뿐이겠습니까마는 모든 남면의 군주가 무슨 말을 하겠습니까? 하늘은 말이 없어도 四時가 운행하고 만물이 생장하는 것을 대왕께서는 알아야 합니다. 대장군은 仁愛하고 勇智에 忠信의 德이 있어 천하에 모르는 사람이 없으며 孝武皇帝를 20여년 섬기면서 아무런 실수도 없었습니다. 先帝(武帝)께서 돌아가시며 천하 통치를 부탁하고 어린 천자를 맡기셨는데 大將軍께서는 襁褓(강보)에 싸인 어린 천자를 안고서 정치와 교화를 펴서 천하가 평안하였으니 비록 周公이나 伊尹일지라도 이보다 더 나을 수는 없었을 것입니다. 지금 황제가 돌아가시고 후사가 없자 대장군은 종묘 제사를 받들 분으로 생각하고 대왕을 옹립하려 한 것이니 그 인자함을 어떻게 다 헤아릴 수 있겠습니까! 臣은 대왕께서 대장군을 공경하여 政事를 일임하고 팔짱을 끼고 남면하시길 바랄 뿐입니다. 이를 늘 유의하시길 바랍니다.”

原文

王旣到, 卽位二十餘日以行淫亂廢. 昌邑群臣坐在國時不擧奏王罪過, 令漢朝不聞知, 又不能輔道, 陷王大惡, 皆下獄誅. 唯吉與郎中令龔遂以忠直數諫正得減死, 髠爲城旦.

| 註釋 | ○行淫亂廢 – 63권, 〈武五子傳〉에 상세한 기록이 있다. ○龔遂(공수) – 89권, 〈循吏傳〉에 입전. ○髠爲城旦(곤위성단) – 髠 머리 깎을 곤. 형벌의 일종. 城旦은 남자가 4년간, 변방에서 축성하는 노역에 종사하는 형벌.

〖國譯〗

창읍왕은 장안에 와서 즉위 20여 일에 음란하여 폐위되었다. 창읍왕의 모든 신하는 창읍국 시절 왕의 죄과를 보고하지 않아 漢 조정에서 알 수 없게 했으며 왕을 바로 보필하지 않아 왕이 大惡을 저지르게 했기에 모두 하옥시켰다가 처형하였다. 다만 王吉과 낭중령인 龔遂(공수)만은 충직하게 여러 번 간쟁을 했기에 사형에서 감형하여 변방에서 축성하는 노역에 종사했다.

起家復爲益州刺史, 病去官, 復徵爲博士諫大夫. 是時, 宣帝頗修武帝故事, 宮室車服盛於昭帝. 時外戚許, 史, 王氏貴寵, 而上躬親政事, 任用能吏. 吉上疏言得失, 曰,

| 註釋 | ○起家 - 집에 있다가 등용되다. ○益州刺史 - 蜀郡, 廣漢郡, 益州郡 등 서남 지역 9개 군을 감찰. ○博士諫大夫 - 博士는 관직명. 고금에 능통하여 제자 교육을 담당. 나라에 疑事가 있으면 박사가 응대하였다. 무제 때 五經博士 설치. 질록 6백석, 지위는 낮지만 존중받는 직위. ○諫大夫 - 광록훈의 속관, 무제 때 처음 설치. 정사에 대한 議論 담당. ○故事 - 舊例. ○許, 史, 王氏貴寵 - 許氏는 宣帝의 妻家. 史氏는 선제 祖母의 친정 곧 陳外家, 王氏는 宣帝의 사돈, 곧 뒷날 元帝의 처가. ○吉上疏言得失 - 〈言宣帝得失疏〉.

[國譯]

王吉은 집에 있다가 등용이 되어 다시 益州刺史가 되었으나 병 때문에 사직했다가 다시 징소되어 박사로 諫大夫가 되었다. 이때 宣帝는 武帝의 행적을 많이 따라 하였으니 궁실과 車服이 昭帝 때보다 화려하였다. 그때 외척인 許氏, 史氏, 王氏들이 총애를 받아 등용되었고 선제가 직접 정사를 담당하면서 유능한 관리들을 등용하였다.

왕길은 상소하여 정치의 得失을 논하였다.

原文 ▌

「陛下躬聖質, 總萬方, 帝王圖籍日陳於前, 惟思世務, 將興太平. 詔書每下, 民欣然若更生. 臣伏而思之, 可謂至恩, 未可謂本務也.

欲治之主不世出, 公卿幸得遭遇其時, 言聽諫從, 然未有建萬世之長策, 擧明主於三代之隆者也. 其務在於期會簿書, 斷獄聽訟而已, 此非太平之基也.」

| 註釋 | ○圖籍 - 도서와 문서. ○不世出 - 매 세대마다 나올 수 없다. ○三代之隆 - 夏, 殷, 周의 융성. ○期會簿書 - 期限이 있는 문서.

〖 國譯 〗

〈言宣帝得失疏〉*

「폐하께서는 본바탕이 聖明하시며 만방을 총괄하시니, 제왕의 圖籍(도적)이 날마다 보고되며 오직 정무만을 사유하시니 곧 태평성대를 이루실 것입니다. 매일 조서를 내리시니 백성은 다시 살아난 듯 기뻐하고 있습니다. 신이 엎드려 이를 생각하면 큰 은택이지만 이는 폐하 본연의 업무라고는 말할 수는 없습니다.

治世를 이루려는 제왕이 매세에 나오는 것도 아니며, 公卿도 다행히 때를 만나면 건의나 간쟁이 받아들여지지만 만세를 이어갈 좋은 정책을 세우지 못한다면 明主라도 三代의 융성을 이룰 수 없습니다. 公卿은 날짜가 정해진 문서를 처리하고 판결이나 송사를 처리하는 것인데 이것이 태평성대의 바탕은 아닙니다.」

原文

「臣聞聖王宣德流化, 必自近始. 朝廷不備, 難以言治, 左右不正, 難以化遠. 民者, 弱而不可勝, 愚而不可欺也. 聖主獨行於深宮, 得則天下稱誦之, 失則天下咸言之. 行發於近, 必見於遠, 故謹選左右, 審擇所使. 左右所以正身也, 所使所以宣德也. 《詩》云, ‘濟濟多士, 文王以寧.’ 此其本也.」

| 註釋 | ○朝廷不備 − 조정 신하가 직분을 수행하지 못하다. 不備는 不稱職. ○《詩》云 −《詩經 大雅 文王》. ○濟濟 − 많은 모양. 多士는 衆臣.

〔國譯〕

「臣이 알기로, 聖王은 덕을 널리 베풀어 교화를 하는데 필히 가까운 데서 시작합니다. 조정 신하가 무능하다면 치세를 이루기 어려우며 측근이 부정하면 지방을 교화하기 어렵습니다. 백성이란 약하지만 이길 수 없고 어리석지만 속일 수 없습니다. 聖主가 深宮에서 獨行하면 천하가 칭송하지만 失行하면 천하 사람들이 이를 말합니다. 행실은 측근이 보지만 반드시 먼 지방에서도 보게 되기에 측근을 선임하는데 신중하고 관리를 상세히 살펴야 합니다. 측근이 몸을 바로 가져야 한다는 것은 그들을 통하여 덕을 널리 펼 수 있기 때문입니다. 그래서 《詩經》에서도 '많고 많은 신하 있어 文王은 마음 편하시네.'라고 하였습니다. 이는 근본입니다.

「《春秋》所以大一統者, 六合同風, 九州共貫也. 今俗吏所以牧民者, 非有禮義科指可世世通行者也, 獨設刑法以守之. 其欲治者, 不知所由, 以意穿鑿, 各取一切, 權譎自在, 故一變之後不可復修也. 是以百里不同風, 千里不同俗, 戶異政, 人殊服, 詐僞萌生, 刑罰亡極, 質樸日銷, 恩愛浸薄. 孔子曰, '安上治民, 莫善於禮', 非空言也. 王者未制禮之時, 引先王禮宜於今者而用之. 臣願陛下承天心, 發大業, 與公卿大臣延及儒生, 述舊禮, 明王制, 驅一世之民濟之仁壽之域, 則俗何以不若成, 康, 壽何以不若高宗? 竊見當世趣務不合於道者, 謹條奏, 唯陛下財擇焉.」

| 註釋 | ○大一統 − 一統은 '만물이 하나에 귀의한다.'는 뜻. 56권, 〈董仲舒傳〉 참고. ○六合 − 天地와 四方. ○今俗吏~ − 俗은 衍字(연자)라는 주해에 따른다. ○穿鑿(천착) − 여기서는 牽强附會(견강부회)하다. 穿 뚫을 천. 鑿 뚫을 착. ○各取一切 − 一切은 임시 조치. ○權譎自在 − 權譎(권휼)은 일시적 속임수. 譎 속일 휼. 自在는 '自任'의 誤字라는 주석에 따름. ○萌生(맹생) − 싹트다. 萌 싹 맹. ○亡極 − 無度. ○浸薄 − 점점 각박해지다. ○安上治民, 莫善於禮 −《禮記 經解》에 나오는 말. ○高宗 − 殷의 고종. 백년 동

안 나라를 다스렸다고 한다. ㅇ財擇 - 財는 才(纔, 겨우)와 通.

〔國譯〕

「《春秋》의 大一統이란 것은 六合이 同風이며 九州를 하나의 政令으로 이끄는 것입니다. 지금의 牧民官이란 자들은 예의를 근본으로 다스려 세세에 통용하고자 하는 자가 없이 오직 형법으로 자리를 지키려 할 뿐입니다. 치민하는 자가 치민의 근본을 알지 못하고 생각만으로 끌어다 붙이며 임시방편에 따라 제멋대로 일시적 거짓으로 처리하여 한 번 바뀌면 다시 정도로 돌아가지 못하게 됩니다. 이때문에 백리만 가면 기풍이 다르고 천리에는 풍속이 같지 않으며, 호구마다 정령이 다르고 사람마다 습속이 다르며 거짓이 싹트고 형벌이 제 각각이며 질박한 기풍은 날마다 사라지고 은애는 점점 각박해집니다. 孔子가 말한 '윗사람을 편히 모시고 백성을 다스리는 데는 禮보다 나은 것이 없다.'는 말은 빈말이 아닙니다. 王者가 禮를 제정하기 전에는 先王의 예의를 그대로 적용해왔습니다. 臣이 바라는 것은 폐하께서 천심을 이어 받으시고 대업을 일으키시되 공경대신과 함께 유생을 초빙하여 舊禮를 서술케 하고 王制를 밝히시며 당대의 백성에게 인정을 행하여 장수를 누리도록 이끌어 가신다면 풍속이 어찌 周의 成王과 康王 때와 같지 않으며, 어찌 殷의 高宗처럼 장수하지 않겠습니까? 臣의 견해가 지금 治道의 추세에 맞지 않을지라도 삼가 적어 상주하오니 폐하께서 받아주시길 바랄 뿐입니다.」

吉意以爲, '夫婦, 人倫大綱, 夭壽之萌也. 世俗嫁娶太早, 未知爲人父母之道而有子, 是以敎化不明而民多夭. 聘妻送女亡節, 則貧人不及, 故不擧子. 又漢家列侯尙公主, 諸侯則國人承翁主, 使男事女, 夫詘於婦, 逆陰陽之位, 故多女亂. 古者衣服車馬貴賤有章, 以褒有德而別尊卑, 今上下僭差, 人人自制, 是以貪財誅利, 不畏死亡. 周之所以能致治, 刑措而不用者, 以其禁邪於冥冥, 絶惡於未萌也.'

又言, "舜,湯不用三公九卿之世而擧皐陶,伊尹, 不仁者遠. 今使俗吏得任子弟, 率多驕鷔, 不通古今, 至於積功治人, 亡益於民, 此〈伐檀〉所爲作也. 宜明選求賢, 除任子之令. 外家及故人可厚以財, 不宜居位. 去角抵, 減樂府, 省尙房, 明視天下以儉. 古者工不造彫瑑, 商不通侈靡, 非工商之獨賢, 政敎使之然也. 民見儉則歸本, 本立而末成." 其指如此, 上以其言迂闊, 不甚寵異也. 吉遂謝病歸琅邪.

| 註釋 | ○夭壽(요수) - 단명과 장수. ○有子 - 자식을 낳다. 擧子는 자식을 양육하다. ○國人承翁主 - 國人은 공경대부 등 귀족 자제. 國子. 翁主(옹주)는 제후 왕의 딸. 王主. 翁은 父의 뜻. 翁主는 '其父自主婚也.' ○僭差(참차) - 분수에 맞지 않다. ○誅利 - 求利. ○冥冥(명명) - 시작하기 전. 본래부터. ○皐陶(고요) - 舜의 신하. 刑獄을 관장하였음. 皐 높을 고, 부를 고. 陶 사람 이름 요, 따라갈 요. 질그릇 도, 기쁠 도. ○不仁者遠 - 子夏曰, "富哉言乎! 舜有天下, 選於衆, 擧皐陶, 不仁者遠矣. 湯有天下, 選於衆, 擧伊

尹, 不仁者遠矣."《論語 顔淵》 ○驕鰲(교오) − 교만하고 오만하다. ○〈伐檀〉
−《詩經 魏風》, 賢人을 등용하지 않는 현실을 풍자한 내용. ○任子之令(任
子令) − 秩 二千石 이상의 관리가 현직에서 3년 이상 근무하면 그 아들이나
형제 중 1인을 郎官으로 채용하였다. 이를 任子之令이라 한다. 任子令은 哀
帝가 즉위하면서 폐지되었다. ○角抵(각저) − 씨름. 레슬링(摔跤). ○樂府
− 음악을 관장하는 관서. ○尙房(상방) − 궁중 소요 물건을 제조하는 관청.
○琱瑑(조전) − 교묘하게 만들거나 꾸밈.

[國譯]

王吉의 생각은 이러했다.

'夫婦는 인륜의 大綱이며 단명과 장수의 싹이라 할 수 있다. 세속
에서는 결혼이 너무 이르기에 부모의 도리도 모르면서 자녀를 가져
교화가 제대로 이루어지지 않고 백성들이 일찍 죽는다. 아내를 맞이
하고 딸을 시집보내는데 절검하지 않아 빈민은 따라가지도 못하기
에 자식을 낳지도 못한다. 또 漢의 列侯는 공주를 맞이하고 제후국
에서는 國人이 옹주를 맞이하는데 남자가 여자를 받들고 남편이 아
내에게 굽혀야 하는데, 이는 음양의 자리를 역행하는 것이라서 여인
으로 인한 음란한 일이 많이 일어난다. 옛날에는 의복과 거마가 귀
천에 따라 달랐고 有德者를 기리고 존귀와 비천을 구별할 수 있었는
데, 지금은 상하가 분수에 맞지 않고 사람마다 스스로 만들어 쓰기
에 재물을 탐하고 이익을 얻으려 죽는 것도 겁내지 않는다. 周나라
의 정치가 안정되고 형벌을 폐기하고 쓰지 않은 것은 시초부터 사악
을 금하고 악의 싹을 끊었기 때문이다.'

또 왕길이 말했다. "舜과 湯은 三公 九卿을 등용하기 전에 皐陶

(고요)와 伊尹(이윤)을 등용하자 不仁者는 멀리 떠나갔습니다. 지금
관리 자제를 등용하는데 교만방자한 자가 많고 고금을 알지도 못하
고 행수만 채우며 백성을 통치하다 보니 백성에 도움이 되지 않으니
이 때문에 〈伐檀〉의 시가 지어졌습니다. 따라서 응당 '任子令'을
폐지되어야 합니다. 황제의 외척이나 연고가 있는 사람은 재물을 베
풀어주고 관직을 주지 말아야 합니다. 씨름 같은 놀이를 없애고 樂
府(악부)를 감축하고 尙房(상방)을 축소하여 천하에 검소함을 보여야
합니다. 예전에 장인은 기묘하게 만들지 않았고 상인은 사치한 것을
유통시키지 않았으니 장인이나 상인이 똑똑해진 것이 아니라 정치
와 교화가 사치하게 된 것입니다. 백성은 위에서 검소한 것을 보면
근본에 돌아갈 것이고 근본(농업)이 확립되면 工商도 발전할 것입
니다."

왕길의 뜻은 대략 이러했으나 천자는 그 말이 비현실적이라 생각
하였기에 특별한 신임은 없었다. 왕길은 병으로 사임하고 琅邪(낭
야)로 귀향하였다.

原文

始吉少時學問, 居長安. 東家有大棗樹垂吉庭中, 吉婦取
棗以啖吉. 吉後知之, 乃去婦. 東家聞而欲伐其樹, 鄰里共
止之, 因固請吉令還婦. 里中爲之語曰, "東家有樹, 王陽婦
去, 東家棗完, 去婦復還." 其厲志如此.

| 註釋 | ○以啖吉 – 啖 먹을 담. ○王陽 – 王吉. 陽은 子陽. 왕길의 字.

　그에 왕길이 젊어 학문을 할 때 장안에 살았다. 이웃집에 큰 대추나무가 왕길의 뜰로 가지를 뻗었는데 왕길의 처가 그 대추를 주워 왕길에게 올렸다. 왕길이 이를 나중에 알고 아내를 친정으로 보냈다. 이웃이 알고서는 그 대추나무를 베려고 하자 다른 이웃이 함께 저지하면서 왕길에게 아내를 돌아오게 하라고 간청하였다. 그래서 마을에 '이웃 대추 때문에 王子陽은 아내를 보냈고, 이웃 대추나무가 해결되니 떠났던 아내가 돌아왔네.' 라고 하였다. 그의 의지가 이와 같았다.

原文

　吉與貢禹爲友, 世稱 '王陽在位, 貢公彈冠', 言其取舍也. 元帝初卽位, 遣使者徵貢禹與吉. 吉年老, 道病卒, 上悼之, 復遣使者吊祠云.

| 註釋 | ○貢禹(공우, 前 124 – 44) – 字 少翁. 琅邪郡(今 山東 諸城縣) 사람. 宣帝時 諫大夫. 初元 5년(前 44) 어사대부가 되었다가 그 해에 죽었다. ○彈冠 – 冠의 먼지를 털다. 出仕하려 하다. ○取舍 – 가치관이나 취향.

〖國譯〗

　王吉과 貢禹는 벗이었는데 세상에서는 '王子陽이 在位하니 貢公도 벼슬하려 하네.' 라고 말할 정도로 취향이 같았다. 元帝가 처음 즉위하고서 사자를 보내 공우와 왕길을 徵검하였다. 왕길이 연로하

여 도중에 죽었는데 원제가 애도하며 다시 사자를 보내 조문하였다
고 한다.

72-2. (子) 王駿

原文

　初, 吉兼通《五經》, 能爲騶氏《春秋》, 以《詩》,《論語》敎授,
好梁丘賀說《易》, 令子駿受焉. 駿以孝廉爲郎. 左曹陳咸薦
駿賢父子, 經明行修, 宜顯以厲俗. 光祿勳匡衡亦擧駿有專
對材. 遷諫大夫, 使責淮陽憲王. 遷趙內史. 吉坐昌邑王被
刑後, 戒子孫毋爲王國吏, 故駿道病, 免官歸. 起家復爲幽
州刺史, 遷司隷校尉, 奏免丞相匡衡, 遷少府, 八歲, 成帝欲
大用之, 出駿爲京兆尹, 試以政事.

　先是, 京兆有趙廣漢,張敞,王尊,王章, 至駿皆有能名, 故
京師稱曰, '前有趙,張, 後有三王.' 而薛宣從左馮翊代駿爲
少府, 會御史大夫缺, 谷永奏言, "聖王不以名譽加於實效.
考績用人之法, 薛宣政事已試." 上然其議. 宣爲少府月餘,
遂超御史大夫, 至丞相, 駿乃代宣爲御史大夫, 並居位. 六
歲病卒, 翟方進代駿爲大夫. 數月, 薛宣免, 遂代爲丞相. 衆

人爲駿恨不得封侯. 駿爲少府時, 妻死, 因不復娶, 或問之,
駿曰, "德非曾參, 子非華, 元, 亦何敢娶?"

| 註釋 | ○騶氏《春秋》 - 《春秋騶氏傳》11권이 있었다고 〈藝文志〉에 기록
이 있으나 班固 시대에 이미 絶學이었다고 한다. 그래서 《五經》다음에 부기
하였다. ○梁丘賀 - 88권, 〈儒林傳〉에 입전. ○賢父子 - 賢父之子. ○陳咸
- 陳萬年의 아들. 66권, 〈公孫劉田王楊蔡陳鄭傳〉에 입전. ○專對 - 見聞卽
對 無有所疑. 《論語 子路》子曰, "誦詩三百, 授之以政, 不達, 使於四方, 不能
專對, 雖多, 亦奚以爲?" ○淮陽憲王 - 劉欽(? - 前 28). 선제의 아들, 元帝의
이복동생. 80권, 〈宣元六王傳〉에 입전. ○司隸校尉(사예교위) - 京師의 백
관을 규찰하고 三輔와 三河, 弘農郡 등 7개 郡의 범법자를 색출하고 다스리
는 무관직. 질록 2천석. 1,200명 군사를 지휘. ○薛宣(설선) - 53권, 〈薛宣朱
博傳〉에 입전. ○谷永 - 85권, 〈谷永杜鄴傳〉에 입전. ○子非華, 元 - 曾參의
아들인 曾華와 曾元. 모두 착한 아들이었다.

〔 國譯 〕

　　그전에 王吉은 《五經》에 두루 통하였고 騶氏(추씨) 《春秋》에 능하
였는데 《詩經》과 《論語》를 敎授하였고, 梁丘賀(양구하)의 《易經》을
좋아하여 아들 王駿(왕준)에게 배우게 시켰다.

　　왕준은 孝廉(효렴)으로 천거되어 낭관이 되었다. 左曹인 陳咸(진
함)이 왕준을 賢父의 아들로 경학에 밝고 수신을 잘하여 풍속을 바
로 할 수 있다고 천거하였다. 光祿勳 匡衡(광형)도 왕준을 專對(전대)
할 수 있는 인재라고 천거하였다. 왕준은 간대부로 승진하였고 사자
로 淮陽 憲王 劉欽(유흠)의 잘못을 따졌다. 왕준은 趙國의 內史가 되
었다.

왕길이 昌邑王에 연루되어 형을 받은 뒤에 자손에게 제후 왕의 관리가 되지 말라 훈계하였기에 왕준은 병을 칭하고 사직하고서 귀향하였다. 居家하다가 등용되어 幽州 刺史가 되었다가 司隷校尉(사예교위)로 승진하였고 승상 匡衡(광형)을 면직시켜야 한다고 상주하여 少府로 승진하였다. 8년 뒤에 成帝가 큰 인재로 등용하려고 왕준은 京兆尹으로 내보내 그 政事 능력을 시험하였다.

이전에 京兆에는 趙廣漢, 張敞(장창), 王尊, 王章에 이어 王駿까지 모두 유능하다는 명성이 있어 京師에서는 이들을 일컬어 '앞에 趙廣漢, 張敞이 있고 뒤에 3인의 왕씨가 있네.'라고 했다.

薛宣(설선)이 左馮翊(좌풍익)에서 왕준의 뒤를 이어 少府가 되었는데 마침 어사대부 자리가 비게 되자 谷永(곡영)이 상주하기를 "聖王은 名譽를 實效 위에 두지 않았습니다. 用人之法에 의거 고찰해보면 설선의 치적은 이미 검증되었습니다."라고 하였다. 성제도 그 말을 옳다고 생각하였다. 설선은 한 달 남짓 少府이었다가 차례를 넘어 어사대부가 되었다가 승상에 올랐고, 왕준은 설선의 뒤를 이어 어사대부가 되어 나란히 근무하였다.

왕준이 6년 뒤에 병으로 죽자 翟方進(적방진)이 왕준의 뒤를 이어 어사대부가 되었다. 몇 달 뒤 설선이 면직되고 적방진이 뒤를 이어 승상이 되었다. 많은 사람들이 왕준이 제후가 되지 못한 것을 한스럽게 여겼다. 왕준이 소부로 있을 때 아내가 죽었으나 다시 재취하지 않았는데 어떤 사람이 까닭을 묻자 왕준이 말했다. "나의 德은 曾參(증삼)만 못하고 아들은 증삼의 아들 華와 元만 못한데 어찌 아내를 또 얻을 수 있겠소?"

72-3. (孫) 王崇

駿子崇以父任爲郞, 歷刺史,郡守, 治有能名. 建平三年, 以河南太守徵入爲御史大夫數月. 是時, 成帝舅安成恭侯夫 人放寡居, 共養長信宮, 坐祝詛下獄, 崇奏封事, 爲放言. 放 外家解氏與崇爲婚, 哀帝以崇爲不忠誠, 策詔崇曰,

"朕以君有累世之美, 故逾列次. 在位以來, 忠誠匡國未聞 所繇, 反懷詐諼之辭, 欲以攀救舊姻之家, 大逆之辜, 擧錯專 恣, 不遵法度, 亡以示百僚."

左遷爲大司農, 後徙衛尉,左將軍. 平帝卽位, 王莽秉政, 大司空彭宣乞骸骨罷, 崇代爲大司空, 封扶平侯. 歲餘, 崇 復謝病乞骸骨, 皆避王莽, 莽遣就國. 歲餘, 爲傅婢所毒, 薨, 國除.

| 註釋 | ㅇ建平三年 − 哀帝의 연호. 前 4년. ㅇ安成恭侯夫人放 − 元帝 王皇后(王政君)의 친정 동생 王崇. 放은 人名. ㅇ祝詛(축저) − 귀신에게 빌며 저주하다. 詛 저주할 저. ㅇ詐諼(사훤) − 거짓. 사기. 諼 속일 훤. ㅇ傅婢(부비) − 侍婢(시비).

王駿(왕준)의 아들 王崇(왕숭)은 부친의 보증으로 낭관이 되어 자

사와 군수를 역임하였는데 치민에 유능하다는 명성이 있었다. 建平
三年에 河南太守이었다가 부름을 받아 어사대부로 몇 달 근무하였
다. 이때 成帝의 외삼촌 安成恭侯의 夫人인 放(방)이 과부로 長信宮
에 함께 거처하면서 남을 저주한 죄로 하옥되었는데 王崇은 封事를
올려 放(방)에 유리한 말을 하였다. 放(방)의 外家인 解氏는 王崇과
사돈이었는데 哀帝는 王崇을 충성스럽지 않다고 생각하여 下書하
여 왕숭을 문책하였다.

"朕은 君이 여러 대에 걸친 칭송이 있어 순서를 넘어 등용했도다.
재위 이후로 忠誠으로 국정을 돌본다는 소문은 들리지 않고 오히려
거짓된 文辭로 혼인한 집안사람을 구원하려고 하니, 이는 대역의 죄
이며 방자한 조치이며 법도를 따르지 않은 것으로 다른 모든 관료에
게 모범이 되지 않는다."

왕숭은 大司農으로 좌천되었다가 뒤에 衛尉 겸 左將軍으로 옮겼
다. 平帝가 즉위하고 王莽(왕망)이 정권을 잡자 大司空 彭宣(팽선)이
사직을 원하여 면직되자 왕숭이 뒤를 이어 大司空이 되어 扶平侯에
봉해졌다. 일 년 뒤에 왕숭도 다시 병을 핑계로 사직하여 모두 王莽
을 피했고 왕망은 그들을 봉국으로 보냈다. 일 년 뒤에 왕숭은 시비
에게 독살되었고 봉국을 폐지되었다.

原文

　自吉至崇, 世名淸廉, 然材器名稱稍不能及父, 而祿位彌
隆. 皆好車馬衣服, 其自奉養極爲鮮明, 而亡金銀錦繡之物.

及遷徙去處, 所載不過囊衣, 不畜積餘財. 去位家居, 亦布
衣疏食. 天下服其廉而怪其奢, 故俗傳 '<u>王陽能作黃金</u>'.

| 註釋 | ◦彌隆(미륭) − 彌 더욱 미, 마칠 미. ◦疏食(소식) − 蔬食(소식).
◦王陽能作黃金 − 王陽은 王子陽. 왕길이 백성들로부터 재물을 긁지도 않고
특별한 재산 증식도 없이 수레는 화려하게 꾸미니 '금을 만들어 쓴다.' 는
뜻.

〖 國譯 〗

　왕길에서 왕숭까지 청렴하다는 명성을 누렸으나 그 능력이나 局
量은 점차 그 부친만 못하였으나 祿位(녹위)는 더욱 높아졌다. 모두
가 車馬와 관복 치장을 좋아하여 그 꾸밈이 아주 화려하였으나 금은
과 비단 치장은 없었다. 옮겨 가는 곳마다 겨우 옷을 넣은 자루를 싣
고 갈 뿐 여분의 재물을 축적하지도 않았다. 관직을 내놓고 집에 머
물 때도 역시 布衣에 거친 음식이었다. 세상 사람들이 그 청렴을 인
정하면서도 그 사치를 이해하지 못하여 '왕길은 금을 만들어 쓴다.'
고 말하였다.

72-4. 貢禹

貢禹字少翁, 琅邪人也. 以明經潔行著聞, 徵爲博士, 涼州刺史, 病去官. 復擧賢良爲河南令. 歲餘, 以職事爲府官所責, 免冠謝. 禹曰, "冠一免, 安復可冠也!' 遂去官.

元帝初卽位, 徵禹爲諫大夫, 數虛己問以政事. 是時, 年歲不登, 郡國多困, 禹奏言,

| 註釋 | ○貢禹(공우) - 前124 - 44. ○琅邪 - 군명. 치소는 東武縣(今 山東省 諸城市). ○涼州刺史 - 무제 때 설치한 13자사부의 하나. 지금의 甘肅省, 青海省 동부, 寧夏 남부 일대 郡을 감찰. ○徵禹爲諫大夫 - 공우는 간대부가 된 것은 환관 石顯(석현)의 추천이었다(〈佞幸傳〉 참고). 공우는 간대부로 劉向을 탄핵하였는데(36권, 〈楚元王傳〉 참고), 이는 석현의 뜻이었다. 그렇다면 공우가 '數虛己問以政事' 했다는 班固의 평가는 사실과 다르다는 뜻이 된다. ○禹奏言 - 공우 〈奏宜仿古自節〉. (古制를 모방한 節儉을 상주하다.)

[國譯]

貢禹(공우)의 字는 少翁으로 琅邪郡 사람이다. 경학에 밝고 깨끗한 행실로 널리 알려져 징소되어 박사에 임용되었고 涼州刺史가 되었으나 병으로 사임하였다. 다시 賢良으로 천거되어 河南 현령이 되었다. 일 년 뒤에 업무 관련으로 태수의 질책을 받자 면관하고 사죄하였다. 이에 공우가 말했다. "한 번 면관하였는데 어찌 다시 관을 쓰겠는가?" 그리고는 관직을 사임하였다.

元帝 즉위 후 공우를 불러 諫大夫에 임명하였고 공우는 자신의 마음을 비우고 자주 政事에 대해 물었다. 이때 흉년이 들었고 郡國에는 어려움이 많았다. 이에 공우가 상주하였다.

原文

「古者宮室有制, 宮女不過九人, 秣馬不過八匹, 牆塗而不雕, 木摩而不刻, 車輿器物皆不文畫, 苑囿不過數十里, 與民共之. 任賢使能, 什一而稅, 無它賦斂徭戍之役, 使民歲不過三日, 千里之內自給, 千里之外各置貢職而已. 故天下家給人足, 頌聲並作.」

| 註釋 | ○秣馬(말마) － 養馬. 秣 말 먹이 말. 꼴. ○苑囿(원유) － 정원. 뜰. 동산.

〖 國譯 〗

〈奏宜仿古自節〉*

「옛날 궁실에 제약이 있었고 궁녀는 9명을 넘지 않았으며, 기르는 말은 8필을 넘지 않았고 담장을 칠했지만 조각하지는 않았으며, 목재는 다듬었지만 새기지 않았고 수레와 기물은 그림 장식이 없었으며, 놀이동산은 수십 리를 넘지 않으면서도 백성과 공유했습니다.

현자와 유능한 인재를 골라 일을 맡겼고 소출의 십분의 일을 세금으로 걷었지만 다른 세금이나 요역이나 군역도 없었으며 백성을 1년에 3일 이상 사역하지 않았기에 천리의 안에서 자급이 되고 천리 밖에서는 공물을 바칠 뿐이었습니다. 그래도 천하는 집집마다 넉넉했고 칭송이 많았습니다.」

原文

「至高祖,孝文,孝景皇帝, 循古節儉, 宮女不過十餘, 廏馬百餘匹. 孝文皇帝衣綈履革, 器亡雕文金銀之飾. 後世爭爲奢侈, 轉轉益甚, 臣下亦相放效, 衣服履絝刀劍亂於主上, 主上時臨朝入廟, 衆人不能別異, 甚非其宜. 然非自知奢僭也, 猶魯昭公曰, "吾何僭矣?"」

| 註釋 | ○衣綈履革(의제리혁) − 綈 깁 제. 두텁게 짠 비단. 가볍고 엷은 비단보다 훨씬 질이 떨어졌다. 履革(이혁)은 비단 신발이 아닌 딱딱한 가죽신을 신다. ○放效 − 倣效(방효). ○絝 (바지 고) − 褲 바지 고. ○亂於主上 − 亂은 近似. 서로 뒤섞이다. ○猶魯昭公 −《春秋公羊傳》昭公 25년 條. ○吾何僭矣 − 僭은 참람할 참. 신분보다 넘치는 일이나 그런 행위. 분수에 넘치게 방자한 행위.

〖 國譯 〗

「高祖에서 文帝와 景帝에 이르기까지 옛 절약을 따라 궁녀는 10여 명에 불과하였고 마구간의 말은 100여 필이었습니다. 孝文皇帝

께서는 투박한 비단 옷에 가죽신을 신었으며 기물에는 무늬를 놓거나 금은 장식이 없었습니다. 후세에는 다투듯 사치하여 갈수록 더 심했는데 신하도 이를 본떠 의복과 신발이나 바지와 도검 등이 主上과 비슷해졌으며 주상께서 조회에 임하거나 종묘에 행차할 때 백성들은 구별할 수 없을 정도로 잘못되었습니다. 그런데도 자신의 사치가 지나치다는 것을 모르면서 魯나라 昭公처럼 말하고 있습니다. "내가 무엇이 지나쳤는가?"」

原文

「今大夫僭諸侯, 諸侯僭天子, 天子過天道, 其日久矣. 承衰救亂, 矯復古化, 在於陛下. 臣愚以爲盡如太古難, 宜少放古以自節焉.《論語》曰, '君子樂節禮樂.' 方今宮室已定, 亡可奈何矣, 其餘盡可減損. 故時齊三服官輸物不過十笥, 方今齊三服官作工各數千人, 一歲費數巨萬. 蜀,廣漢主金銀器, 歲各用五百萬. 三工官官費五千萬, 東西織室亦然. 廏馬食粟將萬匹. 臣禹嘗從之東宮, 見賜杯案, 盡文畫金銀飾, 非當所以賜食臣下也. 東宮之費亦不可勝計. 天下之民所爲大飢餓死者, 是也. 今民大饑而死, 死又不葬, 爲犬豬食. 人至相食, 而廏馬食粟, 苦其大肥, 氣甚怒至, 乃日步作之. 王者受命於天, 爲民父母, 固當若此乎! 天不見耶? 武帝時又多取好女至數千人, 以塡後宮. 及棄天下, 昭帝幼弱, 霍光專事, 不知禮正, 妄多臧金錢財物, 鳥,獸,魚,鱉,牛,馬,虎,豹生禽, 凡百九十物, 盡瘞臧之, 又皆以後宮女置於園陵, 大失禮, 逆天心, 又未必稱武帝意也. 昭帝晏駕, 光復行之. 至孝宣皇帝時, 陛下惡有所言, 群臣亦隨故事, 甚可痛也! 故使天下承化, 取女皆大過度, 諸侯妻妾或至數百人, 豪富吏民畜歌者至數十人, 是以內多怨女, 外多曠夫. 及衆庶葬埋, 皆虛地上以實地下. 其過自上生, 皆在大臣循故事之辠也.」

| **註釋** | ○承衰救亂 – 衰亂(쇠란)을 건져 구원하다. 여기서 承은 건질 증 (拯)의 뜻. ○《論語》曰 – 孔子曰, "益者三樂, 損者三樂. 樂節禮樂, 樂道人之善, 樂多賢友, 益矣. ~.《論語 季氏》. ○齊三服官 – 齊郡 臨淄(임치)에 설치한 황실용 복장을 제조 공급하던 관청. 齊에서 생산되는 비단으로 봄에 바치는 首服, 여름에는 夏服, 겨울에는 冬服을 지어 바쳤다. ○十笥 – 笥 상자 사. 대나무 상자. ○蜀,廣漢 – 蜀郡(치소는 成都縣), 廣漢郡(치소는 今 四川省 綿陽市 관할의 梓潼縣). 이 2개 군에 工官을 두고 황실용 각종 무기나 일상용품이나 공예품을 생산케 하였다. 工官은 이 2개 군 외에도 泰山郡, 濟南郡, 南陽郡 외 여러 곳에 설치되었다. 공관은 중앙의 少府 소속이었고 각 지역 책임자로 工官令이 있었다. ○三工官 – 여러 설이 있는데 考工令, 上方令, 上林令 소속의 工官을 뜻한다. ○東西織室 – 황실에서 쓰는 면직물이나 견직물을 생산하는 관청. 少府 소속이었다. ○乃日步作之 – 날마다 말을 걷게 시켜야 한다. ○及棄天下 – 황제가 붕어하다. ○盡瘞臧之(진예장지) – 모두 산 채로 묻어 제사하다. 瘞 묻을 예. 무덤. 臧은 藏. ○晏駕(안가) – 황제의 죽음. ○曠夫 – 아내가 없는 남자. 曠 빌 광. 여자가 있을 방이 비었다는 뜻. ○辠 – 허물 죄. 罪와 同.

「지금 大夫는 諸侯를 넘보고, 제후는 천자를 넘보고, 천자는 天道를 넘어서려 한 지가 오래되었습니다. 이제 衰亂(쇠란)을 구원하고 옛 교화를 회복하는 일은 폐하에 달렸습니다. 臣이 어리석지만 예전과 같은 어려움을 생각하여 옛일을 본떠 조금 더 스스로 절약해야 합니다. 《論語》처럼 君子는 適宜한 禮樂을 즐겨야 합니다. 지금 宮室이 이미 다 갖추어졌는데 안될 것이 무엇이겠습니까? 그 나머지는 다 줄이거나 없앨 수 있습니다.

예전에 齊郡 三服官이 보내는 물건은 10상자에 불과했습니다. 지금 齊의 三服官은 工人 수천 명을 동원하며 1년에 수백만 전을 지출합니다. 蜀郡과 廣漢郡에서 제조하는 금은 그릇 비용으로 1년에 각각 5백만 전을 지출합니다. 三工官에서 쓰는 官費가 각 5천만이라 하며 동서의 織室 또한 그 정도입니다. 마구간의 말도 곡식을 먹는데 말이 일만 필입니다. 臣 貢禹가 전에 폐하를 따라 東宮에 가서 음식을 하사 받았는데 모두가 금은으로 장식한 것이었으니 신하에게 내리는 賜食으로서는 맞지 않았습니다. 그렇다면 동궁의 비용 또한 이루 다 계산할 수가 없습니다. 천하의 백성들이 굶주리며 많이 餓死(아사)하는 것은 이 때문입니다. 지금 백성이 많이 굶주리다가 죽고, 죽어도 묻지 못하여 개나 멧돼지의 밥이 되고 있습니다. 사람이 서로 잡아먹는데 마구간의 말은 곡식을 먹고 너무 살이 쪄서 걱정이며 기운이 너무 거칠어져서 말들을 매일 걷게 시켜야 합니다. 王者는 하늘의 명을 받아 백성의 부모가 되어야 하는데 정말 이러해야 하겠습니까! 하늘이 보지 못하겠습니까?

무제 때 양가의 여인 수천 명을 데려다가 후궁을 채웠습니다. 무제가 붕어하시자 昭帝는 유약했고 곽광이 정사를 오로지 하며 예의 정도를 알지 못하고 망령되게 많은 금은 재물을 모았고 새와 짐승, 물고기와 자라, 소와 말, 호랑이와 표범 등을 산 채로 잡아 모두 190 여 동물을 땅에 묻어 제사를 지냈으며, 또 후궁의 여인들을 모두 園陵에 배치하였으니 이는 예의상 큰 잘못이며 천심을 거역한 것으로 무제의 본 뜻에 맞지 않는 것입니다. 소제가 붕어하시자 곽광이 또 그렇게 하였습니다. 孝宣皇帝 때에 이르러 폐하께서는 축소하자는 말도 할 수 없었고 군신들은 전례를 따른다 하였으니 정말 가슴 아픈 일이었습니다! 그러면서 백성들로 하여금 교화를 따르라 하는데 정도를 크게 넘어 여럿들을 데려가니 제후의 처첩은 어떤 경우 백여 명에 이르고 부호나 관리들도 歌妓를 수십 명씩을 데리고 있으니 안으로는 여인들의 원성이 있고 밖으로는 짝이 없는 사내가 많게 된 것입니다. 또 엄청나게 많이 묻는 것은(厚葬) 땅 위를 텅 비게 하고 땅 속을 채우는 것입니다. 이런 잘못은 황제로부터 생겨나 대신들이 전례에 따르는 죄 때문에 생긴 것입니다.」

原文

「唯陛下深察古道, 從其儉者, 大減損乘輿服御器物, 三分去二. 子産多少有命, 審察後宮, 擇其賢者留二十人, 餘悉歸之. 及諸陵園女亡子者, 宜悉遣. 獨杜陵宮人數百, 誠可哀憐也. 廐馬可亡過數十匹. 獨舍長安城南苑地以爲田獵之圃, 自城西南至山西至鄠皆復其田, 以與貧民. 方今天下饑饉, 可亡大自損減以救之, 稱天意乎? 天生聖人, 蓋爲萬民, 非獨使自娛樂而已也. 故《詩》曰, '天難諶斯, 不易惟王.' '上帝臨女, 毋貳爾心.' '當仁不讓', 獨可以聖心參諸天地, 揆之往古, 不可與臣下議也. 若其阿意順指, 隨君上下. 臣<u>禹</u>不勝拳拳, 不敢不盡愚心.」

| **註釋** | ○杜陵 － 宣帝의 능원. ○獨舍~ － 獨舍는 남겨두다. ○山西至鄠 － 산은 南山 곧 秦嶺. 鄠(호)는 縣名. 今 陝西省 西安市 관할의 戶縣. ○故《詩》曰 －《詩經 大雅 大明》. ○天難諶斯 － 諶은 誠. 斯는 語氣詞. ○毋貳爾心 － 毋貳는 다른 생각을 하지 말라. ○當仁不讓 － 子曰, "當仁, 不讓於師."《論語 衛靈公》. ○揆之往古 － 揆는 헤아릴 규. 법도. ○不勝拳拳 － 拳拳은 충실하고 정성된 마음.

〖**國譯**〗

「폐하께서는 옛 도리를 깊이 성찰하시어 그 검소함을 따라 수레와 복식과 어용의 기물을 축소하여 크게 3분의 2를 줄이시기를 바랍니다. 아들을 많이 낳는다 하여도 다 命이 있는 것이니 후궁도 잘 살피시어 현숙한 자로 20여 명만 골라 남기시고 나머지는 모두 돌려보내야 합니다. 또 여러 陵園의 여인 중에서 자식이 없는 자는 응당 내 보내야 합니다. 특히 杜陵(두릉)의 궁인 수백 명은 정말 가련한 사람들입니다. 마구간에는 수십 필 외는 없어도 됩니다. 다만 長安城 남쪽의 동산은 사냥터로 남겨두고 장안성 서남으로부터 남산 서쪽 鄠縣(호현)까지는 모두 농지로 복구하여 빈민에게 주어야 합니다. 지금 천하에 기근이 들었는데 씀씀이를 크게 줄여 구원하며 하늘의 뜻에 맞추지 않을 수 있겠습니까? 하늘이 聖人을 내신다면 아마 만민을 위해서이지 한 사람만이 혼자서 즐기게 하려는 뜻은 아닐 것입니다. 그래서 《詩經》에서도 '하늘은 참으로 어려우니 왕의 일이 쉽지 않네.' 하였으며, '上帝가 너희에게 임하니 다른 생각을 하지 말라.' 하셨고 '仁의 실천은 양보하지 않는다.'고 하였으니, 오직 聖心으로 天地와 뜻을 같이 하려면 옛 법도를 본받아야 하며 이를 신하에게 논의하게 할 수는 없습니다. 만약 폐하에 아부하는 뜻으로 폐하에 순종하려 할 것입니다. 臣 貢禹는 제 衷心(충심)을 이기지 못하면서도 감히 어리석은 생각을 다 말씀드리지는 못했습니다.」

原文

天子納善其忠, 乃下詔令太僕減食穀馬, 水衡減食肉獸, 省宜春下苑以與貧民, 又罷角抵諸戲及齊三服官. 遷禹爲光祿大夫. 頃之, 禹上書曰,

| 註釋 | ○太僕(태복) – 九卿의 하나. 황제 전용 거마 관리. 국영 牧馬와 馬政 총괄. 秩 中二千石. ○省宜春下苑 – 宜春苑(장안성 동남쪽의 苑囿)을 없애다.

〔國譯〕

天子는 공우의 忠心을 옳다고 여겨 太僕(태복)에게 명해 곡식을 먹는 말을 줄이게 하였으며, 水衡都尉에게는 고기를 먹는 짐승을 줄이게 하였고, 宜春苑(의춘원)을 폐지시켜 빈민에게 나눠 주었고, 또 角抵(각저)와 같은 놀이나 齊郡의 三服官을 폐지하였다.

공우는 광록대부로 승진하였다. 얼마 후 공우는 다시 상서하였다.

原文

「臣禹年老貧窮, 家訾不滿萬錢, 妻子糠豆不贍, 裋褐不完. 有田百三十畝, 陛下過意徵臣, 臣賣田百畝以供車馬. 至, 拜爲諫大夫, 秩八百石, 俸錢月九千二百. 廩食太官, 又蒙賞賜四時雜繒,綿絮,衣服,酒肉,諸果物, 德厚甚深. 疾病侍醫臨治, 賴陛下神靈, 不死而活. 又拜爲光祿大夫, 秩二千石, 俸錢月萬二千. 祿賜愈多, 家日以益富, 身日以益尊, 誠非草茅愚臣所當蒙也. 伏自念終亡以報厚德, 日夜慚愧而已. 臣禹犬馬之齒八十一, 血氣衰竭, 耳目不聰明, 非復能有補益, 所謂素餐尸祿洿朝之臣也. 自痛去家三千里, 凡有一子, 年十二, 非有在家爲臣具棺槨者也. 誠恐一旦蹎仆氣竭, 不復自還, 洿席薦於宮室, 骸骨棄捐, 孤魂不歸. 不勝私願, 願乞骸骨, 及身生歸鄕里, 死亡所恨.」

┃註釋┃ ○家訾－家資. 家産. ○糠豆－거친 음식. 糠 쌀겨 강. ○裋褐 (수갈)－거친 천의 의복. 裋 해진 옷 수. 褐 털 옷 갈. ○秩八百石－諫大夫의 질록은 比八百石이었다. ○廩食太官－太官令이 공급하는 양식. 太官令

은 少府의 속관으로 궁중 음식을 담당. ○雜繒 – 繒 비단 증. ○蹎仆氣竭 – 쓰러져 숨이 끊어지다. 蹎 넘어질 전. 仆 엎드릴 부. ○洿席薦 – 좌석과 깔개를 더럽히다. 洿는 더러울 오, 웅덩이 오.

〔國譯〕

「臣 공우는 늙고 빈궁하며 家産은 만전이 되지 않았고 처자는 거친 음식도 모자랐고 의복도 완전하지 못했습니다. 땅 130畝(무)가 있었는데 폐하께서 호의로 저를 徵召하시니 신은 땅 1백무를 팔아 거마를 준비하였습니다. 장안에 와서 諫大夫를 제수 받고 녹봉이 八百石이라 매달 9,200전을 받았습니다. 太官이 공급해주는 廩食과 또 상으로 하사하시는 四時의 여러 비단, 무명과 솜. 衣服, 酒肉, 여러 과일 등 베푸신 은덕이 매우 많았습니다. 병이 나자 侍醫가 치료를 해 주었으니 폐하의 신령에 힘입어 죽지 않고 살아왔습니다. 또 光祿大夫를 제수 받아 질록이 2천석이 되어 俸錢이 매달 1만2천 전이 되었습니다. 질록과 하사품이 더욱 많아 집은 날마다 부유해졌고 일신은 날마다 존귀하여 실로 초야에서 살 때의 은택과는 달랐습니다. 삼가 생각해보면, 폐하에 厚德에 보답할 길이 없어 밤낮으로 부끄러울 뿐입니다. 臣 공우의 하찮은 나이가 81세라서 혈기가 쇠약하고 耳目도 밝지 못하기에 다시 다른 직책을 받을 수도 없기에 소위 하는 일 없이 녹봉이나 받으며 조정이나 더럽히는 신하가 되었습니다. 마음 아픈 것은 집을 떠나 3천 리에 아들이 하나 있지만 겨우 12살로 집에는 내 시신을 거두어줄 만한 아들이 없습니다. 사실 어느 날 쓰러져 숨이 끊겨 다시 살아오지 못한다면 조정의 자리만 더럽힐 것이며 늙은 몸은 버려지고 고혼은 돌아갈 곳이 없을 것입니다. 소신의 소원을 견딜 수 없어 면직을 바라오며 이 몸이 살아있을 때 향리로 돌아갈 수 있다면 죽어도 여한이 없을 것입니다.」

原文

天子報曰, "朕以生有伯夷之廉, 史魚之直, 守經據占, 不阿當世, 孶孶於民, 俗之所寡, 故親近生, 幾參國政. 今未得久聞生之奇論也, 而云欲退, 意豈有所恨與? 將在位者與生殊乎? 往者嘗令金敞語生, 欲及生時祿生之子, 旣已諭矣, 今復云子少. 夫以王命辨護生家, 雖百子何以加? 傳曰亡懷土, 何必思故鄉! 生其强飯愼疾以自輔."

後月餘, 以禹爲長信少府. 會御史大夫陳萬年卒, 禹代爲御史大夫, 列於三公.

| 註釋 | ○以生有伯夷之廉 − 生은 선생, 곧 공우. 伯夷는 殷末의 義士. ○史魚 − 춘추시대 衛대부 史鰌(사추). 직언으로 간쟁을 잘하였다. 공자도 史魚의 인격을 칭찬하였다. 子曰, "直哉史魚! 邦有道, 如矢, 邦無道, 如矢. 《論語 衛靈公》. ○孶孶於民 − 孶孶는 부지런히 힘쓰다. 孜孜(자자)와 같음. ○幾參國政 − 幾는 冀. 바라다. 參은 참여하다. ○與生殊乎 − 殊는 意趣가 不同하다. ○金敞(김창) − 元帝 때 騎都尉 등 여러 관직을 역임. ○祿生之子 − 祿은 錄. 등록하다. 예비 관리로 등록케 했다. ○辨護生家 − 선생의 집을 보호하다. 고향의 집을 보살피라고 명령했다는 뜻. ○傳曰亡懷土 − 傳은 《論語》. 懷土는 고향을 생각하다. 子曰, "君子懷德, 小人懷土, 君子懷刑, 小

人懷惠."《論語 里仁》. ○三公 – 西漢 초기는 丞相, 太尉, 御史大夫. 후기에는 大司徒, 大司馬, 大司空을 지칭.

[國譯]

天子께서 답을 보내 말했다.

"朕은 선생이 伯夷(백이)와 같은 청렴과 史魚(사어)의 강직으로 正經을 지키며 바탕으로 삼아 세태에 아부하지 않고 백성을 부지런히 보살피며 세속 기질도 많지 않아 선생이 측근에서 국정에 참여하기를 기대했도다. 이제 선생의 뛰어난 의논을 오랫동안 들을 수 없었는데 퇴임하기를 원하니 마음속에 어떤 서운한 것이라도 있는 것인가? 재직하고 있는 자들이 선생과 의견을 달리 하였는가? 지난번에 金敞(김창)을 시켜 선생에게 말했지만 선생이 살아 있을 때 선생의 아들을 등록키로 하여 그 뜻을 전달하였는데 지금 다시 아들이 어리다는 것을 말하였소. 황제의 명으로 선생의 집을 보살피라 하였으니 아들 백 명이 어찌 더 있어야 하겠는가? 경전에서도 고향을 그리지 말라고 하였는데 하필 고향을 그리다니! 선생은 식사를 꼭 들고 병을 조심하며 스스로 보신하기 바라오."

그 한 달쯤 뒤에 공우는 長信少府가 되었다. 마침 어사대부 陳萬年(진만년)이 죽었는데 공우는 그 후임 어사대부가 되어 三公의 반열에 올랐다.

原文

自禹在位, 數言得失, 書數十上. 禹以爲古民亡賦筭口錢,起武帝征伐四夷, 重賦於民, 民産子三歲則出口錢, 故民重困, 至於生子輒殺, 甚可悲痛. 宜令兒七歲去齒乃出口錢, 年二十乃筭.

| 註釋 | ○賦筭口錢 － 人口를 계산하여 부과하는 세금, 곧 人頭稅. 筭은 算과 同. 고조 때 처음으로 부과. 남녀 각 15세에서 60세까지 每人이 一算 (120 錢)을 부담하였고 商賈는 2배를 부담하였다. ○三歲則出口錢 － 口錢는 3세에서 14세까지 부과하는 세금. ○七歲去齒乃出口錢 － 口錢을 3세부터 내는 것을 7세부터 내게 했다는 뜻. ○年二十乃算 － 15세서부터 납부하는 筭錢을 20세부터 납부하게 했다는 뜻.

〖國譯〗

貢禹가 관직에 있은 이후로 여러 번 득실을 논하였고 수십 번 상서하였다. 공우는 예전에 백성에게 인구에 따라 부과하는 세금이 없었는데 武帝가 四夷를 정벌하면서 백성에게 중세를 부가하였고, 백성이 낳은 자식이 3살이면 口錢을 납부했기에 백성은 매우 곤궁해졌고 자식이 태어나면 바로 죽이기도 하니 심히 비통한 일이었다. 자식이 7세가 되어 치아를 갈게 되면 구전을 내다가 나이 20세에 筭賦(산부)를 바치게 하였다.

原文

又言古者不以金錢爲幣, 專意於農, 故一夫不耕, 必有受其饑者. 今漢家鑄錢, 及諸鐵官皆置吏卒徒, 攻山取銅鐵,一歲功十萬人已上, 中農食七人, 是七十萬人常受其饑也.
鑿地數百丈, 銷陰氣之精, 地藏空虛, 不能含氣出雲, 斬伐林
木亡有時禁, 水旱之災未必不由此也. 自五銖錢起已來七十
餘年, 民坐盜鑄錢被刑者衆, 富人積錢滿室, 猶亡厭足. 民
心動搖, 商賈求利, 東西南北各用智巧, 好衣美食, 歲有十二
之利, 而不出租稅. 農夫父子暴露中野, 不避寒暑, 捽屮杷
土, 手足胼胝, 已奉穀租, 又出稾稅, 鄉部私求, 不可勝供.
故民棄本逐末, 耕者不能半. 貧民雖賜之田, 猶賤賣以賈,
窮則起爲盜賊. 何者? 末利深而惑於錢也. 是以姦邪不可
禁, 其原皆起於錢也. 疾其末者絶其本, 宜罷採珠玉金銀鑄
錢之官, 無復以爲幣. 市井勿得販賣, 除其租銖之律, 租稅
祿賜皆以布帛及穀, 使百姓一歸於農, 復古道便.

| 註釋 | ○鐵官皆置吏卒徒 - 鐵官은 大司農 소속 採鐵官. 武帝시 鹽鐵 전
매를 실시하면서 전국 48개소 철광산에 長으로 鐵官令, 副로 鐵官丞을 배치
하였다. 철을 캐지 않고 舊鐵을 정련하는 곳에는 小鐵官을 두었다. 吏는 철
관령 이하 丞이나 다른 관리. 卒은 철광 기술자. 徒는 작업을 담당하는 죄수.
○已上 - 以上. ○鑿地 - 鑿 뚫을 착. ○五銖錢 - 銖는 무게 단위 수. 1兩은
24銖, 1銖는 0.65g. 三銖錢(건원 원년 처음 발행)을 폐지하고 武帝 元狩 5년(前
118)에 五銖錢을 발행. 이 화폐의 주조권은 처음에 각 郡國에 분산되었다가
元鼎 4년(前 113)에 중앙으로 귀속시켜 上林三官(水衡都尉 소속의 鐘官, 技巧
官, 辨銅官)이 역할을 분담하여 주조하였으며, '五銖'라는 二字가 양각되었
다. 東漢과 魏, 晉을 거쳐 隋代까지 주조 통용되었는데 唐 高祖 武德 4年
(621)에 공식적으로 폐지되었지만 민간에서는 여전히 유통되었다. ○歲有

十二之利 − 1년에 10분의 2(곧 20%)의 이자. ○捽屮杷土(졸초파토) − 捽 잡을 졸. 屮는 草의 古字. 杷 밭 고무래 파. 杷土 땅을 고르다. ○胼胝(변지) − 胼 굳은 살 변. 胝 굳은 살 지. ○又出稟稅 − 稟稅. 볏짚을 말 먹이로 바치는 세금. ○鄕部私求 − 향리들의 사적인 요구. ○復古道便 − 예전으로 돌아가면 편하다고 말을 하다. 道는 말하다. 이야기하다.

〖 國譯 〗

또 이러한 주장을 하였다. 옛날에는 金錢을 비단처럼 사용하지 않고 농사에만 전념하였기에 사내 한 사람이 농사를 짓지 않으면 그 때문에 굶주리는 사람이 있었다. 지금 漢나라에서는 鑄錢(주전)을 하고 여러 鐵官이 각각 관리와 기술자와 죄수를 거느리고 산에서 구리와 철을 채취하느라 1년에 10만 명 이상을 부리는데 中農 1인이 7인을 먹여 살리는 것으로 계산을 하면 70만이 늘 굶주려야 한다. 땅속을 수백 길이나 뚫어 陰氣의 정수를 녹여 없애고 땅속을 비게 만들어 地氣를 토해 구름이 만들어지는 것을 막고 재목을 아무 때나 베어 수해나 旱害(한해)가 이 때문에 발생한다. 五銖錢이 주조되고 70여 년에 盜鑄錢에 걸려 형을 받은 자가 많고 부자들은 집안에 돈을 가득 저장하고서도 만족할 줄을 모른다. 민심이 동요하고 장사치들은 이득을 추구하며 동서남북에서 각종 간교를 부리고 좋은 옷과 음식에 1년에 20%의 이자를 받으면서 세금을 내지도 않는다. 농부 부자가 들에서 땡볕 아래 추위나 더위를 무릅쓰고 풀을 뽑고 흙을 파서 손발에 굳은살이 박이도록 일하고 곡물로 세금을 내고도 또 볏짚을 바치며 향리의 사적 요구를 안 들어줄 수도 없다. 그래서 농민들은 본업을 버리고 末利를 쫓게 되며 경작자가 절반도 되지 않는다. 빈민에게 비록 토지를 지급하더라도 오히려 싼값에 팔아버리고 장사를 하거나 궁하면 집을 나서 도적이 된다. 왜 그렇게 되는가? 末利가 많고 돈에 현혹되기 때문이다. 이러하기에 간사한 짓을 금할 수 없게 되는데 그 근원은 모두 錢(五銖錢) 때문이다. 末利 추구를 혐오하기에 그 본원을 근절시키려 한다면 응당 珠玉이나 금은의 채취나 鑄錢의 관서를 모두 폐지하고 다시는 錢幣를 주조하지 말아야 한다. 시정에서 판매할 수 없게 하며 오수전으로 세금을 대납하는 율령도 폐지하고 조세나 녹봉의 급여도 전부 포백이나 곡식으로 지급해야만 백성으로 하여금 모두 농사를 짓게 한다면 옛날처럼 편리해질 것이다.

原文

又言諸離宮及長樂宮衛可減其太半, 以寬繇役. 又諸官奴婢十萬餘人戲游亡事, 稅良民以給之, 歲費五六鉅萬, 宜免爲庶人, 廩食, 令代關東戍卒, 乘北邊亭塞候望.

又欲令近臣自諸曹,侍中以上, 家亡得私販賣, 與民爭利, 犯者輒免官削爵, 不得仕宦. 禹又言,

| 註釋 | ○長樂宮衛 – 長樂宮의 衛士. 장락궁은 혜제 이후 황태후의 거처. 본래 秦의 興樂宮을 보수 증축하였는데 그 둘레가 약 10km. 長安城 면적의 6분의 1을 차지했다고 한다. ○繇役 – 徭役(요역). ○乘北邊亭塞~ – 乘은 올라가다. 북방에 보내다. 亭塞은 변방의 봉수대와 요새. ○諸曹 – 각 부서.

또 주장하기를, 모든 離宮과 長樂宮의 衛士를 그 절반으로 줄여서 요역을 가볍게 해야 한다. 그리고 모든 관노비 10여만 명이 놀기만 하고 일을 하지 않으며, 양민이 바치는 부세로 그들을 먹이는데 1년에 그 비용이 5, 6만 이상이니 응당 서민으로 만들어 국가에서 식량을 공급하여 關東의 戍卒(수졸)을 대체하면서 북변의 봉수대나 요새에 보내어 수비하게 해야 한다고 하였다.

또 諸曹나 侍中 이상 近臣은 집에서 사적인 장사를 하여 서민과 이득을 다투지 못하게 하고 이를 위반하는 자는 바로 免官시키고 작위를 박탈하며 다시는 벼슬에 나서지 못하게 해야 한다. 공우는 또 다음과 같이 건의하였다.

〖原文〗

「孝文皇帝時, 貴廉潔, 賤貪汙, 賈人, 贅婿及吏坐贓者皆禁錮不得爲吏. 賞善罰惡, 不阿親戚, 罪白者伏其誅, 疑者以與民, 亡贖罪之法, 故令行禁止, 海內大化, 天下斷獄四百, 與刑錯亡異. 武帝始臨天下, 尊賢用士, 闢地廣境數千里, 自見功大威行, 遂從耆欲, 用度不足, 乃行一切之變, 使犯法者贖罪, 入穀者補吏, 是以天下奢侈, 官亂民貧, 盜賊並起, 亡命者衆. 郡國恐伏其誅, 則擇便巧吏書習於計簿能欺上府者, 以爲右職, 姦軌不勝, 則取勇猛能操切百姓者, 以苟

暴威服下者, 使居大位. 故亡義而有財者顯於世, 欺謾而善
書者尊於朝, 悖逆而勇猛者貴於官. 故俗皆曰, '何以孝弟
爲? 財多而光榮. 何以禮義爲? 史書而仕宦. 何以謹愼爲?
勇猛而臨官.' 故黥劓而髡鉗者猶復攘臂爲政於世, 行雖犬
彘, 家富勢足, 目指氣使, 是爲賢耳. 故謂居官而置富者爲
雄桀, 處姦而得利者爲壯士, 兄勸其弟, 父勉其子, 俗之壞
敗, 乃至於是! 察其所以然者, 皆以犯法得贖罪, 求士不得
眞賢, 相,守崇財利, 誅不行之所致也.」

| 註釋 | ○貪汙 － 貪汚. 汙 더러울 오(汚와 同). ○贅婿(췌서) － 빚을 지
고 남의 집에 인질로 잡혀 있다가 나중에 그 집의 사위가 된 사람. 贅 저당
잡힐 췌. ○不阿親戚 － 阿는 아부하다. ○與刑錯亡異 － 형벌을 집행하지
않아 버린 것과 다름이 없었다는 뜻. 錯는 버리다. 쓰지 않다. ○操切 － 협박
하다. 操는 몰고 가다. 切은 잘라내다. ○善書者 － 서류에 능숙한 자. ○勇
猛 － 여기서는 흉포하다는 뜻으로 사용되었다. ○史書而仕宦 － 史書는 예
서로 쓰여진 屬吏의 文書. 史는 屬吏. 歷史書란 뜻이 아님. ○黥劓而髡鉗者
(경의이곤겸자) － 黥은 얼굴에 묵형을 받은 자. 劓 코 벨 의. 髡 머리 깎을 곤.
鉗 목에 칼을 쓸 겸. ○攘臂(양비) － 팔을 걷어붙이다. 분발하다. ○犬彘(견
체) － 개와 돼지. 彘 돼지 체. ○目指氣使 － 아랫사람을 눈짓으로 지시하고
표정으로 부리다. 교만한 태도.

〖國譯〗

「孝文皇帝 때에는 청렴을 귀히 여기고 탐욕을 천시하였으며 상인
과 데릴사위, 관물을 도둑질한 관리로 禁錮(금고) 형을 받은 사람들

은 관리가 될 수 없었습니다. 善者를 상 주고 악인을 벌주었으며 친척이라 하여 편들지 않았고 죄가 명백하면 사형에 처했지만 疑獄은 백성의 뜻에 따라 처리했으며 贖罪(속죄)의 법이 없었기에 법으로 금지하면 온 나라가 그대로 따랐는데, 천하에 1년간 판결 건수가 4백여 건이라서 법은 없는 것과 마찬가지였습니다. 무제가 천하를 통치하면서 현인을 등용하고 유생을 채용하며 나라의 영역을 수천 리넓히면서 공을 세운 자는 위세를 부리며 마음대로 행동하였고, 나라의 재용이 부족해지자 모든 것이 변하여 범법자라도 납속하면 용서를 받고 곡식 바친 자를 관리에 임용하였는데, 이로써 천하는 더욱 사치하고 나라는 어지러워지고 백성은 가난해졌으며 도적이 봉기하고 도망치는 백성이 많아졌습니다. 郡國에서도 죄로 처형되는 것이 두려워 간교한 관리가 서류에 능숙한 자를 골라 上府에 거짓 보고를 잘하는 자를 승진시키고 간악한 무리가 많아지자 사납게 백성을 모질도록 협박하거나 가혹한 폭정으로 백성을 복종시키는 자들이 높은 자리를 차지하게 되었습니다. 그리하여 바르지 않아도 재물이 있는 자가 행세하게 되고 기만하거나 문서에 능숙한 자가 조정에서 우대받고 悖逆(패악)하거나 흉포한 자가 고관이 되었습니다. 그러다 보니 세상 사람들은 '왜 孝弟을 행하는가? 재산이 많아야 영광이다. 왜 예의를 지키는가? 속리의 문서만 읽을 줄 알면 벼슬을 한다. 왜 행실을 조심해야 하는가? 흉포하면 관리가 된다.'라고 말합니다. 그리하여 온갖 형벌을 받은 자라도 오히려 팔을 걷어붙이고 정사를 담당하였으며, 개나 돼지 같은 행실이라도 집안이 부자이거나 권세가 있으면 마음대로 아랫사람을 부려도 똑똑하다고 여겼습니다. 그리하여 벼슬하며 큰 부자가 되면 영웅호걸이 되고 간교한 행동으로 이권을 얻는 자를 장사라 여기면서 형은 아우에게 권하고 부친은 자식을 독려하기에 풍속의 문란이 이 지경에 이르게 되었습니다! 그 원인을 따져본다면 모든 것이 죄를 짓고서도 속죄할 수 있기 때문이며 인재를 구하면서 진짜 현인을 등용하지 못하고 제후의 相이나 태수가 재물을 숭상하며 형벌이 제대로 집행되지 못했기 때문입니다.」

原文

「今欲興至治, 致太平, 宜除贖罪之法. 相,守選擧不以實, 及有臧者, 輒行其誅, 亡但免官, 則爭盡力爲善, 貴孝弟, 賤賈人, 進眞賢, 擧實廉, 而天下治矣. 孔子, 匹夫之人耳, 以樂道正身不解之故, 四海之內, 天下之君, 微孔子之言亡所折中. 況乎以漢地之廣, 陛下之德, 處南面之尊, 秉萬乘之權, 因天地之助, 其於變世易俗, 調和陰陽, 陶冶萬物, 化正天下, 易於決流抑隊. 自成,康以來, 幾且千歲, 欲爲治者甚衆, 然而太平不復興者, 何也? 以其舍法度而任私意, 奢侈行而仁義廢也.」

| 註釋 | ○贖罪之法 - 漢代에는 관리가 처벌을 받더라도 형기를 채우거나 납속하여 속죄를 하면 관직에 다시 나갈 수 있었다. ○亡但免官 - 다만 免官시키기만 하지 않다. 亡但은 不止의 뜻. 면관하고 처벌도 해야 한다는 뜻. ○不解 - 不懈. 게을리하지 않다. ○微孔子之言亡所折中 - 微는 없다

(無와 通). 折中(절중)은 折衷(절충). 取正. 사물 판단의 근거로 삼다. 亡은 無. ○易於決流抑隊 — 易 쉬울 이. 決流는 흐르려는 물을 터서 흐르게 하다. 抑隊(억추)는 떨어뜨릴 물건을 쥐고 있다. 隊 대오 대. 떨어질 추(墜).

〖 國譯 〗

「이제 바른 정치를 일으키고 태평시대를 이루려면 응당 贖罪의 法을 폐지해야 합니다. 諸侯相이나 태수가 부실한 인재를 천거하거나 재물을 착복한 자는 즉시 처벌하여 면관시키는 것으로 끝내지 않는다면 경쟁하듯 힘써 善을 행하고 孝弟를 귀히 여기며 상인을 천하게 대하고 바른 현인을 천거하며 성실 청렴한 자를 천거할 것이니 천하는 잘 다스려질 것입니다. 孔子는 보통 사람이었지만 樂道하고 正身을 게을리하지 않았기에 온 중국의 모든 主君이 공자의 말이 없다면 기준으로 삼을 것이 없습니다. 하물며 漢의 광대한 땅에 폐하의 聖德으로 南面하는 尊位에서 萬乘의 권한을 가지시고 天地의 도움을 받으시니 세속을 바꾸시고 음양의 조화를 이루시며 만물을 陶冶(도야)하여 천하를 바르게 변화시키는 일은 흐르려는 물을 터놓거나 떨어트릴 물건을 잡고 있는 것보다 쉬울 것입니다. 周의 成王과 康王 이후로 거의 천년 세월에 大治를 이루고자 하는 사람은 매우 많았지만 태평세월은 다시 오지 않았습니다. 그 이유가 무엇이겠습니까? 바른 법도를 버려두고 私意를 따르면서 사치를 하고 仁義를 따르지 않았기 때문입니다.」

「陛下誠深念高祖之苦, 醇法太宗之治, 正己以先下, 選賢以自輔, 開進忠正, 致誅姦臣, 遠放諂佞, 赦出園陵之女, 罷倡樂, 絶鄭聲, 去甲乙之帳, 退僞薄之物, 修節儉之化, 驅天下之民皆歸於農, 如此不解, 則三王可侔, 五帝可及. 唯陛下留意省察, 天下幸甚.」

| 註釋 | ○高祖之苦 - 고조의 개국의 어려움. ○醇法太宗之治 - 醇法(순법)은 그대로 본받다. 太宗은 文帝. ○甲乙之帳 - 武帝가 야광주나 주옥으로 만든 휘장을 甲帳이라 하여 그보다 못한 것을 乙帳이라 하였다. 사치스런 많은 휘장. ○可侔 - 짝이 되다. 대등하다. 侔 가지런할 모.

[國譯]

「폐하께서는 高祖의 고생을 깊이 헤아리시고 太宗(文帝)의 치적을 그대로 본받으시며, 바른 가짐으로 솔선하시며 현인을 등용하여 보필 받으시며, 忠正한 인재를 끌어들이고 간신을 처형하며, 아첨배를 멀리 쫓아버리고 園陵의 여인들을 돌려보내며, 광대놀이를 폐지하고 나쁜 음악을 버리며, 武帝의 甲乙 휘장을 제거하시고 부화 경박한 자를 물리치며, 절약과 검소로 교화를 펴시고 천하 백성을 농사에 힘쓰게 하되 이를 게을리 하지 않으신다면 三王과 같은 聖君이 될 수 있으며 五帝의 공덕을 따라가실 것입니다. 오직 폐하께서 유념하여 성찰하신다면 천하에 다행일 것입니다.」

天子下其議, 令民産子七歲乃出口錢, 自此始. 又罷上林
宮館希幸御者, 及省建章,甘泉宮衛卒, 減諸侯王廟衛卒, 省
其半. 餘雖未盡從, 然嘉其質直之意. 禹又奏欲罷郡國廟,
定漢宗廟迭毁之禮, 皆未施行.

爲御史大夫數月卒, 天子賜錢百萬, 以其子爲郎, 官至東
郡都尉. 禹卒後, 上追思其議, 竟下詔罷郡國廟, 定迭毁之
禮. 語在〈韋玄成傳〉.

| 註釋 | ○建章宮 – 무제 때 장안성 서남에 건축한 궁궐. 미앙궁 밖으로
성곽 넘어 이어 지은 궁궐. ○甘泉宮 – 무제의 여름철 피서를 위한 궁궐.
○迭毁之禮(질훼지례) – 천자는 七廟에 칠대조를 모시고 제후는 5대조를 제
사하는데 그 대수가 넘어가면 순차적으로 묘당에서 太廟로 신주를 옮겨 제
사해야 한다는 의례. ○〈韋玄成傳〉 – 73권,〈韋賢傳〉. 韋賢과 아들 韋玄成
을 입전.

〖 國譯 〗

天子는 그 건의를 의논에 부쳐 백성의 자식이 7세부터 口錢를 내
게 된 것은 이때부터였다. 또 상림원 宮館에서 천자의 행차를 기다
리는 후궁들과 建章宮이나 甘泉宮의 衛卒을 줄이고 제후 王廟의 衛
卒을 그 절반으로 줄이게 하였다. 그 나머지는 다 실천하지는 못했
지만 그 질박하고 곧은 뜻을 가상하게 생각하였다. 공우는 또 각 군
국의 종묘를 혁파해야 하며 定漢 宗廟의 신위를 교대로 옮기는 예를
정해야 한다고 주장하였으나 시행하지 못했다.

공우는 어사대부가 되어 몇 달 뒤에 죽었는데, 천자는 錢백만을 하사하였고 그 아들을 낭관으로 삼았고 아들의 관직은 東郡都尉에 이르렀다. 공우가 죽은 뒤에 元帝는 그의 건의를 생각하여 마침내 각 郡國의 종묘를 없애고 (漢) 종묘의 迭毁之禮(질훼지례)를 제정하였는데, 이는 〈韋玄成傳〉에 실려 있다.

72-5. 龔勝, 龔舍

原文

兩龔皆楚人也, 勝字君賓, 舍字君倩. 二人相友, 並著名節, 故世謂之楚兩龔. 少皆好學明經, 勝爲郡吏, 舍不仕.

久之, 楚王入朝, 聞舍高名, 聘舍爲常侍, 不得已隨王, 歸國固辭, 願卒學, 復至長安. 而勝爲郡吏, 三擧孝廉, 以王國人不得宿衛. 補吏, 再爲尉, 壹爲丞, 勝輒至官乃去. 州擧茂才, 爲重泉令, 病去官. 大司空何武, 執金吾閻崇薦勝, 哀帝自爲定陶王固已聞其名, 徵爲諫大夫. 引見, 勝薦龔舍及亢父甯壽,濟陰侯嘉, 有詔皆徵. 勝曰, "竊見國家徵醫巫, 常爲駕, 徵賢者宜駕." 上曰, "大夫乘私車來耶?" 勝曰, "唯唯." 有詔爲駕. 龔舍,侯嘉至, 皆爲諫大夫. 甯壽稱疾不至.

| 註釋 | ○龔勝 - 龔 공손할 공(恭과 通). 성씨. 楚 彭城人(今 江蘇省 蘇州市). ○龔舍(공사) - 楚 武原人(今 浙江省 嘉興市 海鹽縣). ○常侍 - 제후국의 加官. 왕을 시종하며 자문에 응대. ○願卒學 - 卒은 終也. ○壹爲丞 - 한번 尉丞이 되다. ○重泉令 - 重泉은 현명. 今 陜西省 渭南市 관할의 蒲城縣. ○何武 - 大司空 역임. 86권, 〈何武王嘉師丹傳〉에 입전. ○定陶王 - 哀帝(劉欣 유흔, 재위 前 7 - 前 1)는 元帝의 庶孫, 成帝의 동생 定陶恭王 劉康의 아들로 정도왕이었다가 즉위하였다. ○亢父(항보) - 縣名. 今 山東省 濟寧市. ○濟陰 - 郡名. 치소는 定陶縣.

[國譯]

　龔勝(공승)과 龔舍(공사) 두 사람은 모두 楚人으로 공승의 字는 君賓(군빈)이고, 공사의 자는 君倩(군천)이다. 두 사람이 서로 친했고 둘이 모두 절개를 지켜 이름이 났고 이 때문에 楚의 兩龔(양공)이라고 일컬었다. 젊어 모두 호학했고 경학에 밝았는데 공승은 郡吏가 되었으나 공사는 출사하지 않았다.

　얼마 후 楚王이 入朝하면서 공사의 高名을 듣고 불러 常侍에 임명하였기에 부득이 초왕을 수행하였으나 귀국하고서 학문을 마치고 싶다고 고사하면서 다시 장안으로 돌아갔다. 공승은 郡吏에서 3번이나 孝廉(효렴)으로 천거되었지만 王國의 관리는 (漢 천자의) 宿衛가 될 수 없었다. 그래서 郡吏에서 두 번째로 郡尉가 되었다가 다시 郡丞이 되었으나 공승은 바로 관직을 버리고 돌아갔다. 州에서 茂才(무재)로 천거되어 重泉 縣令이 되었으나 병으로 사임하였다. 대사공 何武(하무)와 집금오인 閻崇(염숭)이 공승을 천거하였는데 哀帝는 定陶王으로 있을 때부터 공승의 명성을 들었기에 불러 諫大夫

에 임명하였다. 애제가 공승을 引見할 때 공사와 亢父縣(항보현)의
甯壽(영수), 濟陰郡의 侯嘉(후가) 등도 이미 천거되었는데 조서를 내
려 모두를 징소하였다. 이에 공승이 말했다.

"저의 생각으로, 나라에서 의원이나 무당을 부르더라도 언제나
수레를 보내는데 현자를 초빙하는 만큼 수레를 보내야 합니다."

그러자 애제가 말했다. "大夫는 개인 수레를 타고 오지 않았는
가?" 이어 공승이 대답했다. "예! 그랬습니다." 이에 詔命으로 수레
를 보내었다. 공사와 후가는 장안에 도착하여 모두 諫大夫가 되었
다. 그러나 甯壽(영수)는 병을 핑계로 오지 않았다.

原文

勝居諫官, 數上書求見, 言百姓貧, 盜賊多, 吏不良, 風俗
薄, 災異數見, 不可不憂. 制度泰奢, 刑罰泰深, 賦斂泰重,
宜以儉約先下. 其言祖述王吉, 貢禹之意. 爲大夫二歲餘, 遷
丞相司直, 徙光祿大夫, 守右扶風. 數月, 上知勝非撥煩吏,
乃復還勝光祿大夫, 諸吏給事中. 勝言董賢亂制度, 由是逆
上指.

| 註釋 | ○泰奢 - 泰는 太. ○祖述 - 이어받아 서술하다. ○丞相司直 -
丞相府 屬官의 우두머리. 秩 比二千石. 승상은 哀帝 때 大司徒로 명칭이 바
뀐다. ○守右扶風 - 우부풍의 대리. 守는 상위 직책을 임시로 담당하다. 우
부풍은 장안 우측 경기 지역 행정책임자. ○撥煩(발번) - 번잡한 업무를 처
리하다. ○諸吏 - 加官의 칭호. 법에 의거 관리를 탄핵할 수 있는 권리를 가

졌다. 역할은 御史中丞과 비슷하다. ○給事中 − 加官의 칭호. 황제의 최 측근으로 매일 알현하고 자문에 응대. 尙書의 업무를 분담하는 中朝의 요직. 名儒나 황제의 인척이 주로 이 가관을 받았다. ○董賢(동현) − 哀帝의 동성연애 상대. 高安侯에 봉해졌다. 애제가 죽은 뒤 왕망의 탄핵을 받자 자살하였다. 93권, 〈佞幸傳〉에 입전.

[國譯]

龔勝(공승)은 諫官으로 근무하면서 자주 상서하여 알현을 요청했는데 백성들은 가난하고 도적은 많으며, 관리는 불량하고 풍속은 각박하며 災異(재이)가 자주 나타나니 걱정하지 않을 수 없다고 말했다. 또 制度가 너무 번잡하고 형벌은 너무 엄격하며 징세는 너무 무거우니 응당 검약을 우선해야 한다고 주장하였다. 그의 건의는 王吉과 貢禹(공우)의 뜻을 이어받은 것이었다. 諫大夫가 되어 2년여에 丞相司直으로 승진하였다가 光祿大夫로 자리를 옮겼고 右扶風 署理가 되었다. 몇 달 지나자 애제는 공승이 번잡한 업무나 처리할 지방관이어서는 안 된다는 것을 알고, 곧 공승을 光祿大夫로 諸吏, 給事中에 임명하였다. 공승은 董賢(동현)이 나라의 제도를 문란케 한다고 지적하여 천자의 뜻을 거역하였다.

原文

後歲餘, 丞相王嘉上書薦故廷尉梁相等, 尙書劾奏嘉‘言事恣意, 迷國罔上, 不道’. 下將軍中朝者議, 左將軍公孫祿, 司隷鮑宣, 光祿大夫孔光等十四人皆以爲嘉應迷國不道法.

勝獨書議曰, "嘉資性邪僻, 所擧多貪殘吏. 位列三公, 陰陽
不和, 諸事並廢, 咎皆繇嘉, 迷國不疑, 今擧相等, 過微薄."
日暮議者罷. 明旦復會, 左將軍祿問勝, "君議亡所據, 今奏
當上, 宜何從?" 勝曰, "將軍以勝議不可者, 通劾之." 博士
夏侯常見勝應祿不和, 起至勝前謂曰, "宜如奏所言." 勝以
手推常曰, "去!"

| 註釋 | ○王嘉 − 86권, 〈何武王嘉師丹傳〉에 입전. ○中朝 − 內朝. 무제
때부터 조정의 직무를 中朝와 外朝로 대별하였다. ○司隷 − 司隷校尉. 京
師 7군의 치안순찰 및 범법자 단속 업무. ○鮑宣(포선) − 본권에 입전. 孔光
은 81권, 〈匡張孔馬傳〉에 입전.

〔國譯〕

　　일 년 뒤에, 승상 王嘉(왕가)는 상서하여 예전 廷尉인 梁相(양상)
등을 천거하였는데 尙書가 왕가를 '멋대로 일을 상주하여 나라와
천자를 혼미하게 하며 무도하다.'고 탄핵하였다. 애제는 이를 장군
과 中朝에서 논의케 하였는데 좌장군인 公孫祿, 司隷(사예)인 鮑宣
(포선), 광록대부인 孔光 등 14인은 모두 왕가가 나라를 혼미하게 하
였고 무도한 죄를 범했다고 말했다. 그러나 공승만은 혼자 상서하여
의견을 말했다.

　　"왕가는 천성이 사악하여 탐욕스럽고 잔악한 인물을 많이 천거하
였습니다. 그가 三公의 지위에 있은 뒤로 음양이 불화하고 여러 일
이 실패하였는데 모두 그 사람 때문이니 나라를 혼란케 한 것은 의
심할 여지가 없으나 이번에 梁相 등을 천거한 일은 큰 과오가 없습

니다."

그러다가 날이 저물어 논의를 중단하였다. 다음 날 다시 모여 논의할 때 좌장군 공손록이 공승에게 물었다. "당신은 근거도 없는 말을 상주하였는데 왜 그렇게 상주하였소?" 이에 공승이 말했다. "장군이 내 의견이 불가하다고 생각하면 함께 탄핵하십시오."

그러자 박사 夏侯常이 공승이 공손록과 다투는 것을 보고 공승에게 다가와 말했다. "尙書가 상주한 대로 탄핵토록 하시오."

공승은 손으로 하후상을 밀치며 말했다. "저리 가!"

原文

後數日, 復會議可復孝惠, 孝景廟不, 議者皆曰宜復. 勝曰, "當如禮." 常復謂勝, "禮有變." 勝疾言曰, "去! 是時之變." 常恚, 謂勝曰, "我視君何若, 君欲小與衆異, 外以釆名, 君乃申徒狄屬耳!"

| 註釋 | ○孝景廟不 — 不는 否. ○是時之變 — 시대에 따라 사람의 생각이 바뀐 것이다. 곧 예의 본질은 변하지 않는다는 뜻. ○恚 — 성낼 에. ○申徒狄 — 殷 紂王(주왕)에게 충간했으나 주왕이 듣지 않자 물에 뛰어들어 자살했다.

〔國譯〕

그 며칠 뒤, 다시 孝惠帝와 孝景帝의 신주를 宗廟에 다시 모실 것인가 아닌가를 논의하였는데 議者들은 모두 원래대로 회복해야 한다고 주장하였다. 이에 공승은 "당연히 예법대로 해야 합니다."라고 말했다. 이에 하후상이 다시 공승에게 말했다. "예법도 바뀌는 것입니다." 그러자 공승이 큰 소리로 말했다.

"그만! 시대 따라 사람이 변한 것이요."

그러자 하후상이 성을 내며 공승에게 말했다. "내가 볼 때 당신이란 사람은 여러 사람과 다른 말을 해서 명성이나 얻으려는 자이니 바로 申徒狄(신도적)가 같은 족속이요!"

原文

先是, 常又爲勝道高陵有子殺母者, 勝白之, 尙書問, "誰受?' 對曰, "受夏侯常." 尙書使勝問常, 常連恨勝, 卽應曰, "聞之白衣, 戒君勿言也. 奏事不詳, 妄作觸罪." 勝窮, 無以對尙書, 卽自劾奏與常爭言, 洿辱朝廷. 事下御史中丞, 召詰問, 劾奏'勝吏二千石, 常位大夫, 皆幸得給事中, 與論議, 不崇禮義, 而居公門下相非恨, 疾言辯訟, 惰謾亡狀, 皆不敬.' 制曰, "貶秩各一等." 勝謝罪, 乞骸骨. 上乃復加賞賜, 以子博爲侍郎, 出勝爲渤海太守. 勝謝病不任之官, 積六月免歸. 上復徵爲光祿大夫, 勝常稱疾臥, 數使子上書乞骸骨, 會哀帝崩.

| 註釋 | ○高陵 − 左馮翊에 속한 현명. 今 陝西省 西安市 高陵縣. ○白衣 − 평민. ○常位大夫 − 하후상의 직책은 박사이고, 직위는 大夫 반열이라는

뜻. ○惰謾亡狀 - 조심하지 않고 잘한 일도 없다. 惰 게으를 타. 謾 속일 만.
亡狀은 無 善行.

〔國譯〕

이에 앞서, 하후상은 공승에게 高陵縣에서 자식이 어머니를 살해
하였다고 말해 주었다. 공승이 이를 상주하려 하자 尙書가 물었다.
"누구한테서 들었습니까?" "하후상에게 들었습니다." 이에 상서가
공승에게 하후상에게 다시 물어보라고 하였다. 하후상은 공승과 누
차 논쟁을 하였기에 바로 응대하며 말했다. "평민한테 들은 이야기
인데 당신은 상주하지 마시오. 상세히 알 수 없는 일을 멋대로 상주
했다가는 죄에 걸려들 수 있습니다." 공승은 궁색하여 상서에게 답
변하지 못했는데 이 때문에 하후상과 자주 논쟁하면서 조정을 더럽
혔다고 탄핵을 받게 되었다. 사안이 어사중승에게 넘어가자 공승은
소환되어 조사를 받고서 '공승은 2천석 관리이고 하후상은 대부의
반열인데 둘 다 給事中으로 국사를 의논하면서 예의를 지키지 않고
公門에서 서로 비난하고 큰 소리로 다투면서 서로가 조심하지 않고
잘한 일도 없으며 모두 不敬하였다.'고 탄핵받았다. 그러자 制書로
"각자의 秩祿(질록)을 1등급씩 감하라."고 하였다. 공승은 사죄하고
면직을 요청하였다. 애제는 곧 다시 賞을 내리며 아들 龔博(공박)을
侍郎에 임명하고 공승을 渤海太守(발해태수)로 내보냈다. 공승은 병
을 이유로 관직을 수행하지 못한다고 사임하였고 6개월이 지나 면
직되자 귀향하였다. 애제가 다시 광록대부로 불렀으나 공승은 병석
에 있다고 여러 번 사양하며 아들을 시켜 여러 번 상서하여 면직을
요청했는데 마침 애제가 붕어하였다.

初, 琅邪邴漢亦以淸行徵用, 至京兆尹, 後爲太中大夫.
王莽秉政, 勝與漢俱乞骸骨. 自昭帝時, 涿郡韓福以德行徵
至京師, 賜策書束帛遺歸. 詔曰, "朕閔勞以官職之事, 其務
修孝弟以敎鄕里. 行道舍傳舍, 縣次具酒肉, 食從者及馬.
長吏以時存問, 常以歲八月賜羊一頭, 酒二斛. 不幸死者,
賜衣復衾一, 祠以中牢." 於是王莽依故事, 白遣勝,漢. 策
曰, "惟元始二年六月庚寅, 光祿大夫,太中大夫耆艾二人以
老病罷. 太皇太后使謁者僕射策詔之曰, 蓋聞古者有司年至
則致仕, 所以恭讓而不盡其力也. 今大夫年至矣, 朕愍以官
職之事煩大夫, 其上子若孫若同産,同産子一人. 大夫其修
身守道, 以終高年. 賜帛及行道舍宿, 歲時羊酒衣衾, 皆如
韓福故事. 所上子男皆除爲郎." 於是勝,漢遂歸老於鄕里.
漢兄子曼容亦養志自修, 爲官不肯過六百石, 輒自免去, 其
名過出於漢.

| 註釋 | ㅇ邴漢(병한) – 人名. 字는 游君. 邴은 고을 이름 병, 기뻐할 병.
ㅇ太中大夫 – 광록대부보다 하위 직급. 질록 比一千石. ㅇ涿郡(탁군) – 今
河北省 涿州市. 곧 北京市 서남. ㅇ行道舍傳舍 – 돌아가는 길에 傳舍에서
묵다. 舍는 묵다. 傳舍는 출장 관리의 숙박 편의를 제공하는 館舍. 평민은 이
용할 수 없었다. ㅇ中牢(중뢰) – 제사용 양과 돼지. ㅇ元始二年 – 平帝의 연
호. 서기 2년. ㅇ耆艾(기애) – 노인. 耆 늙은이 기. 艾 쑥 애, 늙은이 애. ㅇ謁
者僕射(알자복야) – 낭중령(광록훈)의 속관. 질록은 比 1千石. ㅇ同産 – 형

제. ○同産子 - 형제의 아들. 조카. ○曼容(만용) - 이름은 邴丹.

[國譯]

전에 琅邪郡(낭야군) 사람 邴漢(병한) 역시 행실이 깨끗하여 불러 등용되어 京兆尹을 역임하고 이후 太中大夫에 올랐다. 왕망이 정권을 잡자 공승과 병한이 모두 사임하고자 하였다. 그전에 昭帝 때 涿郡의 韓福이 고결한 덕행으로 부름을 받아 京師에 이르자, 소제는 策書와 비단을 내려 돌아가게 하였다. 소제는 조서를 내려 명했다.

"짐은 관직의 일로 경을 힘들게 하는 것이 안타까워 돌려보내니 효제를 실천하면서 향리 백성을 교화하시오. 돌아가는 도중의 각 傳舍에 묵을 때 현에서는 주육을 갖춰 대접하고 종자와 말도 살펴주도록 하라. 향리의 관장이나 관리들은 문안을 하고 매년 8월에 羊 一頭와 酒 二斛을 하사하도록 하라. 불행히 죽을 경우에 수의와 겹이불 1벌을 하사할 것이며 돼지와 양을 보내 제사하라."

이에 왕망도 옛일을 본 떠 공승과 병한을 보내며 策書를 내려 말했다.

"元始 2년 6월 경인 일에 光祿大夫와 太中大夫인 노인 두 분이 연로하여 사직하였도다. 太皇太后께서는 알자 僕射(복야)를 시켜 이들에게 말씀하셨다. 옛날에 관리가 나이가 들어 퇴임을 하게 되면 공손히 모시면서 그 힘을 다 쓰게 하지는 않았다. 지금 대부들께서 연로하시니 짐은 관직의 업무로 대부들을 번거롭게 할 수 없으며, 아들이나 손자 또는 형제나 형제의 자식 1인을 등용하겠노라. 대부들은 수신하고 도를 따르며 천수를 다 누리시기를 바라노라. 비단을 하사하였고 도중에 傳舍에서 묵도록 할 것이며 세시에 맞춰 羊과 酒

와 衣衾(의금)을 지급하되 韓福(한복)의 전례에 따르도록 하라. 등용하는 아들을 모두 낭관에 임명한다."

이에 공승과 병한은 향리로 돌아왔다. 병한 형의 아들 邴曼容(벽만용) 역시 養志하고 自修하며 관직은 질 6백석을 넘기지 않고 바로 스스로 사임하고 향리에 귀거하니 그 명성도 병한보다 나았다.

原文

初, 龔舍以龔勝薦, 徵爲諫大夫, 病免. 復徵爲博士, 又病去. 頃之, 哀帝遣使者卽楚拜舍爲太山太守. 舍家居在武原, 使者至縣請舍, 欲令至廷拜授印綬. 舍曰, "王者以天下爲家, 何必縣官?" 遂於家受詔, 便道之官. 旣至數月, 上書乞骸骨. 上徵舍, 至京兆東湖界, 固稱病篤. 於子使使者收印綬, 拜舍爲光祿大夫. 數賜告, 舍終不肯起, 乃遣歸.

| 註釋 | ○太山太守 – 泰山郡(치소는 博縣, 今 山東省 泰安市). ○武原 – 縣名. 今 浙江省 嘉興市 海鹽縣. ○欲令至廷拜授印綬 – 여기서 廷은 縣令의 근무지. 授는 受가 되어야 함. ○便道之官 – (장안에 가서 황제에게 사은한 뒤에 태산군으로 부임하지 않고) 집에서 임지로 직행하다. 之는 가다. ○湖界 – 湖縣(今 河南省 靈寶市 북쪽)의 경계. ○數賜告 – 여러 번 휴가를 허락하다. 이천석 관리는 3개월 휴가를 쓸 수 있었다. 이렇게 휴가를 인정하는 것을 賜告라 하였다.

〔國譯〕

    그전에 龔舍(공사)는 공승의 추천을 받았는데 징소되어 간대부가 되었으나 병으로 사직했었다. 다시 부름을 받아 박사가 되었지만 또 병으로 사직하였다. 얼마 뒤에 哀帝는 사자를 楚에 보내 공사에게 太山(泰山)太守를 제수하였다. 공사의 집이 武原縣이어서 사자는 무원현에 이르러 공사를 불러 현청에서 인수를 받기를 희망했다. 그러나 공사가 말했다. "王者에게는 천하를 집으로 생각해야 하는데 하필 현에 가야 하는가?" 공사는 자기 집에서 조서를 받고 바로 태산군에 가서 부임하였다. 몇 달이 지나 공사는 상서하여 면직을 희망했다. 애제가 공사를 징소하자, 장안의 동쪽 湖縣 경계에 와서 굳이 병이 위독하다 하였다. 이에 아들을 보내 인수를 받게 하였는데 공사는 光祿大夫에 제수되었다. 여러 번 휴가를 받았지만 공사는 끝내 업무를 보려 하지 않았고 곧 귀향하였다.

原文

    舍亦通《五經》, 以《魯詩》敎授. 舍,勝旣歸鄕里, 郡二千石長吏初到官皆至其家, 如師弟子之禮. 舍年六十八, 王莽居攝中卒.

│ 註釋 │ ○以《魯詩》敎授 – 공사는 薛光德으로부터 《魯詩》를 배웠다. ○居攝(거섭) – 平帝(재위 서기 1 – 5년) 재위 중 완전히 秉政하고 孺子(劉嬰)가 어려 親政할 수 없자 왕망이 황제의 자리에서 섭정하였다.(서기 5 – 8년)

  공사 역시 《五經》에 능통하였는데 특히 《魯詩》를 교수하였다. 공사와 공식이 향리에 귀거하자 郡의 2천석 관리들이 처음 부임하면 모두 그 집을 예방하여 마치 사제의 예를 지키는 것 같았다. 공사는 나이 68세로 왕망이 섭정할 때 죽었다.

原文

  莽旣簒國, 遣五威將帥行天下風俗, 將帥親奉羊,酒存問勝. 明年, 莽遣使者卽拜勝爲講學祭酒, 勝稱疾不應徵. 後二年, 莽復遣使者奉璽書, 太子師友祭酒印綬, 安車駟馬迎勝, 卽拜, 秩上卿, 先賜六月祿直以辦裝, 使者與郡太守,縣長吏,三老官屬,行義諸生千人以上入勝里致詔. 使者欲令勝起迎, 久立門外, 勝稱病篤, 爲床室中戶西南牖下, 東首加朝服扡紳. 使者入戶, 西行南面立, 致詔付璽書, 遷延再拜奉印綬, 內安車駟馬, 進謂勝曰, "聖朝未嘗忘君, 製作未定, 待君爲政, 思聞所欲施行, 以安海內." 勝對曰, "素愚, 加以年老被病, 命在朝夕, 隨使君上道, 必死道路, 無益萬分." 使者要說, 至以印綬就加勝身, 勝輒推不受. 使者卽上言, "方盛夏暑熱, 勝病少氣, 可須秋涼乃發." 有詔許. 使者五日壹與太守俱問起居, 爲勝兩子及門人高暉等言, "朝廷虛心待君以茅土之封, 雖疾病, 宜動移至傳舍, 示有行意, 必爲子孫遺大業." 暉等白使者語, 勝自知不見聽, 卽謂暉等, "吾受漢家厚恩, 無以報, 今年老矣, 旦暮入地, 誼豈以一身事二姓, 下見故主哉?" 勝因敕以棺斂喪事, "衣周於身, 棺周於衣. 勿隨俗動吾塚, 種柏, 作祠堂." 語畢, 遂不復開口飮食, 積十四日死, 死時七十九矣. 使者,太守臨斂, 賜衣復衾祭祠如法. 門人衰經治喪者百數. 有老父來吊, 哭甚哀, 旣而曰, "嗟乎! 薰以香自燒, 膏以明自銷. 龔生竟夭天年, 非吾徒也." 遂趨而出, 莫知其誰. 勝居彭城廉里, 後世刻石表其里門.

| 註釋 | ○簒國(찬국) - 나라를 빼앗다. 簒 빼앗을 찬. ○五威將帥 - 왕망이 즉위(서기 8)한 다음 해인 始建國 원년(서기 9)에 王奇 등 12명을 五威將에 임명하였는데, 이들은 각지를 분담하여 新朝의 印綬를 지방관에 분급하고 漢朝의 인수를 회수하였다. 각 將은 그 아래 5명의 帥를 거느렸다. ○祭酒 - 제사에 참여한 최고령자. 大臣으로 祭酒의 칭호를 붙이는 것은 존경의 표시이다. 講學祭酒는 《漢書》에서 여기에서만 보인다. ○璽書 - 황제의 詔書. ○龔拜 - 공승의 집에서 拜官授職하다. ○祿直 - 俸祿. ○三老 - 교화를 담당하는 官名. 연령 50세 이상 중 덕망 있는 자를 선임. 각 鄕에 1인을 둠. 여러 鄕의 三老 중 1인을 현의 三老로 뽑아 현령을 보좌하게 하였다. ○行義 - 예의를 잘 아는 자. ○戶西南牖下 - 門戶의 西쪽 南으로 열린 창(牖 창유) 아래에. ○加朝服扤紳 - (병환 중이라서 조복을 입을 수가 없어) 몸에 조복을 덮고, 束帶를 조복 위에 걸쳐놓다. ○遷延 - 물러나다. ○製作未定 - 禮樂의 典章制度가 아직 확정되지 않아서. ○使君 - 使者에 대한 존칭. ○茅土之封 - 제후나 왕으로 봉하다. 천자가 왕을 봉할 때 해당 왕국이 소재

하는 방향의 五行에 해당하는 색깔로 흙으로 단을 쌓고 그 色土를 띠풀(白茅)로 싸서 하사하며 의식을 진행했다. 茅土(모토, 띠풀로 싼 흙)은 제후로 봉한다는 의미. ○衰絰(최질) - 상복. 상복 앞가슴에 대는 큰 직사각형 삼베 헝겊을 衰(최), 머리와 허리에 두르는 삼베 줄을 絰(질, 首絰 腰絥)이라 한다. 衰 상복 최. 쇠할 쇠, 도롱이 사. ○薰 - 芳草. 향 풀. ○竟夭天年 - 79세로 천수를 마치다. 夭는 79세에 죽는 것(七十九死而謂之夭).

〔國譯〕

왕망은 漢을 찬탈하고서 五威將帥를 보내 천하의 풍속을 시찰케 하였는데, 오위 장수는 친히 羊 고기와 술을 가지고 와서 공승을 문안하였다. 그 다음 해 왕망은 使者를 보내 공승에게 講學祭酒를 바로 제수하려 했으나 공승은 병을 핑게로 부름에 응하지 않았다. 그 2년 뒤에 왕망은 다시 황제 조서를 받든 사자를 보내어 太子師友祭酒의 인수를 내렸고 安車에 駟馬를 보내 공승을 영접케 하고 현장에서 拜官授職하며 上卿의 녹봉 6개월치를 보냈고 使者와 郡의 太守, 縣의 長吏와 三老의 官屬, 예를 행하는 여러 유생 등 천명 이상이 공승의 마을에 모여서 조서를 받는 것을 보게 하였다. 使者는 공승이 일어나 맞이하도록 오래 문 밖에 기다렸으나 공승이 병이 위중하여 병상을 방문 서쪽의 남으로 난 창 아래에 놓고 머리를 동쪽으로 해서 누워 朝服을 덮고 관대를 조복 위에 풀어 놓았다. 사자가 방에 들어가 서쪽으로 걸어 南面하고 서서 조서를 읽고 璽書(쇄서)를 준 다음에 물러났다가 재배하고 인수를 올렸고 安車駟馬를 들여 넣고 앞으로 나아가 공승에게 말하였다.

"聖朝께서는 君을 잊지 못하고 계시며 예악의 제도가 아직 미정이라서 君을 맞이하여 정사를 맡아 알고 있는 바를 시행하고 海內를 안정시키려 하십니다."

이에 공승이 대답하였다. "평소 우매한데다 늙고 병들어 목숨이 조석에 달렸기에 使君을 따라 길을 나선다 해도 길에서 죽을 것이 확실하여 아무런 도움이 되지 못할 것입니다."

말을 마치기를 기다려 사자가 印綬를 공승의 몸에 얹으려 하자 공승은 바로 밀어내며 받지 않았다. 使者는 곧 왕망에게 보고했다. "지금 한여름 더울 때라서 공승은 병으로 기운이 탈진하였으니 가을 서늘할 때를 기다려 그 때 출발할 것입니다."

왕망은 조서를 내려 허락하였다. 使者는 5일에 한 번 태수와 함께 공승을 문안하면서 공승의 두 아들과 門人 高暉(고휘) 등에게 말했다. "조정에서 성심으로 君을 모시고 제후로 봉하려 하는데 비록 병중이지만 傳舍까지라도 가서 장안에 가려는 뜻을 보여주면 자손들에게 틀림없이 큰 도움이 될 것입니다."

고휘 등이 사자의 이러한 뜻을 말씀드리자 공승은 자신이 말이 통하지 않을 것이란 것을 알면서 고휘 등에게 말했다. "나는 漢室의 두터운 은택을 받았지만 갚지 못했는데 이제는 늙어버려 오늘 내일 땅속에 묻히겠지만 도리상 어찌 한몸으로 二姓을 섬기고서 지하에 옛 주군을 볼 수 있겠느냐?"

공승은 이어 장례와 喪事에 대해 일러 말했다. "내 몸을 옷으로 감싸고 관에 넣어라. 내 무덤을 옮기거나 무덤 위에 측백나무를 심거나 사당을 짓는 등 세속을 따르지 말라."

공승이 말을 마치고 다시는 말을 하거나 먹고 마시지 못하며 14일을 지내고 죽었는데 죽을 때 나이 79세였다. 사자와 태수가 시신을 염습하고 옷과 겹이불을 하사하고 법에 따라 제사하였다. 門人으로 상복을 입고 복상한 자가 수백 명이었다. 어떤 노인이 조문을 하며 아주 슬프게 곡을 한 다음에 말했다.

"아아! 향풀은 스스로를 태워 향기를 내고, 기름은 스스로를 태워 빛을 밝힌다. 龔生은 일흔아홉으로 천수를 마쳤지만 나와 같은 무리가 아니로다."

말을 마치자 빨리 떠나가서 누구인지 알지 못했다. 공승은 彭城 廉里(염리)에 살았기에 뒷날 돌을 새겨 그의 마을을 표창하였다.

72-6. 鮑宣

原文

　鮑宣字子都, 渤海高城人也. 好學, 明經, 爲縣鄕嗇夫, 守束州丞. 後爲都尉, 太守功曹, 擧孝廉爲郎, 病去官, 復爲州從事. 大司馬, 衛將軍王商辟宣, 薦爲議郎, 後以病去. 哀帝初, 大司空何武除宣爲西曹掾, 甚敬重焉, 薦宣爲諫大夫, 遷豫州牧. 歲餘, 丞相司直郭欽奏, "宣擧錯煩苛, 代二千石署吏聽訟, 所察過詔條. 行部乘傳去法駕, 駕一馬, 舍宿鄕亭, 爲衆所非." 宣坐免. 歸家數月, 復徵爲諫大夫.

| 註釋 | ㅇ鮑宣(포선, ? - 서기 3년) - 七亡七死 상소로 유명. ㅇ渤海高城 - 渤海는 군명. 치소는 南皮縣(今 河北省 滄州市 관할의 南皮縣). 高城은 縣名. 今 河北省 滄州市 鹽山縣. ㅇ嗇夫(색부) - 漢代의 鄕官. 부세 징수가 주 임 무. 秩 百石. 嗇 아낄 색. 향의 치안 유지를 담당하는 游徼(유요)도 질 일백석 이었다. 秩은 秩祿이니 녹봉(관리의 연봉)이다. 연봉을 12로 나누어 매달 지 급. 연봉의 다소에 따라 관리의 품계를 구별하였다. ㅇ束州丞 - 束州는 현 명. 今 河北省 중부 廊坊市 관할의 大城縣. 丞은 현령의 보좌관. ㅇ都尉 - 郡 尉. 郡의 군사지휘관. 秩 比二千石. ㅇ太守功曹 - 공조는 관명. 지방관(군수) 가 임명. 군내 여러 가지 업무 담당. 郡功曹라고도 부른다. ㅇ州從事 - 州의 屬吏. 秩 百石. ㅇ辟宣 - 辟은 천거하다. ㅇ西曹掾 - 西曹는 승상부의 부 서. 西曹掾(서조연)은 승상부의 속관. 승상이 임명. 秩 4백석. ㅇ豫州牧 - 豫 州는 13刺史部의 하나. 刺史는 매년 8월에 관할 군현을 시찰 지방관원과 호 족을 감찰하고 연말에 어사대부의 속관인 御史中丞에게 그 내용을 보고. 秩 6백석, 郡守의 秩 比二千石보다 훨씬 낮음. 州는 무제 때 처음 설치. 監察하 는 지역 구분이지 행정단위가 아니다. 성제 때 자사를 牧으로 이름을 바꾸고 질록 2천석의 고급 직위로 바뀌었다. ㅇ擧錯煩苛 - 擧錯는 조치하다. 시행 하다. 煩苛(번가)는 아주 복잡하고 자질구레하다. ㅇ署 - 심사하다(考核). ㅇ詔條 - 여기서는 황제가 반포한 관리 감찰규정. ㅇ行部 - 관할 지역을 순 찰하다. ㅇ乘傳 - 명을 받아 使者 출장 가다. ㅇ法駕 - 법률로 규정한 車乘. 고관이 검소하게 말 1마리가 끄는 수레를 타는 것도 규정 위반이라는 뜻.

[國譯]

　鮑宣(포선)의 字는 子都로 渤海郡(발해군) 高城縣(고성현) 사람이 다. 호학했고 경전에 밝았는데 현의 嗇夫(색부)로 임시 束州(속주) 현 승을 지냈다. 뒤에 郡 都尉와 太守功曹를 지냈고 효렴으로 천거되어 낭관이 되었지만 병으로 사임하였다. 다시 州의 從事가 되었다. 大司馬衛將軍인 王商이 포선을 불러 천거하여 議郎이 되었는데 나중에 병으로 사임하였다. 哀帝가 즉위하자 大司空 何武가 포선을 西曹掾에 임명하고 매우 존중했는데 포선의 천거로 諫大夫가 되었다가 豫州의 牧(前 刺史)이 되었다. 일 년 뒤에 丞相司直인 郭欽(곽흠)이 상주하였다.

"포선은 업무가 번잡 가혹하며 이천석 관리에 대한 소송처리 심사를 대행하면서 조서에 의한 규정보다 감찰이 가혹하였습니다. 관할 구역을 순찰하거나 업무를 감찰하면서 규정에 의한 수레가 아닌 말 1마리가 끄는 수레를 타고 鄕亭에서 숙박하여 많은 사람이 비난하고 있습니다."

포선은 이에 면직되었다. 귀가한 지 몇 달 지나자 다시 부름을 받아 諫大夫가 되었다.

原文

宣每居位, 常上書諫爭, 其言少文多實. 是時, 帝祖母傅太后欲與成帝母俱稱尊號, 封爵親屬, 丞相孔光, 大司空師丹, 何武, 大司馬傅喜始執正議, 失傅太后指, 皆免官. 丁, 傅子弟並進, 董賢貴幸, 宣以諫大夫從其後, 上書諫曰,

| 註釋 | ○帝祖母 - 애제(劉欣) 조모. 곧 元帝의 傅昭儀(부소의). 애제 생모는 定陶恭王의 후궁인 丁姬. ○成帝母 - 元帝의 皇后 王政君. 애제 생모와 원제의 황후를 모두 太皇太后라 불렀다. ○師丹(사단) - 82권, 〈王商史丹

傅喜傳〉입전. ○上書諫曰－〈諫哀帝書〉.

[國譯]

　포선은 어떤 자리에 있을 때마다 여러 번 상서하여 간쟁하였는데 그 말은 많지 않지만 상서한 문장은 실적이 많았다. 이 무렵 애제의 조모인 傅太后는 成帝의 모친(원제의 황후, 王政君)와 같은 칭호로 불리고 친척을 제후로 봉하고자 했는데 승상인 孔光과 대사공인 師丹, 그리고 何武, 대사마인 傅喜(부희) 등이 정식으로 의논을 하였으나 傅太后의 뜻을 관철하지 못해 모두 免官되었다. (哀帝의 外家인) 丁氏와 傅氏의 子弟가 같이 세력을 얻었고 董賢(동현)이 총애를 받았는데 포선은 諫大夫로 그런 일을 상서하여 간쟁하였다.

原文

　「竊見孝成皇帝時, 外親持權, 人人牽引所私以充塞朝廷, 妨賢人路, 濁亂天下, 奢泰亡度, 窮困百姓, 是以日蝕且十, 彗星四起. 危亡之徵, 陛下所親見也, 今奈何反覆劇於前乎? 朝臣亡有大儒骨鯁, 白首耆艾, 魁壘之士, 論議通古今, 唱然動衆心, 憂國如飢渴者, 臣未見也. 敦外親小童及幸臣董賢等在公門省戶下, 陛下欲與此共承天地, 安海內, 甚難. 今世俗謂不智者爲能, 謂智者爲不能. 昔堯放四辠而天下服, 今除一吏而衆皆惑, 古刑人尙服, 今賞人反惑. 請寄爲姦, 群小日進. 國家空虛, 用度不足. 民流亡, 去城郭, 盜賊並起, 吏爲殘賊, 歲增於前.」

| 註釋 | ○今奈何反覆劇於前乎 — 反覆(반복)은 '反復'이어야 함. 劇은 甚(심)하다. ○骨鯁(골경) — 强直하다. ○耆艾(기애) — 노인, 원로. ○魁壘之士 — 魁壘(괴루)는 높게 돌출한, 특출한 인재. ○喟然 — 탄식하는 모양. ○敦外親小童 — 敦은 편애하다. ○省戶 — 宮戶, 金門. ○四辠 — 四罪, 四凶은 共工, 驩兜(환두), 三苗, 鯀(곤). 이들을 모두 방축했다.《書經 舜典》. ○除一吏 — 除는 관직을 除授하다.

〖 國譯 〗
〈諫哀帝書〉*

「臣이 보기에, 孝成皇帝 때 외척이 권력을 쥐고서 각각 은밀히 사람을 끌어다가 조정을 채웠기에 賢人이 들어올 길을 막아 천하는 혼탁하고 어지러웠으며, 사치와 호사는 끝이 없고 백성은 곤궁하였으며, 日蝕이 거의 10번이나 있었고 혜성이 사방에서 나타났습니다. 이런 危亡의 기미는 폐하께서도 친히 보셨는데 지금 똑같은 일 되풀이가 어찌하여 전보다 더 심합니까? 朝臣 중에는 大儒나 강직한 인물, 머리가 흰 원로, 특출한 인물이 없으며, 古今에 걸친 논의로 민중을 감동시키는 일도 없으며, 목마르듯 나라를 걱정하는 사람을 臣은 보질 못하였습니다. 外親의 小童이나 편애하고 幸臣 董賢(동현) 같은 사람이 公門이나 궁문에 드나드는데 폐하께서는 그들과 함께 천지를 받들고 海內를 안정시키려 한다면 정말 곤란할 것입니다. 지금 세상에서는 무식한 자가 유능하고 智者를 어리석다고 합니다. 예전에 堯임금은 四罪人을 방축하자 천하가 복종하였는데 지금은 한 사람에게 벼슬을 주자 많은 사람이 어리둥절하며, 예전에 사람을 벌주면 그래도 두려워했는데 지금은 사람에게 상을 주면 오히려 迷惑(미혹)해 합니다. 청탁하여 불법을 행하며 소인들은 날마다 많아집니다. 국가는 날로 공허해지고 재정은 부족합니다. 백성은 유민이되어 성곽을 떠나고 도적이 떼지어 일어나며 관리는 백성을 해치고 세금은 해마다 많아집니다.」

原文

「凡民有七亡, 陰陽不和, 水旱爲災, 一亡也. 縣官重責更賦租稅, 二亡也. 貪吏並公, 受取不已, 三亡也. 豪强大姓蠶食亡厭, 四亡也. 苛吏徭役, 失農桑時, 五亡也. 部落鼓鳴, 男女遮迣, 六亡也. 盜賊劫略, 取民財物, 七亡也. 七亡尙可, 又有七死, 酷吏毆殺, 一死也. 治獄深刻, 二死也. 冤陷亡辜, 三死也. 盜賊橫發, 四死也. 怨讎相殘, 五死也. 歲惡飢餓, 六死也. 時氣疾疫, 七死也.

民有七亡而無一得, 慾望國安, 誠難. 民有七死而無一生, 慾望刑措, 誠難. 此非公卿,守,相貪殘成化之所致邪? 群臣幸得居尊官, 食重祿, 豈有肯加惻隱於細民, 助陛下流敎化者邪? 志但在營私家, 稱賓客, 爲姦利而已. 以苟容曲從爲賢. 以拱默尸祿爲智, 謂如臣宣等爲愚. 陛下擢臣巖穴, 誠冀有益毫毛, 豈徒欲使臣美食大官, 重高門之地哉!」

| 註釋 | ○亡 – 생존할 길이나 방법의 亡失. ○縣官 – 여기서는 국가. 관가. ○更賦 – 성인 남자의 병역의무 대신 금전을 납부하거나 납부하지 못할 경우 요역으로 대신하는 것을 更賦라 한다. ○鼓鳴(고명) – 북을 울리다. 도적이 들었다는 신호. 遮迣(차열)은 遮 막을 차. 迣 막을 열. ○惻隱於細民 – 惻隱(측은)은 불쌍히 여기다. 비통해 하다. ○苟容 曲從 – 苟容은 구차하게 비위나 맞추다. 曲從은 아부하며 따르다. ○拱默尸祿 – 拱默(공묵)은 팔짱을 끼고 말도 하지 않다. 尸祿(시록)은 일도 하지 않고 녹봉을 받다. ○毫毛(호모) – 가는 털. 아주 미세한 것. ○重 – 踵(발꿈치 종)의 착오일 것. 밟다.

〖 國譯 〗

「무릇 백성들에게 七亡이 있으니 陰陽의 조화를 이루지 못해 수해와 가뭄이 첫째 亡失(망실)입니다. 나라에서 많은 부세를 엄중히 걷어가는 것이 二亡입니다. 탐관이 공무를 핑계 대며 시키는 끝없는 요역을 감당해야 하는 것이 三亡입니다. 부호나 호족들이 한없이 백성을 잠식하는 것이 四亡입니다. 가혹한 관리의 요역으로 농사나 길쌈의 때를 놓치는 것이 五亡입니다. 마을에 도적이 들었다고 북을 울리고 남녀를 동원하여 길을 지키게 하는 것이 六亡입니다. 도적들이 겁탈하고 백성 재물을 빼앗는 것이 七亡입니다. 이런 7가지 망실이야 그래도 견딘다지만 백성들에게 7가지 죽음이 있으니 酷吏(혹리)에게 얻어맞아 죽는 것이 첫 번째 죽음입니다. 형벌이 너무 잔혹한 것은 二死입니다. 아무 죄도 없이 원통하게 당하는 것이 三死입니다. 도적이 설쳐대는 것이 四死입니다. 원수가 되어 서로 죽이는 것이 五死입니다. 흉년에 굶어죽는 것이 六死입니다. 때에 따라 돌림병에 걸리니 七死입니다.

백성들은 七亡이 있으나 얻는 것이 하나도 없으니 나라가 태평하기를 바라지만 정말 기대할 수 없습니다. 백성들은 7개의 죽는 길이 있으나 살 길은 하나도 없으니 형벌이나 없기를 바라지만 가망이 없습니다. 이는 公卿이나 태수, 후국의 相이 탐욕과 잔악이 습관이 되어 만들어진 것이 아니겠습니까? 벼슬아치들이 요행히 좋은 자리를 차지하여 많은 녹봉을 받으면서 어찌 가련한 농민에게 측은지심을 베풀고 폐하의 교화를 돕는 자가 있겠습니까? 마음은 오직 자기 재산만 늘리고 빈객의 뜻이나 맞추면서 불법을 행할 뿐입니다. 구차한 웃음으로 아부하는 사람을 똑똑하다고 합니다. 팔짱을 끼고 녹봉이나 받아먹으면 지혜라고 하면서 저 포선과 같은 사람은 어리석다고 합니다. 폐하께서 암혈에 은거하는 신하를 발탁하고 정말로 조그만 도움이라도 바라신다면 어찌 신하들이 높은 자리에서 좋은 음식이나 먹고 (미앙궁의) 高門殿이나 드나들게 하시겠습니까!」

原文

「天下乃皇天之天下也, 陛下上爲皇天子, 下爲黎庶父母, 爲天牧養元元, 視之當如一, 合〈尸鳩〉之詩. 今貧民菜食不厭, 衣又穿空, 父子夫婦不能相保, 誠可爲酸鼻. 陛下不救, 將安所歸命乎? 奈何獨私養外親與幸臣董賢, 多賞賜以大萬數, 使奴從賓客漿酒霍肉, 蒼頭廬兒皆用致富! 非天意也. 及汝昌侯傅商亡功而封. 夫官爵非陛下之官爵, 乃天下之官爵也. 陛下取非其官, 官非其人, 而望天說民服, 豈不難哉!」

| 註釋 |　◦黎庶(여서) – 백성. 黎 검을 여. 평민.　◦元元 – 백성.　◦〈尸鳩〉
之詩 –《詩經 曹風 尸鳩》. 尸는 鳲(뻐꾸기 시). 뻐꾸기 둥지에 새끼가 7마리
있는데 어미가 淑人君子처럼 자식을 모두 똑같이 키운다고 노래했다.　◦菜
食不厭 – 厭 싫을 염. 배불리 먹다.　◦穿空 – 구멍이 뚫리다. 空은 孔.　◦酸
鼻(산비) – 콧잔등이가 시큰하다. 몹시 슬프다.　◦以大萬數 – 大萬은 億.　◦漿
酒霍肉(장주곽육) – 술을 국물처럼, 고기를 콩잎처럼 여기다. 귀한 음식을 귀
한 줄 모르다. 霍 빠를 곽. 콩 잎(藿). 貧賤者의 음식.　◦蒼頭廬兒(창두려아)
– 관가의 노비. 관노.　◦取非其官, 官非其人 – 비적임자에게 벼슬을 내릴 수
없고 비적임자라면 관작을 받을 수 없다는 뜻.　◦望天說民服 – 說은 悅.

〖 國譯 〗

　「천하는 皇天의 천하이오니 폐하는 위로는 皇天의 아들이며, 아
래로는 백성의 부모이니 황천을 위해서 백성들을 길러야 하고 모두
를 똑같이 생각해야 하며 〈尸鳩〉의 詩에 부합해야 합니다. 지금 빈
민은 나물밥도 배불리 먹지 못하고 옷도 낡고 헤졌으며 부자와 부부
가 서로를 지켜주지 못하니 정말 콧등이 시큰합니다. 폐하께서 이들
을 구원하지 않는다면 어디에 그 목숨을 의지하겠습니까? 어찌하여
유독 외척과 행신 董賢(동현)만을 먹여 살리려고 수억 금의 상을 내
리고 빈객을 따라다니는 노비까지 술을 국물처럼 고기를 콩잎처럼
여기며 관청의 노비조차 치부를 하고 있습니다. 그리고 汝昌侯 傅商
(부상)은 아무런 공도 없이 제후가 되었습니다. 관작은 폐하의 관작
이 아니라 천하의 관작입니다. 폐하께서 그런 사람에게 관작을 줄
수 없고 그런 사람은 관직에 있을 수 없으니 하늘을 우러러 백성이
기꺼이 따라오기가 어찌 어렵지 않겠습니까!」

「方陽侯孫寵,宜陵侯息夫躬辯足以移衆, 强可用獨立, 姦人之雄, 或世尤劇者也, 宜以時罷退. 及外親幼童未通經術者, 皆宜令休就師傅. 急徵故大司馬傅喜使領外親. 故大司空何武,師丹,故丞相孔光,故左將軍彭宣, 經皆更博士, 位皆歷三公, 智謀威信, 可與建教化, 圖安危. 龔勝爲司直, 郡國皆愼選擧, 三輔委輸官不敢爲姦, 可大委任也. 陛下前以小不忍退武等, 海內失望. 陛下尙能容亡功德者甚衆, 曾不能忍武等邪! 治天下者當用天下之心爲心, 不得自專快意而已也. 上之皇天見譴, 下之黎庶怨恨, 次有諫爭之臣, 陛下苟欲自薄而厚惡臣, 天下猶不聽也. 臣雖愚戇, 獨不知多受祿賜, 美食太官, 廣田宅, 厚妻子, 不與惡人結仇怨以安身邪? 誠迫大義, 官以諫爭爲職, 不敢不竭愚. 惟陛下少留神明, 覽《五經》之文, 原聖人之至意, 深思天地之戒. 臣宣吶鈍於辭, 不勝惓惓, 盡死節而已.」

上以宣名儒, 優容之.

| 註釋 | ○方陽侯 孫寵(손총) － 騎都尉 역임. 息夫躬(식부궁)과 함께 東平王의 모반을 고발하여 제후가 되었다. 변설에 뛰어났으나 간사한 인물. ○宜陵侯 息夫躬(식부궁, ? － 前 1) － 최후에는 옥사. 45권, 〈蒯伍江息夫傳〉에 입전. ○或世尤劇者也 － 或世는 惑世(혹세). 尤 더욱 우. 劇 심할 극. ○令休就師傅 － 休는 離職하다. 師傅(사부)는 스승. ○經皆更博士 － 經學에서 모두 박사를 지냈다. 更은 經歷. ○皆愼選擧 － 모두 選擧(인재천거)에 신중하였

다. ○委輸官 - 궁궐 소요 각종 물자를 공급하는 관리. ○以小不忍退武等
- 大司空 何武. 86권,〈何武王嘉師丹傳〉입전. ○尚能容亡功德者 - 尚 오히
려, 생각과는 달리. 亡은 無. ○天下之心爲心 - 생각하는 기준은 천하를 위
하는 마음이어야 한다는 뜻. ○見譴 - 譴 꾸짖을 견. 見은 피동의 뜻. ○愚
戇(우당) - 戇 어리석을 당. 미련한 고집을 부리다. ○太官 - 太官令. 太官令
은 少府의 속관. 궁중의 음식을 주관. ○原聖人之至意 - 原은 탐구하다.
○吶鈍(눌둔) - 吶 말 더듬을 눌. 訥과 同. ○惓惓 (권권) - 간절한 모양.

〖國譯〗

「方陽侯인 孫寵(손총)과 宜陵侯인 息夫躬(식부궁)은 달변으로 민
심을 선동할 수 있어 억지로 쓴다면 쓸 수 있으나 간사하게 뛰어난
사람이며 세상을 크게 현혹할 수 있는 사람이니 때가 되면 퇴출시켜
야 합니다. 외척의 젊은이로 경학에 밝지 못한 자들은 모두 휴직을
시켜서 사부를 찾아가게 해야 합니다.

전에 大司馬였던 傅喜(부희)를 빨리 불러 외척을 거느리게 하십시
오. 전 大司空인 何武와 師丹(사단), 그리고 전에 승상이었던 孔光,
예전 좌장군인 彭宣(팽선) 등은 경학으로 모두 박사를 역임했었고
지위로도 삼공을 역임하였으며, 지모와 위엄과 신의로 교화를 일으
킬 수 있고 나라의 안위를 맡길 수 있습니다. 龔勝(공승)이 丞相司直
일 때 郡國에서는 인재 천거에 신중하였으며 三輔의 委輸官은 감히
불법을 저지르지 못했으니 큰일을 맡길 수 있습니다. 폐하께서는 작
은 것을 참지 못하시고 何武(하무) 등을 물리쳤기에 천하가 실망하
였습니다. 폐하께서는 그 많은 공적이 없는 자도 수용하시면서 何武
(하무) 등에 대해 불쾌한 생각을 참지 못하셨습니다! 천하를 통치하

는 자는 응당 天下之心으로 생각을 해야지 다만 폐하 기분이 통쾌한 것만을 생각할 수 없습니다. 위로는 皇天의 견책을 받고 아래서는 백성이 원망하며, 그리고 간쟁하는 신하가 있는데도 폐하께서는 굳이 스스로 각박하였으며 간사한 신하에게는 후하게 대하였으니 천하가 따를 리 없습니다.

臣이 비록 어리석지만 단지 많은 녹봉을 받고 태관의 좋은 음식을 먹으며 전택을 넓히고 처자만을 위하면서 악인의 원수가 되지 않고 편안하게 살아갈 줄을 어찌 모르겠습니까? 정말로 대의를 따르며 간쟁을 업무로 하는 직분에서 어리석은 생각을 아뢰지 않을 수 없습니다. 폐하께서는 잠시라도 밝은 총명으로 《五經》을 읽어보면서 성인 말씀의 큰 뜻을 탐구하시고 천지의 훈계를 깊이 생각해보십시오. 臣 포선은 문장에 우둔하지만 제 간절함을 참을 수 없어 죽음으로 절개를 지킬 뿐입니다.」

이후로 哀帝는 포선을 名儒라 생각하며 각별히 대우하였다.

原文

是時, 郡國地震, 民訛言行籌, 明年正月朔日蝕, 上乃徵孔光, 免孫寵, 息夫躬, 罷侍中諸曹黃門郎數十人. 宣復上書言,

「陛下父事天, 母事也, 子養黎民, 卽位已來, 父虧明, 母震動, 子訛言相驚恐. 今日蝕於三始, 誠可畏懼. 小民正月朔日尙恐毀敗器物, 何況於日虧乎! 陛下深內自責, 避正殿, 擧直言, 求過失, 罷退外親及旁仄素餐之人, 徵拜孔光爲光

祿大夫, 發覺孫寵,息夫躬過惡, 免官遣就國, 衆庶歡然, 莫不說喜. 天人同心, 人心說則天意解矣. 乃二月丙戌, 白虹虷日, 連陰不雨, 此天有憂結未解, 民有怨望未塞者也.」

| 註釋 | ○訛言(와언) - 거짓말. 터무니없는 말. ○訛言行籌(와언행주) - 애제 建平 4년(前 3)에 關東의 백성들 사이에 西王母가 장안에 온다며 서왕모를 맞이하러 볏짚이나 삼대(麻秆)를 들고 서쪽으로 길을 가다. ○明年正月 - 元壽 元年(前 2) 정월. ○侍中 - 가관의 칭호. ○黃門郎 - 給事黃門郎의 간칭, 또는 黃門侍郎이라고도 부른다. 황제를 시종하며 고문에 응대하고 조정의 여러 일을 담당한다. ○宣復上書言 - 이하 〈請求罷免董賢書〉.

〖 國譯 〗

이때 郡國에서 지진이 일어나자 백성들 사이에 訛言(와언)이 돌며 서왕모를 맞이하러 간다는 소동이 있었고, 그 다음 해 정월 초하루에 일식이 일어나자 애제는 孔光을 징소하고 孫寵(손총)과 息夫躬(식부궁)을 면직시키고 시중과 여러 부서의 황문랑 수십 명을 파직하였다. 이에 포선은 다시 상소하였다.

原文

「陛下父事天, 母事地, 子養黎民, 卽位已來, 父虧明, 母震動, 子訛言相驚恐. 今日蝕於三始, 誠可畏懼. 小民正月朔日尙恐毀敗器物, 何況於日虧乎! 陛下深內自責, 避正殿, 擧直言, 求過失, 罷退外親及旁仄素餐之人, 徵拜孔光爲光

祿大夫, 發覺孫寵,息夫躬過惡, 免官遣就國, 衆庶歡然, 莫
不說喜. 天人同心, 人心說則天意解矣. 乃二月丙戌, 白虹
虷日, 連陰不雨, 此天有憂結未解, 民有怨望未塞者也.」

| 註釋 | ○父事天~ － 父, 母, 子가 모두 동사로 쓰였으나 우리 語法으로
번역한다. ○三始 － 年月日의 시작, 곧 정월 초하루. ○歡然(흡연) － 歡 일
치하다. 합치하다. 翕과 같음. ○白虹虷日 － 虹 무지개 홍. 虷 범할 간. 침범
하다.

[國譯]

〈請求罷免董賢書〉*

「폐하께서는 아비로 하늘을 섬기고 어미로 땅을 섬기시며 자식으
로 백성을 양육하시는데, 즉위 이래로 하늘은 빛이 줄었고 땅은 지
진으로 흔들리며 백성은 訛言(와언)에 놀라 떨었습니다. 이번에 일
식은 정월 초하루에 있었기에 정말 두려워할만 합니다. 어린 백성들
은 정월 초하루에 그릇을 깨는 것도 두려워하는데 하물며 일식이 얼
마나 두렵겠습니까! 폐하께서 내심으로 깊이 자책하시어 正殿을 피
하시고 직언을 받아들이시며 과실을 생각하시어 외척이나 곁에서
하는 일없이 녹봉이나 받는 자들을 퇴출시키시고 孔光(공광)을 불러
광록대부에 임명하셨으며 손총과 식부궁의 악행을 깨달으시어 면관
시켜 봉국에 보내시니 모든 백성이 한마음으로 기뻐하지 않는 이가
없습니다. 하늘과 백성은 한마음이니 인심이 기뻐한다면 하늘도 누
그러집니다. 그러나 2월 병술일(16)에 흰 무지개가 태양을 범했고
연일 잔뜩 흐렸으나 비가 내리지 않은 것은 하늘에 맺힌 것이 다 풀

리지 않은 것으로 백성의 원망이 아직 꽉 찼다는 뜻입니다.」

原文

「侍中駙馬都尉董賢本無葭莩之親, 但以令色諛言自進, 賞賜亡度, 竭盡府藏, 併合三第尙以爲小, 復壞暴室. 賢父子坐使天子使者將作治第, 行夜吏卒皆得賞賜. 上冢有會, 輒太官爲供. 海內貢獻當養一君, 今反盡之賢家, 豈天意與民意耶! 天不可久負, 厚之如此, 反所以害之也. 誠欲哀賢, 宜爲謝過天地, 解仇海內, 免遣就國, 收乘輿器物, 還之縣官. 如此, 可以父子終其性命, 不者, 海內之所仇, 未有得久安者也.」

| 註釋 | ○侍中駙馬都尉董賢 - 侍中은 加官, 駙馬都尉는 황제의 御駕를 관리하는 사람. 秩 比二千石. 漢 哀帝는 동성연애를 즐긴 황제였다. 董賢은 董恭(동공)의 아들인데, 미남자로 哀帝의 동성 연인으로 黃門郞에서 大司馬까지 승진하였다. '斷袖之好(단수지호)'는 동성연애를 지칭하는 成語인데 哀帝와 董賢이 그 故事의 주인공이다. ○葭莩之親(가부지친) - 관계가 먼 친척. 葭 갈대 가. 莩 갈대청 부. 갈대 잎줄기 안의 엷은 속껍질. ○暴室 - 掖庭令 소속 관청으로 직물을 염색하고 제조하는 곳. ○將作 - 궁궐 건축 책임자인 將作大匠. 궁궐, 종묘, 능침, 장안성의 목공 일을 담당하는 관리. 특별한 경우 황하의 치수에도 관여하였다. 질록 2千石. 이때 장작대장은 동현의 장인이었다. ○還之縣官 - 縣官은 천자. 곧 나라.

〔國譯〕

「시중 겸 부마도위인 董賢(동현)은 본래 먼 친척관계도 없이 다만 아부와 아첨으로 폐하에 가까워졌지만 그에게 주는 상은 끝도 없어 나라 창고가 빌 정도이며 대 저택 3개를 합친 것도 좁다면서 다시 暴室까지 허물었습니다. 동현 부자는 곧 천자의 使者를 시켜 將作大匠(장작대장)으로 하여금 집을 수리하게 하였고 밤에 순찰하는 이졸들은 모두 상을 받게 하였습니다. 그 조상 무덤에 일이 있으면 그때마다 太官이 음식을 제공하였습니다. 천하가 오직 一君을 봉양해야 하는데, 지금은 오히려 동현의 가문에 다 기울이니 어찌 天意나 民意라 할 수 있겠습니까? 天意를 오래 저버릴 수 없으니 이처럼 동현을 후하게 대한다면 도리어 해치는 것입니다. 폐하께서 진정으로 동현을 애틋하게 여기신다면 의당 천지에 사과하시고 海內에 맺힌 원한을 풀게 하고 면직시켜 封國으로 돌아가게 하시고, 수레와 기물들을 회수하여 국고로 돌려야 합니다. 이렇게 한다면 그들 부자가 생명을 지킬 수 있지만, 그렇지 않다면 천하의 원수가 되어 오래 편안하지 못할 것입니다.」

原文

「孫寵,息夫躬不宜居國, 可皆免以視天下. 復徵何武,師丹,彭宣,傅喜, 曠然使民易視, 以應天心, 建立大政, 以興太平之端. 高門去省戶數十步, 求見出入, 二年未省, 欲使海瀕仄陋自通, 遠矣! 願賜數刻之間, 極竭芚芚之思, 退入三泉, 死亡所恨.」

| 註釋 | ○視 − 示. ○高門 − 高門殿. 미앙궁의 전각 이름. ○省戶 − 宮門. ○海瀕仄陋 − 바닷가와 아주 먼 지방. 瀕 물가 빈. 仄陋(측루)는 눈에 안 보이는 곳. ○數刻之間 − 옛사람들은 하루 밤낮을 100刻으로 생각하였으니 一刻은 14.4分이다. ○惄惄之思 − 곰곰이 생각하다. 惄 곰곰이 생각할 녁. ○三泉 − 三重之泉. 아주 깊은 곳.

〖 國譯 〗

「孫寵과 息夫躬은 그 나라에 있어서는 안 되니 작위를 박탈하여 천하에 알리셔야 합니다. 다시 何武와 師丹, 彭宣(팽선), 傅喜(부희) 같은 사람을 불러 백성들에게 천심에 부응하고 큰 정치를 펴며 태평성대를 일으키겠다는 바뀐 뜻을 보여 주어야 합니다.

高門殿을 나와 궁궐 문 수십 보 떨어진 곳에서 그 출입을 다 볼 수 있는데 2년 동안이나 볼 수 없으면 먼 바닷가 구석진 곳까지 두루 통달케 하려 한다면 아직 멀었습니다! 짧은 시간이라도 내어 깊은 생각에 생각을 다해 주신다면 깊고 깊은 三泉에 떨어져 죽을지라도 여한이 없을 것입니다.」

原文

上感大異, 納宣言, 徵何武,彭宣, 旬月皆復爲三公. 拜宣 爲司隷. 時, 哀帝改司隷校尉但爲司隷, 官比司直.

丞相孔光四時行園陵, 官屬以令行馳道中, 宣出逢之, 使吏鉤止丞相掾史, 沒入其車馬, 摧辱宰相. 事下御史, 中丞, 侍御史至司隸官, 欲捕從事, 閉門不肯內. 宣坐距閉使者, 亡人臣禮, 大不敬, 不道, 下廷尉獄. 博士弟子濟南王咸舉幡太學下, 曰, "欲救鮑司隸者會此下." 諸生會者千餘人. 朝日, 遮丞相孔光自言, 丞相車不得行, 又守闕上書. 上遂抵宣罪減死一等, 髡鉗. 宣旣被刑, 乃徙之上黨, 以爲其地宜田牧, 又少豪俊, 易長雄, 遂家於長子.

| 註釋 |　o司隸校尉(사예교위) - 처음에는 중앙관서에서 사역하는 노예를 감독하는 직책이었으나 나중에는 京師의 백관을 규찰하고 三輔와 三河, 弘農郡 등 7개 郡의 범법자를 색출하고 다스리는 무관직.　o馳道(치도) - 황제 전용 도로. 치도를 이용할 수 있도록 허가받은 자도 치도의 갓길(旁道)을 다닐 수 있었다. 여기서는 중앙(넓이 三丈)의 길로 달리는 것을 적발했다는 뜻.　o博士弟子 - 박사로부터 교육을 받는 太學生. 박사 1인은 제자를 50인까지 둘 수 있었다. 제자는 18세 이상자 각 군국에서 추천받은 자 중에서 太常이 선발. 박사 제자에게는 각종 부세나 身役을 면제했다. 박사 제자 중 적임자를 건발하여 文學掌故의 결원을 충원했고 우수자는 郞中에 임명되었다. 무제 때 公孫弘의 건의에 의하여 박사를 두고 제자를 선발 교육시켰는데 계속 인원이 증가하여 최대 3천 명에 달했다.　o髡鉗 - 髡 머리 깎을 곤. 鉗 칼 겸. 목에 두르는 쇠로 만든 굴레.　o上黨 - 군명. 치소는 長子縣(今 山西省 長治市 관할의 長子縣).　o家於長子 - 여기서 家는 동사. 집으로 하다. 長子는 縣名. 今 山西省 동남부 長治市 관할의 長子縣.

〔國譯〕

애제는 아주 특별하다고 생각하며 포선의 건의를 받아들여 何武

와 彭宣을 불러 한 달 안에 다시 三公으로 삼았다. 포선은 司隷(사예)가 되었는데 그때 애제가 司隷校尉를 그냥 司隷로 고쳤는데 官位는 丞相司直과 같았다.

승상 孔光은 사계절에 맞춰 先帝의 여러 園陵을 순찰하였는데 그 관속들이 허락을 받고 馳道를 달리는 것을 포선이 외출했다가 목격하고는 부하를 시켜 丞相의 掾史(연사)를 구류시키고 그 거마를 몰수하여 승상의 체면을 깎아버렸다. 사안이 어사대부에게 넘어갔는데 御史中丞과 侍御史가 司隷의 관청에 와서 포선의 從事를 체포하려 하자 포선이 폐문하고 들어오지 못하게 하였다. 포선이 폐문하고 사자를 거부한 것은 人臣의 예의가 아니고 大不敬하며 무도한 일이라 하여 廷尉의 옥에 갇혔다.

博士弟子인 濟南郡 王咸(왕함)은 太學에서 큰 기를 세우고 말했다. "鮑司隷를 구하고자 하는 자는 여기에 모여라." 그러자 여러 유생들 천여 명이 모였다. 황제의 조회가 있는 날에 승상 孔光의 길을 막고 말을 하자 승상의 수레가 들어가질 못했고 이어 궐문을 막고 상서를 하였다. 애제는 결국 포선의 죄를 사형에서 일등을 감하여 髡鉗(곤감)형에 처했다. 포선은 형을 받고서 上黨郡에 이주하였고 그의 집터와 땅은 목장이 되었으며, 젊고 호방한 지방관을 나이가 들고 雄傑한 사람으로 교체시키고 長子縣에 살게 하였다.

平帝卽位, 王莽秉政, 陰有纂國之心, 乃風州郡以皋法案誅諸豪桀, 及漢忠直臣不附己者, 宣及何武等皆死. 時, 名

捕隴西辛興, 興與宣女婿許紺俱過宣, 一飯去, 宣不知情,
坐繫獄, 自殺.

| **註釋** | ○隴西 辛興 - 隴西는 군명. 치소는 狄道(적도, 今 甘肅省 定西市
臨洮縣). 辛興은 辛慶忌의 아들. 69권,〈趙充國辛慶忌傳〉참고.

〖 **國譯** 〗

　平帝가 즉위하자, 왕망은 정권을 장악하고 은밀히 나라를 찬탈할
마음을 품고서는 각 州郡에서 법에 의거하여 죄를 지은 자나 호걸들
또는 漢에 충성하며 자신의 편이 되지 않을 사람들을 죽이도록 권유
하니 鮑宣과 何武 등이 모두 이때 죽었다. 명분으로는 隴西의 辛興
(신흥)을 체포한다고 하였는데 신흥과 포선의 사위 許紺(허감)이 포선
의 집에 들려 한 끼 식사를 하고 떠났는데 포선은 영문도 모르고 연
좌되어 옥에 갇혔다가 자살하였다.

72-7. 薛方 外

原文

　自成帝至王莽時, 淸名之士, 琅邪又有紀逡王思, 齊則薛
方子容, 太原則郇越臣仲,郇相稚賓, 沛郡則唐林子高,唐尊

伯高, 皆以明經飭行顯名於世.

紀逡,兩唐皆仕王莽, 封侯貴重, 歷公卿位. 唐林數上疏諫
正, 有忠直節. 唐尊衣敝履空, 以瓦器飲食, 又以歷遺公卿,
被虛僞名.

| 註釋 | ○自成帝至王莽時 - 成帝(재위 전 32 - 전 7)부터 哀帝를 거쳐 平
帝(서기 1 - 5)와 孺子 劉嬰(서기 6 - 8)까지. 왕망의 재위는 서기 8 - 23년.
○齊 - 전국시대 齊의 영역은 漢代에서도 여전히 齊로 통칭했다. ○沛郡 -
치소는 相縣[今 安徽省 북부 淮北市 관할 濉溪縣(수계현)]. 領縣은 37개. ○飭
行(칙행) - 행실을 조심하다. 飭은 근신하다. 공경하다. ○履空(이공) - 구멍
난 신발. 空은 孔. ○歷遺公卿 - 여러 公卿을 역임하다. 遺는 자리를 받다.

〖 國譯 〗

成帝로부터 王莽 때까지 淸名之士로는 琅邪郡에 紀逡(기준, 字는
王思)이 있었고 齊에 薛方(설방, 字는 子容), 太原郡에는 郇越(순월, 字는
臣仲)과 郇相(순상, 字는 稚賓), 沛郡에 唐林(字는 子高)과 唐尊(당존, 字는
伯高)이 모두 경전에 밝고 바른 행실로 세상에 이름이 알려졌었다.

紀逡(기준)과 唐林(당림)과 唐尊(당존)은 모두 왕망에게 출사하여
제후가 되고 중용되어 여러 公卿의 자리를 역임하였다. 당림은 여러
번 상소하고 간쟁하며 충직한 절개가 있었다. 당존은 해진 옷을 입
고 구멍 난 신발을 신고 다녔으며 질그릇으로 음식을 먹었는데 역시
공경을 역임하였으니 허위라는 명성이 있었다.

郇越,相, 同族昆弟也, 並擧州郡孝廉,茂材, 數病, 去官.
越散其先人貲千餘萬, 以分施九族州里, 志節尤高. 相王莽
時徵爲太子四友, 病死, 莽太子遣使祱以衣衾, 其子攀棺不
聽, 曰, "死父遺言, 師友之送勿有所受, 今於皇太子得托友
官, 故不受也." 京師稱之.

| 註釋 | ○郇越,相 – 郇越(순월), 郇相(순상). ○祱以衣衾 – 죽은 사람에
게 수의와 이불을 보내다. 祱 수의 세.

〖國譯〗

郇越(순월)과 郇相(순상)은 同族 형제로 州郡에서 孝廉과 茂材로
천거되었으나 병 때문에 자주 사임하였다. 순월은 그 선친의 자산
천여만 전을 마을의 모든 일족에 나누어주니 志氣와 절의가 매우 높
았다. 순상은 왕망 때 太子四友로 징소되었으나 병사했는데 왕망의
태자가 사람을 보내 사자의 수의와 이불을 보냈으나 그 아들이 관을
끌어안고 거부하며 말했다. "돌아가신 부친께서 유언으로 스승이나
벗이 보내오는 물건도 받지 말라 하셨는데, 지금 황태자가 四友의
관직을 가탁하니 받을 수 없습니다."라고 말했다. 장안 사람들이 칭
송하였다.

薛方嘗爲郡掾祭酒, 嘗徵不至, 及莽以安車迎方, 方因使者辭謝曰, "堯,舜在上, 下有巢由, 今明主方隆唐,虞之德, 小臣欲守箕山之節也." 使者以聞, 莽說其言, 不强致. 方居家以經敎授, 喜屬文, 著詩賦數十篇.

| 註釋 | ○薛方 － 子容은 그의 字. ○郡掾祭酒 － 郡府의 관직. 이런 직책은 한가한 관리라는 뜻으로 散吏라고 불린다. ○巢由(소유) － 巢父와 許由의 병칭. 소부는 요임금 때의 은사. 巢父는 許由의 號라는 설도 있다. ○箕山之節 － 箕山(기산)에 살았다는 허유의 절개. 堯임금이 허유를 九州長으로 초빙하였으나 허유는 사양하고 기산의 냇물에서 귀를 씻었다(洗耳). 소부가 그 이야기를 듣고 망아지를 끌고 상류에 가서 물을 먹였다고 한다.《高士傳》

[國譯]

薛方(설방)은 전에 郡掾祭酒(군연제주)이었는데 부름을 받고도 응하지 않았었는데 왕망이 安車를 보내 설방을 영접하려 하자 설방은 사자를 통해 사양하며 말했다.

"堯와 舜이 계실 때 아래로는 巢父와 許由가 있었는데 지금 明主께서 한창 요와 순임금 같은 恩德 베푸시니 小臣은 箕山의 절개를 지키고자 합니다."

사자가 이 말을 전하자 왕망은 그 말에 기뻐하며 억지로 부르지 않았다. 설방은 居家하며 경전을 교수하고 글짓기를 좋아했는데 詩賦 수십 편을 지었다.

始隃糜郭欽, 哀帝時爲丞相司直, 奏免豫州牧鮑宣, 京兆
尹薛修等, 又奏董賢, 左遷盧奴令, 平帝時遷南郡太守. 而
杜陵蔣詡元卿爲兗州刺史, 亦以廉直爲名. 王莽居攝, 欽, 詡
皆以病免官, 歸鄕里, 臥不出戶, 卒於家.

| 註釋 | ○隃糜(유미) - 右扶風 소속 縣名. 今 陝西省 서부 寶鷄市 관할
의 千陽縣. ○盧奴(노노) - 縣名. 今 河北省 定州市. ○南郡 - 치소는 郢縣
(영현, 今 湖北省 江陵市 부근). ○兗州刺史 - 연주자사의 관할 지역은 泰山郡
등 4군과 城陽國 등 4國을 감찰하였는데 대략 지금의 山東省 서남부와 河南
省 동부지역이다. ○王莽居攝 - 왕망이 攝位하다(帝位 代理). 서기 6 - 8년.

〔 國譯 〕

전에 隃糜縣(유미현)의 郭欽(곽흠)은 哀帝 때 丞相司直이었는데 豫
州의 牧인 鮑宣과 京兆尹인 薛修의 사면을 상주하였고, 또 董賢을
盧奴(노노) 현령으로 좌천시킬 것을 상주하였다가 平帝 때 南郡太守
로 좌천되었다. 두릉현의 蔣詡(장후, 字는 元卿)는 兗州(연주) 刺史이
었는데 역시 청렴으로 이름이 났었다. 王莽이 攝位(섭위)하면서 곽
흠과 장후는 모두 병으로 사임하고 향리로 돌아가 와병하며 문밖을
나오지 않다가 집에서 죽었다.

原文

齊栗融客卿, 北海禽慶子夏, 蘇章游卿, 山陽曹竟子期皆儒

生, 去官不仕於莽. 莽死, 漢更始徵竟以爲丞相, 封侯, 欲視致賢人, 銷寇賊. 竟不受侯爵. 會赤眉入長安, 欲降竟, 竟手劍格死.

世祖卽位, 徵薛方, 道病卒. 兩龔,鮑宣子孫皆見褒表, 至大官.

| 註釋 | ○北海 - 군명. 치소는 營陵縣(今 山東省 濰坊市). ○山陽 - 郡名, 치소는 昌邑縣(今 山東省 菏澤市 관할의 鉅野縣). ○更始(경시) - 更始帝 劉玄(? - 서기 25). 綠林軍이 옹립한 황제. ○赤眉(적미) - 西漢에서 東漢 교체기의 농민 반란군. ○世祖卽位 - 後漢 건국자, 光武帝 劉秀(前 6 - 서기 57, 재위 25 - 57년).

〖國譯〗

齊의 栗融(율융, 字 客卿), 北海郡의 禽慶(금경, 字는 子夏), 蘇章(字는 游卿), 山陽郡의 曹竟(조경, 字는 子期)는 모두 儒生으로 관직을 버리고 왕망에게 출사하지 않았다. 왕망이 죽고 漢 更始帝가 曹竟을 승상으로 삼아 제후에 봉하고 현인을 초치하고 도적 무리를 소탕하려 했으나 조경은 끝내 작위를 받지 않았다. 마침 赤眉의 亂軍이 長安에 들어왔고 조경을 투항케 하자 조경은 작은 칼로 자살하였다.

後漢 世祖(光武帝)가 즉위하여 薛方을 징소하였는데 도중에 병으로 죽었다. 龔勝과 龔舍, 鮑宣의 자손은 모두 포상을 받고 大官에 올랐다.

贊曰,《易》稱 '君子之道也, 或出或處, 或默或語', 言其
各得道之一節, 譬諸草木, 區以別矣. 故曰山林之士往而不
能反, 朝廷之士入而不能出, 二者各有所短. 春秋列國卿大
夫及至漢興將相名臣, 懷祿耽寵以失其世者多矣! 是故淸節
之士於是爲貴. 然大率多能自治而不能治人. 王,貢之材, 優
於龔,鮑. 守死善道, 勝實蹈焉. 貞而不諒, 薛方近之. 郭欽,
蔣詡好遁不汚, 絶紀,唐矣!

| 註釋 | ○《易》稱 − 《易經 繫辭 上》. 孔子가 '同人'卦를 설명한 말로 이
말 뒤에 '二人同心 其利斷金'이란 말이 나온다. ○區以別矣 − 예를 들면,
비슷한 모양이라도 그 꽃이나 향기로 구별할 수 있다는 의미. ○故曰∼ −
조정에 들어간 자는 녹봉 때문에 나올 수 없고 산림에 들어간 사람은 명예
때문에 돌아 나올 수 없다는 뜻. ○懷祿耽寵(회록탐총) − 녹봉을 생각하고
총애를 탐하다. 懷는 생각하다. 버리지 못하다. 耽 즐길 탐. ○失其世者多矣
− 제 명대로 못살고 처형된 자가 많았다는 뜻. ○守死善道 − 子曰, "篤信好
學, 守死善道. 危邦不入, 亂邦不居.《論語 泰伯》. ○貞而不諒 − 군자는 正道
를 따를 뿐 작은 情誼에 구애받지 않는다는 뜻. 子曰, "君子貞而不諒."《論語
衛靈公》. ○薛方近之 − 설방은 왕망에게 말 한 마디로 자신의 신념을 굽히
지 않으면서 권력자의 침탈을 예방했다. ○絶紀,唐矣 − 紀逡(기준)과 唐林
과 唐尊(당존)이 했던 出仕를 스스로 단절했다.

〔國譯〕

班固의 論贊 :《易經》에 '君子의 길이란 출사나 은거 또는 침묵하

거나 말을 한다.' 고 하였으니, 이는 득도의 한 면을 말한 것으로 초목에 비유하자면 분류하여 나누는 것과 같다.

　그래서 山林에 머무는 지사는 들어가면 돌아 나올 수 없고 조정의 관리는 들어가면 그만둘 수 없는데 이는 각각 그 단점이 있다. 춘추시대 여러 나라의 卿大夫나 漢 건국 이후 將相이나 名臣이 녹봉과 총애를 탐했던 자는 중간에 많이 처형되었다! 이 때문에 清節之士는 더욱 귀하였다. 그러나 대개의 경우 자신을 잘 다스리는 자는 다른 사람을 잘 이끌지 못했다.

　王吉과 貢禹의 재능은 龔勝, 龔舍, 鮑宣보다 우수했다. 죽을 때까지 善道를 지키기는 공승이 실천했다. 정도를 지키고 작은 지조에 흔들리지 않은 경우는 薛方(설방)이 이에 가까웠다.

　郭欽(곽흠)이나 蔣詡(장후)는 은둔했기에 이름을 더럽히지 않으면서 紀逡(기준)이나 唐林, 唐尊(당존)과는 크게 달랐다!

73 韋賢傳
〔위현전〕

73-1. 韋賢

原文

韋賢字長孺. 魯國鄒人也. 其先韋孟, 家本彭城, 爲楚元王傅, 傅子夷王及孫王戊. 戊荒淫不遵道, 孟作詩風諫. 後遂去位, 徙家於鄒, 又作一篇. 其諫詩曰,

│註釋│ ○韋賢(위현, 前 147 - 66) - 宣帝 本始 3년(前 71)에 승상, 封 扶陽侯, 地節 3년(前 67) 사임. 귀향. ○魯國 - 景帝 때 魯國에 劉餘(유여)를 봉함. 치소는 魯縣(今 山東省 曲阜市). ○鄒(추) - 현명. 今 山東省 鄒城市(孔孟桑梓之邦이라는 미칭). ○韋孟 - 생졸년 미상. ○劉戊(유무, ? - 前 154) - 吳王 劉濞(유비)와 吳楚七國亂의 주동자. 패전 후 자살. 35권,〈荊燕吳傳〉참

고. ㅇ風諫 – 諷諫. ㅇ其諫詩曰 –〈諫楚王戊詩〉*

〖 國譯 〗

韋賢의 字는 長孺(장유)로 魯國 鄒縣(추현) 사람이다. 그의 先祖 韋孟(위맹)은 본래 彭城(팽성) 사람으로, 楚 元王(劉交, 고조의 小弟)의 사부였고 아들 夷王과 孫子인 劉戊(유무)를 보필하였다.

유무가 荒淫하여 법도를 지키지 않자 위맹은 시를 지어 風諫하였다. 뒤에 관직을 떠나 추현으로 이사하였는데 위맹은 또 시 1편을 지었다. 위맹의 풍간하는 시는 아래와 같다.

原文

「肅肅我祖, 國自豕韋, 黼衣朱紱, 四牡龍旂. 彤弓斯征,
撫寧遐荒, 總齊群邦, 以翼大商, 迭彼大彭, 勳績惟光. 至於
有周, 歷世會同. 王赧聽譖, 寔絶我邦. 我邦既絶, 厥政斯逸,
賞罰之行, 非繇王室. 庶尹群侯, 靡扶靡衛, 五服崩離, 宗周
以隊. 我祖斯微, 遷於彭城, 在予小子, 勤誎厥生, 阨此嫚秦,
耒耜以耕. 悠悠嫚秦, 上天不寧, 乃眷南顧, 授漢於京.」

| 註釋 | ㅇ肅肅 – 공경하는 모양. ㅇ豕韋(시위) – 殷 때는 豕韋氏이었다.
ㅇ黼衣朱紱(보의주불) – 黼衣는 흑백의 도끼 모양이 그려진 예복, 朱紱은
붉은 천 앞가리개. 朱市(주불). ㅇ四牡龍旂(사모룡기) – 4마리의 큰 말(雄
馬)에 용을 그린 旗. ㅇ彤弓斯征(동궁사정) – 彤 붉을 동. 彤弓은 천자가 제
후에게 하사하는 활. ㅇ撫寧遐荒(무녕하황) – 遐 멀 하. 荒은 荒服, 황복은 5

服의 하나. 京師에서 2,500리 떨어진 지역. ○總齊 – 統一. ○以翼大商 – 翼은 돕다. 大商은 殷나라. ○迭彼大彭 – 迭은 軼(번갈아들 질). 大彭(대팽)은 商(殷)의 제후. 彭은 성씨. 위씨 선조의 빛나는 공적을 먼저 말한 것은 後車가 前車를 추월하여 더 빛난다는 뜻을 강조하려는 포석이라 할 수 있다. ○歷世會同 – 춘추 전국시대에 豕韋의 國名이나 姓氏가 없어 이 구절은 사실과 다르다는 註가 있다. ○王赧(왕난) – 赧王(? – 前 256)은 東周 마지막 왕. 赧은 얼굴 붉힐 난. ○寔絶我邦 – 寔 이 식. 실로. ○厥政斯逸 – 逸은 放逸하다. 政令이 시행되지 않다. ○庶尹 – 衆官. ○靡扶靡衛 – 靡는 不. 扶는 助也. ○五服崩離 – 五服은 경기로부터 500리 단위로 甸服, 侯服, 男服, 采服, 荒服 등으로 구분. ○宗周以隊 – 隊는 떨어질 추(墜 同). 무리 대. 길 수(隧 同). ○勤詵厥生 – 詵 탄식할 희. ○阨此嫚秦 – 阨 막힐 액. 嫚 업신여길 만. ○耒耜以耕 – 耒 쟁기 뇌(뢰). 耜 보습 사.

〖國譯〗

〈諫楚王戊詩〉(楚王 劉戊를 간쟁하는 詩)*

「공경하는 우리 선조는 豕韋(시위)씨로,

黼衣(보의)와 붉은 앞가리개에 용을 그린 깃발 세웠네.

붉은 활을 받고 원정하여 먼 荒服의 땅도 평정하고,

여러 나라를 통일하고 商朝를 보필하였으며

大彭에 봉해졌고 큰 공적이 빛났었네.

周代에 이르러 여러 會盟에 참여했지만

赧王(난왕)은 참언을 믿었고 豕韋氏는 끊어졌네.

韋氏 나라가 단절되고 정사도 끊기었으며

상벌을 내리는 것은 왕실이 아니었도다.

여러 관리와 제후들이 돕지도 지켜주지도 않아

五服은 무너져 흩어졌고 周室은 무너졌도다.
우리 선조는 미약해져서 彭城에 옮겨왔고
나의 어린 후손들은, 아! 부지런히 살아왔네.
무도한 秦에 막혀 쟁기 메고 농사지었도다.
기나긴 秦의 폭정에 하늘도 편치 않았으며
이에 남쪽 고조를 기다렸고 京師에 漢은 건국했다.」

「於赫有漢, 四方是征, 靡適不懷, 萬國逎平. 乃命厥弟,
建侯於楚, 俾我小臣, 惟傅是輔. 兢兢元王, 恭儉淨壹, 惠此
黎民, 納彼輔弼. 饗國漸世, 垂烈于後, 乃及夷王, 克奉厥緒.
咨命不永, 唯王統祀, 左右陪臣, 此惟皇士.」

| 註釋 | ○於赫有漢 - 於는 감탄할 오. 감탄사. 赫은 밝은 모양. ○靡適
不懷 - 適은 到也. 懷는 思也. 귀순하다. ○逎平 - 逎는 攸(바 유, 所)의 古
字. ○乃命厥弟 - 弟는 高祖의 이복동생인 劉交, 楚 元王. ○兢兢元王 - 兢
兢(긍긍)은 근신하는 모양. ○饗國漸世(향국점세) - 楚 元王은 27년간 재위
했으니 1世에 가까웠다. ○乃及夷王 - 夷王〔劉郢客(유영객), ? - 前 175〕.
○克奉厥緒 - 緒는 미완의 遺業. ○咨命不永 - 夷王은 4년 재위. 명이 길지
않았다. 咨는 탄식하다. ○陪臣 - 제후는 천자의 신하이고, 제후의 신하는
천자에게 陪臣(배신)이 된다. 곧 신하의 신하. 皇士는 바른 신하. 皇은 正也.

「오호라! 밝고 밝은 漢이여! 사방을 정복하니

가는 곳마다 모두 따라오니 만국이 태평하였도다.

동생에게 명하여 나라를 楚에 세웠도다.

나를 신하로 삼으니 太傅로 보필하였다.

삼가고 조심하는 元王은 공손 검소하며 한결같이

이 백성에게 은혜를 베푸시고 보필을 받아들이며

一世에 걸쳐 치국하며 후손에게 모범을 보였고

夷王에 계승되어 남은 유업을 계승하였다.

아! 재위가 길지 않았고 아들(劉戊)이 계승하였으니

측근의 陪臣(배신)들은 모두가 바른 신하였도다.」

「如何我王, 不思守保, 不惟履冰, 以繼祖考! 邦事是廢, 逸游是娛, 犬馬繇繇, 是放是驅. 務彼鳥獸, 忽此稼苗, 烝民以匱, 我王以媮. 所弘非德, 所親非俊, 唯囿是恢, 唯諛是信. 睮睮諂夫, 咢咢黃髮, 如何我王, 曾不是察! 既藐下臣, 追欲從逸, 嫚彼顯祖, 輕茲削黜.」

| 註釋 | ○守保 – 부귀를 지키고 사직을 보존하다. ○不惟履冰 – 惟는 생각하다. 如履薄冰. ○邦事 – 國事. ○繇繇(유유) – 悠悠, 멀리. 驅 말을 몰다. ○稼苗(가묘) – 농사. 농업. ○烝民以匱 – 蒸民(증민)은 백성. 蒸 많을 증. 匱 함 궤, 다하여 없어지다. 匱乏(궤핍). ○我王以媮 – 媮는 박대할 유.

간교할 투. 훔치다. ○唯囿是恢 ─ 囿 동산 유. 놀이터. 사냥터. 恢 넓을 회. 크게 만들다. ○瞲瞲諂夫 ─ 瞲瞲(유유)는 아첨하는 모양. 瞲는 아첨할 유. ○咢咢黃發 ─ 咢咢(악악)은 정직한 모양. 咢 놀랄 악, 곧은 말 할 악. 黃發은 노인. ○旣藐下臣 ─ 藐 아득할 막. 멀리 쫓아버리다. 下臣은 韋孟 자신. 從逸은 縱逸, 멋대로 놀다. ○嫚彼顯祖 ─ 嫚은 경시하다. 顯祖는 훌륭한 조상. ○輕茲削黜 ─ 削黜(삭출)은 깎아내리다.

〖國譯〗

「우리 왕은 왜 부귀와 사직을 지키지 않는가?
왜 얼음을 밟듯 조심하며 祖父를 이어가지 않는가!
國事를 폐하고 한가히 놀며 즐기고
멀리 사냥을 나가며 사냥개를 풀고 말을 달린다.
새나 짐승에만 정신 팔고 농사를 소홀히 하니
백성은 가난해졌는데 우리 왕은 즐겁도다.
無德者를 끌어 모으고 못난 자와 친하며
사냥터를 넓히고 아첨하는 자를 신뢰한다.
눈웃음으로 아첨하는 사내와 바른말하는 노인을
우리 왕은 어이하여 살피지 못하는가?
아래 신하(韋孟)를 멀리 쫓고 제멋대로 놀아나며
훌륭한 조상을 무시하며 경시하고 깎아내리네.」

原文

「嗟嗟我王, 漢之睦親, 曾不夙夜, 以休令聞! 穆穆天子,臨爾下土, 明明群司, 執憲靡顧. 正邈繇近, 殆其怙茲, 嗟嗟我王, 曷不此思!」

| 註釋 | ○嗟嗟(차차) – 연거푸 탄식하는 소리. 睦親은 近親. ○夙夜(숙야) – 이른 아침과 깊은 밤. 자나 깨나. 休는 美也. 休聞은 좋은 평가. 善聞. ○穆穆天子 – 穆穆은 위엄 있는 모양. 용모가 아름답고 점잖은 모양. ○執憲靡顧(집헌미고) – 天子의 법 집행에 다른 사정을 보지 않다. 원칙대로 처리하다. ○正邈由近 – 邈는 멀 막. 먼 곳에 있는 자. 怙茲(호자)는 近親을 믿다. 怙 믿을 호. 茲(이것 자)는 근친이라는 사실.

〔國譯〕

「아! 아! 우리 왕은 漢의 근친인데
일찍이 좋은 말을 들어보질 못했네.
훌륭하신 천자께서 그 아래 신하를 대하면서
밝고 밝게 여러 신하를 원칙대로 거느리시니
近親이 바로 서야 遠人을 다스리나 近親이 위태로우니
아! 우리 왕은 이를 어찌 생각하지 못하나!」

原文

「非思非鑒, 嗣其罔則, 彌彌其失, 岌岌其國. 致冰匪霜, 致隊靡嫚, 瞻惟我王, 昔靡不練. 興國救顚, 孰違悔過, 追思黃髮, 秦繆以霸. 歲月其徂, 年其逮耆, 於昔君子, 庶顯于後. 我王如何, 曾不斯覺! 黃髮不近, 胡不時監!」

| **註釋** | ○非思非鑒 – 鑑戒를 생각하지 않다. ○彌彌(미미) – 조금씩. ○岌岌 – 위태로운 모양. 岌 높을 급. ○致冰匪霜 – 단단한 얼음은 서리에서 시작되다. 匪 넣을 비, 아닐 비. 대나무 상자 비. ○致隊(치추) – 추락하다. 隊는 墜. 靡嫚은 怠慢(태만). ○昔靡不練 – 練은 살펴보아 알다. 閱歷. ○救顚(구전) – 멸망에서 구하다. ○黃發 – 黃髮. 노인. ○秦繆 – 秦 繆公 (목공, ? – 前 621). 秦 목공은 鄭을 공격했으나 晉의 개입으로 패전하고 돌아와 노인의 말을 듣지 않은 것을 후회하였다. ○歲月其徂(세월기조) – 徂는 往也. ○年其逮耉(연기체구) – 해가 가며 늙게 된다. 逮는 及也. 耉 늙을 구. 늙은이. ○於昔君子 – 於는 감탄사. ○庶顯于後 – 아마 후세에 돋보일 것이다. ○黃髮不近 – 늙은이가 가깝지 않다. 아직은 젊다.

[**國譯**]

「본받거나 조심하지 않아 후손에 줄 법도가 없네.

조금씩 잘못이 쌓이니 나라는 위태롭게 돌아가네.

서리가 단단한 얼음 되고, 몰락은 태만에서 시작되는데

우리 왕이 하는 것을 보면 지난 잘못을 살펴보지 않네.

잘못을 잡아 興國하니 누군들 잘못을 고치지 않으리오.

노인의 말을 생각하여 秦 목공은 패업을 이루었다.

세월이 흐르면 해가 가고 늙어가나니

아! 옛날의 군자는 후세에 뚜렷이 나타나리라!

우리 왕은 어이하여 이를 깨닫지 못하나!

늙을 나이가 아니라고 어찌 이를 알지 못하나!」

其在鄒詩曰,

「微微小子, 旣耇且陋, 豈不牽位, 穢我王朝. 王朝肅清,
唯俊之庭. 顧瞻余躬, 懼穢此征. 我之退征, 請於天子, 天子
我恤, 矜我髮齒. 赫赫天子, 明悊且仁, 懸車之義, 以泊小臣.
嗟我小子, 豈不懷土? 庶我王寱, 越遷於魯.」

| 註釋 | ○微微小子 − 微微는 보잘 것 없는. 小子는 韋孟 자신. ○旣耇且
陋 − 耇 늙은이 구. 陋 좁을 루. 식견이 좁다. ○豈不牽位 − 牽位(견위)는 자
리에 연연하다. ○顧瞻余躬 − 顧瞻(고첨)은 돌아보다. 余躬은 나의 몸. ○懼
穢此征(구예차정) − 懼穢는 더럽힐까 두렵다. 征은 조정에 나아가 벼슬하다.
○髮齒(발치) − 머리가 하얗게 센 나이. 늙음. ○明悊且仁 − 悊 지혜로울
철. 哲과 同. ○懸車 − 수레를 보관하다. 70세에 은퇴하면 더 출사하지 않는
다 하여 고향 관청에서 보관하며 그 공적을 기리었다. ○以泊小臣 − 泊는
물 부을 계. 미칠 기(及). 小臣은 韋孟 자신. ○豈不懷土 − 懷土는 思鄕. ○庶
− 庶幾(서기). 바라다.

〔國譯〕

韋孟(위맹)이 鄒縣(추현)에 살 때의 詩는 다음과 같다.

「보잘 것 없는 위맹은 이미 늙고 고루하니
자리에 연연한다면 나라의 오욕이 아니겠는가?
나라는 엄정하고 깨끗하며 오직 준걸들의 조정이니
생각컨대 내 출사가 조정을 더럽힐까 걱정이다.

나의 사임을 천자께 상신하니

천자께선 걱정하시며 늙은 몸을 가련하다 여기셨다.

혁혁하신 천자께서는 명철하시고 인자하시어

늙어 물러나는 은택을 나에게도 베풀어 주셨도다.

아! 어린 아들이여 고향을 어찌 생각하지 않겠는가?

왕이 깨우치길 바라며 魯의 鄒縣으로 이사했도다.」

原文

「既去禰祖, 惟懷惟顧, 祁祁我徒, 戴負盈路. 爰戾於鄒,
髡茅作堂, 我徒我環, 築室於牆. 我既遷逝, 心存我舊, 夢我
瀆上, 立於王朝. 其夢如何? 夢爭王室. 其爭如何? 夢王我
弼. 寤其外邦, 歎其喟然, 念我祖考, 泣涕其漣. 微微老夫,
咨既遷絕, 洋洋仲尼, 視我遺烈. 濟濟鄒魯, 禮義唯恭, 誦習
弦歌, 于異他邦. 我雖鄙著, 心其好而, 我徒侃爾, 樂亦在
而.」

| 註釋 | ○禰祖 – 아버지와 조상을 모신 사당. 禰 아버지 사당네(예).
○祁祁(기기) – 여럿이. 많은 모양, 또는 천천히 가는 모양. ○我徒 – 여기서
는 同族. ○戴負(대부) – 머리에 이고 등에 지고. 男負女戴하고 따라오는 모
양. ○爰戾(원려) – 여기에 도착하다. ○髡茅(전모) – 髡 깎을 전. 茅 띠 모.
지붕을 이을 수 있는 풀. ○遷逝(천서) – 옮길 천. 갈 서. ○瀆上(독상) – 위
맹이 살던 彭城의 마을. ○夢爭王室 – 爭은 諫諍(간쟁)하다. ○夢王我弼 –
蒙王弼我. 꿈속에서 왕은 나를 거부하다. 弼 도울 필. 바로 잡다. 거슬리다

(違逆). ㅇ寤其外邦 − 寤은 깨다(醒). ㅇ喟然(위연) − 탄식하는 모양. ㅇ漣
− 물결 잔잔할 연(련). 우는 모양. ㅇ咨旣遷絕(자기천절) − 咨는 탄식할 자.
ㅇ洋洋仲尼 − 洋洋은 훌륭하고 뛰어난 모양. ㅇ視我遺烈 − 遺烈은 遺業. 功
績. ㅇ濟濟鄒魯 − 濟濟는 장엄당당한 모양. 鄒는 공자 출생지. ㅇ誦習弦歌
− 예악을 수련하는 모양. 詩를 외우고, 예를 익히고, 활을 쏘고, 樂을 배우다.
ㅇ我徒侃爾 − 我徒는 내 一族의 젊은이. 侃爾(간이)는 화락한 모양. 侃 和樂
할 간.

〔 國譯 〕

「조상 모신 사당을 떠나 늘 생각하고 그리나니
많고 많은 동족이 남부여대하고 길을 메워,
결국 추현에 당도하여 풀 베어 집을 지었고
우리는 걷고 둘러보며 집 짓고 담을 둘렀다.
나는 이리 옮겨 왔지만 마음은 옛 고향에 있어
꿈속 내 살던 마을과 왕의 조정에 서 있었도다.
그 꿈이 어떠했나? 꿈에서도 왕에게 간쟁을 했네.
간쟁이 어떠했나? 왕은 내 뜻을 거절했다네.
꿈을 깨니 딴 곳이라 한숨 쉬며 한탄하며
나의 조상을 그리면서 눈물 줄줄 흘렸도다.
보잘 것 없는 늙은이, 아! 이미 고향을 떠났지만
훌륭하신 공자께서 내게 큰 자취를 남기셨도다.
당당한 魯의 추읍이니 예의 지켜 공경하며
읽고 익히며 활 쏘고 노래하니 타지와 크게 다르도다.
내 비록 비루한 늙은이라지만 마음으로 기뻐하며
내 일족 화락하니 그 속에 즐거움이 있도다.」

孟卒於鄒. 或曰其子孫好事, 述先人之志而作是詩也.

「自孟至賢五世. 賢爲人質樸少欲, 篤志於學, 兼能《禮》,
《尙書》, 以《詩》教授, 號稱鄒魯大儒. 徵爲博士給事中, 進授
昭帝《詩》, 稍遷光祿大夫, 詹事, 至大鴻臚. 昭帝崩, 無嗣, 大
將軍霍光與公卿共尊立孝宣帝. 帝初卽位, 賢以與謀議, 安
宗廟, 賜爵關內侯, 食邑. 徙爲長信少府, 以先帝師, 甚見尊
重. 本始三年, 代蔡義爲丞相, 封扶陽侯, 食邑七百戶. 時,
賢七十餘, 爲相五歲, 地節三年以老病乞骸骨, 賜黃金百斤,
罷歸, 加賜第一區. 丞相致仕自賢始. 年八十二薨, 諡曰節
侯.」

| 註釋 | ○自孟至賢五世 – 韋孟에서 韋賢(前 147 – 66)까지는 5세였다.
○詹事(첨사) – 官名. 여러 궁궐의 庶務 담당. ○本始三年 – 선제의 연호. 前
71년. ○蔡義 – 66권, 〈公孫劉田王楊蔡陳鄭傳〉에 立傳. ○地節三年 – 宣帝
의 연호. 前 67년. ○加賜第一區 – 第는 甲第(크게 잘 지은 집). 一區는 한 채.
區는 量詞.

〖國譯〗

韋孟은 鄒縣(추현)에서 죽었다. 어떤 사람이 그 후손의 좋은 일과
선인의 뜻을 읊어 이런 詩를 지었다.

「위맹에서 韋賢까지 5세였도다. 위현은 사람이 질박하고 욕심이

적고 학문에 큰 뜻을 두어 《禮》와 《尙書》에 통했고, 《詩經》을 敎授하니 鄒魯의 大儒라 불렀네. 부름을 받아 박사에 給事中이 되었고, 昭帝에게 《시경》을 進講하였고, 점차 光祿大夫에 詹事(첨사)로 승진했고, 大鴻臚가 되었도다. 昭帝 붕어하시고 후사 없으니, 대장군 곽광과 여러 公卿이 함께 선제를 받들어 모셨도다. 宣帝 즉위하시고 韋賢이 함께 도와 종묘를 안정케 하여 관내후의 작위와 식읍을 하사하셨네. 長信少府로 옮겼다가 先帝의 사부라며 심히 존경받았네. 本始 3년에 蔡義(채의)의 후임 승상이 되고 扶陽侯에 식읍이 7백 호였네. 이미 위현의 나이 70여 세, 地節 3년 늙어 사임을 요청하니, 황금 백 근을 하사하고 면직 귀향케 하며 저택 1채를 더 내리셨도다. 승상으로 致仕하는 前例는 韋賢에서 시작되었네. 나이 82세에 죽으니 시호를 節侯라 했네.」

原文

賢四子, 長子方山爲高寢令, 早終, 次子弘, 至東海太守, 次子舜, 留魯守墳墓, 少子玄成, 復以明經歷位至丞相. 故鄒魯諺曰, '遺子黃金滿籯, 不如一經.'

| 註釋 | ○高寢令 – 高廟寢郞. 太常 소속의 관리. 고조 능침 관리직. ○東海太守 – 치소는 郯縣(담현), 今 山東省 臨沂市 관할의 郯城縣. ○韋玄成(위현성 – ? – 前 36. ○黃金滿籯 – 광주리에 가득한 황금. 籯(대광주리 영)대신 盈(가득 찰 영)을 쓰기도 한다.

韋賢의 네 아들 중 장자 韋方山은 高寢令이었는데 일찍 죽었고,
次子인 韋弘은 東海太守를 지냈으며, 셋째인 韋舜은 魯에 살면서 분
묘를 지켰고, 막내아들 韋玄成(위현성)은 明經으로 거듭 천거되어 승
상에 이르렀다. 그래서 魯郡 鄒縣의 속언에 '자식에게 많은 황금을
물려주는 것이 경전 한 권을 가르치는 것만 못하다.' 라고 했다.

73-2. 韋玄成

原文

玄成字少翁, 以父任爲郎, 常侍騎. 少好學, 修父業, 尤謙
遜下士. 出遇知識步行, 輒下從者, 與載送之, 以爲常. 其接
人, 貧賤者益加敬, 繇是名譽日廣. 以明經擢爲諫大夫, 遷
大河都尉.

| 註釋 | ○出遇知識步行 － 知識은 相識하는 知人. ○大河都尉 － 大河郡
의 都尉. 濟東國을 폐하고 大河郡으로 개칭, 선제 때 東平國이라 하였다. 치
소는 無鹽縣(今 山東省 泰安市 관할의 東平縣). 都尉는 郡의 군사 책임자. 질록
은 태수와 같으나 하위직이었다.

　위현성의 字는 少翁(소옹)으로 부친의 보증으로 낭관이 되어 늘
천자의 車騎를 수행하였다. 젊어 호학하여 부친의 학문을 이었으며
특히 아랫사람에게 겸손하였다. 외출 중에 걸어가는 우인을 만나면
언제나 從者를 내리게 하고 함께 타고 갔다. 그가 사람을 대하면서
빈천자에게 특히 공손하였기에 명성과 칭송은 날로 널리 알려졌다.
明經으로 발탁되어 諫大夫가 되었다가 大河郡의 都尉가 되었다.

原文

　初, 玄成兄弘爲太常丞, 職奉宗廟, 典諸陵邑, 煩劇多罪
過. 父賢以弘當爲嗣, 故敕令自免. 弘懷謙, 不去官. 及賢病
篤, 弘竟坐宗廟事繫獄, 罪未決. 室家問賢當爲後者, 賢恚
恨不肯言. 於是賢門下生博士義倩等與宗家計議, 共矯賢
令, 使家丞上書言大行, 以大河都尉玄成爲後. 賢薨, 玄成
在官聞喪, 又言當爲嗣, 玄成深知其非賢雅意, 卽陽爲病狂,
臥便利, 妄笑語昏亂. 徵至長安, 旣葬, 當襲爵, 以病狂不應
召. 大鴻臚奏狀, 章下丞相, 御史案驗. 玄成素有名聲, 士大
夫多疑其欲讓爵辟兄者. 案事丞相史乃與玄成書曰, "古之
辭讓, 必有文義可觀, 故能垂榮於後. 今子獨壞容貌, 蒙恥
辱, 爲狂癡, 光耀晻而不宣. 微哉! 子之所托名也. 僕素愚陋,
過爲宰相執事, 願少聞風聲. 不然, 恐子傷高而僕爲小人
也." 玄成友人侍郞章亦上疏言, "聖王貴以禮讓爲國, 宜優

養<u>玄成</u>, 勿枉其志, 使得自安衡門之下."而丞相,御史遂以
<u>玄成</u>實不病, 劾奏之. 有詔勿劾, 引拜. <u>玄成</u>不得已受爵. <u>宣</u>
<u>帝</u>高其節, 以<u>玄成</u>爲<u>河南</u>太守. 兄<u>弘</u><u>太山</u>都尉, 遷<u>東海</u>太守.

| 註釋 | ○太常丞 − 종묘 제례를 주관하는 太常의 副官. 부서 내 서무 총
괄. 질록 1천석. ○奉宗廟 − 奉은 祭祀. ○室家 − 家人. ○義倩 (의천) − 인
명. 義가 성씨. ○宗家 − 韋賢의 동족 사람. ○家丞 − 식읍 1천 호 이상 후
국의 업무를 담당하는 직책. ○大行 − 大行令. 大鴻臚의 속관. 무제 때 大行
을 大行令으로 명칭 변경. 大行令은 여러 낭관에 관한 업무를 주관. ○臥便
利 − 누워서 대소변을 보다. ○其欲讓爵辟兄者 − 辟 音 피. 避와 同. ○案事
− 위현성의 사건을 조사하다. ○傷高而僕爲小人也 − 본인의 좋은 뜻을 이
루려다가 거짓이 판명날 수 있다는 뜻. ○衡門之下 − 평민의 대문. 가난한
자로 살다. ○河南太守 − 河南郡, 치소는 今 河南省 洛陽市. ○太山 − 郡名.
치소는 奉高縣(今 山東省 泰安市).

〔國譯〕

　그전에, 위현성의 兄인 韋弘이 太常丞이었는데 종묘 제사와 여러
陵邑이 일을 주관하면서 업무도 복잡하고 실수로 죄를 짓는 경우도
많았다. 부친 위현은 위홍을 후사로 생각하여 스스로 사직하라고 명
령하였다. 위홍은 뜻을 어기고 사임하지 않았다. 곧 위현이 위독했
고, 위홍은 종묘의 업무와 관련하여 옥에 갇혔으나 아직 판결이 나
지 않았다. 家人이 위현에게 누구를 후계자로 할 것인가 물었으나
위현은 화가 나서 말하지 않았다. 이에 위현의 문하생인 博士 義倩
(의천) 등이 宗家와 의논하여 함께 거짓으로 위현의 명이라 하여 家

죤을 시켜 大行令에게 大河都尉인 위현성이 후사라고 상서하였다. 위현이 죽자 위현성은 근무 중에 부친이 돌아가셨고 후사가 되어야 한다는 말을 들었는데 위현성은 그것이 부친의 평소 뜻이 아니었다는 것을 잘 알기 때문에 곧 거짓으로 미친 척하면서 누워 대소변을 보면서 함부로 웃고 떠들며 정신 나간척하였다. 부름에 응해 장안에 가서 장례를 마치고 응당 작위를 계승해야지만 미친 척하며 應召하지도 않았다. 大鴻臚(대홍려)에서 이를 상주하였고 문서가 승상과 어사대부에서 조사하게 하였다. 위현성은 평소에 명성이 있었기에 여러 사대부들은 그것이 작위를 형에게 양보하려는 뜻임을 알고 있었다. 이를 조사한 죤相史가 위현성에게 서신을 보내 말했다.

"예전의 사양이란 반드시 그 文義를 볼 수 있었기에 그 사후라도 영예로웠습니다. 지금 당신은 오직 용모를 훼손하고 치욕을 덮어쓰며 미친 척하는데, 이는 좋은 품성을 가리는 것이고 널리 알릴 수도 없습니다. 당신의 평계는 정말 보잘 것 없소이다! 평소에 어리석은 내가 재상을 위해 간혹 일을 잘못할 수도 있지만 여러 사람들의 의논을 조금 들어보기 바랍니다. 그렇지 않다면 당신은 높이 오르려다 넘어져 엎어지면 소인이 될 것입니다."

위현성의 友人인 侍郎 章(장)도 상소하여 말했다. "聖王은 禮讓으로 다스리기를 귀히 여기니 위현성을 너그러이 받아들이시어 본뜻을 어기지 않게 평민이 되게 해주시기 바랍니다."

그리고 승상과 어사대부는 위현성이 실제로 병이 나지 않았다며 상주하여 탄핵했다. 선제는 더 이상 추궁하지 말라면서 위현성을 불러 작위를 제수하게 하였다. 이에 위현성은 부득이 작위를 받았다. 선제는 그 뜻을 높이 사서 위현성을 河南太守에 임명하였다. 형인 위홍은 太山郡 도위가 되었다가 東海郡 태수로 승진했다.

原文

玄成徵爲未央衛尉, 遷太常. 坐與故平通侯楊惲厚善, 惲
誅, 黨友皆免官. 後以列侯侍祀孝惠廟, 當晨入廟, 天雨淖,
不駕駟馬車而騎至廟下. 有司劾奏, 等輩數人皆削爵爲關內
侯. 玄成自傷貶黜父爵, 歎曰, "吾何面目以奉祭祀!" 作詩
自劾責, 曰,

| 註釋 | ○平通侯 楊惲(양운) ─ 司馬遷의 女婿 梁敵(양창)의 아들. 곧 사
마천의 외손. 66권, 〈公孫劉田王楊蔡陳鄭傳〉에 입전. ○天雨淖 ─ 비가 내려
수렁이 되다. 淖 진흙 뇨. ○有司 ─ 各有專司의 뜻. 職官. 담당자. ○關內侯
─ 열후 바로 아래 작위. 식읍만 소유.

國譯

몇 년 뒤, 위현성은 부름을 받아 未央宮 衛尉가 되었다가 太常으
로 승진하였다. 平通侯 楊惲(양운)과 친하였는데 양운이 주살되면서
그 친한 벗은 모두 면관되었다. 후에 列侯로서 효혜제 묘당의 제사
에 참여하여 새벽에 종묘에 들어가야 했지만 마침 비가 내려 진흙탕
이 되어 사마가 끄는 수레가 다닐 수 없어 말을 타고 묘당 아래까지
갔다. 담당 관리가 이를 탄핵 상주하여 같이 갔던 동료 몇 사람이 모
두 작위를 삭감당해 관내후가 되었다. 위현성은 부친의 작위를 삭감
당하여 마음이 아파 탄식하며 말했다. "내가 무슨 면목으로 제사를

지내겠는가!" 이에 위현성은 시를 지어 자책하였다.

原文

「赫矣我祖, 侯於豕韋, 賜命建伯, 有殷以綏. 厥績旣昭,
車服有常, 朝宗商邑, 四牡翔翔, 德之令顯, 慶流於裔, 宗周
至漢, 群后歷世. 肅肅楚傅, 輔翼元, 夷, 厥馴有庸, 惟愼惟
祗. 嗣王孔佚, 越遷於鄒, 五世壙僚, 至我節侯.」

| 註釋 | ○賜命建伯 – 제후가 되어 봉국을 세우다. ○有殷以綏 – 有는
명사의 接頭語(詞頭). 우리말로 해석하지 않는다. 綏는 安也. ○車服有常 –
유상은 일정하다. ○朝宗商邑 – 朝宗은 제후가 봄가을로 천자를 알현하다.
商邑은 商(殷)의 도읍지. ○翔翔 – 편안한 모양. ○慶流於裔 – 慶은 福澤.
○肅肅楚傅 – 肅肅은 엄숙 장려한 모양. 楚傅는 초왕의 太傅. ○有庸 – 功
을 세우다. 庸은 常의 뜻. 늘 공을 세우다. ○嗣王孔佚 – 嗣王은 초왕 劉戊.
孔佚(공일)은 심하게 방종하다. 孔은 甚하다. 佚은 逸과 同. 방종하다. ○五
世壙僚 – 위맹에서 위현까지 5世에 그 가운데 三代가 벼슬이 없었다는 뜻.
壙은 비다. 空也. 僚 관료. 벼슬. ○至我節侯 – 節侯는 韋賢의 시호.

〔國譯〕

〈自責詩〉*
「혁혁하신 나의 선조는 豕韋(시위)씨의 제후로
명을 받아 제후가 되어서 殷을 안정시켰다.
그 업적이 찬란했으니 수레와 복장이 일정했고

殷都에 알현할 때 駟馬가 끄는 수레 편안했으며
큰 덕을 베푸시어 그 복이 후손에 전해졌고
周를 거쳐 漢에 이르도록 여러 제후가 이어왔다.
楚國의 엄정한 太傅로 元王과 夷王을 보필하셨고
駟馬가 끄는 수레에 立功하여 근신 공경하셨다.
뒤를 이은 왕이 너무 방종하니
楚를 떠나 鄒縣으로 이사하셨다.
5세를 지나며 無官했고 선친 節侯에 이르렀다.」

原文

「惟我節侯, 顯德遐聞, 左右昭,宣, 五常以訓. 既耉致位, 惟懿惟奧, 厥賜祁祁, 百金洎舘. 國彼扶陽, 在京之東, 惟帝是留, 政謀是從. 繹繹六轡, 是列是理, 威儀濟濟, 朝享天子. 天子穆穆, 是宗是師, 四方遐爾, 觀國之輝. 茅土之繼, 在我俊兄, 惟我俊兄, 是讓是形. 於休厥德, 於赫有聲, 致我小子, 越留於京. 惟我小子, 不肅會同, 惰彼車服, 黜此附庸.」

| 註釋 | ○左右昭,宣 – 좌우는 佐佑(좌우)의 뜻. 돕다. ○五常 – 仁義禮智信. ○既耉致位 – 耉 노인 구. 致位는 致仕. ○祁祁(기기) – 많은 모양. 성할 기. ○百金洎舘 – 은퇴할 때 하사품이 황금 백 근과 집까지 하사 받았다. ○國彼扶陽 – 扶陽은 縣名. 당시 沛郡에 속했었다. ○惟帝是留 – 帝京에 머무르다. ○繹繹六轡 – 繹繹은 화락한 모양. 六轡(육비)는 여섯 개의 말고삐, 말 4마리가 끄는 수레. ○威儀濟濟 – 濟濟는 위엄 있는 모습. ○穆穆(목목)

- 威儀가 嚴整하면서도 화락한 모양. ○茅土(모토) - 제후에게 건국의 상징으로 주는 흙. ○是讓是形 - 겸양의 덕을 드러내다. ○於休厥德 - 於는 감탄사. 休는 美也. 厥은 그, 그분. ○致我小子 - 작위를 내가 계승했다는 뜻. ○不肅會同 - 會同은 列侯의 모임. 惠帝 묘당의 제사 참여. ○黜此附庸 - 黜(물리칠 출)은 강등되다. 附庸(부용)은 대국에 복속하다. 천자의 열후보다 소국, 곧 관내후로 강등되다.

〖國譯〗

「선친 節侯의 훌륭하신 덕은 멀리 알려졌고
昭帝와 宣帝를 보좌하며 五常으로 보필하셨다.
연로하여 치사하셔도 훌륭하고 성대하셨으며
많은 하사품이 황금 백 근에서 저택에 이르렀다.
봉국은 扶陽縣으로 장안의 동쪽이나
節侯는 帝京에 머무르며 政事의 고문에 응하셨다.
화락하시고 큰 수레 몰고 가지런히 줄지어 나가시니
당당하고 엄숙하신 威儀로 천자께 조회를 하셨다.
天子의 위엄에 화락하시고 사부로 존경하셨으며
멀고 가까운 사방에 나라의 광휘를 떨쳤도다.
封國의 후계자로 나의 훌륭한 형이 계시나
나의 훌륭하신 형님께서 겸양을 내 보이셨으니
아! 형의 크신 은덕이여! 혁혁하시고 크게 울리시어
小子가 작위를 이어받고 장안에 머물렀도다.
나의 어린 몸이 열후의 모임에 조심하지 않아
수레와 복식에 게을러서 관내후로 강등되었다.」

「赫赫顯爵, 自我隊之, 微微附庸, 自我招之. 誰能忍愧,
寄之我顔, 誰將遐征, 從之夷蠻. 於赫三事, 匪俊匪作, 於蔑
小子, 終焉其度. 誰謂華高, 企其齊而, 誰謂德難, 厲其庶
而. 嗟我小子, 于貳其尤, 隊彼令聲, 申此擇辭. 四方群后,
我監我視, 威儀車服, 唯肅是履!」

| 註釋 | ○自我隊之 – 隊는 墜(떨어트릴 추). ○附庸(부용) – 남에게 의지
하여 살아감. ○誰能忍愧 – 忍愧는 수치를 참고 견디다. ○寄之我顔 – 내
얼굴을 맡기다. ○遐征 – 멀리 원정하다. 작위를 받는 가장 빠른 길은 戰功
을 세우는 일이었다. ○三事 – 三公. 三公의 직위에 오르면 제후가 될 수 있
었다. ○匪俊匪作 – 匪는 非. 俊은 준걸. 뛰어난 인재. ○於蔑小子 – 蔑 업
신여길 멸. 미미하다. ○誰謂華高 – 華는 華山. 五嶽 중 西嶽. 長安에서 가깝
다. ○企其齊而 – 보려는 마음이면 한눈에 볼 수 있다. 오를 수 있다. ○厲
其庶而 – 수련을 하면 거의 이룰 수 있다. 庶는 거의(庶幾). 差不多. ○于貳
其尤 – 이런 잘못을 두 번 하겠나! 于는 往. 尤 허물 우. 잘못. 실수. ○申此
擇辭 – 재수 없는 말을 하다. 擇은 斁(망가질 두)의 의미. ○我監我視 – 監은
鑑(거울 감). ○唯肅是履 – 엄숙 단정을 철저해야 고위에 오를 수 있다는 경
험에 의한 자책이며 훈계.

[國譯]

「혁혁한 작위를 내 스스로 추락시켜
미미하게 남에 기대는 처지를 자초했도다.
수치를 참으며 누가 나와 마주 하겠나?
원정을 간다면 그를 따라 싸움터에 가겠노라.

三公의 지위는 준걸만이 오를 수 있나니
아직 어린 젊은이가 이를 어찌 헤아리리?
華山이 높아도 마음 먹으면 누구든 오를 수 있고
大德을 쌓기 어려워도 수련하면 이룰 수 있도다.
아! 나의 젊은이가 이런 잘못을 두 번 하겠나!
이렇게 명성을 잃고서 망가진 이야기를 하도다.
사방의 여러 제후들이 나를 거울삼나니
위엄 있는 수레와 관복은 엄정해야 얻으리라!」

原文

初, 宣帝寵姬張婕妤男淮陽憲王好政事, 通法律, 上奇其
才, 有意欲以爲嗣, 然用太子起於細微, 又早失母, 故不忍
也. 久之, 上欲感風憲王, 輔以禮讓之臣, 乃召拜玄成爲淮
陽中尉. 是時, 王未就國, 玄成受詔, 與太子太傅蕭望之及
《五經》諸儒雜論同異於石渠閣, 條奏其對. 及元帝卽位, 以
玄成爲少府, 遷太子太傅, 至御史大夫. 永光中, 代于定國
爲丞相. 貶黜十年之間, 遂繼父相位, 封侯故國, 榮當世焉.
玄成復作詩, 自著復玷缺之艱難, 因以戒示子孫, 曰,

| 註釋 | ○婕妤(첩여) - 황제 비빈의 명칭. 倢伃(첩여). 황후 이외의 비
빈 14등급 중 2등급. 外朝의 上卿에 해당, 작위로는 열후에 해당하는 女官.
○淮陽 憲王 - 劉欽(유흠), 80권, 〈宣元六王傳〉에 立傳. ○又早失母 - 許廣

漢의 딸(뒷날 許平君)은 劉病已(유병이, 宣帝)와 결혼하였고 다음 해에 아들 劉奭(元帝)을 출산하였다. 곽광의 부인 顯(현)이 자기 딸을 선제의 황후가 되게 하려고 의원을 매수하여 둘째 아이를 출산한 허황후를 독살하였다. 68권, 〈霍光金日磾傳〉참고. ○上欲感風 − 風은 諷諭(풍유). ○淮陽中尉 − 淮陽國의 군사 업무를 총괄하는 中尉. ○蕭望之 − 78권, 〈蕭望之傳〉에 입전. ○石渠閣 − 선제 甘露 3년(前 51)에 궁중의 장서각인 石渠閣에서의 당시 정치의 득실에 대한 토론을 벌렸었다. ○永光 − 원제의 연호. 前 43 − 39년. 〈百官公卿表〉에 의하면 永光 2년에 위현성은 승상이 되었다. ○貶黜十年之間 − 위현성은 五鳳 4년(전 54)에 태상에서 면관된 이후 永光 원년 어사대부가 될 때까지 11년이었다. 10년이란 대략적인 숫자이다. ○復玷缺之艱難 − 復는 복구하다. 玷缺(점결)은 옥에 티. 결점. 艱難(간난)은 어려움. ○戒示子孫, 曰 − 이하는 韋玄成의 〈戒子孫詩〉.

〔國譯〕

그전에 宣帝의 寵姬인 張婕妤(장첩여)의 아들인 淮陽 憲王은 政事를 좋아하고 법률에 능통하여 宣帝는 奇才라 여기며 후사로 삼고 싶었지만, 태자는 한미한 처지에서 자랐고 어려서 생모를 잃었기에 차마 바꿀 수 없었다. 얼마 뒤에 선제는 憲王을 은근히 깨우치려고 禮讓之臣이 보필케 하여 위현성을 회양국 中尉로 임명하였다. 이때 헌왕은 봉국에 취임하지는 않았기에 위현성은 조서를 받고서 태자태부인 蕭望之(소망지) 및《五經》의 여러 유생과 함께 石渠閣(석거각)에서 정사에 대해 공동 토론을 하였고 그 요점을 정리하여 보고하였다. 元帝가 즉위한 뒤에 위현성은 少府가 되었다가 태자태부를 거쳐 어사대부에 승진하였다. 이어 元帝 永光 연간에 于定國(우정국)의 후임으로 승상이 되었다. 폄직된 지 10여년 만에 마침내 부친의 재상

자리를 계승하고 옛 봉후가 되어 당세의 영화를 회복하였다. 위현성은 이에 시를 지어 옥에 티를 복구하는 어려움을 저술하여 자손을 훈계하였다.

原文

「於肅君子, 旣令厥德, 儀服此恭, 棣棣其則. 咨余小子, 旣德靡逮, 曾是車服, 荒嫚以隊. 明明天子, 俊德烈烈, 不逐我遺, 恤我九列. 我旣茲恤, 惟夙惟夜, 畏忌是申, 供事靡惰(惰). 天子我監, 登我三事, 顧我傷隊, 爵復我舊.」

| 註釋 | ○於肅君子 − 於는 감탄사. 肅은 恭敬也. 旣令厥德의 令은 善也. ○棣棣其則 − 棣棣(체체)는 의젓하고 위엄 있는 모습. 則은 準則, 모범. ○靡逮(미체) − 不及. ○荒嫚 − 怠慢(태만). 不察. 車服은 곧 출세의 표시, 가문 영광의 상징. ○俊德烈烈 − 烈烈은 현저하게 뚜렷한 모양. ○不逐我遺 − 逐는 助長하다. 遺는 과오, 실수. ○恤我九列 − 恤은 安也. 九列은 九卿의 자리. 위현성을 少府에 임명한 사실을 의미. ○惟夙惟夜 − 밤낮으로 충성하겠다는 의지 표현. ○畏忌是申 − 畏忌(외기)는 두려워하며 꺼리다. 申은 스스로 다짐하다. ○惰 − 게으를 타(惰와 同). ○三事 − 三公의 직무. ○傷隊 − 隊는 墜.

〔 國譯 〕

〈戒子孫詩〉*
「아! 훌륭하신 군자여! 그 덕행이 아름다우며

威儀와 관복이 점잖고 의젓한 모범이어라.
아! 어린 자식이여. 나의 덕은 선친에 못 미쳤고,
이전 수레와 예복은 나의 태만으로 상실했었다.
명철하신 천자께서는 훌륭하신 덕이 뚜렷하시며
나의 잘못을 거두고 어루만져 九卿에 임명하셨다.
나를 이처럼 키워주셨으니 밤이나 낮이나
조심하며 다짐하나니 맡은 일에 실수하지 않으리라.
천자께선 나를 살펴보시고 나를 三公에 등용하시고
나의 추락을 걱정하시어 나의 작위를 회복해 주셨다.」

原文 ▮

「我卽此登, 望我舊階, 先后玆度, 漣漣孔懷. 司直御事,
我熙我盛, 群公百僚, 我嘉我慶. 于異卿士, 非同我心, 三事
惟艱, 莫我肯矜. 赫赫三事, 力雖此畢, 非我所度, 退其罔日.
昔我之隊, 畏不此居, 今我度玆, 戚戚其懼.」

| 註釋 | ○此登 - 승상의 지위에 오르다. ○舊階 - 옛 列侯의 지위. ○先
后玆度 - 先后는 先親. 玆度는 이 지위를 누렸다. 度는 居하다. 위치나 지위
에 있다. 자리 잡다(宅)의 뜻으로 쓰였다. ○漣漣孔懷 - 漣漣은 눈물이 줄줄
흐르는 모양. 漣 우는 모양 연(련). 孔懷는 많은 생각. 孔은 深의 뜻. ○司直
御事 - 丞相司直과 從事官. ○我熙我盛 - 熙는 興盛하다. ○非同我心 - 축
하해주는 마음과 다짐하는 내 마음이 같지는 않다는 뜻. ○莫我肯矜 - 矜는
동정하다. 왜 어려운 일을 맡았느냐고 동정하지는 않는다는 뜻. ○退其罔日

- 일을 잘 못해서 물러나는 일은 없을 것이라는 뜻. 이 부분은 승상의 업무에 대한 자신감과 다짐의 뜻을 표현하였다. 罔은 無也.

[〖國譯〗]

「내가 승상에 올라 예전 작위를 기대했는데
선친께서 누리신 직위라 눈물 속에 여러 생각이 든다.
丞相司直과 속관들이 내 자리 오래가라 축하하고
여러 列侯와 公卿들이 기뻐해주고 축하하도다.
다른 공경들이 내 마음과 같지는 않으리라.
三公의 일이 어렵다 하여 나를 동정하지는 않으리라.
빛나는 三公의 자리이니 온 힘으로 잘 마치리라
내가 누릴 자리가 아니더라도 폄직될 날은 없으리라.
옛날 내가 물러나면서 이에 못 오를까 두려웠지만
이제 이 자리에 올랐으니 일을 잘못할까 걱정하노라.」

[原文]

「嗟我後人, 命其靡常, 靖享爾位, 瞻仰靡荒. 愼爾會同, 戒爾車服, 無惰爾儀, 以保爾域. 爾無我視, 不愼不整, 我之此復, 惟祿之幸. 於戲後人, 惟肅惟栗. 無忝顯祖, 以蕃漢室!」

| 註釋 | ○命其靡常 − 常은 不變. ○靖享爾位 − 靖(편안할 정)은 근신. 공경. ○瞻仰靡荒 − 瞻仰(첨앙)은 우러러보다. 靡荒(미황)은 황당하지 않은 것,

곧 성실. ○愼爾會同 – 會同은 업무 모임. 업무 협조. ○無惰爾儀 – 儀은 儀表, 예절에 맞는 행동. ○以保爾域 – 域은 封邑. 食邑. ○不愼不整 – 신중하지 못함. 완전하지 못한 지난날의 실수. ○於戲(어희) – 嗚呼라! 栗은 慄(두려워 할 율). 국법과 천자를 두려워하라는 의미. ○無忝 – 욕보이지 말라. 忝은 더럽힐 첨. ○顯祖 – 혁혁한 선조. ○蕃 – 興旺하게 하다.

[國譯]

「아! 나의 후손들이여, 운명은 불변하지 않나니

근신하며 지위를 누리고 성실한 사람을 우러러 보라.

너희들 모임에 신중하고 수레나 예복을 조심하며

너희들 의표에 게으르지 말고 봉읍을 잘 지켜라.

너희는 나의 不愼과 不整을 본받지 말지니

나의 이번 회복은 녹봉으로도 다행한 일이었다.

아! 나의 후손들은 엄숙하고 조심할 지어라.

훌륭한 선조를 욕되게 말며 漢室을 번영케 할 지어라!」

原文

玄成爲相七年, 守正持重不及父賢, 而文采過之. 建昭三年薨, 諡曰共侯. 初, 賢以昭帝時徙平陵, 玄成別徙杜陵, 病且死, 因使者自白曰, "不勝父子恩, 願乞骸骨, 歸葬父墓." 上許焉.

子頃侯寬嗣. 薨, 子僖侯育嗣. 薨, 子節侯沉嗣. 自賢傳國至玄孫乃絶.

玄成兄高寢令方山子安世歷郡守,大鴻臚,長樂衛尉, 朝廷
稱有宰相之器, 會其病終. 而東海太守弘子賞亦明《詩》. 哀
帝爲定陶王時, 賞爲太傅. 哀帝卽位, 賞以舊恩爲大司馬車
騎將軍, 列爲三公, 賜爵關內侯, 食邑千戶, 亦年八十餘, 以
壽終. 宗族至吏二千石者十餘人.

| 註釋 | ○建昭三年 − 元帝의 연호. 前 36년. ○平陵 − 漢 昭帝의 능. 竇
嬰, 夏侯勝, 張禹, 韋賢 등 陪葬墓가 20여좌 있다. 縣名. ○杜陵 − 漢 宣帝의
능. 縣名.

〖國譯〗

韋玄成은 승상 7년 동안 정도를 지키며 중심을 지켰지만 부친 韋
賢에 미치지 못했고 문채는 부친보다 나았다. 建昭 3년에 죽었고,
시호는 共侯이었다. 그전에 위현은 昭帝 때 平陵縣으로 이사하였고
玄成은 별도로 杜陵縣으로 이사했었는데 병이 들어 죽기 전에 사자
를 보내 아뢰었다. "父子의 은정을 견딜 수 없어 면직코자 하오며
부친의 묘 곁에 돌아가 묻히고자 합니다." 이에 원제가 승낙하였다.

아들 頃侯인 韋寬이 계승했다. 죽은 뒤 아들 僖侯인 韋育이 계승
했다. 죽자, 아들인 節侯 韋沉이 계승했다. 韋賢에서부터 나라를 물
려 玄孫에 와서 단절되었다.

韋玄成의 兄인 高寢令 韋方山의 아들 韋安世는 군수와 대홍려, 長
樂 衛尉를 역임하였는데 조정에서 재상의 기량을 갖추었다고 칭송하
였으나 마침 병이 들어 죽었다. 동해태수 韋弘의 아들 韋賞 역시《詩》
에 밝았다. 哀帝가 定陶王으로 있을 때 위상은 太傅(태부)이었다. 애제

가 즉위하자 韋賞은 舊恩에 의거 大司馬 車騎將軍이 되어 三公의 반열에 올랐고 관내후의 작위와 식읍 1천 호를 받았으며 나이 80여 세에 천수를 누렸다. 그 종족으로 이천석 이상의 관리가 10여 명이었다.

原文

初, 高祖時, 令諸侯王都皆立太上皇廟. 至惠帝尊高帝廟爲太祖廟, 景帝尊孝文廟爲太宗廟, 行所嘗幸郡國各立太祖, 太宗廟. 至宣帝本始二年, 復尊孝武廟爲世宗廟, 行所巡狩亦立焉. 凡祖宗廟在郡國六十八, 合百六十七所. 而京師自高祖下至宣帝, 與太上皇, 悼皇考各自居陵旁立廟, 並爲百七十六. 又園中各有寢, 便殿, 日祭於寢, 月祭於廟, 時祭於便殿. 寢, 日四上食, 廟, 歲二十五祠, 便殿, 歲四祠. 又月一遊衣冠. 而昭靈后, 武哀王, 昭哀后, 孝文太后, 孝昭太后, 衛思后, 戾太子, 戾后各有寢園, 與諸帝合, 凡三十所. 一歲祠, 上食二萬四千四百五十五, 用衛士四萬五千一百二十九人, 祝宰樂人萬二千一百四十七人, 養犠牲卒不在數中.

| 註釋 | ○太上皇廟 - 고조 劉邦의 부친의 묘당. ○行所嘗幸郡國 - 行은 巡視하다. ○本始二年 - 前 72년. ○悼皇考 - 宣帝의 생부, 곧 史皇孫 ○寢殿과 便殿 - 寢殿은 제왕 陵上의 正殿. 便殿은 능 옆의 別殿. ○時祭 - 四季節에 지내는 제사. ○歲二十五祠 - 매월 초의 제사 12회에, 윤달 제사 및 三伏 등 계절에 맞춰서 1년에 총 25번 제사를 올렸다. ○月一遊衣冠 - 침전과

묘당 중간에 通道를 만들어 놓고 매월 제사 전에 墓主 생전의 의관을 침전에 서 묘당으로 가져오는 것을 '月一遊衣冠'이라 하였다. ○昭靈后 – 고조의 모친. ○武哀王 – 고조의 형님. ○昭哀后 – 고조의 누나. ○孝文太后 – 문 제의 생모. ○孝昭太后 – 소제의 생모. ○衛思后 – 衛(戾)太子의 생모, 곧 衛子夫. ○戾太子 – 무제의 태자, 선제의 조부. 戾后 – 선제의 조모. 史良 娣. ○祝宰 – 제사 의례를 집행하는 사람.

〖國譯〗

그전, 高祖 때 諸侯王의 도읍에 모두 太上皇廟를 건립하도록 명 령했다. 혜제는 고조의 묘당을 太祖廟라 높였고, 景帝는 孝文廟를 太宗廟로 높이고 순행 중에 들렸던 郡國에 각각 太祖와 太宗廟를 건 립케 하였다. 宣帝 本始 2년에 다시 孝武廟를 世宗廟로 높이면서 순 수했던 곳에도 묘당을 건립하게 하였다. 그리하여 祖宗廟가 있는 각 郡國이 모두 68개였으며, 묘당의 수는 모두 167개소였다. 京師에는 高祖 이하 宣帝와 太上皇, 悼皇考의 능 옆에 묘당을 건립하여 모두 176개소였다. 그리고 능원에는 각각 寢殿과 便殿이 있는데 매일 침 전에 제사하고 매월마다 묘당에서 제사를 올렸고 편전에서 시제를 지냈다. 寢殿에서는 매일 4번씩 上食했고 묘당에서는 1년에 25번 제사를 올렸으며, 편전에서는 1년에 4번 제사를 지냈다. 그리고 매 월 1번씩 衣冠의 나들이를 해야 했다. 그리고 昭靈后, 武哀王, 昭哀 后, 孝文太后, 孝昭太后, 衛思后, 戾太子, 戾后 등도 각각 침전과 능 원이 있어 여러 황제와 합하면 총 30개소였다. 1년 제사의 上食이 24,455회였으며 지키는 衛士가 45,129명에 제사의례를 담당과 악 공이 12,147명이었는데 여기에 희생물을 관리하는 병졸은 포함되 지 않았다.

至元帝時, 貢禹奏言, "古者天子七廟, 今孝惠,孝景廟皆
親盡, 宜毀. 及郡國廟不應古禮, 宜正定." 天子是其議, 未
及施行而禹卒. 永光四年, 乃下詔先議罷郡國廟, 曰, "朕聞
明王之御世也, 遭時爲法, 因事制宜. 往者天下初定, 遠方
未賓, 因嘗所親以立宗廟, 蓋建威銷萌, 一民之至權也. 今
賴天地之靈, 宗廟之福, 四方同軌, 蠻貊貢職, 久遭而不定,
令疏遠卑賤共承尊祀, 殆非皇天祖宗之意, 朕甚懼焉. 傳不
云乎? '吾不與祭, 如不祭.' 其與將軍,列侯,中二千石,二千
石,諸大夫,博士,議郎議." 丞相玄成,御史大夫鄭弘,太子太
傅嚴彭祖,少府歐陽地餘,諫大夫尹更始等七十人皆曰,

"臣聞祭, 非自外至者也, 繇中出, 生於心也. 故唯聖人爲
能饗帝, 孝子爲能饗親. 立廟京師之居, 躬親承事, 四海之內
各以其職來助祭, 尊親之大義, 五帝,三王所共, 不易之道也.
《詩》云, '有來雍雍, 至止肅肅, 相維辟公, 天子穆穆.' 《春
秋》之義, 父不祭於支庶之宅, 君不祭於臣僕之家, 王不祭於
下土諸侯. 臣等愚以爲宗廟在郡國, 宜無修, 臣請勿復修."

奏可. 因罷昭靈后,武哀王,昭哀后,衛思后,戾太子,戾后
園, 皆不奉祠, 裁置吏卒守焉.

| 註釋 | ○貢禹(공우) − 72권, 〈王貢兩龔鮑傳〉에 입전. ○今孝惠,孝景廟
皆親盡 − 元帝에서 본다면, 혜제와 경제는 6代祖와 5代祖에 해당하여 제사

를 받들 代가 지났기에 묘당을 헐고 太祖 묘당에 합사해야 된다는 뜻. ○永光
四年－元帝의 연호. 前 40년. ○未賓－賓服하지 않다. 귀순하지 않다. ○四
方同軌－수레의 폭이 같다. 같은 法制에 의해 통치되다. ○蠻貊(만맥)－오
랑캐. 이민족. ○吾不與祭－祭如在, 祭神如神在. 子曰, "吾不與祭, 如不祭."
《論語 八佾》. ○鄭弘－66권,〈公孫劉田王楊蔡陳鄭傳〉에 立傳. ○嚴彭祖
(엄팽조)－88권,〈儒林傳〉에 입전. ○歐陽地餘－歐陽은 복성. 88권,〈儒林
傳〉에 입전된 歐陽生의 玄孫. ○《詩》云－《詩經 周頌 雍》. ○相維辟公－제
사를 돕는 이는 제후와 公卿이다. ○穆穆(목목)－용모가 단정하고 장엄함.

〚 國譯 〛

　元帝 재위 중에 貢禹가 상주하였다. "옛날에도 천자는 七廟를 제
사한다고 하였는데, 지금 孝惠帝와 孝景帝의 묘당은 친손이 다하였
으니 의당 헐어버려야 합니다. 각 郡國에 있는 묘당 역시 古禮에 맞
지 않으니 바로 잡아야 합니다." 天子는 그 주장이 옳다고 생각하였
으나 시행하기 전에 공우가 죽었다. 光永 4년, 이에 조서를 내려 먼
저 郡國의 종묘 혁파를 논의하라고 하였다.

　"짐이 알기로, 聖明한 王者는 세상을 통치하며 시대에 따라 법을
만들고 일에 따라 알맞게 통제하였다. 지난 날 천하가 처음 평정되
면서 遠方이 賓服하지 않았기에 친히 행차했던 지역에 종묘를 세우
게 하였으니, 이는 아마도 위엄을 세워 반역의 싹을 없애 하나의 백
성으로 만들려는 임시 조치였다. 지금은 천지의 영험과 종묘의 복택
에 힘입어 사방이 하나의 법으로 다스려지고 오랑캐들이 조공의 직
분을 다하며 복종한 지 오래나 평정하지 않았지만 소원하고 비천한
자가 제사를 지내게 하는 것은 아마 황천에 계신 祖宗의 뜻이 아닐
것이기에 짐은 이를 심히 걱정하고 있노라. 경전에서도 '내가 제사

에 참여하지 못하면 제사를 지낸 것 같지 않다.'고 말하지 않았는가? 이에 대하여 將軍과 列侯와 中二千石, 그리고 二千石과 여러 大夫와 博士, 議郞이 모두 협의하도록 하라."

이에 승상 위현성과 어사대부 鄭弘, 태자태부인 嚴彭祖, 少府인 歐陽地餘, 諫大夫 尹更始 등 70인이 함께 보고하였다.

"臣들이 알기로는, 제사는 밖에서 오는 것이 아니고 안에서 나오는 것이니 마음에서 우러나와야 합니다. 그래서 오로지 성인만이 황제를 제사할 수 있고 효자가 부모를 제사하는 것입니다. 장안에 거처하기에 종묘를 세워 친히 제사를 지내며 四海의 모두가 각각 그 직분에 의거 제사를 돕는 것은 尊親의 大義이며 五帝와 三王이 모두 함께 지켜왔기에 결코 바뀔 수 없는 법도입니다. 《詩經》에 '오시는 모습 온화하고 머무는 모습 엄숙하시며 제후들이 제사를 도우니 천자께서는 장엄하시네.'라고 하였습니다. 그리고 《春秋》에서도 支庶子(지서자)의 집에서는 부친 제사를 지내지 않고 하급 신하가 주군의 제사를 지낼 수 없으며 下土諸侯가 王을 제사할 수 없다고 하였습니다. 臣 등은 어리석지만 郡國에 있는 종묘에서 제사를 행할 수 없다 생각하여 이후로 제사하지 않게 하십시오."

상주를 그대로 행하라 하였다. 아울러 昭靈后와 武哀王, 昭哀后, 衛思后, 戾太子, 戾后의 능원에서도 모두 제사를 폐했고 관리와 守卒도 폐지하였다.

原文

罷郡國廟後月餘, 復下詔曰, "蓋聞明王制禮, 立親廟四,

祖宗之廟，萬世不毀，所以明尊祖敬宗，著親親也．朕獲承
祖宗之重，惟大禮未備，戰慄恐懼，不敢自顓，其與將軍,列
侯,中二千石,二千石,諸大夫,博士議．"

玄成等四十四人奏議曰，

"《禮》，王者始受命，諸侯始封之君，皆爲太祖．以下，五
廟而迭毀，毀廟之主臧乎太祖，五年而再殷祭，言壹禘壹祫
也．祫祭者，毀廟與未毀廟之主皆合食於太祖，父爲昭，子
爲穆，孫復爲昭，古之正禮也．《祭義》曰，'王者禘其祖自出，
以其祖配之，而立四廟．'言始受命而王，祭天以其祖配，而
不爲立廟，親盡也．立親廟四，親親也．親盡而迭毀，親疏之
殺，示有終也．周之所以七廟者，以后稷始封，文王,武王受
命而王，是以三廟不毀，與親廟四而七．非有后稷始封，文,
武受命之功者，皆當親盡而毀．成王成二聖之業，制禮作樂，
功德茂盛，廟猶不世，以行爲諡而已．《禮》，廟在大門之內，
不敢遠親也．臣愚以爲高帝受命定天下，宜爲帝者太祖之
廟，世世不毀，承後屬盡者宜毀．今宗廟異處，昭穆不序，宜
入就太祖廟而序昭穆如禮．太上皇,孝惠,孝文,孝景廟皆親
盡宜毀，皇考廟親未盡，如故．"

大司馬車騎將軍許嘉等二十九人以爲，孝文皇帝除誹謗，
去肉刑，躬節儉，不受獻，罪人不帑，不私其利，出美人，重
絶人類，賓賜長老，收恤孤獨，德厚侔天地，利澤施四海，宜
爲帝者太宗之廟．廷尉忠以爲，孝武皇帝改正朔，易服色，

攘四夷, 宜爲世宗之廟. 諫大夫尹更始等十八人以爲, 皇考
廟上序於昭穆, 非正禮, 宜毁.

| 註釋 | ○著親親也 - 어버이를 친히 모시는 뜻을 밝히다. 親親은 親所當
親. ○迭毁(질훼) - 번갈아 순서대로 철폐하다. ○再殷祭 - 다시 크게 제사
하다. 殷은 大也. ○壹禘壹祫(일체일협) - 천자나 제후 종묘의 대제를 禘(큰
제사 체)라 하고 옮겨 합사하는 것을 祫(합사할 협)이라 한다. ○昭穆(소목)
- 가운데에 始祖의 신주가 있고 그 왼쪽에 모시는 것을 昭(明의 뜻), 오른쪽
에 모시는 것이 穆(美의 뜻)이니 2, 4, 6세는 昭位, 3, 5, 7세는 穆位에 모신다.
○親疏之殺(친소지쇄) - 자신으로부터 고조까지는 그만큼 가까운 것이고 그
위 代의 조상은 그만큼 소원하다는 차이이다. 殺은 덜 쇄. 차이. 다름. 멀다.
○屬盡者 - 親盡者. ○皇考廟 - 悼皇考(선제의 父)의 묘당. ○賓賜長老 -
賞賜長老가 되어야 맞음.

〔國譯〕

　郡國의 종묘를 혁파한 한 달 뒤에 다시 조서를 내려 말했다.

　"아마도 明王이 制禮하고 4代의 묘당과 祖宗의 묘당을 세워 만대
에 이르도록 모시는 것은 祖宗을 존경하며 親親의 뜻을 확실하게 밝
히는 것이로다. 짐은 祖宗의 중임을 물려받았지만 대례를 다 갖추지
못해 크게 떨며 두려워하면서도 짐이 결단을 할 수 없으니 장군과
열후, 중이천석과 이천석, 모든 대부와 박사 등은 모두 이를 협의하
시오."

　이에 위현성 등 44인이 상주하여 논의하였다.

　"《禮記》에 王者가 처음에 천명을 받거나 제후로 처음 封을 받은
사람을 모두 太祖라 하였습니다. 그래서 태조 포함하여 五廟 이상은

교대로 철폐하고 철폐한 묘당의 신주는 태조의 묘당에 모셔놓고 5년보다 다시 큰 제사를 지내는 것을 壹禘(일체)와 壹祫(일협)이라고 합니다. 祫祭(협제)란 것은 아직 없애지 않은 묘당의 신주를 태조의 묘당에 合食하게 하는 것으로 父는 昭에 아들은 穆에 모시고 孫은 다시 昭에 모시는 것이 고대의 正禮입니다. 《祭義》에서는 '王者의 禘(체)는 조상으로부터 시작되어 조상에 배향하되 4廟을 세운다.' 하였습니다. 처음에 천명은 받아 王者가 되었기에 祭天하면서 조상을 배향하기에 묘당을 세우지 않는 것은 親親의 도를 다했기 때문입니다. 4대의 親廟를 세우고 제사하는 것은 親親의 道입니다. 親盡하였기에 순차대로 철폐하는 것은 친소에 대한 등급이며 끝이 있다는 것을 보여주는 것입니다. 周나라가 七廟를 제사한 것은 后稷이 처음 被封되었고 文王과 武王은 하늘의 명을 받은 王者이기에 三廟를 헐수 없고 여기에 4대조의 親廟를 합하여 7묘가 된 것입니다. 后稷이 처음 피봉되지 않았고 文,武王이 受命을 받은 공적이 없었다면 모두親盡하였으니 철폐했을 것입니다. 그리고 成王은 文·武王의 업적을 완성하면서 制禮하고 作樂한 그 공덕이 아주 컸기에 그 묘당은 世代로 따진 것이 아니라 그 업적에 상응한 시호입니다. 《禮記》에 廟堂은 大門 안에 있기에 소원하거나 親親할 수 없다고 하였습니다. 臣들의 어리석은 생각이지만 高帝는 천명을 받고 천하를 평정하였으며 帝位에 오르셨기에 응당 太祖의 廟堂으로 世世에 철폐할 수 없으며 그 이후 후손은 親盡하면 응당 철폐해야 합니다. 지금 종묘가 각각 다른 곳에 있고 昭穆의 순서가 없지만 응당 太祖 廟에 합사시키면서 예에 따라 昭穆의 순서를 정해야 합니다. 太上皇과 孝惠帝, 孝文帝, 孝景帝의 묘당은 모두 親盡했기에 철폐해야 옳으며 悼皇考

의 묘당은 親親의 도가 아직 끝나지 않았기에 그대로 남겨두어야 합니다."

대사마 차기장군 許嘉(허가) 등 29명은 孝文皇帝께서는 誹謗(비방)의 죄목을 없애고 肉刑을 폐지하였으며 몸소 절검하시며 지방관이 헌상하는 물품도 받지 않으셨고 죄인의 처자를 벌하지 않으시고 私利를 꾀하지 않으셨으며 궁녀들을 내보내고 父子를 함께 벌하지 않았으며 장로에게 상을 내리시고 고아나 무자식 노인을 구휼하여 그 큰 덕이 천지와 같으며 四海에 은택을 베풀어 제위에 오른 분으로 太宗의 묘당이라 한 것은 합당하다고 말하였다. 정위인 尹忠(윤충)은 孝武皇帝는 正朔을 개정하고, 복색을 바꾸었으며 四夷를 물리쳤으니 世宗之廟라 칭하는 것이 옳다고 하였다. 간대부인 尹更始 등 18인은 皇考廟를 昭穆에 올리는 것은 正禮가 아니기에 철폐해야 한다고 하였다.

原文

　於是上重其事, 依違者一年, 乃下詔曰, "蓋聞王者祖有功而宗有德, 尊尊之大義也, 存親廟四, 親親之至恩也. 高皇帝爲天下誅暴除亂, 受命而帝, 功莫大焉. 孝文皇帝國爲代王, 諸呂作亂, 海內搖動, 然群臣黎庶靡不一意, 北面而歸心, 猶謙辭固讓而後卽位, 削亂秦之跡, 興三代之風, 是以百姓晏然, 咸獲嘉福, 德莫盛焉. 高皇帝爲漢太祖, 孝文皇帝爲太宗, 世世承祀, 傳之無窮, 朕甚樂之. 孝宣皇帝爲孝昭

皇帝後, 於義一體. 孝景皇帝廟及皇考廟皆親盡, 其正禮
儀."

玄成等奏曰, "祖宗之廟世世不毀, 繼祖以下, 五廟而迭
毀. 今高皇帝爲太祖, 孝文皇帝爲太宗, 孝景皇帝爲昭, 孝
武皇帝爲穆, 孝昭皇帝與孝宣皇帝俱爲昭. 皇考廟親未盡.
太上,孝惠廟皆親盡, 宜毀. 太上廟主宜瘞園, 孝惠皇帝爲
穆, 主遷於太祖廟, 寢園皆無復修." 奏可.

〔國譯〕

이에 元帝는 어려워하며 일 년간 결단을 못하고 다시 조서를 내
려 말했다.

"아마도 王者로서 有功者를 祖라 하고 有德者를 宗이라 하는 것
은 존경할만한 분을 존경하는 뜻이며 4대 친묘를 모시는 것은 親親
의 큰 은덕일 지키는 것이다. 高皇帝께서는 천하의 난폭자를 제거하
시고 천명을 받아 제위에 오르셨으니 이보다 더 큰 공은 없을 것이
로다. 孝文皇帝께서 代國의 王으로 계실 때 呂氏들이 난을 꾸미고
海內가 요동치고 群臣과 백성들이 한마음이 되지 못할 때 북면해야
하는 代王으로 남으려 했지만 겸손한 말로 사양을 한 다음에 즉위하

여 난폭한 秦나라의 폐단을 일소하고 三代의 기풍을 일으켰기에 백성들은 편안했고 모두 복을 누렸으니 이보다 더 큰 덕은 없을 것이로다. 高皇帝께서는 漢 太祖이시고 孝文皇帝는 太宗이시기에 世世로 제사를 받으시어 무궁이 이어갈 수 있기에 짐은 이를 매우 기뻐하노라. 孝宣皇帝는 孝昭皇帝의 뒤를 이었으나 그 뜻은 한가지일 것이다. 孝景皇帝의 廟와 皇考廟의 묘는 모두 親盡한 것이 禮에 맞을 것이로다."

이에 위현성 등이 상주하였다. "祖와 宗의 묘당은 世世가 지나더라도 철폐하지 못하고 태조 이하는 五廟로 순서대로 철폐해야 합니다. 지금 高皇帝는 太祖이시고 孝文皇帝는 太宗이시고 孝景皇帝는 昭位, 孝武皇帝는 穆位에, 孝昭皇帝와 孝宣皇帝는 모두 昭位에 모셔야 합니다. 皇考의 廟는 親盡이 되지 않았습니다. 太上皇과 孝惠帝의 묘는 모두 親盡이 되었기에 의당 철폐해야 합니다. 太上廟의 神主 능원에 묻어야 하고 孝惠皇帝는 穆位이니 신주는 태조 묘로 옮기고 침원에서는 모두 제사하지 않아야 합니다."

上奏한 것은 可하다 하였다.

原文

議者又以爲〈淸廟〉之詩言交神之禮無不淸靜, 今衣冠出遊, 有車騎之衆, 風雨之氣, 非所謂淸靜也. "祭不欲數, 數則瀆, 瀆則不敬." 宜復古禮, 四時祭於廟, 諸寢園日月間祀皆可勿復修. 上亦不改也.

明年, <u>玄成復言</u>, "古者制禮, 別尊卑貴賤, 國君之母非適
不得配食, 則薦於寢, 身沒而已. 陛下躬至孝, 承天心, 建祖
宗, 定迭毀, 序昭穆, 大禮旣定, <u>孝文太后</u>,<u>孝昭太后</u>寢祠園
宜如禮勿復修." 奏可.

| 註釋 | ○〈淸廟〉之詩 -《詩經 周頌 淸廟》, 文王을 제사하는 시. ○祭不
欲數, ~ -《禮記 祭義》. 數는 자주. 瀆 물도랑 독. 더러워지다. 번잡하다.
○非適不得配食 - 適은 嫡. 正室. 配食은 配享.

〔國譯〕

신하들은 또 〈淸廟〉의 시를 근거로 神과 교통하는 禮는 淸淨해야
만 하는데, 지금은 제사하면서 神主의 衣冠이 출유할 때 車騎의 군
사도 많고 비바람이라도 치는 날이면 淸淨하다 말할 수도 없다고 하
였다. 또 "제사는 많이 지낼 수 없으니 많아지면 번잡해지고 번잡하
면 불경스럽다."고 하였다. 응당 예전 예법으로 돌아가야 하는데 묘
당에서 四時의 제사나 여러 寢殿이나 능원에서 매일, 매월 제사를
지낼 필요가 없다고 하였다. 그러나 원제는 이를 개정하지 못했다.

그 다음 해에 위현성이 다시 상주하였다.

"옛사람이 예를 제정하면서 尊卑와 貴賤을 구별하였는데 國君의
母도 正室이 아니라면 제사를 받을 수 없으니 침전에서 제사를 한다
하여도 받지 못하는 것입니다. 폐하께서는 큰 효도를 실천하시며 천
심을 얻고 祖宗을 확실히 하셨고 순차적 철폐를 결정하셨으며 昭穆
의 순서를 정하시어 大禮를 확정지으셨으니 孝文帝의 太后와 孝昭
帝의 太后에 대한 침전의 제사는 예법에 따라 제사하지 않는 것이

옳을 것입니다."

원제는 上奏가 옳다고 하였다.

後歲餘, 玄成薨, 匡衡爲丞相. 上寢疾, 夢祖宗譴罷郡國廟, 上少弟楚孝王亦夢焉. 上詔問衡, 議欲復之, 衡深言不可. 上疾久不平. 衡惶恐, 禱高祖, 孝文, 孝武廟曰,

"嗣曾孫皇帝恭承洪業, 夙夜不敢康寧, 思育休烈, 以章祖宗之盛功. 故動作接神, 必因古聖之經. 往者有司以爲前因所幸而立廟, 將以繫海內之心, 非爲尊祖嚴親也. 今賴宗廟之靈, 六合之內莫不附親, 廟宜一居京師, 天子親奉, 郡國廟可止毋修. 皇帝祗肅舊禮, 尊重神明, 卽告於祖宗而不敢失. 今皇帝有疾不豫, 乃夢祖宗見戒以廟, 楚王夢亦有其序. 皇帝悼懼. 卽詔臣衡復修立. 謹案上世帝王承祖禰之大禮, 皆不敢不自親. 郡國吏卑賤, 不可使獨承. 又祭祀之義以民爲本, 間者歲數不登, 百姓困乏, 郡國廟無以修立.《禮》, 凶年則歲事不擧, 以祖禰之意爲不樂, 是以不敢復. 如誠非禮義之中, 違祖宗之心, 咎盡在臣衡, 當受其殃, 大被其疾, 隊在溝瀆之中. 皇帝至孝肅愼, 宜蒙祐福. 唯高皇帝, 孝文皇帝, 孝武皇帝省察, 右饗皇帝之孝, 開賜皇帝眉壽亡疆, 令所疾日瘳, 平復反常, 永保宗廟, 天下幸甚!"

| 註釋 | ○匡衡(광형) - 농부의 아들로 가난하여 이웃집 담을 뚫고 그 불빛으로 공부했다는 '鑿壁偸光(착벽투광)' 고사의 주인공. 《詩經》에 특별한 조예가 있었다. 前 36 - 30년 승상 재임. 81권, 〈匡張孔馬傳〉에 입전. ○寢疾(침질) - 臥病(와병). ○嗣曾孫皇帝 - 여기서 曾孫은 후손으로서의 증손이 아니라 '제사를 담당하는 후손'이란 뜻으로, '曾은 主祭者之稱'이라는 註가 있다. 증손 이하라면 누구든 曾孫이라 자처할 수 있다. 촌수를 따진다면 元帝는 武帝의 玄孫이다. ○思育休烈 - 育은 양육. 休는 美也. 烈은 功業. ○有疾不豫 - 不豫는 병환. 기쁘지 않다. ○不登 - 풍년이 들지 않다. ○右饗 - 佑饗. ○眉壽(미수) - 長壽. ○日瘳(일추) - 하루속히 병이 낫다. 瘳병 나을 추.

〖 國譯 〗

　그 일 년 뒤에 위현성이 죽고 匡衡(광형)이 승상이 되었다. 원제는 병석에 누웠는데 꿈에 조상이 郡國의 종묘 철폐를 꾸짖는 꿈을 꾸었고 원제의 막내 동생인 楚 孝王도 비슷한 꿈을 꾸었다고 하였다. 원제가 조서로 광형에게 물으며 다시 의논하고자 하였으나 광형은 은밀하게 불가하다고 말했다. 원제의 병환은 오랫동안 낫지 않았다. 광형은 두려워 고조와 문제와 무제의 묘당에 나가 빌었다.

　"제사를 맡은 후손 황제가 대업을 물려받아 아침저녁으로 큰 공업을 이루어 祖宗의 위덕을 빛내려 애쓰고 있습니다. 그래서 선조의 神明을 받으려 옛 성인의 자취를 따르려 합니다. 지나 번에 관리들이 행차하셨던 군국에 묘당을 세워 제사하려 했던 것은 海內 백성들의 마음을 하나로 이끌어 조상을 받들고 엄한 선친을 모시려는 뜻만은 아니었습니다. 지금 종묘 신령의 덕분에 하늘과 땅과 사방이 하나가 되어 가깝게 내부하지 않는 자가 없기에 종묘를 경사에만 모시고 천자께서 직접 제사를 받들고 군국의 묘당에서는 제사를 모시지 않게 하였습니다. 황제는 옛 예법에 따라 공경히 神明을 받들고 祖宗에 告하여 감히 예법에 어긋나지 않고자 했습니다. 지금 황제가 병중에 조종의 신령께서 묘당의 일로 꾸짖는 꿈을 꾸었고 楚王의 꿈에도 그런 일이 있었습니다. 이에 황제는 걱정하며 두려웠습니다. 바로 臣 광형에게 다시 복구하라고 명하였습니다. 삼가 이를 생각해 보건대, 上世에 帝王이 조상의 사당에 대례를 지내는 것은 모두가 직접 해야 할 일이었습니다. 郡國의 관리들은 비천하여 이를 이어 받아 할 수 없습니다. 또 제사의 본뜻도 백성을 근본으로 해야 하는데 요즈음 몇 년 동안 풍년이 들지 않아 백성들은 곤핍하여 군국 묘를 다시 세울 수도 없습니다. 《禮記》에도 흉년이 들면 해마다 하는 일도 하지 못하며 조상의 혼령도 즐겁지 않을 것이기에 다시 할 수 없습니다. 만일 진실로 예의에 합당한 것이 아니고 祖宗의 심려에 어긋난다면 모든 허물은 모두 이 광형에게 있으며 당연히 벌을 받아 큰 병에 걸려 도랑에 처박혀 죽을 것입니다. 皇帝는 아주 효도를 하고 삼가 공경하기에 의당 조상이 주시는 복을 받아야 합니다. 삼가 高皇帝와 孝文皇帝, 孝武皇帝께서 살펴주시고 황제의 효도를 받아주시어 황제의 壽命이 끝이 없도록 마음을 열어 복을 주시고 병을 낫게 하여 평상으로 돌아가 종묘를 영원히 보존케 하신다면 천하를 위해서도 크게 다행일 것입니다!"

原文

又告謝毁廟曰, "往者大臣以爲, 在昔帝王承祖宗之休典,取象於天地, 天序五行, 人親五屬, 天子奉天, 故率其意而尊其制. 是以禘嘗之序, 靡有過五. 受命之君躬接於天, 萬世不墮. 繼烈以下, 五廟而遷, 上陳太祖, 間歲而祫, 其道應天, 故福祿永終. 太上皇非受命而屬盡, 義則當遷. 又以爲孝莫大於嚴父, 故父之所尊子不敢不承, 父之所異子不敢同. 禮, 公子不得爲母信, 爲後則於子祭, 於孫止, 尊祖嚴父之義也. 寢日四上食, 園廟間祠, 皆可亡修. 皇帝思慕悼懼, 未敢盡從. 惟念高皇帝聖德茂盛, 受命溥將, 欽若稽古, 承順天心, 子孫本支, 陳錫亡疆. 誠以爲遷廟合祭, 久長之策, 高皇帝之意, 乃敢不聽? 卽以令日遷太上, 孝惠廟, 孝文太后, 孝昭太后寢, 將以昭祖宗之德, 順天人之序, 定無窮之業. 今皇帝未受茲福, 乃有不能共職之疾. 皇帝願復修承祀, 臣衡等咸以爲禮不得. 如不合高皇帝, 孝惠皇帝, 孝文皇帝, 孝武皇帝, 孝昭皇帝, 孝宣皇帝, 太上皇, 孝文太后, 孝昭太后之意, 罪盡在臣衡等, 當受其咎. 今皇帝尙未平, 詔中朝臣具復毀廟之文. 臣衡中朝臣咸復以爲天子之祀義有所斷, 禮有所承, 違統背制, 不可以奉先祖, 皇天不祐, 鬼神不饗.《六藝》所載皆言不當, 無所依緣以作其文. 事如失指, 罪乃在臣衡, 當深受其殃. 皇帝宜厚蒙祉福, 嘉氣日興, 疾病平復, 永保宗廟, 與天亡極, 群生百神, 有所歸息."

諸廟皆同文.

| 註釋 | ○人親五屬 - 五屬은 五服. 斬衰(참최), 齊衰(재최), 大功, 小功, 緦痲(시마). ○禘嘗之序(체상지서) - 황제가 종묘에 新穀을 올리는 제사의 순서. ○繼烈以下 - 대업을 이어받은 이래로. 烈은 業也. ○間歲而祫 - 間歲는 隔一年. 일 년을 건너 祫祭(협제. 合祀)를 지내다. ○公子不得爲母信 - 여기서 公子는 제왕이나 제후의 庶子. 信은 伸張. ○園廟間祠 - 間祠는 間祀. ○受命溥將(흠약계고) - 溥(넓을 부)는 廣也. 將은 大也. ○欽若稽古(흠약계고) - 欽은 공경하다. 若은 善也. 稽는 詳考하다. ○子孫本支 - 本은 本宗, 支는 支子. ○陳錫亡疆 - 조상이 주는 복을 받아 영원히 누릴 것이다. 陳은 展示하다. 錫은 賜也. 주다. 亡疆(무강)은 끝이 없다. ○令日 - 吉日. ○共職 - 恭職. ○《六藝》 - 六經.

[國譯]

또 묘당을 철폐한 것을 사죄하며 고했다.

"지난번에 대신들은 예전에 帝王이 祖宗의 훌륭한 제도를 이어받고 천지의 형상을 본받아 하늘에서 五行을 따왔고 사람의 친소 정도에 따라 五服을 정했으며 천자는 奉天해야 하기에 그 뜻을 따라 제도를 만들었다고 생각했습니다. 이 때문에 禘嘗(체상)의 차례에는 五世만을 지낸다는 의례가 없습니다. 천명을 받는 군주가 몸소 하늘을 모시는 것은 영원히 바뀌지 않을 것입니다. 대업을 이어 받아 五代의 신주를 옮겨가는 것은 위로는 太祖에게 아뢰는 것이며 일 년씩 걸러 祫祭(협제, 合祀)를 지내는 것은 天道에 부응하는 것이기에 그 복록은 영원히 계속될 것입니다. 太上皇께서는 천명을 받지 못하셨고 親盡하였기에 의리로도 응당 옮겨야 합니다. 그리고 부친을 존중하는 것보다 더 한 효도는 없기에 부친보다도 존엄한 아들일지라도 부친을 감히 모시지 않을 수 없지만 그렇다고 다른 아들과 같을 수는 없습니다. 禮에 公子(庶子)는 생모에게 적용할 수 없으며 제사를 하더라도 손자에서 끝나는 것은 조부를 엄히 모시는 뜻입니다. 寢殿에서 하루에 4번 上食을 하고 園廟에서 중간에 제사를 하는 것은 더이상 하지 않습니다. 皇帝께서는 聖祖를 思慕하고 추도하며 두려워하기에 감히 철폐를 따르지 못했습니다. 高皇帝의 크나큰 聖德을 생각하여 천명을 더욱 廣大하게 만들며 선행을 공경하고 옛일을 상고하며 천심을 따라야만 자손의 本宗과 支子가 조상이 내려주는 복을 받아 영원히 번성할 것입니다. 진실로 遷廟와 合祭가 나라의 장구한 방책이라 하더라도 高皇 定帝의 큰 뜻을 따르지 않을 수 있겠습니까? 곧 좋은 날을 골라 太上皇과 孝惠帝의 묘당과 孝文太后와 孝昭太后의 寢殿을 옮긴 것은 祖宗의 德을 밝히고 皇天과 인간의 관계에 순응하여 무궁한 功業을 안정시키려는 것입니다. 지금 황제는 이런 복을 아직 받지 못하고 직분을 다하지도 못하는 병을 앓고 있습니다. 황제께서는 다시 종묘를 세워 제사하기를 원하고 있지만 臣 匡衡(광형) 등 여러 신하들은 禮에 합당하지 않다고 생각하고 있습니다. 만약 高皇帝, 孝惠皇帝, 孝文皇帝, 孝武皇帝, 孝昭皇帝, 孝宣皇帝와 太上皇, 孝文太后, 孝昭太后의 뜻에 부합하지 않는다면 그 죄는 모두 臣 광형 등에 있으며 응당 그 죄를 받을 것입니다. 지금 황제가 아직 건강하지 못하며 中朝의 여러 신하들에게 철폐한 묘당을 복구하라는 조서를 내렸습니다. 臣 광형 등 中朝의 신하들은 모두 천자가 모시는 제사의 뜻을 바탕으로 결정한 것으로 예법의 계승이 천자의 통제에 위배되더라도 선조의 제사를 받들지 않을 수 없으며, 황천께서도 돕지 않을 것이며, 神靈도 제사를 흠향하지 않을 것입니다. 《六經》에 실린 모든 글이 옳지 않다면 그를 근거로 어떤 글도 지을 수 없을 것입니다. 이번 일이 만약 六經의 뜻에 어긋난다면 그 죄는 臣 광형에게 있으며 응당 그 벌을 받아야 합니다. 황제께서는 선조께서 내려주시는 두터운 복을 받으시어 좋은 기운이 날마다 생겨서 병을 이겨 회복하여야만 종묘를 영원히 지켜 하늘과 함께 무궁할 것이며 群生과 百神들이 귀의해 쉴 수 있을 것입니다."

다른 묘당에서도 같은 글로 기도하였다.

原文

久之, 上疾連年, 遂盡復諸所罷寢廟園, 皆修祀如故, 初, 上定迭毀禮, 獨尊孝文廟爲太宗, 而孝武廟親未盡, 故未毀. 上於是乃復申明之, 曰, "孝宣皇帝尊孝武廟曰世宗, 損益之禮, 不敢有與焉. 他皆如舊制." 唯郡國廟遂廢云.

| 註釋 | ○不敢有與焉 – 與는 미루다. 태만히 하다.

〔國譯〕

오래도록 원제의 병환은 해를 넘겼고 마침내 철폐하였던 옛 침전과 능원을 복구하고 예전처럼 제사하게 하였는데 그전에 원제가 순차로 철폐하는 예를 정할 때 효문황제는 太宗으로 높였지만 孝武帝의 묘당은 아직 親盡하지 않았기에 철폐하지 않았었다. 원제는 이에 다시 이를 확실히 말했다. "孝宣皇帝께서 孝武廟를 높여 世宗이라 하였으니 損益의 禮에서 이를 태만히 하지 말 것이며 다른 것은 모두 舊制에 따르도록 하라."

결국 郡國의 묘당만 철폐되었다.

元帝崩, 衡奏言, "前以上體不平, 故復諸所罷祠, 卒不蒙福. 案衛思后,戾太子,戾后園, 親未盡. 孝惠,孝景廟親盡, 宜毀. 及太上皇,孝文,孝昭太后,昭靈后,昭哀后,武哀王祠, 請悉罷, 勿奉."

奏可. 初, 高后時患臣下妄非議先帝宗廟寢園官, 故定著令, 敢有擅議者棄市. 至元帝改制, 蠲除此令. 成帝時以無繼嗣, 河平元年復復太上皇寢廟園, 世世奉祠. 昭靈后,武哀王,昭哀后並食於太上寢廟如故, 又復擅議宗廟之命.

| 註釋 | ○著令(저령) – 律令 이외의 禁令. ○蠲除(견제) – 제거하다. 삭제하다. 蠲 제거할 견, 깨끗할 견. ○河平 元年 – 前 28년. ○復復 – 다시 회복하다.

〔國譯〕

元帝가 붕어하자 광형이 상주하였다.

"전에 上皇의 건강이 좋지 않았기에 철폐하였던 묘당을 복구하였지만 끝내 복을 받지 못했습니다. 衛思后와 戾太子, 戾后의 능원을 따져보면 아직 親盡하지 않았습니다. 효혜제와 효경제의 묘당은 친

73. 韋賢傳 417

진하였기에 철폐해야 합니다. 太上皇과 효문태후와 孝昭太后, 昭靈后, 昭哀后, 武哀王의 묘당은 모두 철폐하고 제사할 수 없습니다." 상주는 可하다고 하였다.

그전에 高后 때에 신하들이 先帝의 宗廟와 寢園의 관리들에 대하여 마음대로 비난하는 논의를 막기 위하여 著令(저령)을 제정하여 감히 멋대로 의논하는 자는 棄市(기시) 형벌에 처했었다. 元帝가 改制하면서 이 금령을 없애버렸다. 成帝때 후계자가 없자 河平 원년에 다시 太上皇의 침전과 廟園을 복구하며 世世에 제사하게 하였다. 昭靈后와 武哀王, 昭哀后는 太上皇의 寢廟에서 전처럼 배향하였고 또 다시 宗廟에 관한 논의에 관련한 制命을 제정하였다.

原文

成帝崩, 哀帝卽位. 丞相孔光,大司空何武奏言, "永光五年制書, 高皇帝爲漢太祖, 孝文皇帝爲太宗. 建昭五年制書, 孝武皇帝爲世宗. 損益之禮, 不敢有與. 臣愚以爲迭毁之次, 當以時定, 非令所爲擅議宗廟之意也. 臣請與群臣雜議."

奏可. 於是, 光祿勳彭宣,詹事滿昌,博士左咸等五十三人皆以爲繼祖宗以下, 五廟而迭毁, 後雖有賢君, 猶不得與祖宗並列. 子孫雖欲褒大顯揚而立之, 鬼神不饗也, 孝武皇帝雖有功烈, 親盡宜毁.

| 註釋 |　○孔光 − 81권, 〈匡張孔馬傳〉에 立傳. 何武는 86권, 〈何武王嘉師

丹傳)에 입전. ○永光五年 - 원제의 연호, 前 39년. 建昭 五年은 원제의 연호. 전 34년. ○制書 - 황제의 명령은 策書, 制書, 詔書, 戒書가 있다. ○損益之禮 - 帝王의 禮儀制度에 관한 내용과 형식(이를 質文이라 한다)에서 증가와 감소에 관한 禮制. ○不敢有與 - 有與는 怠慢(태만). ○所爲 - 所謂의 착오.

[國譯]

成帝가 붕어하고 哀帝가 즉위하였다(前 7년). 승상인 孔光과 大司空인 何武가 상주하였다.

"永光 5년의 制書에 高皇帝를 漢 太祖로, 孝文皇帝를 太宗으로 높였습니다. 建昭 5년의 제서로 孝武皇帝를 世宗으로 정하였습니다. 損益의 禮는 더 유예할 수가 없습니다. 臣들은 어리석지만 순차에 의한 철폐는 시기적으로 정해야지 宗廟에 관한 논의의 결과에 따라 정하는 것은 아니라고 생각합니다. 臣들은 이에 관한 群臣의 공동 토의를 제의합니다."

上奏는 可하다고 하였다. 이에 光祿勳 彭宣(팽선), 詹事(첨사)인 滿昌(만창), 博士 左咸(좌함) 등 53인은 모두 祖宗의 계승을 포함하여 五廟로 하고 순차적으로 철폐해야 하며 비록 賢君일지라도 祖宗으로 계속 모실 수 없다고 말하였다. 그 후손이 대업을 기리고 顯揚하여 祖宗으로 세울지라도 鬼神은 흠향하지 않을 것이며 孝武皇帝가 비록 큰 공적을 세웠지만 親盡하면 철폐하는 것이 옳다고 하였다.

太僕王舜,中壘校尉劉歆議曰,

「臣聞周室毀衰, 四夷並侵, 獫狁最强, 於今匈奴是也. 至
宣王而伐之, 詩人美而頌之曰'薄伐獫狁, 至於太原', 又曰
'嘽嘽推推, 如霆如雷, 顯允方叔, 征伐獫狁, 荊蠻來威', 故
稱中興. 及至幽王, 犬戎來伐, 殺幽王, 取宗器. 自是之後,
南夷與北夷交侵, 中國不絶如線.《春秋》紀齊桓南伐楚, 北
伐山戎, 孔子曰, '微管仲, 吾其被髮左衽矣.' 是故棄桓之
過而錄其功, 以爲伯首. 及漢興, 冒頓始彊, 破東胡, 禽月氏,
並其土地, 地廣兵强, 爲中國害. 南越尉佗總百粤, 自稱帝.
故中國雖平, 猶有四夷之患, 且無寧歲. 一方有急, 三面救
之, 是天下皆動而被其害也. 孝文皇帝厚以貨賂, 與結和親,
猶侵暴無已. 甚者, 興師十餘萬衆, 近屯京師及四邊, 歲發
屯備虜, 其爲患久矣, 非一世之漸也. 諸侯郡守連匈奴及百
粤以爲逆者非一人也. 匈奴所殺郡守,都尉, 略取人民, 不可
勝數. 孝武皇帝愍中國罷勞無安寧之時, 乃遣大將軍,驃騎,
伏波,樓船之屬, 南滅百粤, 起七郡, 北攘匈奴, 降昆邪十萬
之衆, 置五屬國, 起朔方, 以奪其肥饒之地. 東伐朝鮮, 起玄
菟,樂浪, 以斷匈奴之左臂, 西伐大宛, 並三十六國, 結烏孫,
起敦煌,酒泉,張掖, 以隔婼羌, 裂匈奴之右肩. 單于孤特, 遠
遁於幕北. 四垂無事, 斥地遠境, 起十餘郡. 功業既定, 乃封
丞相爲富民侯, 以大安天下, 富實百姓, 其規橅可見. 又招

集天下賢俊, 與協心同謀, 興制度, 改正朔, 易服色, 立天下
之祠, 建封禪, 殊官號, 存周後, 定諸侯之制, 永無逆爭之心,
至今累世賴之. 單于守藩, 百蠻服從, 萬世之基也, 中興之
功未有高焉者也. 高帝建大業, 爲太祖, 孝文皇帝德至厚也,
爲文太宗, 孝武皇帝功至著也, 爲武世宗, 此孝宣帝所以發
德音也.」

| 註釋 | ○中壘校尉(중루교위) − 무제 때 설치한 武官職. 北軍 8校尉 중
하나. ○劉歆 − 漢의 宗室. 36권, 〈楚元王傳〉에 입전. ○獫狁(험윤) − 고대
중국 북방 민족의 하나. 흉노족의 옛 이름. ○太原 − 今 山西省의 省會(省
都)인 太原市. ○'嘽嘽推推~' −《詩經 小雅 采芑》, 嘽嘽(탄탄)은 많은 모
양. 推推는 융성한 모양. 方叔은 험윤을 정벌한 周의 大夫. ○幽王 − 서주의
마지막 왕. 周 宣王의 아들, 前 782 − 771 재위. 褒姒(포사)를 총애했고 포사
는 봉화를 올리며 제후를 농락했다. ○犬戎(견융) − 北狄(북적), 周代 북방
소수 민족. ○山戎 − 犬戎. ○'微管仲, 吾其被發左衽矣.' − 微는 無. 管仲은
齊 桓公을 보필. 被發(피발)은 머리를 산발하다. 머리를 묶고 관을 쓰는 중국
의 헤어스타일이 아니라는 뜻. 左衽(좌임)은 오랑캐의 上衣를 입는 방법. 衽
옷섶 임.《論語 憲問》. ○伯首 − 伯(두목 패)는 霸. 春秋五霸 중 제1인자.
○冒頓(묵독, 묵돌. 묵특, ? − 前 174) − 흉노 최고 통치자인 單于(선우)의 이름.
冒頓(mò dú 墨毒)이라는 音讀에 의거 우리말은 '묵독' 으로 표기한다. ○月
氏(ròuzhī 월지, 氏音 支) − 今 甘肅省 蘭州, 敦煌 일대에 살던 종족. 흉노의
공격으로 서쪽 伊犁河(이리하) 서쪽으로 이주한 사람들은 大月氏라 하고 祁
連山 일대에서 羌族(강족)과 잡거한 사람들은 小月氏로 구분한다. ○尉佗
(위타) − 본명 趙佗. 95권, 〈西南夷南粵朝鮮傳〉에 立傳. 南越을 평정하고 왕
이 되었는데 高祖는 위타에게 王印을 하사하여 南越王으로 봉하려고 陸賈를

사신으로 보냈다. ○罷勞(피로) - 罷 고달플 피. ○大將軍, 驃騎, 伏波, 樓船
之屬 - 대장군은 衛靑, 표기장군 霍去病, 복파장군 路博德, 누선장군 楊僕.
○婼羌(야강) - 婼(야)는 漢에 복속한 今 新疆省 지역에 있던 羌族의 나라
이름. ○遠遁於幕北 - 幕北은 沙漠의 북쪽. ○四垂 - 四陲(사수). 사방의
끝. ○富民侯 - 車千秋. 66권, 〈公孫劉田王楊蔡陳鄭傳〉에 입전. ○其規橅
可見 - 規橅는 規模. 橅 법 모(무). 模와 同.

〔國譯〕

　太僕인 王舜(왕순)과 中壘校尉(중루교위)인 劉歆(유흠)이 건의하였
다.

　「臣이 알기로는, 周 왕실이 쇠약해지자 四夷가 한꺼번에 침략하
였고 그중 獫狁(험윤)이 강했는데 오늘의 흉노족입니다. 周 宣王이
이들을 토벌하자 詩人은 이를 찬미하고 칭송하였습니다. '험윤을
크게 정벌하여 太原에 이르렀네.' 또 '많고도 강력한 군사 천둥처럼
우레처럼, 현명하고 진실한 方叔이 험윤을 정벌하니 荊蠻(형만)도
굴복하였네.' 라고 노래했기에 중흥을 이루었다고 일컬었습니다. 周
幽王에 이르러 犬戎族(견융족)이 쳐들어와서 유왕을 죽이고 종묘의
기물을 탈취하였습니다. 이로부터 南夷와 北夷이 교대로 침입하니
중국은 실처럼 명맥을 이어갔습니다. 《春秋》에서는 齊의 桓公(환공)
이 남쪽으로 楚를 정벌하고 북쪽으로 山戎을 토벌하자 孔子께서는
'管仲이 없었으면 우리는 아마 산발을 하고 오랑캐가 되었을 것이
다.' 라고 하였습니다. 이처럼 환공의 과오를 버리고 그 공적만을 기
록하여 覇者 중 첫째로 생각하였습니다. 漢이 건국되자 처음부터 강
대했던 冒頓(묵독)은 東胡族을 격파하고 月氏(월지)를 사로잡고 그

땅을 차지하여 광대한 땅과 강한 군사로 중국을 위협했습니다. 南越의 尉佗(위타)는 百粤(백월)을 차지하고 스스로 稱帝했습니다. 中國은 비록 평정되었지만 四夷의 환난으로 편한 나날이 없었습니다. 한쪽이 위급하면 3면에서 구원해야만 했기에 천하가 요동치며 그 피해를 입었습니다. 孝文皇帝께서는 많은 재물을 주고 흉노와 화친했지만 그래도 침범은 그치지 않았습니다. 심할 경우에 10여만 군사를 징발하여 장안 근처 사방에 배치하였고 해마다 둔병을 내어 적의 침입에 대비하였으니 그 환난이 매우 오래 계속되었습니다. 제후와 군수가 흉노나 백월과 연결하여 반역한 것이 한두 사람이 아니었습니다. 흉노에게 살해된 군수나 도위, 잡혀간 백성은 이루 다 셀 수가 없었습니다. 이에 孝武皇帝께서는 중국이 지치고 힘들어하며 편안한 날이 없는 것을 걱정하여 大將軍이나 표기장군, 복파장군, 누선장군 등을 보내 남으로는 백월을 멸망시키고서 7개 군을 설치하였으며, 북쪽으로 흉노를 물리치고 昆邪王(혼야왕)의 10만 무리의 투항을 받고 5개 속국을 설치하였으며 삭방군을 설치하고 그들의 비옥한 땅을 빼앗았습니다. 東으로 朝鮮을 정벌하고 玄菟(현토)와 樂浪郡을 두어 흉노의 좌측 팔을 끊어버렸으며, 서로는 大宛(대원)을 치고 36국을 병합하고 烏孫(오손)과 연결하여 敦煌(돈황), 酒泉, 張掖郡(장액군)을 설치하고 羌族 婼國(야국)을 사이에 두고 흉노의 오른쪽 팔을 찢어버렸습니다. 이에 흉노의 선우는 고립되어 멀리 사막 북쪽으로 도망쳤습니다. 이에 사방이 무사했고 멀리까지 국경을 확장하고 10여 개 군을 설치하였습니다. 大業을 완성하자 승상을 富民侯에 봉하였는데 이로써 천하가 크게 안정되었고 백성은 부유했으니 그 공적의 규모를 알 수 있습니다. 또 天下의 賢俊한 인재를 초빙하여 協心하고 同謀하여 여러 제도를 정비하고 正朔을 개정하였으며, 服色을 바꾸고 天下에 여러 사당을 두고 封禪을 행하였으며, 官號를 고치고 周의 후손을 존속케 하고 諸侯의 제도를 확정하였으며, 영원히 반역의 마음을 없애어 지금까지도 여러 세대에 걸쳐 그 덕을 보고 있습니다. 이제 선우는 북쪽을 지키는 藩臣(번신)이 되었고 모든 만이들도 굴복하여 萬世의 기반을 다지셨으니 그 中興之功이 이처럼 훌륭한 분은 없을 것입니다. 高帝께서는 大業을 일으키셨기에 太祖가 되었으며, 孝文皇帝께서는 그 은덕이 아주 두터웠기에 文治의 太宗이시며, 孝武皇帝께서는 그 공적이 아주 뚜렷하시기에 武治의 世宗이라 하였으니, 이는 孝宣帝의 지당한 말씀이었습니다.」

原文

「《禮記 王制》及《春秋穀梁傳》, 天子七廟, 諸侯五, 大夫三, 士二. 天子七日而殯, 七月而葬, 諸侯五日而殯, 五月而葬. 此喪事尊卑之序也, 與廟數相應. 其文曰, '天子三昭三穆, 與太祖之廟而七, 諸侯二昭二穆, 與太祖之廟而五.' 故德厚者流光, 德薄者流卑. 《春秋左氏傳》曰, '名位不同, 禮亦異數.' 自上以下, 降殺以兩, 禮也. 七者, 其正法數, 可常數者也. 宗不在此數中. 宗, 變也, 苟有功德則宗之, 不可預爲設數. 故於殷, 太甲爲太宗, 大戊曰中宗, 武丁曰高宗. 周公爲〈毋逸〉之戒, 擧殷三宗以勸成王. 繇是言之, 宗無數也, 然則所以勸帝者之功德博矣. 以七廟言之, 孝武皇帝未宜

毀, 以所宗言之, 則不可謂無功德.《禮記》祀典曰, '夫聖王
之制祀也, 功施於民則祀之, 以勞定國則祀之, 能救大災則
祀之.' 竊觀孝武皇帝, 功德皆兼而有焉. 凡在於異姓, 猶將
特祀之, 況於先祖? 或說天子五廟無見文, 又說中宗,高宗
者, 宗其道而毀其廟. 名與實異, 非尊德貴功之意也.《詩》
云, '蔽芾甘棠, 勿剪勿伐, 邵伯所茇.' 思其人猶愛其樹, 況
宗其道而毀其廟乎? 迭毀之禮自有常法, 無殊功異德, 固以
親疏相推及. 至祖宗之序, 多少之數, 經傳無明文, 至尊至
重, 難以疑文虛說定也. 孝宣皇帝舉公卿之議, 用衆儒之謀,
旣以爲世宗之廟, 建之萬世, 宣佈天下. 臣愚以爲孝武皇帝
功烈如彼, 孝宣皇帝崇立之如此, 不宜毀.」

　　上覽其議而從之. 制曰, "太僕舜,中壘校尉歆議可."

| 註釋 | ○殯(빈) − 殮(염)을 하다. 시신을 수습하여 入棺하는 일체의 절
차. ○太甲 − 湯王의 嫡長孫. 太丁의 아들. ○大戊(태무) − 太庚의 아들. 이
름은 密. 前 1547(甲戌) − 1473까지 75년을 재위했다는 왕. ○武丁 − 이름은
昭, 前 1334(丁未)에서 1275까지 59년을 재위했다는 왕.《書經 無逸》참고.
○《禮記》祀典 −《禮記 祭法》. ○《詩》云 −《詩經 召南 甘棠》. ○蔽芾(폐불)
− 크게 우거지다. ○邵伯所茇 − 邵伯(召穆公 虎. 召公 奭이 아님)이 쉰 곳이
로다. 茇 노숙할 발. 초가. 풀 위에 앉아 쉬다.

〖國譯〗
　「《禮記 王制》및《春秋穀梁傳》에, 天子는 七廟, 諸侯는 五廟, 大

夫는 三廟, 士는 二廟라고 하였습니다. 天子는 七日에 殮(염)을 하고
七月에 장례를 마치고, 諸侯는 五日에 염을 하고 五月에 장례를 치
룹니다. 이것이 喪事에서 尊卑에 따를 차이인데 이는 묘당의 수와
상응합니다. 그 글에 '天子는 三昭와 三穆을 두니 太祖의 묘당과 함
께 七廟이며, 諸侯는 二昭와 二穆이니 太祖의 묘당을 포함한 5묘이
다.'라고 하였습니다. 그리하기에 厚德한 자는 빛이 나고 德薄한 자
는 비천한 것입니다. 《春秋左氏傳》에도 '名位는 不同하고, 禮 또한
數를 달리한다.'고 하였는데, 위로부터 아래로 2씩 상쇄하는 것이
예법입니다. 七이란 그것이 정해진 수이며 변함이 없는 常數입니
다. 宗은 이 수에 포함되지 않습니다. 宗은 변할 수 있는 것이니 정
말로 큰 공덕이 있다면 宗으로 세워야 하는 것이지 미리 그 수를 정
해 놓는 것은 아닙니다. 그러하기에 殷에서는 太甲을 太宗이라 하였
고, 大戊(태무)를 中宗이라 하였으며, 武丁을 高宗이라 하였습니다.
周公은 〈毋逸(무일)〉의 훈계를 지어 殷나라 三宗을 例로 들어 成王
을 권고하였습니다. 이를 근거로 말한다면 宗은 정해진 수가 없습니
다. 그러하다면 이를 통해 帝者가 큰 공덕을 세우도록 권장하는 것
입니다. 七廟로 말한다면 孝武皇帝의 묘당은 철거할 수 없으며, 宗
으로 말한다면 (孝武帝가) 공덕이 없다고 말할 수 없습니다. 《禮記》
祀典에서는 '대개 聖王이 제사의 법을 제정하면서 백성에게 공덕을
베풀었으면 제사하고, 나라를 안정케 했으면 제사하고, 큰 재해를
구제했으면 제사한다.'고 하였습니다. 臣이 孝武皇帝를 볼 때 공과
덕을 함께 갖추었습니다. 무릇 異姓일지라도 제사를 받들어 권장을
하거늘, 하물며 선조를 제사하지 않아야 합니까? 어떤 사람은 천자
가 五廟를 받드는 것도 경전의 글에 없다고 하면서 中宗과 高宗을

말하고 그 道를 본받고자 하면서 그 묘당을 철폐하자고 합니다. 이는 名分과 실제가 다른 것이며 덕을 숭상하고 공을 높이며 받들려는 뜻이 아닙니다. 《詩經》에서도 '크게 우거진 甘棠(감당)나무를 자르거나 베지 말라, 邵伯이 쉰 곳이로다.' 하였으니, 이처럼 사람을 생각하여 그 나무도 아끼거늘 그 법도를 본받으려 하면서 그 묘당을 철폐할 수 있겠습니까? 차례대로 철거하는 것이 常法이라 한다면 특별한 공덕은 고려하지 않고 다만 친소 관계에만 따르는 것입니다. 祖宗의 차례에 있어 숫자의 다소에 대해서는 경전에도 明文이 없으니 아주 존귀하고 아주 중요한 분이라면 확실하지도 않은 문장을 근거로 의미 없이 미리 설정할 수 없는 것입니다. 孝宣皇帝께서 公卿의 의논을 거치고 여러 유생들의 논의를 채용하여 이미 世宗의 廟라 하였으니, 이는 萬世에 이르는 법을 정하신 것이며 천하에 선포한 것입니다. 臣의 어리석은 생각이지만 孝武皇帝의 공적이 이와 같고 孝宣皇帝의 숭앙이 이와 같다면 철폐할 수 없습니다.」

애제는 그 건의문을 열람하고 그 의견에 따라 "태복인 왕순과 중루교위 유흠의 건의가 옳다."라고 말했다.

原文

歆又以爲 "禮, 去事有殺, 故《春秋外傳》曰, '日祭, 月祀, 時享, 歲貢, 終王' 祖禰則日祭, 曾高則月祀, 二祧則時享, 壇墠則歲貢, 大禘則終王. 德盛而游廣, 親親之殺也, 彌遠則彌尊, 故禘爲重矣. 孫居王父之處, 正昭穆, 則孫常與祖

相代, 此遷廟之殺也. 聖人於其祖, 出於情矣, 禮無所不順,
故無毁廟. 自貢禹建迭毁之議, 惠,景及太上寢園廢而爲虛,
失禮意矣."

| 註釋 | ○去事有殺 - 去事의 뜻은 명확하지는 않지만 '제사를 줄이는
것'으로 해석한다는 註에 따른다. 殺(쇄)는 점차 줄여가다. ○祖禰(조녜) -
할아버지와 아버지에 대한 제사. 禰 아비 사당 예(녜). ○二祧(이조) - 昭穆
외의 그 윗대 조상으로 文世室과 武世室을 합사하는 사당. 祧는 祖先合祀之
廟(代數가 먼 조상을 합사하는 사당). ○壇墠(단선) - (흙을 쌓아 올린 제단),
墠 손질을 마친 제단 선. ○大禘(대체) - 제왕이 죽었을 때 지내는 제사. 禘
큰 제사 체. 제왕이 올리는 제사에 대한 일반적인 총칭. ○則孫常與祖相代
- 후손 대수가 내려갈수록 선대의 昭穆도 대수가 점차 내려온다는 뜻.

〖 國譯 〗

劉歆(유흠)은 또 이렇게 말했다.

"禮에서 제사를 줄이는 것은 점차적이어야 합니다. 그래서 《春秋
外傳》에서도 '날마다 지내는 제사(日祭), 달마다 올리는 月祀, 계절
에 따를 祭享(제향), 일 년마다 올리는 제사, 그리고 제왕이 죽었을
때 올리는 제례(終王)'가 있는데 부친과 조부에 대해서는 日祭, 曾祖
와 高祖에 대해서는 月祀, 그리고 二祧(이조)는 時享(시향), 야외 제단
에는 歲貢(세공), 그리고 大禘(대체)는 제왕이 죽었을 때의 제사입니
다. 큰 덕을 베풀었으면 넓은 지역에서 제사를 올리지만 親親은 점
차적으로 멀어지나 먼 조상일수록 더 존중해야 하기에 제왕의 禘祀
(체사)가 중요한 것입니다. 후손이 王父의 위치에 있다면 昭穆(소목)

을 바로 해야 하는데, 이는 후손과 위 조상이 서로 상쇄되는 것입니다. 聖人의 조상 숭배는 본연의 性情에서 나온 것이지만 禮는 순리적이지 않은 것이 없으니 묘당의 철폐는 있을 수 없습니다. 貢禹(공우)가 순차적인 철폐에 대한 의논을 하면서 惠帝와 景帝 및 太上皇의 寢園 철폐를 건의한 것은 허위이고 예의 본뜻을 상실한 것입니다."

原文

至平帝元始中, 大司馬王莽奏, "本始元年丞相義等議, 諡孝宣皇帝親曰悼園, 置邑三百家, 至元康元年, 丞相相等奏, 父爲士, 子爲天子, 祭以天子, 悼園宜稱尊號曰'皇考', 立廟, 益故奉園民滿千六百家, 以爲縣. 臣愚以爲皇考廟本不當立, 累世奉之, 非是. 又孝文太后南陵,孝昭太后雲陵園, 雖前以禮不復修, 陵名未正. 謹與大司徒晏等百四十七人議, 皆曰孝宣皇帝以兄孫繼統爲孝昭皇帝後, 以數, 故孝元世以孝景皇帝及皇考廟親未盡, 不毀. 此兩統貳父, 違於禮制. 案義奏親諡曰'悼', 裁置奉邑, 皆應經義. 相奏悼園稱'皇考', 立廟, 益民爲縣, 違離祖統, 乖繆本義. 父爲士, 子爲天子, 祭以天子者, 乃謂若虞舜,夏禹,殷湯,周文,漢之高祖受命而王者也, 非謂繼祖統爲後者也. 臣請皇高祖考廟奉明園毀勿修, 罷南陵,雲陵爲縣." 奏可.

| 註釋 | ○元始 – 平帝의 연호, 서기 1 – 5년. ○本始元年 – 宣帝의 연호, 前 73년. ○丞相義 – 승상 蔡義. 66권, 〈公孫劉田王楊蔡陳鄭傳〉에 입전. ○悼園 – 선제의 생부 史皇孫의 능원. ○元康元年 – 宣帝의 연호, 前 65년. ○丞相相 – 승상 魏相, 班固의 論贊.〈魏相丙吉傳〉에 입전. ○孝文太后南陵 – 문제의 생모인 薄太后의 능. 文帝의 능인 霸陵의 남쪽. ○孝昭太后雲陵園 – 昭帝의 생모 趙婕好(조첩여)의 능. 今 陝西省 淳化縣 북쪽. ○乖繆本義 – 乖繆(괴류)는 저촉되고 위배하다. 繆 어긋날 류, 잘못하다. ○奉明園 – 宣帝의 생부, 平帝의 高祖父 능원의 이름.

〖 國譯 〗

平帝 元始 연간에 이르러 大司馬인 王莽(왕망)이 상주하였다.

"선제 本始 원년에 승상 蔡義 등이 의논하여 孝宣皇帝의 부친 능을 높여 悼園(도원)이라 하고, 3백 호의 마을을 만들었고 선제 元康 원년에 승상 魏相 등이 부친이 士이고 아들이 天子이면 천자로 제사해야 하며 悼園에 '皇考'라는 존호를 올리고 능원 주변에 민가 16,000호를 늘려 縣을 설치해야 한다고 상주하였습니다. 臣은 어리석지만 皇考의 廟는 본래 부당하게 건립되었으며 여러 세대에 걸쳐 제사를 하는 것도 옳지 않다고 생각합니다. 또 孝文太后의 南陵과 孝昭太后의 雲陵의 능원도 비록 전부터 예법에 의거 제사하지는 않지만 능의 명칭도 바르지 않습니다. 삼가 大司徒 晏(안) 등 147인이 논의하였는데 모두가 孝宣皇帝는 (昭帝의) 兄(곧 戾太子)의 손자로 孝昭皇帝의 뒤를 계승하였기에 世數에 의해 元帝에게 孝景皇帝 및 皇考廟는 친진하지 않았으니 철폐하지 않았습니다. 이는 兩統이며 貳父이기에 禮制에 어긋난다고 말했습니다. 협의한 안건에 의하며 친부에게 시호를 '悼'라 하고 봉읍을 설치한 것은 모두 經義에 맞습니다. 승상 魏相이 상주한 悼園을 '皇考'라 칭하고 묘당을 설립하고 백성을 이사시켜 縣을 설치한 것은 조상의 계통에서 크게 어긋나고 경전의 본의에 위배됩니다. 父가 士이고 子가 天子일 때 父에 대하여 천자로 제사를 하는 경우는 요와 순, 夏의 禹王, 殷의 湯王, 周의 文王, 漢의 高祖와 같이 천명을 받은 王者에 해당하는 것이지 윗대의 뒤를 계승한 경우를 말하는 것이 아닙니다. 臣은 皇高祖考의 廟인 奉明園은 철폐하고 제사하지 말아야 하며 南陵과 雲陵의 縣도 철폐해야 합니다."

상주한 것은 可하다고 하였다.

原文

司徒掾班彪曰, 漢承亡秦絶學之後, 祖宗之制因時施宜. 自元,成後學者蕃滋, 貢禹毀宗廟, 匡衡改郊兆, 何武定三公, 後皆數復, 故紛紛不定. 何者? 禮文缺微, 古今異制, 各爲一家, 未易可偏定也. 考觀諸儒之議, 劉歆博而篤矣

| 註釋 |　○司徒掾班彪 – 司徒掾(사도연)은 大司徒의 속관. 班彪(반표)의 字는 叔皮. 班固의 부친. 문재가 뛰어나 《史記》를 계승한 史書를 편찬. 완성하지 못하고 죽자 아들 반고에 의해 《漢書》가 완성. 《漢書》의 史贊은 반고가 작성하였으나 여기서는 부친의 사찬을 그대로 옮겨와 후인들에게 전달하였다.　○郊兆 – 교외에 세운 遠祖를 합사한 사당. 兆는 제단, 제사.　○博而篤矣 – 博學하고 切實하다.

司徒掾(사도연)인 班彪(반표)가 말했다.

漢이 亡秦의 絶學 이후를 계승하여 祖宗의 제도를 논의한 것은 時宜(시의)에 따른 것이었다. 元帝로부터 成帝 이후에 학자들이 크게 늘었기에 貢禹(공우)는 廟堂의 순차적 철폐를, 匡衡(광형)은 교외의 제사를 고치자고 하였으며, 何武(하무)는 三公을 論定하였지만 이후 자주 논의가 되풀이되면서 분분하여 결정이 나지 못하였다. 왜 그러했는가? 禮文에 부분적으로 결손이 있고 고금의 제도가 다르며 각자 자신의 주장이 있어 쉽게 한쪽으로 결정될 수 없기 때문이었다. 여러 儒者들의 논의를 보건데 劉歆(유흠)이 가장 박학하고 절실하였다.

74 魏相丙吉傳
〔위상, 병길전〕

74-1. 魏相

原文

魏相字弱翁, 濟陰定陶人也, 徙平陵. 少學《易》, 爲郡卒史, 擧賢良, 以對策高第, 爲茂陵令. 頃之, 御史大夫桑弘羊客詐稱御史止傳, 丞不以時謁, 客怒縛丞. 相疑其有姦, 收捕, 案致其罪, 論棄客市, 茂陵大治.

│註釋│ ○魏相(위상, ?-前 59) - 前 67년에 승상. 宣帝 麒麟閣 11功臣의 한 사람. ○濟陰定陶 - 濟陰은 郡名. 武帝 建元 3년에 濟陰國을 郡으로 개편. 치소는 定陶縣(今 山東省 菏澤市 관할의 定陶縣). ○平陵 - 漢 昭帝의 능. 현명. 今 陝西省 咸陽市 서북. ○卒史 - 모든 관청의 하급 吏屬. 대부분이 질

록이 1백석이기에 百石卒史라 불렀고 三輔의 卒史만 秩 2백석이었다. ○對策 – 對册이라고도 하는데 政事나 經義에 대한 설문에 응시자의 답변을 대책이라 한다. 인재 등용의 한 방법. ○茂陵 – 武帝의 능. 漢의 황릉 중 최대 규모. 縣名. 今 陝西省 咸陽市 관할의 興平縣. ○桑弘羊(상홍양, 前 152 – 80) – 武帝 때 재정 전문가. 鹽, 鐵, 酒 專賣를 주장. 후에 均輸法, 平準法 실시. 上官桀의 모반에 연루되어 피살. ○論棄客市 – 문객을 棄市刑에 처하기로 판결하다.

[國譯]

魏相(위상)의 字는 弱翁(약옹)으로 濟陰郡 定陶縣 사람으로 나중에 平陵縣에 이사하였다. 젊어서《易經》을 배웠고 郡의 卒史가 되었다가 현량으로 천거되어 對策에서 우수한 성적으로 뽑혀 무릉 현령이 되었다. 얼마 뒤에 어사대부 상홍양의 문객이 어사를 사칭하며 傳舍(전사)에 묵었는데 傳舍丞(전사승)이 때맞춰 알현하지 않는다고 화를 내며 사승을 결박하였다. 위상은 객인의 거짓을 의심하고 체포해 죄악을 밝혀내어 기시형에 처하였더니 무릉현이 잘 다스려졌다.

原文

後遷河南太守, 禁止姦邪, 豪强畏服. 會丞相車千秋死, 先是千秋子爲雒陽武庫令, 自見失父, 而相治郡嚴, 恐久獲罪, 乃自免去. 相使掾追呼之, 遂不肯還. 相獨恨曰, "大將軍聞此令去官, 必以爲我用丞相死不能遇其子. 使當世貴人非我, 殆矣!" 武庫令西至長安, 大將軍霍光果以責過相曰,

"幼主新立, 以爲函谷京師之固, 武庫精兵所聚, 故以丞相弟
爲關都尉, 子爲武庫令. 今河南太守不深惟國家大策, 苟見
丞相不在而斥逐其子, 何淺薄也!"後人有告相賊殺不辜, 事
下有司. 河南卒戍中都官者二三千人, 遮大將軍, 自言願復
留作一年以贖太守罪. 河南老弱萬餘人守關欲入上書, 關吏
以聞. 大將軍用武庫令事, 遂下相廷尉獄. 久繫逾冬, 會赦
出. 復有詔守茂陵令, 遷楊州刺史. 考案郡國守相, 多所貶
退. 相與丙吉相善, 時吉爲光祿大夫, 與相書曰, "朝廷已深
知弱翁治行, 方且大用矣. 願少愼事自重, 臧器於身." 相心
善其言, 爲霽威嚴. 居部二歲, 徵爲諫大夫, 復爲河南太守.

| 註釋 | ○河南－군명. 치소는 雒陽縣(今 河南省 洛陽市). ○車千秋(?－
前 77)－본명 田千秋. 前 89년 승상에 임명, 封 富民侯. 소제 즉위 후 田千
秋가 연로하여 坐車 上朝할 것을 허용하자 이후 車丞相 또는 車千秋라고 불
렀다. 36권, 〈公孫劉田王楊蔡陳鄭傳〉에 입전. ○武庫令－中尉의 속관. 낙
양의 무기고와 그 군사를 지휘. ○掾(도울 연)－屬官의 칭호. 掾은 分曹의
책임자. 史나 屬은 副官이다. ○函谷－함곡관, 今 河南省 靈寶市 新安縣 소
재. 동쪽에 崤山(효산) 서쪽에 潼津(동진)이 있고 지세가 험하여 '車不方軌
하고 馬不並轡하여' 마차가 겨우 통할 수 있는 길이라 하였다. ○關都尉－
函谷關, 武關, 玉門關, 陽關 등에 배치한 무관, 관문 방어, 행인 통제, 관세 징
수의 권한. 함곡관 도위는 특히 중요하여 關名을 쓰지 않은 관도위는 모두
함곡관 도위임. 대신의 자제나 황제의 신임이 두터운 자를 엄선하여 배치했
다. ○賊殺不辜－賊殺은 살해하다. 不辜(불고)는 無辜(무고). ○中都官－
장안의 모든 관서. ○守茂陵令－守는 임시. 대리하다. ○楊州刺史－武帝

13자사부의 하나. 九江郡 등 5개 군과 六安國을 감찰. ○郡國守相 - 군의 태수와 제후국의 相. 同級. ○臧器於身 - 그 재능을 드러내지 않고 때를 기다리다. 《易經 繫辭 下》에 나오는 말. ○爲霽威嚴 - 霽(비 개일 제)는 止. 威嚴을 내보이지 않다.

〔國譯〕

　뒤에 河南太守로 승진하여 간사한 무리를 엄히 다스리니 지방 세력가들이 두려워 굴복하였다. 마침 丞相 車千秋가 죽었는데, 이에 앞서 차천추의 아들이 낙양의 武庫令(무고령)이었는데 부친이 죽고 魏相이 郡을 엄하게 통치하는 것을 보고 오래 지나다 보면 죄가 드러날까 걱정이 되어 스스로 사임하고 떠나버렸다. 위상은 부하 관리를 보내 따라가 불러오라 하였으나 무고령은 끝내 돌아오지 않았다. 위상은 이를 걱정하며 말했다.

　"대장군이 무고령이 사임한 줄을 알면 승상이 죽자 그 아들을 내가 푸대접했다고 생각할 것이다. 그러면 지금의 고관들이 나를 비난할 것이니 큰일이로다!"

　무고령이 서쪽 장안에 가자 예상대로 대장군 霍光(곽광)은 위상을 문책하며 말했다.

　"어린 황제가 이제 막 즉위했고, 함곡관은 장안을 지키는 요지이고 武庫는 정병을 배치한 곳이기에 승상의 동생을 함곡관 도위에, 그리고 아들을 무고령에 임명했었다. 지금 河南太守가 국가의 이런 대책을 생각하지 못하고 승상이 죽었다고 그 아들을 방축하다니 식견이 어찌 이리 천박한가!"

　뒷날 어떤 사람이 위상이 무고한 사람을 사형에 처했다고 고발하자 사안은 담당 관리에게 넘겨졌다. 河南郡 사람으로 장안의 관청을 수비하는 군졸 2, 3천 명이 대장군의 앞에 나가 자신들이 일 년 더 연장 근무하여 태수의 죄를 속죄하겠다고 말하였다. 하남군의 노인 1만여 명이 함곡관에 나가 상서하며 들어가겠다고 하자 關吏가 이를 보고하였다. 대장군 곽광은 武庫令의 일로 위상을 정위의 감옥에 넘겼다. 정위는 사건을 오래 끌어 겨울을 넘겼고 마침 사면을 받아 나왔다. 다시 임시 무릉현령으로 발령받았다가 楊州(揚州) 자사로 옮겨갔다. 각 군국의 태수나 相을 감찰하여 폄직시킨 자가 많았다. 위상은 丙吉(병길)과 서로 가까웠는데 그때 병길은 光祿大夫로 위상에게 서신을 보내 말했다.

"朝廷에서는 벌써 그대의 치적을 잘 알고 있으며 곧 크게 등용할 것 같소이다. 모든 일을 신중히 처리하고 자중하되 재능을 몸에 잘 지니고 내보이지 마시오."

위상은 그 말을 고맙다 여기면서 위엄을 더 내보이려 하지 않았다. 자사부에 2년을 근무하고 부름을 받아 諫大夫가 되었다가 다시 河南太守가 되었다.

數年, 宣帝即位, 徵相入爲大司農, 遷御史大夫. 四歲, 大將軍霍光薨, 上思其功德, 以其子禹爲右將軍, 兄子樂平侯山復領尙書事. 相因平恩侯許伯奏封事, 言, "《春秋》譏世卿, 惡宋三世爲大夫, 及魯季孫之專權, 皆危亂國家. 自後元以來, 祿去王室, 政繇塚宰. 今光死, 子復爲大將軍, 兄子秉樞機, 昆弟諸壻據權勢, 在兵官. 光夫人顯及諸女皆通籍長信宮, 或夜詔門出入, 驕奢放縱, 恐浸不制. 宜有以損奪其權, 破散陰謀, 以固萬世之基, 全功臣之世."

又故事諸上書者皆爲二封, 署其一曰副, 領尚書者先發副封, 所言不善, 屏去不奏. 相復因許伯白, 去副封以防雍蔽. 宣帝善之, 詔相給事中, 皆從其議. 霍氏殺許后之謀始得上聞. 乃罷其三侯, 令就第, 親屬皆出補吏. 於是韋賢以老病免, 相遂代爲丞相, 封高平侯, 食邑八百戶. 及霍氏怨相, 又憚之, 謀矯太后詔, 先召斬丞相, 然後廢天子. 事發覺, 伏誅. 宣帝始親萬機, 厲精爲治, 練群臣, 核名實, 而相總領衆職, 甚稱上意.

| 註釋 | ○宣帝卽位 − 前 74년. ○大司農 − 전국의 조세 수입과 재정지출을 담당. 위상이 대사농에 임명된 것은 本始 2년(前 72년). ○遷御史大夫 − 本始 3년. ○兄子樂平侯山 − 곽광의 이복형 곽거병의 아들이 아니라 손자이다. ○平恩侯許伯 − 선제의 황후 許平君의 친정아버지. 곧 선제의 장인 許廣漢. ○惡宋三世爲大夫 − 惡는 미워하다. 爲는 無의 착오. 춘추시대 宋의 3세 公은 大夫를 두지 않았다. ○復領尙書事 − 직급이 높은 관원이 낮은 직무를 감독하는 것을 領이라 한다. 그 직책을 직접 수행하는 것은 아니다. ○封事 − 밀봉한 상주문. ○魯 季孫 − 춘추시대 魯의 季孫氏. ○自後元以來 − 後元은 무제의 마지막 연호. 前 88 − 87년. ○祿去王室 − 관리 임명의 실권이 황제의 손에서 떠나갔다는 뜻. 곽광의 정권 장악이 너무 오래였다는 뜻. ○通籍 − 궁궐 문에 기록된 출입자 명단. ○罷其三侯 − 霍禹, 霍雲, 霍

山. 68권, 〈霍光金日磾傳〉에 상세한 내용이 있다.

〖國譯〗

　몇 년 뒤, 宣帝가 즉위하자 위상은 불려 들여가 大司農이 되었다가 御史大夫로 승진하였다. 그 4년 뒤에 대장군 곽광이 죽자(前 68) 선제는 곽광의 공덕을 생각하여 그 아들 霍禹(곽우)를 右將軍에 임명하고 곽광 형의 손자 樂平侯 霍山을 다시 尙書의 업무를 담당하게 하였다. 때문에 위상은 平恩侯 許伯(허백)을 통하여 封事를 상주하여 말했다.

　"《春秋》에서도 대대로 공경의 직위를 누리는 것을 비판하였으니 춘추 송나라 3世 때 대부를 두지 않은 것과 魯 季孫씨의 專權이 나라를 위태롭게 한 것을 비판하였습니다. 무제 後元 이래로 인사권이 황실에 없고 실권을 쥔 재상에 의해 정사가 이루어졌습니다. 이번에 곽광이 죽고도 아들이 다시 우장군이 되었고 형의 아들이 국가의 대권을 쥐어 형제와 사위들 모두가 武官의 실권을 장악했습니다. 곽광의 부인 顯(현) 및 여러 여인들이 長信宮을 마음대로 출입하고 가끔은 밤에도 출입을 허락하면서 교만과 방종이 점점 제어할 수 없을 정도가 되었습니다. 그 권한을 적당히 빼앗고 그들의 음모를 깨트려 만세를 이어갈 기반을 공고히 하면서 공신들의 세대를 보전해주어야 합니다."

　그리고 관행상 封書를 상소할 경우라도 상서하는 내용에 따라 2통의 상주문을 만들어 서명을 한 1통을 부본이라 하여 領尙書者가 먼저 부본을 열어보고 상주하는 내용이 좋지 않으면 상주하지 않았다. 위상은 다시 許伯을 통해 부본을 같이 올리는 제도를 없애 중간에서 가로막는 폐단을 없앴다. 선제는 이를 칭찬하면서 위상을 給事中에 임명하고 그 의논을 많이 수용하였다. 곽씨 일족이 許황후를 독살한 음모를 선제가 비로소 알게 되었다. 이에 곧 그들 제후 3명을 파면하고 거처에 머물게 하면서 그 친족을 모두 보통 직책에 임명하였다. 이때 韋賢(위현)이 노환으로 사임하자 위상이 그 후임으로 승상이 되었고 高平侯에 봉해졌고 식읍은 8백 호였다.

곽씨들이 위상을 원망하고 또 꺼려했는데 태후의 조서를 위조하여 먼저 승상을 참수하고 천자를 위폐하려는 모의를 하였다. 사건이 발각되어 모두 처형되었다. 이후 선제는 국정을 친람하여 통치에 정진하면서 여러 신하를 골라 임명하며 명분과 실질을 추구하였고 위상은 백관을 업무를 총괄하였는데 천자의 뜻에 잘 부응하였다.

原文

元康中, 匈奴遣兵擊漢屯田車師者, 不能下. 上與後將軍趙充國等議, 欲因匈奴衰弱, 出兵擊其右地, 使不敢復擾西域. 相上書諫曰,

"臣聞之, 救亂誅暴, 謂之義兵, 兵義者王, 敵加於己, 不得已而起者, 謂之應兵, 兵應者勝, 爭恨小故, 不忍憤怒者, 謂之忿兵, 兵忿者敗, 利人土地貨寶者, 謂之貪兵, 兵貪者破, 恃國家之大, 矜民人之衆, 欲見威於敵者, 謂之驕兵, 兵驕者滅, 此五者, 非但人事, 乃天道也. 間者匈奴嘗有善意, 所得漢民輒奉歸之, 未有犯於邊境, 雖爭屯田車師, 不足致

意中. 今聞諸將軍欲興兵入其地, 臣愚不知此兵何名者也.
今邊郡困乏, 父子共犬羊之裘, 食草萊之實, 常恐不能自存,
難以動兵. ‘軍旅之後, 必有凶年’, 言民以其愁苦之氣, 傷陰
陽之和也. 出兵雖勝, 猶有後憂, 恐災害之變因此以生. 今
郡國守,相多不實選, 風俗尤薄, 水旱不時. 案今年計, 子弟
殺父兄,妻殺夫者, 凡二百二十二人, 臣愚以爲此非小變也.
今左右不憂此, 乃欲發兵報纖介之忿於遠夷, 殆<u>孔子</u>所謂
‘吾恐季孫之憂不在顓臾而在蕭牆之內’也. 願陛下與<u>平昌
侯</u>,<u>樂昌侯</u>,<u>平恩侯</u>及有識者詳議乃可.”

　上從<u>相</u>言而止.

| 註釋 | ○元康 - 선제의 연호. 前 65 - 62년. ○屯田 - 戌卒(수졸)이나
농민, 상인이 새 경작지를 개간하여 軍糧을 얻거나 稅糧을 확보하는 농업.
軍屯, 民屯, 商屯으로 구분하였다. ○車師(거사) - 서역의 나라 이름. ○趙
充國 - 69권, 〈趙充國辛慶忌傳〉 입전. ○爭恨小故 - 恨은 서로 싸우다. ○不
足致意中 - 致意는 마음에 두다. 介意(개의)하다. 致는 置와 同. ○軍旅之後
~ - ‘師之所處, 荊棘生焉. 大軍之後, 必有凶年. ~ ’《老子道德經》. ○纖介之
忿(섬개지분) - 미세한 분노. 纖介는 티끌. 먼지. 纖 가늘 섬. ○吾恐季孫之
憂~ -《論語 季氏》. 顓臾(전유)는 魯의 附庸國(부용국). 蕭牆(소장)은 담장.
진짜 걱정거리는 외부의 적이 아니라 내부에 있다는 뜻. ○平昌侯 - 王無
故, 樂昌侯는 王武, 二人은 선제의 외삼촌. 平恩侯는 선제의 장인, 황태자의
외조부. 이들이 유능한 사람은 아니었지만 功名을 얻으려는 욕심 없이 나라
를 걱정했다.

　선제 元康 연간에 흉노가 군사를 내어 車師國에서 漢의 屯田을 공격했는데 이기지 못했다. 선제와 後將軍 趙充國 등은 의논하기를 흉노가 쇠약하니 그 우측을 공격하여 그들이 서역을 괴롭히지 못하게 출병하려고 하였다. 이에 위상이 諫言을 올렸다.

　"臣이 알기로는, 혼란을 수습하고 포악한 자를 주살하면 義兵이라 하고 군사가 의롭다면 王者가 되며, 적이 침입하여 부득이 기병하는 것을 應兵이라 하고 응전하는 군사는 승리를 거두며, 서로 작은 것을 놓고 싸워 그 분노를 참지 못하면 이는 忿兵(분병)인데 분노의 군사는 패하게 되며, 남의 토지나 재물을 얻으려 기병하면 이를 貪兵(탐병)이라 하는데 탐욕으로 일으킨 군사는 격파당하며, 나라의 큰 힘과 백성이 많은 것을 믿고 적을 겁주려 일으킨 군사를 驕兵(교병)이라 하는데 군사가 교만하면 파멸할 뿐입니다. 이상의 5가지는 인간사일 뿐만 아니라 바로 天道입니다. 요즈음에 흉노는 善隣(선린)의 뜻으로 포로로 잡은 漢의 백성을 돌려보내 주며 변경을 침입할 뜻이 없었으니 비록 車師의 둔전에서 다툼이 있었다지만 개의할 만한 일은 아닙니다. 이번에 여러 장군들이 군사를 일으켜 흉노 땅을 공격하려 한다는데 臣이 어리석어 잘은 모르지만 이번 거병의 명분이 무엇인지 모르겠습니다. 지금 변방의 백성은 매우 궁핍하여 아버지와 아들이 개나 양의 가죽 옷을 같이 입고 풀이나 명아주 잎을 먹으며 살아날까 걱정을 하는데 군사를 일으킬 수는 없습니다. '전쟁 뒤에 반드시 흉년이 든다.'고 하는데, 이는 백성의 고생으로 음양의 조화가 깨지기 때문입니다. 출병하여 비록 승리하더라도 뒷걱정이 남고 이 때문에 재해의 변고가 일어날지 두려운 것입니다. 지금 郡國의 태수나 相에 유능한 자를 뽑지 못하여 풍속은 더욱 각박하고 수해와 한해가 언제나 일어납니다. 금년에 일어난 사건을 보면 아들이 부모를 죽이고 아내가 남편을 죽인 자가 모두 222명이나 되는데 臣의 어리석은 생각이지만 이는 작은 변고가 아닙니다. 지금 측근에서는 이를 걱정하지 않고 군사를 내어 먼 곳의 오랑캐에게 하찮은 분노를 보복하려 하는데, 이는 공자가 말한 '나는 季孫氏의 걱정은 顓臾(전유)에 있지 않고 담 안에 있는 것을 걱정한다.'는 말과 같습니다. 폐하께서는 平昌侯, 樂昌侯, 平恩侯나 식견 있는 다른 사람과도 상세히 논의하시기 바랍니다."

선제는 위상의 말에 따라 원정 준비를 중지했다.

原文

相明《易經》, 有師法, 好觀漢故事及便宜章奏, 以爲古今異制, 方今務在奉行故事而已. 數條漢興已來國家便宜行事, 及賢臣賈誼,晁錯,董仲舒等所言, 奏請施行之, 曰,

"臣聞明主在上, 賢輔在下, 則君安虞而民和睦. 臣相幸得備位, 不能奉明法, 廣敎化, 理四方, 以宣聖德. 民多背本趨末, 或有饑寒之色, 爲陛下之憂, 臣相罪當萬死. 臣相知能淺薄, 不明國家大體,時用之宜, 惟民終始, 未得所由. 竊伏觀先帝聖德仁恩之厚, 勤勞天下, 垂意黎庶, 憂水旱之災, 爲民貧窮發倉廩, 賑乏餧, 遣諫大夫博士巡行天下, 察風俗, 擧賢良, 平冤獄, 冠蓋交道, 省諸用, 寬租賦, 弛山澤波池, 禁

秣馬酤酒貯積, 所以周急繼困, 慰安元元, 便利百姓之道甚
備. 臣相不能悉陳, 昧死奏故事詔書凡二十三事. 臣謹案王
法必本於農而務積聚, 量入制用以備凶災, 亡六年之畜, 尙
謂之急. 元鼎三年, <u>平原</u>,<u>勃海</u>,<u>太山</u>,東郡溥被災害, 民餓死
於道路. 二千石不豫慮其難, 使至於此, 賴明詔振捄, 乃得
蒙更生. 今歲不登, 穀暴騰踊, 臨秋收斂猶有乏者, 至春恐
甚, 亡以相恤. <u>西羌</u>未平, 師旅在外, 兵革相乘, 臣竊寒心,
宜蚤圖其備. 唯陛下留神元元, 帥繇先帝盛德以撫海內."

　　上施行其策.

| 註釋 | ○漢故事 – 漢의 前例, 治績. ○便宜(편의) – 상황에 따른 조치.
낡은 규제에서 벗어난 조치. ○漢興已來 – 已來는 以來. ○賈誼(가의) – 48
권, 〈賈誼傳〉. ○晁(鼂)錯(조조) – 49권, 〈爰盎鼂錯傳〉. ○董仲舒(동중서)
– 56권, 〈董仲舒傳〉에 각각 입전. ○背本趨末 – 本(농업)을 버리고 末(商利)
을 따라가다. ○惟民終始 – 惟는 思惟하다. 終始는 본말. ○發倉廩(발창름)
– 나라의 창고를 열다. 廩 곳집 늠(름). 창고. ○乏餧(핍위) – 굶주리다. 乏
가난할 핍. 餧 먹일 위. 굶주리다. ○冠蓋交道 – 冠蓋(관개)는 관리의 冠帽
와 수레의 덮개. 곧 출장 가는 관리. ○弛山澤波池 – 산, 연못, 물가의 땅을
개방하다. 弛 개방하다. 늦출 이. ○秣馬酤酒貯積 – 秣馬(말마)는 말에게
곡식을 먹이다. 酤酒(고주)는 술을 빚어 팔다. 貯積(저적)은 곡식을 매점매석
하다. ○慰安元元 – 元元은 백성. ○亡六年之畜 – 《禮記 王制》에 '나라에 9
년 치 비축이 없으면 넉넉지 못하고(不足), 6년 치 비축이 없으면 위급(急)하
며, 3년 치 비축이 없으면 나라도 아니다.' 라고 하였다. 畜은 蓄. ○元鼎三
年 – 무제의 연호. 前 114년. ○溥被災害 – 溥(넓을 부). 두루. 普와 通. ○振

444 漢書(六)

捄 - 진휼하다. 捄는 救와 同. ○今歲不登 - 不登은 흉년. ○穀暴騰踊(곡폭
등용) - 穀價가 폭등하다. 騰 오를 등. 踊 뛸 용. ○蚤圖 - 早圖. 미리 대비하
다. 蚤(미리 조, 벼룩 조)는 早.

〖國譯〗

　魏相(위상)은《易經》에 밝았는데 스승의 학통을 이었으며 漢의 前
例와 상황에 따라 상주한 글들을 즐겨 읽었는데, 고금은 제도가 다
르지만 지금은 옛 전통을 따라야만 한다고 생각하였다. 위상은 漢
건국 이래 나라의 편의를 위한 정사나 현명한 賈誼(가의), 晁錯(조착),
董仲舒(동중서) 등의 말을 조목별로 열거하며 그것을 시행하겠다고
주청했다.

　"臣이 알기로는, 위에 명주가 재위하시고 아래에 현신이 보좌하
면 주군은 안락하고 백성은 화목합니다. 신 위상은 겨우 자리를 얻
어 明法을 받들지도, 교화를 널리 행하고 사방을 통치하거나 성덕을
널리 알리지도 못하고 있습니다. 백성들은 농업을 버리고 장사를 따
라가고 간혹 백성들이 기아와 추위에 떨어 폐하께 걱정을 끼치니 신
위상의 죄는 만 번 죽어 마땅할 것입니다. 신 위상의 지능은 천박하
고 국가 통치의 大體와 시의에 적절한 조치도 잘 모르고 백성의 본
말만을 생각하지만 그 근원을 아직 잘 모르고 있습니다. 삼가 先帝
의 두터운 성덕과 仁恩을 엎드려 살펴서 천하를 위해 부지런히 힘쓰
며 백성들을 위해 걱정하며 수해와 旱災(한재)를 우려하고 빈궁한
백성을 위해 나라의 창고를 열어 굶주린 자를 진휼하고자 합니다.
諫大夫와 박사를 파견하여 천하를 순행하며 풍속을 살피며 현량한
자를 천거하고, 冤獄(원옥)을 다시 평결하기 위해 사자를 출장 보낼

것입니다. 여러 비용을 절감하여 조세와 부역을 가볍게 하고 산천과 연못을 백성에게 개방하고 말에게 곡식을 먹이거나 술을 빚거나 곡식을 매점하는 일을 금하며 위급한 자를 신속히 구제하고 백성을 위로하며 백성을 이롭게 할 수 있는 방책을 마련할 것입니다. 신 위상이 모두 다 진술할 수는 없지만 죽음을 무릅쓰고 옛 업무에 관한 조서에 의거 모두 23건의 일을 상주합니다. 신이 삼가 살펴보면, 왕법은 반드시 농사를 근본으로 삼으며 비축에 힘썼으며 국가 수입을 헤아려 용도를 제한하며 재해에 대비하되 6년 치 비축이 없다면 정말 위급한 상황입니다. 武帝 元鼎 3년에 平原郡과 勃海郡, 太山郡과 東郡이 두루 재해를 당해 백성들은 길에서 굶어 죽었습니다. 군의 태수들이 그 재난을 미리 대비하지 못해서 여기 관중 지역까지 이재민이 들어왔는데 명철하신 조서에 의거 구휼하여 다시 살아날 수 있었습니다. 올해도 흉년이 들어 곡가가 폭등하면서 가을 추수를 하면서도 식량이 부족하니 봄철이 되면 더욱 극심하여 구휼할 수도 없을 것입니다. 서쪽 羌族(강족)이 아직 평정되지 않아 군사는 멀리 나가 있어 군사도 함께 지원해야 하기에 신에게 큰 걱정거리이지만 미리 대비하고자 합니다. 폐하께서는 오직 백성들에게만 마음을 쓰시면서 先帝의 盛德을 바탕으로 천하를 진무하십시오."

선제는 그 방책을 시행하라 하였다.

原文

又數表采《易陰陽》及〈明堂月令〉奏之, 曰,

「臣相幸得備員, 奉職不修, 不能宣廣教化. 陰陽未和, 災

害未息, 咎在臣等. 臣聞《易》曰, '天地以順動, 故日月不過, 四時不忒, 聖王以順動, 故刑罰淸而民服.' 天地變化, 必繇陰陽, 陰陽之分, 以日爲紀. 日冬夏至, 則八風之序立, 萬物之性成, 各有常職, 不得相干. 東方之神太昊, 乘 '震' 執規司春, 南方之神炎帝, 乘 '離' 執衡司夏, 西方之神少昊, 乘 '兌', 執矩司秋, 北方之神顓頊, 乘 '坎' 執權司冬, 中央之神黃帝, 乘 '坤', '艮' 執繩司下土. 玆五帝所司, 各有時也. 東方之卦不可以治西方, 南方之卦不可以治北方. 春興 '兌' 治則饑, 秋興 '震' 治則華, 冬興 '離' 治則洩, 夏興 '坎' 治則雹.」

| 註釋 | ○又數表采 – 數은 자주 삭. 表는 표명하다. 采는 채택하다. 인용하다. ○《易陰陽》 – 京房(경방)이란 사람이 지었다는 書. 음양의 작용에 따른 재이를 밝힌 책이지만 일찍 失傳. ○〈明堂月令〉 – 명당은 明政敎之堂也. 국가의 조회, 제사, 시상, 選士, 養老 행사 등 주요 행사를 집행. 여기서는 《禮記》의 편명으로 원 명칭은 〈明堂記〉. 〈月令〉은 《禮記》의 편명. 일년 12개월의 時令 및 相關 事物을 서술. ○備員 – 사람 숫자나 채우다. 자리를 차지하고 하는 일이 없다는 謙辭(겸사). ○日月不過 – 過는 착오. 日月 운행의 差錯. ○四時不忒 – 忒 변할 특. ○以日爲紀 – 태양의 운행을 기준으로 삼다. ○日冬夏至 – 태양이 동지와 하지에 이르다. ○八風之序 – 條風, 明庶風, 淸明風 등등 8개의 바람이 冬至日을 기준으로 45일마다 바뀌면서 1년이 된다는 말. ○太昊(태호) – 伏羲氏(복희씨). 執規는 仁에 바탕을 둔 法으로 만물의 生長을 주관하다. ○乘 – 다스리다. ○炎帝 – 神農氏. 執衡은 예법으로 만물을 평등하게 한다는 뜻. ○少昊 – 黃帝의 아들. 執矩(집거)는 공정한 법의 집행으로 만물의 질서를 유지한다는 뜻. 서방의 金은 의리를 상징. 곧 義

法. ○顓頊(전욱) - 五帝의 한 사람. ○執權 - 북방 水의 智謀로 권력을 잡아 세상을 다스린다는 뜻. ○執繩(집승) - 誠과 信으로 곧게 만물을 주관한다는 뜻. ○各有時也 - 規(春生), 衡(夏長), 矩(秋殺), 權(冬藏), 繩(居中)의 시기가 있다. 規, 衡, 矩, 權(권, 저울), 繩(승, 먹줄)은 모두 木工 일을 하는 도구인데 여기에 木火金水土의 五行과 仁義禮智信의 五常을 결합시켜 자연의 운행과 인간사를 설명하였다. ○則饑 - 饑餓(기아), 華는 꽃만 피고 결실이 없다. 洩(샐 설)은 천지의 기가 흩어져 버린다는 뜻. 雹은 우박.

〔國譯〕

그리고 자주 《易陰陽》과 《禮記》의 〈明堂記〉, 〈月令〉을 인용해 상주하였다.

「臣 魏相은 겨우 자리나 채우고 맡은 일도 제대로 못하며 교화를 널리 퍼지도 못합니다. 음양이 조화롭지 못하고 재해가 그치지 않으니 그 허물은 신에게 있습니다. 신이 알기로는, 《易經》에 '천지가 순서에 따라 운행하기에 해와 달의 운행이 틀려지지 않고 4계절이 어긋나지 않으며 성왕이 순리에 따라 거동하기에 형벌이 깨끗하고 백성들이 복종한다.'고 하였습니다. 천지의 변화는 반드시 음양에서 나오고 음양의 구분은 태양을 기준으로 합니다. 태양이 동지나 하지에 오면 八風의 차례가 확립되고 만물의 본성이 형성되며 각각 할 일이 있으면서 서로 간여하지 않습니다.

동쪽(木)의 神인 太昊(태호, 伏義氏)는, 震(☳ 우레, 천둥)을 다스려 仁의 法으로 봄을 주관하고, 南方(火)의 神인 炎帝(염제)는 離(☲, 불)를 다스려 성장의 법으로 여름을 주관하며, 西方(金)의 神인 少昊(소호)는 兌(☱, 태, 연못)를 다스려 엄한 법으로 가을을 주관하며. 北方(水)의 神인 顓頊(전욱)은 坎(☵, 감, 물)을 다스려 지모에 의한 법으로 겨울을 주관하며, 中央(土)의 神인 黃帝는 坤(☷, 땅)과 艮(☶, 간, 산)을 다스려 바른 법〔繩(승), 먹줄〕으로 下土를 다스립니다. 이 五帝가 맡은 바는 각각 때가 있습니다. 東方의 卦(震☳)가 西方을 다스릴 수 없고 南方의 卦(離☲)는 북방을 다스릴 수 없습니다. 春에 兌(태☱)가 들면 기근이 들고, 가을에 震(진☳)이 들면 꽃만 피게 되고, 겨울에 離(리☲)가 일어나면 천지의 氣가 흩어지고(洩), 여름에 坎(감☵)이 일어나면 우박이 쏟아집니다.」

「明王謹於尊天, 愼於養人, 故立羲和之官以乘四時, 節授民事. 君動靜以道, 奉順陰陽, 則日月光明, 風雨時節, 寒暑調和. 三者得敍, 則災害不生, 五穀熟, 絲麻遂, 屮木茂, 鳥獸蕃, 民不夭疾, 衣食有餘. 若是, 則君尊民說, 上下亡怨, 政敎不違, 禮讓可興. 夫風雨不時, 則傷農桑, 農桑傷, 則民饑寒, 饑寒在身, 則亡廉恥, 寇賊姦宄所繇生也. 臣愚以爲陰陽者, 王事之本, 群生之命, 自古賢聖未有不繇者也. 天子之義, 必純取法天地, 而觀於先聖. 高皇帝所述書〈天子所服第八〉曰, "大謁者臣章受詔長樂宮, 曰, 令群臣議天子所服, 以安治天下. 相國臣何, 御史大夫臣昌謹與將軍臣陵, 太子太傅臣通等議, 春夏秋冬天子所服, 當法天地之數, 中得人和. 故自天子王侯有土之君, 下及兆民, 能法天地, 順四時, 以治國家, 身亡禍殃, 年壽永究, 是奉宗廟安天下之大禮也. 臣請法之. 中謁者趙堯擧春, 李舜擧夏, 兒湯擧秋, 貢禹擧冬, 四人各職一時." 大謁者襄章奏, 制曰, "可". 孝文皇帝時, 以二月施恩惠於天下, 賜孝弟力田及罷軍卒, 祠死事者, 頗非時節. 御史大夫晁錯時爲太子家令, 奏言其狀. 臣相伏念陛下恩澤甚厚, 然而災氣未息, 竊恐詔令有未合當時者也. 願陛下選明經通知陰陽者四人, 各主一時, 時至明言所職, 以和陰陽, 天下幸甚!」

相數陳便宜, 上納用焉.

| 註釋 | ○義和之官 – 堯의 신하로서 羲仲(희중), 羲叔(희숙) 형제와 和仲과 和叔의 4인. 이들을 四方에 보내 천문을 관측하며 역법을 만들게 했다. ○三者得敍 – 日月, 風雨, 寒暑(한서)가 제때를 찾다. ○絲絺逐 – 섬유용 식물이 잘 자란다는 뜻. ○寇賊姦宄(구적간귀) – 寇賊은 훔치거나 강탈. 姦宄(간귀)는 외부에서 일어난 혼란을 姦이라 하고, 내부에서 일어난 혼란을 宄(간악할 귀)라 한다. ○〈天子所服第八〉 – 漢 高祖가 내린 조서. 第八은 '天子의 의복에 관련한 조서'라는 註가 있다. ○大謁者臣章 – 大謁者는 황제 명령을 전달하는 직책. 章은 人名. ○中謁者 趙堯 – 고조의 신하, 江邑侯. ○李舜 – 高祖 時 中謁者. 천자의 여름 의복과 祭服을 담당. ○兒湯(예탕) – 高祖 時 中謁者. ○貢禹 – 高祖 時 中謁者. 원제 때 어사대부인 貢禹(72권, 〈王貢兩龔鮑傳〉에 입전)가 아님. ○孝弟力田 – 高后 때 각 군마다 백성 중에서 효도하고 농사에 모범적인 사람을 골라 孝弟力田을 1명씩 두었다. 문제 12년에는(前 168) 인구에 비례하여 그 인원을 늘렸다. 이 孝弟力田으로 뽑힌 사람에게는 요역을 면제했고 수시로 상을 내려 주었다. ○罷軍卒 – 군대에서 부상을 당한 병졸. ○祠死事者 – 國事를 수행하다 죽은 사람.

「明王은 근신하며 하늘을 따르고 신중하게 백성을 부양해야 하기에 羲氏(희씨)와 和氏(화씨) 등 4명의 관리를 두어 四時에 따른 일을 맡고 백성의 일을 돌봐주게 하였습니다. 主君의 동정이 예에 합당하고 음양을 받들어 따른다면 日月이 밝게 빛나고 풍우가 때에 맞고 寒暑(한서)가 조화를 이룰 것입니다. 일월, 풍우, 寒暑(한서)가 제때를 찾으면 재해가 없고 오곡이 풍년 들며, 삼(大麻)이 잘 자라고 초목이 무성하며, 鳥獸(조수)도 잘 번식하고 백성들도 일찍 죽거나 병들지 않아 의식에 여유가 있게 됩니다. 이렇게 되면 주군은 존중받고 백성은 기뻐하며 상하 간에 원망이 없고 정교가 바로 지켜지며 예양의 기풍이 일어납니다. 그러나 풍우가 시절에 맞지 않으면 농사와 길쌈을 망치게 되고, 농사를 망치면 백성이 배고프고 추위에 떨게 되는데 춥고 배고프면 염치가 없어지고 도적질과 간교한 범죄가 여기서 싹트게 됩니다. 신의 어리석은 생각이지만 음양이란 王事의 근본이며 모든 생물체의 명줄이기에 예로부터 聖賢은 이를 중시하지 않은 자가 없었습니다. 그리고 천자의 대의도 필히 이를 천지를 본받아 취한 것이기에 先聖에서 찾아볼 수 있습니다. 高皇帝께서 명령하신 글 〈天子所服第八〉에서도 "大謁者인 臣 章(장)은 장락궁에서 명을 받았으니 여러 臣하로 하여금 천자의 복장을 논의케 하여 천하를 편안하게 다스릴 수 있도록 하라고 하셨습니다. 상국인 臣 蕭何와 어사대부인 臣 周昌은 삼가 장군인 臣 王陵(왕릉), 태자태부인 臣 叔孫通과 의논을 하였는데 춘하추동 천자의 복장은 당연히 천지의 數를 본떠 그 가운데서 人和를 얻어야 합니다. 그리하여 천자나 왕, 제후 등 영토를 가진 주군에서부터 백성까지 천지를 본받고 四時에 순응하면서 나라를 다스리면 재앙이 몸에 미치지 않고 오래 장수할 수 있으니, 이는 종묘를 받들고 천하를 안정시킬 수 있는 大禮입니다. 그래서 臣도 이를 본받고자 합니다. 中謁者인 趙堯(조요)는 봄철 의복을 담당하고 李舜(이순)은 여름철 의복을, 兒湯(예탕)은 가을의 복제를, 貢禹(공우)는 겨울의 복제를 맡아 4인이 각각 한 계절씩을 담당토록 하겠습니다. 그때 大謁者 襄章이 이를 상주하자 '可' 하다는 제서가 내려왔습니다."

孝文皇帝 때, 2월에 천하에 은혜를 베풀어 孝弟力田과 군대에서 부상을 당한 병졸에게 상을 내리고 나라를 위해 죽은 자를 제사하였는데 꼭 시기에 적절한 것은 아니었습니다. 어사대부 晁錯(조조)는 그때 太子家令이었는데 그런 상황을 상주하였습니다. 臣 위상이 생각해보면, 폐하께서는 베푸시는 은택이 매우 많지만 재해가 그치지는 않고 있는데 신은 조령의 시기가 적절하지 않은가 생각합니다. 폐하께서는 경전에 밝으면서도 음양에도 아는 것이 많은 사람 4인을 골라 각각 1계절을 담당하게 하고 때에 따라 맡은 바를 명확하게 말하게 하여 음양의 조화를 꾀하신다면 백성에게 큰 복이 될 것입니다!」

위상은 자주 시의에 맞는 일을 건의했고 선제는 그것들을 받아들였다.

原文

相敕掾史案事郡國及休告從家還至府, 輒白四方異聞, 或有逆賊風雨災變, 郡不上, 相輒奏言之. 時, 丙吉爲御史大夫, 同心輔政, 上皆重之. 相爲人嚴毅, 不如吉寬. 視事九歲,神爵三年薨, 諡曰憲侯. 子弘嗣, 甘露中有罪削爵爲關內侯.

| 註釋 | ○休告 – 관리들의 정기적인 휴가. ○神爵三年 – 선제의 연호. 前 59년. ○甘露中 – 선제의 연호. 前 53 – 50년.

〔國譯〕

　위상은 掾史(연사)들을 독려하여 여러 郡國의 사안을 보고하게 하였고 휴가일에도 집에서 승상부로 들어와 수시로 사방에서 올라오는 색다른 업무를 말하도록 하였는데, 혹간 역적이나 풍우나 재해의 변고가 있으나 군에서 보고하지 않는다면 위상이 직접 상주하였다. 그때 丙吉(병길)은 어사대부였는데 두 사람이 협심하여 국정을 보필했고 선제도 두 사람을 중히 여겼다. 위상은 사람이 엄숙하고 강건하여 병길처럼 관대하지는 않았다. 승상으로 9년을 재직하고 神爵 3년에 죽었는데, 시호는 憲侯이었다. 아들 魏弘이 계승했으나 (宣帝) 甘露 연간에 (前 53 – 50)죄를 지어 관내후로 작위가 깎였다.

74-2. 丙吉

原文

　丙吉字少卿, 魯國人也. 治律令, 爲魯獄史. 積功勞, 稍遷至廷尉右監. 坐法失官, 歸爲州從事. 武帝末, 巫蠱事起, 吉以故廷尉監徵, 詔治巫蠱郡邸獄. 時, 宣帝生數月, 以皇曾孫坐衛太子事繫, 吉見而憐之. 又心知太子無事實, 重哀曾孫無辜, 吉擇謹厚女徒, 令保養曾孫, 置閒燥處. 吉治巫蠱事, 連歲不決. 後元二年, 武帝疾, 往來長楊, 五柞宮, 望氣者言長安獄中有天子氣, 於是上遣使者分條中都官詔獄繫者, 亡輕重一切皆殺之. 內謁者令郭穰夜到郡邸獄, 吉閉門拒使者不納, 曰, "皇曾孫在. 他人亡辜死者猶不可, 況親曾孫乎!" 相守至天明不得入, 穰還以聞, 因劾奏吉. 武帝亦寤, 曰, "天使之也." 因赦天下. 郡邸獄繫者獨賴吉得生, 恩及四海矣. 曾孫病, 幾不全者數焉, 吉數敕保養乳母加致醫藥, 視遇甚有恩惠, 以私財物給其衣食.

| 註釋 | ○丙吉(邴吉, ? - 前 55) - 麒麟閣 11공신의 한 사람. 前 59 - 55년 승상. ○廷尉右監 - 정위의 속관, 정위를 도와 형량을 평결한다. 질록 1천석. ○巫蠱(무고)事 - 巫蠱之禍. 前 91년. 당시 衛太子(戾太子)가 이 사건에 휘말려 반역으로 죽게 된다. 63권, 〈武五子傳〉참고. 무제는 그로부터 5년 뒤, 前 87년에 죽었다. ○郡邸獄 - 각 군에서 京師의 郡邸에 설치한 감옥. 大鴻臚(대홍려) 소속이었다. ○望氣者 - 하늘의 雲氣를 보고 길흉을 점치는 術士. ○中都官 - 장안에 있는 모든 관청의 총칭. 詔獄(조옥)은 황제의 명에 의해 재판 중인 獄事. 繫者는 갇혀있는 죄수.

〔國譯〕
丙吉(병길)의 字는 少卿으로 魯國 사람이다. 律令을 공부하고 魯의 獄史가 되었다. 장기 근속하면서 점차 승진하여 廷尉右監이 되었

다. 법에 저촉되어 관직을 잃고 귀향하여 자사의 從事가 되었다. 武帝 말기에, 巫蠱(무고)의 사건이 일어나자 병길은 옛 廷尉監이었기에 부름을 받아 조명에 따라 무고사건과 관련한 郡 관사의 감옥을 관장하였다. 그때 宣帝는 태어난 지 몇 달되지 않은 皇曾孫으로 衛太子 사건으로 갇혔는데 병길이 보고 가련히 여겼다. 또 마음속으로 태자가 반역의 뜻이 없다는 것을 알고 무고한 증손을 더욱 애처롭게 생각하여 부지런하고 후덕한 여자 죄수를 골라 황증손을 키우게 하며 넓고 깨끗한 곳에 머물게 하였다. 병길의 무고 옥사는 몇 년이 지나도 끝이 나지 않았다. 무제 後元 2년(前 87)에 武帝는 병이 들어 長楊宮과 五柞宮(오작궁)을 오갔는데 望氣者가 장안의 옥중에 천자의 기운이 있다고 상주하였다. 이에 무제는 사자를 보내 장안 각 부서 감옥을 나눠 담당하여 詔獄에 관련하여 갇혀 있는 자는 죄의 경중을 가리지 않고 모두 다 죽이게 하였다. 내알자령인 郭穰(곽양)이 밤에 郡 관사의 옥에 왔지만 병길은 문을 닫고 사자를 거부하고 못 들어오게 하면서 말했다.

"皇曾孫이 계시다. 무고한 다른 사람이 죽는 것도 불가한데 하물며 친 증손을 죽일 수 있는가!" 서로 맞서며 날이 밝을 때까지 들어가지 못하자, 곽양이 돌아가 보고하며 병길을 고발하였다. 武帝 또한 뉘우치며 말했다. "하늘이 시킨 일이로다." 그리고서는 천하에 사면령을 내렸다. 郡 관사의 옥에 갇혀 있던 자들만 병길 때문에 살 수 있었으니 그 은혜는 사해에 두루 미친 셈이었다. 황증손이 병이 들어 거의 살지 못할 것 같았던 일도 여러 번 있었다. 병길은 자주 유모에게 의약을 보내주고 잘 돌보라고 타이르면서 특별히 은혜를 베풀며 사재로 衣食을 공급해 주었다.

後吉爲車騎將軍軍市令, 遷大將軍長史, 霍光甚重之, 入
爲光祿大夫給事中. 昭帝崩, 無嗣, 大將軍光遣吉迎昌邑王
賀. 賀卽位, 以行淫亂廢, 光與車騎將軍張安世諸大臣議所
立, 未定. 吉奏記光曰, "將軍事孝武皇帝, 受襁褓之屬, 任
天下之寄, 孝昭皇帝早崩亡嗣, 海內憂懼, 欲亟聞嗣主, 發喪
之日以大誼立後, 所立非其人, 復以大誼廢之, 天下莫不服
焉. 方今社稷宗廟群生之命在將軍之一舉. 竊伏聽於衆庶,
察其所言, 諸侯宗室在位列者, 未有所聞於民間也. 而遺詔
所養武帝曾孫名病已在掖庭外家者, 吉前使居郡邸時見其
幼少, 至今十八九矣, 通經術, 有美材, 行安而節和. 願將軍
詳大議, 參以蓍龜, 豈宜褒顯, 先使入侍, 令天下昭然知之,
然後決定大策, 天下幸甚!"

光覽其議, 遂尊立皇曾孫, 遣宗正劉德與吉迎曾孫於掖
庭. 宣帝初卽位, 賜吉爵關內侯.

| 註釋 | ○車騎將軍 軍市令 － 車騎將軍은 大將軍 아래 직위인 고급 무관
직. 漢에서는 군중에 시장을 열어 민간인 또는 변경의 이민족과 거래를 허용
했는데 그 시장의 세금 징수나 시장 감독을 軍市令이라 하였다. ○長史 －
고관의 참모 겸 고문. 승상, 태위, 어사대부, 대장군, 車騎장군, 전후좌우 장
군은 소속 관원 중 유능한 자를 골라 長史로 임명. 秩 一千石. ○昭帝崩 － 前
74년. ○張安世 － 59권, 〈張湯傳〉에 附傳. ○奏記 － 서면으로 상관에게 의
견을 진술하는 것. ○受襁褓之屬 － 襁褓(강보, 포대기)에 있는 후사를 부탁

하다. 무제가 죽기 전, 태자(뒷날 昭帝)는 8살이었으니 아주 어린 유아는 아니었다. ○大誼 — 大義. ○掖庭(액정) — 궁중 비빈의 거처. 外家는 궁 밖의 민가. ○蓍龜(서귀) — 占卜. 점을 쳐보다. ○豈宜襃顯 — 豈(어찌 기)는 추측의 뜻. 襃顯(포현)은 크게 칭송하며 드러내다.

〔國譯〕

뒤에 병길은 車騎將軍의 軍市令이 되었다가 대장군의 長史로 승진하였는데 霍光(곽광)은 병길을 매우 신임하면서 조정의 光祿大夫, 給事中에 임명하였다. 昭帝가 붕어하고 후사가 없자 대장군 곽광은 병길을 보내 창읍왕 劉賀(유하)를 영입하였다. 유하가 즉위하였으나 음란한 행실로 폐위되자 곽광은 거기장군 張安世 및 여러 대신과 옹립을 논의하였으나 결정이 나질 않았다. 이에 병길이 곽광에게 글을 올려 말했다.

"장군께서는 孝武皇帝를 섬겨 어린 후사를 위촉받고 천하의 통치를 책임졌었는데 孝昭皇帝가 일찍 붕어하시고 후사가 없어 온 천하가 걱정을 하며, 후사를 누구로 할지 급히 물었으나 發喪할 날에서야 大義에 따라 후사를 옹립하였지만 적임자가 아니었기에 다시 여러 사람의 대의에 따라 폐위를 하였으나 천하에 불복하는 사람이 없었습니다. 바로 지금 종묘사직과 천하 만민의 생명은 장군의 거사에 달렸습니다. 삼가 많은 사람의 의견을 따르고 말의 사실을 살펴보더라도 제후 종실로 그 반열에 있는 분이 궁궐 밖 민간에 있다는 말은 못 들었을 것입니다. 그러나 遺詔에 의거 무제의 증손으로 이름은 劉病已(유병이)인데 궁중 비빈의 거처에 살다가 궁 밖 민간에 사시며 제가 전에 郡의 관사에 있을 때 돌보았는데 지금 나이 18, 9세가 되었으며 경학에 밝고 준수한 체구에 행실이 안온하고 지조가 있고 온화한 분입니다. 바라옵건대, 장군께서는 상세히 의논하시고 점괘도 참고하시되 만약 그 분을 기리고 널리 드러내겠다면 우선 모셔다가 (황태후에게) 입시하게 한 다음에 천하에 알리고 큰 방책을 결정하신다면 백성에게 큰 복이 될 것입니다!"

곽광은 건의서를 읽고 皇曾孫을 존립하기로 결정한 뒤 宗正인 劉德(유덕)과 병길을 보내 증손을 掖庭(액정)에 영입하게 하였다. 선제는 즉위한 뒤 병길에게 관내후의 작위를 내렸다.

原文

吉爲人深厚, 不伐善. 自曾孫遭遇, 吉絶口不道前恩, 故朝廷莫能明其功也. 地節三年, 立皇太子, 吉爲太子太傅, 數月, 遷御史大夫. 及霍氏誅, 上躬親政, 省尙書事. 是時, 掖庭宮婢則令民夫上書, 自陳嘗有阿保之功. 章下掖庭令考問, 則辭引使者丙吉知狀. 掖庭令將則詣御史府以視吉. 吉識, 謂則曰, "汝嘗坐養皇曾孫不謹督笞, 汝安得有功? 獨渭城胡組,淮陽郭徵卿有恩耳." 分別奏組等共養勞苦狀. 詔吉求組,徵卿, 已死, 有子孫, 皆受厚賞. 詔免則爲庶人, 賜錢十萬. 上親見問, 然後知吉有舊恩, 而終不言. 上大賢之, 制詔丞相, "朕微眇時, 御史大夫吉與朕有舊恩, 厥德茂焉.《詩》不云乎? '亡德不報'. 其封吉爲博陽侯, 邑千三百戶." 臨當封, 吉疾病, 上將使人加紼而封之, 及其生存也. 上憂吉疾

不起, 太子太傅夏侯勝曰, "此未死也. 臣聞有陰德者, 必饗
其樂以及子孫. 今吉未獲報而疾甚, 非其死疾也." 後病果
愈. 吉上書固辭, 自陳不宜以空名受賞. 上報曰, "朕之封君,
非空名也, 而君上書歸侯印, 是顯朕不德也. 方今天下少事,
君其專精神, 省思慮, 近醫藥, 以自持."

後五歲, 代魏相爲丞相.

〔國譯〕

　병길은 사람이 침착 온후하며 자신의 공을 자랑하지 않았다. 황
증손이 즉위한 이후로 병길은 지난 은덕을 절대로 입에 올리지 않았
기에 조정에서도 그의 공덕을 알지 못했다. 선제 地節 3년(前 67), 황
태자를 책립하자 병길은 太子太傅가 되었다가 몇 달 뒤 어사대부로
승진하였다. 곽광의 일족이 주살된 뒤에 선제는 친정하면서 尙書事
를 폐지하였다. 이때 掖庭宮의 婢女(비녀) 則(즉)이 민가의 남편을 시
켜 상서하여 자신이 전에 아기를 돌본 공이 있다고 진술하였다. 글

이 액정령에게 넘어가자 불러 물어보고 則(즉)의 글을 옥중 사자를 보내 병길에게 알렸다. 액정령이 그 비녀를 데리고 어사부에 와서 병길에게 보였다. 병길이 비녀를 알아보고 말했다.

"너는 전에 황증손을 돌보기를 게을리해서 종아리를 맞았는데 네가 무슨 공이 있었느냐? 오히려 渭城縣의 胡組(호조)와 淮陽國 郭徵卿(곽미경)의 은공이 있었다."

그리고서는 호조 등이 공양하며 고생한 실상을 구분하여 상주하였다. 선제는 병길에게 호조와 곽미경을 찾으라고 명하였으나 이미 죽었기에 그 자손 모두에게 후한 상을 내렸다. 또 則(즉)을 免賤(면천)하여 서인으로 올려주고 10만 전을 하사하라고 하였다. 선제가 친히 불러 물어본 연후에 병길은 옛 은덕을 베풀고도 끝까지 말하지 않은 것을 알았다. 선제는 병길을 훌륭하다 생각하며 승상에서 명했다.

"짐이 평민으로 살 때, 어사대부 병길은 짐에게 오랫동안 은덕을 베풀었으니 그 덕이 참으로 아름답도다. 《시경》에도 '덕이 없으면 보답도 없다'고 하지 않았는가? 이에 병길을 博陽侯에 봉하고 식읍은 1,300호를 하사하노라."

제후로 책봉할 즈음에 병길은 병으로 누워 있어 선제는 사자를 보내 큰 띠를 걸쳐서 책봉하고 생전에 문병하듯 하였다. 선제가 병길의 병이 낫지 않을까 걱정하자 태자태부인 夏侯勝(하후승)이 말했다. "그 병으로 죽지 않을 것입니다. 臣이 알기로, 음덕을 베푼 자는 반드시 좋은 복을 누리고 자손까지 내려준다고 하였습니다. 지금 병길은 보답을 받지 못했으니 큰 병을 앓지만 죽을 병은 아닙니다."

과연 그 뒤에 병길은 병이 나았다. 병길이 상서하여 고사하며 아무 공적도 없이 상을 받을 수 없다고 말하였다. 이에 선제가 대답하였다.

"짐이 어사대부를 책봉한 것은 헛 명성이 아니며, 어사대부가 글을 올려 제후 인수를 반납한다면 이는 짐의 不德을 드러내는 것이요. 지금 천하에 큰일이 없으니 대부는 마음을 가다듬어 걱정하지 말고 의약을 복용하며 건강을 챙기도록 하시오."

그 5년 뒤, 魏相(위상)의 후임으로 승상이 되었다(선제 神爵 3년).

原文

吉本起獄法小吏, 後學《詩》,《禮》, 皆通大義. 及居相位, 上寬大, 好禮讓. 掾史有罪臧, 不稱職, 輒予長休告, 終無所案驗. 客或謂吉曰, "君侯爲漢相, 姦吏成其私, 然無所懲艾." 吉曰, "夫以三公之府有案吏之名, 吾竊陋焉."

後人代吉, 因以爲故事, 公府不案吏, 自吉始.

| 註釋 | ○上寬大 − 上은 尙. ○罪臧 − 죄를 짓거나 뇌물을 받다. 臧은 贓(뇌물, 장물)과 同. ○長休告 − 장기 휴가. ○案驗 − 조사. 심문. ○懲艾(징예) − 혼을 내다. 懲戒하다. 懲 혼낼 징. 艾는 다스릴 예, 벨 예. 징계하다. ○吾竊陋焉 − 陋 좁을 누(루). 식견이 좁다.

〔國譯〕

병길은 본래 옥사나 법을 다루는 하급 관리였으나 나중에《詩經》과《禮記》를 공부하여 그 大義에 통했다. 재상의 자리에서도 오히려 더 관대하고 예를 지키며 겸양하였다. 하급 掾史(연사)들이 죄를 짓거나 뇌물을 받아 직무에 부적합하면 바로 장기 휴가를 주되 끝내 조사하지는 않았다. 어떤 사람이 이를 병길에게 이야기했다.

"君侯께서 漢의 재상이 된 뒤로는 간리가 사적 이익을 챙겨도 징계하지 않습니다."

이에 병길이 말했다. "三公이 일하는 부서에 관리가 조사받았다는 소문이 나면 아마 내 식견이 좁다고 할 것입니다."

병길의 후임자도 그것을 전례로 생각하여 삼공의 부서에서는 관리를 징계하지 않았는데, 이는 병길에서 시작되었다.

原文

於官屬掾史, 務掩過揚善. 吉馭吏嗜酒, 數逋蕩, 嘗從吉出, 醉歐丞相車上. 西曹主吏白欲斥之, 吉曰, "以醉飽之失去士, 使此人將復何所容? 西曹地忍之, 此不過汚丞相車茵耳." 遂不去也. 此馭吏邊郡人, 習知邊塞發奔命警備事, 嘗出, 適見驛騎持赤白囊, 邊郡發奔命書馳來至. 馭吏因隨驛騎至公車刺取, 知虜入雲中, 代郡, 遽歸府見吉白狀, 因曰, "恐虜所入邊郡, 二千石長吏有老病不任兵馬者, 宜可豫視." 吉善其言, 召東曹案邊長吏, 瑣科條其人. 未已, 詔召丞相, 御史, 問以虜所入郡吏, 吉具對. 御史大夫卒遽不能詳知, 以得譴讓. 而吉見謂憂邊思職, 馭吏力也. 吉乃歎曰, "士亡不可容, 能各有所長. 嚮使丞相不先聞馭吏言, 何見勞勉之有?" 掾史繇是益賢吉.

| 註釋 | ㅇ掾史(연사) - 하급 관리. 掾(연)은 중간 관리자. 史는 掾의 하급 직책. ㅇ耆酒 - 嗜酒. 술을 좋아하다. ㅇ逋蕩(포탕) - 몰래 나가 방탕한 짓을 하다. 逋 달아날 포. ㅇ醉歐 - 歐(토할 구)는 嘔吐(구토). ㅇ西曹主吏 - 승상부 西曹의 主吏(책임자). ㅇ西曹地忍之 - 地는 다만, 일단. ㅇ車茵(거인) - 수레의 깔 자리. 茵(자리 인, 깔개). ㅇ發奔命警備事 - 奔命은 비상 예비군. 예비군을 동원하여 경비할 일. ㅇ瑣科條 - 瑣 자세할 쇄. 科條는 조목별로 정리하다.

〔 國譯 〕

부서 소속의 하급 관리에 대해서는 잘못을 덮어주며 장점을 드러내려 애를 썼다. 병길의 수레를 모는 관리가 술을 좋아하여 자주 술을 몰래 마셨는데, 한 번은 병길을 모시고 나갔다가 취해 승상의 수레에 토했다. 西曹의 책임자가 그를 쫓아내려고 아뢰자 병길이 말했다. "술에 취했다고 사람을 내치면 그 사람을 누가 데려가겠는가? 그래도 西曹가 참아야지, 그 사람은 승상 수레 좌석을 좀 더럽혔을 뿐이야!" 그러면서 끝내 내보내지 않았다.

그 관리는 변방의 郡에서 온 사람으로 변방에서 예비군을 동원하여 긴급히 처리하는 일을 잘 알고 있었는데 한 번은 외출했다가 驛의 기병이 적백의 문서낭을 들고 달려가는 것을 보고 변방에서 보낸 급한 공문서가 왔다는 것을 알았다. 그 수레꾼은 驛의 기병을 따라가 公車에서 서류를 몰래 읽어 雲中郡과 代郡에 흉노족이 쳐들어 온 사실을 알고 승상부로 급히 돌아와 병길에게 상황을 설명하며 말했다. "적이 침입한 그 군의 태수가 늙거나 병이 들어 군사 업무를 수행할 수 있는가 미리 살펴야 할 것 같습니다." 병길은 그 말이 맞는다고 생각하여 東曹를 불러 변경 군수들을 조사하여 상세한 자료를 준비하였다. 오래지 않아 황제가 승상과 어사를 불러 적이 침입한 변방 군수에 대하여 묻자, 병길은 상세히 답변하였다. 어사대부는 갑작스러운 일이라 상세히 답을 하지 못해 책망을 받았다. 병길이 변방의 일을 걱정하고 준비한 것은 그 관리의 힘이었다. 이에 병길이 탄식하며 말했다.

"사람이 다른 사람에게 용납되어서도 안 되지만 각자 잘 하는 것이 있을 것이다. 지난 번처럼 승상이 수레 담당 관리의 말을 듣지 않았다면 어찌 잘 한다 소리를 들었겠는가?"

이에 승상부의 속관들은 병길을 더욱 칭송하였다.

原文

　吉又嘗出, 逢淸道群鬪者, 死傷橫道, 吉過之不問, 掾史獨怪之. 吉前行, 逢人逐牛, 牛喘吐舌, 吉止駐, 使騎吏問, "逐牛行幾里矣?" 掾史獨謂丞相前後失問, 或以譏吉, 吉曰, "民鬪相殺傷, 長安令, 京兆尹職所當禁備逐捕, 歲竟丞相課其殿最, 奏行賞罰而已. 宰相不親小事, 非所當於道路問也. 方春少陽用事, 未可大熱, 恐牛近行, 用暑故喘, 此時氣失節, 恐有所傷害也. 三公典調和陰陽, 職當憂, 是以問之." 掾史乃服, 以吉知大體.

| 註釋 | ○淸道 – 고관의 행차 길에 통행을 금지시키다. ○歲竟丞相課其

殿最 – 歲竟은 연말. 課는 업무 評定을 하다. 殿最는 업무 평정의 하등급(殿)과 상등급(最). ○少陽 – 東方之神. 春神. ○典 – 관장하다.

[國譯]

　병길이 행차하며 길을 치웠는데 패싸움을 하여 죽고 다친 자가 길에 널렸으나 병길은 지나가면서도 묻지 않자 승상부 속관들은 이상하다고 생각하였다. 병길이 더 가다가 소를 끌고 오는 사람을 보았는데 소가 혀를 내놓고 헐떡거리자 멈춰서 말 탄 관리를 시켜 "소를 몰고 몇 리 길을 왔는가?"라고 묻게 하였다. 속관은 승상이 앞뒤 일을 잘못 물었다고 생각했다. 나중에 어떤 사람이 이를 비판하자 병길이 말했다.

　"백성들이 서로 싸워 죽고 다친 것은 長安令이나 京兆尹이 직분상 금지시키고 체포할 일이며 연말에 승상은 그 치적을 평가하여 상벌을 상주하면 될 일입니다. 승상은 소소한 일을 하지 않기에 길에서 물어야 할 일이 아니었습니다. 지금 봄철에 동방의 神이 나올 때라서 크게 더울 때가 아닌데 소가 가까운 길을 왔어도 더위 때문에 헐떡거린다면 이는 절기가 이상한 것이니 혹시 재해가 있을지 걱정할 일입니다. 三公은 직분상 음양의 조화를 걱정하기 때문에 물었던 것입니다."

　승상부의 속관들은 병길이 정사의 큰 틀을 알고 있다고 생각하였다.

五鳳三年春, 吉病篤. 上自臨問吉, 曰, "君卽有不諱, 誰可以自代者?" 吉辭謝曰, "群臣行能, 明主所知, 愚臣無所能識." 上固問, 吉頓首曰, "西河太守杜延年明於法度, 曉國家故事, 前爲九卿十餘年, 今在郡治有能名. 廷尉于定國執憲詳平, 天下自以不冤. 太僕陳萬年事後母孝, 惇厚備於行止. 此三人能皆在臣右, 唯上察之." 上以吉言皆是而許焉. 及吉薨, 御史大夫黃霸爲丞相, 徵西河太守杜延年爲御史大夫, 會其年老, 乞骸骨, 病免. 以廷尉于定國代爲御史大夫. 黃霸薨, 而定國爲丞相, 太僕陳萬年代定國爲御史大夫; 居位皆稱職, 上稱吉爲知人.

| 註釋 | ○五鳳三年 – 선제의 연호. 前 55년. ○君卽有不諱 – 卽은 만일. 有不諱는 피할 수 없을 때. 곧 죽음. ○行能 – 품행과 재능. ○西河 – 군명. 치소는 平定縣(今 陝西省 북부 榆林市 관할의 府谷縣). ○杜延年(두연년) – 杜周의 아들. 60권, 〈杜周傳〉에 附傳. ○于定國(우정국) – 71권, 〈雋疏于薛平彭傳〉에 입전. ○陳萬年 – 66권, 〈公孫劉田王楊蔡陳鄭傳〉에 입전. ○惇厚(돈후) – 敦厚(돈후). ○黃霸(황패) – 89권, 〈循吏傳〉에 입전. ○稱職 – 직위에 적합하다. 직무를 잘 수행하다.

〔國譯〕

五鳳 3년 봄, 병길이 위독하자 선제가 친히 문안하며 병길에게 물었다. "승상이 만일 죽게 되면 누가 승상을 대신할 수 있습니까?" 병길이 사례하며 말했다. "모든 신하의 품행과 재능은 폐하께서 아시는 그대로이며 신은 잘 알지 못합니다." 선제가 다시 묻자, 병길은 머리를 조아리며 말했다.

"서하태수인 杜延年(두연년)은 법도에 밝고 나라의 옛일을 잘 알고 있으며 이전에 10여 년간 九卿의 자리에 있었고 지금도 군을 잘 다스린다는 명성이 있습니다. 정위인 于定國(우정국)은 법 집행이 상세하고도 공평하여 천하에 원망하는 사람이 없습니다. 태복인 陳萬年(진만년)은 계모를 잘 봉양하며 돈후한 성품에 행실이 바릅니다. 이 세 사람은 모두 저보다 나은 사람들이니 폐하께서 살펴보십시오."

선제는 병길의 말이 모두 옳다면서 동의하였다. 병길이 죽자 御史大夫 黃霸(황패)를 승상으로 삼고 서하태수 두연년을 불러 어사대부에 임명하려 했으나 연로하여 면직을 요청하여 병으로 면직하였다. 그 대신 정위 우정국을 어사대부에 임명하였다. 황패가 죽은 뒤에는 우정국을 승상으로 삼고 태복 진만년을 우정국의 후임으로 어사대부에 임명하였는데 모두가 그 직무를 잘 수행하였으며 선제는 병길이 사람을 잘 보았다고 생각하였다.

原文

吉薨, 諡曰定侯. 子顯嗣, 甘露中有罪削爵爲關內侯, 官至衛尉, 太僕. 始顯少爲諸曹, 嘗從祠高廟, 至夕牲日, 乃使出取齋衣. 丞相吉大怒, 謂其夫人曰, "宗廟至重, 而顯不敬愼, 亡吾爵者必顯也." 夫人爲言, 然後乃已. 吉中子禹爲水衡都尉, 少子高爲中壘校尉.

| 註釋 | ○甘露 – 선제의 연호. 前 53 – 50년. ○諸曹 – 여기서는 加官의
칭호. ○夕牲 – 제사 전날 犧牲(희생)으로 쓰일 가축을 확인하는 일. ○齋衣
– 祭服. ○爲言 – 아들을 위해 호소하다. ○然後乃已 – 그런 뒤에야 아들
을 벌주려는 것을 그만두었다. ○水衡都尉 – 上林苑을 관리하고 鑄錢을 담
당하는 요직. 상림원은 본래 秦의 舊苑. 황폐했던 것을 武帝가 중수했다. 지
금의 陝西省 西安市와 周至縣, 戶縣의 접경에 위치. ○中壘校尉 – 북군 8교
위 중 하나. 질 2천석.

〔國譯〕

　丙吉이 죽자, 시호는 定侯이었다. 아들 丙顯(병현)이 뒤를 이었으
나 甘露 연간에 죄를 지어 작위가 깎여 關內侯가 되었고, 관직은 衛
尉와 太僕을 역임하였다. 그전에 병현이 젊어 제조로 고조의 묘당에
가서 제사를 지내고 돌아왔는데 그날이 희생을 살펴보는 날이라서
병현은 祭服을 입은 채 나와 살폈다. 이에 승상 병길은 대노하면서
부인에게 말했다. "종묘는 지극히 중요한 일이거늘, 병현이 공손하
고 신중하지 못하니 틀림없이 내 작위를 없앨 것이다." (그러면서
벌을 주려 하자) 부인이 아들을 위해 하소연하자 겨우 그만두었다.
병길의 둘째아들 丙禹(병우)는 水衡都尉이었고, 막내아들 丙高(병고)
는 中壘校尉(중루교위)을 지냈다.

元帝時, 長安士伍尊上書言, "臣少時爲郡邸小吏, 竊見孝宣皇帝以皇曾孫在郡邸獄. 是時, 治獄使者丙吉見皇曾孫遭離無辜, 吉仁心感動, 涕泣淒惻, 選擇復作胡組養視皇孫, 吉常從. 臣尊日再侍臥庭上. 後遭條獄之詔, 吉扞拒大難, 不避嚴刑峻法. 旣遭大赦, 吉謂守丞誰如, 皇孫不當在官, 使誰如移書京兆尹, 遣與胡組俱送京兆尹, 不受, 復還. 及組日滿當去, 皇孫思慕, 吉以私錢顧組, 令留與郭徵卿並養數月, 乃遣組去. 後少內嗇夫白吉曰, '食皇孫亡詔令'. 時, 吉得食米肉, 月月以給皇孫. 吉卽時病, 輒使臣尊朝夕請問皇孫, 視省席蓐燥濕. 候伺組, 徵卿, 不得令晨夜去皇孫敖蕩, 數奏甘毳食物. 所以擁全神靈, 成育聖躬, 功德已無量矣. 時豈豫知天下之福, 而徼其報哉! 誠其仁恩內結於心也. 雖介之推割肌以存君, 不足以比. 孝宣皇帝時, 臣上書言狀, 幸得下吉, 吉謙讓不敢自伐, 刪去臣辭, 專歸美於組, 徵卿. 組, 徵卿皆以受田宅賜錢, 吉封爲博陽侯, 臣尊不得比組, 徵卿. 臣年老居貧, 死在旦暮, 欲終不言, 恐使有功不著. 吉子顯坐微文奪爵爲關內侯, 臣愚以爲宜復其爵邑, 以報先入功德."

先是, 顯爲太僕十餘年, 與官屬大爲姦利, 臧千餘萬, 司隸校尉昌案劾, 罪至不道, 奏請逮捕. 上曰, "故丞相吉有舊恩, 朕不忍絶." 免顯官, 奪邑四百戶. 後復以爲城門校尉. 顯卒,子<u>昌</u>嗣爵關內侯.

| 註釋 | ○士伍尊 − 士伍는 작위나 관직을 박탈당해 士卒이 된 사람. 尊 (존)은 인명. ○遭離無辜 − 무고한데도 재앙을 당하다. 離는 遭遇(조우). ○復作胡組 − 復作은 1년간 노역의 형벌을 받는 사람. 胡組는 여자 죄수의 이름. ○條獄之詔 − 詔獄에 관련한 죄수는 모두 죽이라고 무제가 내린 명 령. ○臣尊日再侍臥庭上 − 郡獄의 마당에서 (아기라서) 누워있는 황증손을 모셨다는 뜻. ○不當在官 − 不當하게 獄官에게 잡혀있다. ○及組日滿當去 − 組(조)가 노역 날짜를 다 채워 떠나게 되다. ○少內嗇夫 − 少府의 창고 관 리자. 嗇夫(색부)는 하급 관리. 미관말직. ○去皇孫敖蕩 − 황손 곁을 떠나 멋 대로 놀다. ○數奏甘毳食物 − 맛있고 연한 음식을 자주 올리다. 毳 맛있을 취. 脆(물렁할 취)와 通. 가늘고 부드러운 털. ○擁全神靈 − 擁全(옹전)은 지 켜주다. 보존하다. ○介之推(개지추, 介子推) − 춘추시대 晉의 대부. 晉 公子 重耳(뒷날 晉 文公, 前 636 − 628년 재위, 五霸의 한 사람)가 망명 중에 굶어 걷 지도 못하자 개지추는 자기 살점을 도려 중이에게 먹였다. 문공의 賞與를 거 부하고 綿山에 은거. 개자추를 나오게 하려고 산에 불을 질렀고 개자추는 불 에 타 죽었다고 한다. ○微文(미문) − 가혹한 법조문. ○司隸校尉 − 중앙관 서에서 사역하는 노예를 감독하는 직책이었으나 나중에서 경사 및 三輔와 三河, 弘農郡 등 7개 군의 범법자를 규찰 임무 수행. 질록 2천석.

[國譯]

元帝 때 長安의 士伍인 尊(존)이란 사람이 상서하여 말했다.

"臣은 젊었을 때 郡 관저의 小吏였는데 저는 孝宣皇帝가 皇曾孫 으로 郡邸의 옥에 있을 때 뵈었습니다. 그때 治獄使者인 丙吉은 皇 曾孫께서 아무 죄도 없이 고생하는 것을 보고 인자한 마음이 발동하여 눈물을 흘리며 측은하게 생각하여 노역을 하는 여자 죄수 胡組(호조)를 골라 황손을 보살피게 하였고 병길도 늘 돌보았습니다. 臣尊(존)은 날마다 군 관사의 옥에서 누워 지내는 아기를 시중들었습니다. 뒷날 中都官을 나누어 詔獄 관련 죄수를 죽이라는 명이 내려졌을 때 병길은 학살에 항거하며 嚴刑峻法(엄형준법)을 피하지 않았습니다. 나중에 대사면을 받았을 때 병길은 감옥의 守丞인 誰如(수여)란 사람에게 황증손이 억울하게 감옥 안에 있다고 말하면서 수여를 시켜 京兆尹에게 공문을 보내고 황증손을 호조와 함께 경조윤에게 보냈으나 경조윤은 받지 않으며 다시 돌려보냈습니다. 호조의 형기가 끝나 나가려 하자, 황손이 그리며 떨어지지 않자 병길은 개인 비용으로 호조를 고용하여 몇 달간 郭徵卿(곽미경)과 함께 더 지내게 한 뒤에 호조를 떠나보냈습니다. 뒷날 少內의 嗇夫(색부) 병길에게 말했습니다. '황손에게 식사를 공급하라는 문서가 내려오지 않습니다.' 그때 병길은 쌀과 고기를 구해다가 여러 달 황손에게 드시게 하였습니다. 병길이 혹 몸이라도 아픈 날이면 저를 시켜 조석으로 황손의 안부를 물으며 자리가 진자리인지, 마른자리인가를 살피게 하였습니다. 호조와 곽미경이 밤낮으로 황손의 곁을 떠나 멋대로 놀지 못하게 살피라 하였고 맛있고 연한 음식을 자주 올렸습니다. 그렇게 신령을 보호하고 귀하신 옥체를 양육하였으니 그 공덕은 끝이 없었습니다. 그것이 천하의 福이며 그에 대한 보답이 있을 줄을 어찌 알았겠습니까! 진실로 그 인자한 은덕은 내심에서 우러나는 것이었습니다. 비록 介之推(개지추)가 살점을 베어내 주군을 살렸다지만 이보다는 못할 것입니다. 孝宣皇帝 재위 중에 臣은 상서하여 이를 말씀드렸고 다행히 병길에게 문서가 내려갔지만 병길은 겸양으로 자신의 공을 자랑하지 않았기에 臣의 글은 삭제하고 오직 호조와 곽미경만 칭송하였습니다. 호조와 곽미경은 모두 田宅과 상금을 하사 받았고 병길은 博陽侯에 봉해졌지만 저는 호조와 곽미경에 비해 받은 것이 거의 없습니다. 臣은 이제 늙고 가난하며 조석으로 언제 죽을지 모르기에 끝내 말을 아니하려 했지만 공이 있어도 드러나지 않을까 걱정할 뿐입니다. 丙吉 아들 丙顯(병현)이 엄한 법에 걸려 관내후로 작위가 강등되었으나 臣은 응당 그 작읍을 회복시켜 주어야 이전의 공덕에 대한 보답이 될 것이라 생각합니다."

이보다 앞서 (丙吉의 長子) 丙顯은 太僕으로 10여 년을 근무하면서 그 속관들과 함께 부정을 해서 천여만 전을 착복하였는데 司隷校尉(사예교위)인 昌(창)이 이를 탄핵하여 무도한 죄로 판결이 나 체포하겠다고 주청하였다.

원제는 "예전 丞相 병길의 옛 은덕이 있어 짐은 차마 못하겠다."며 병현을 면직시키고 식읍 4백 호를 박탈하였다. 병현은 뒤에 다시 城門校尉에 임명되었다. 병현이 죽자 아들 병창이 관내후의 작위를 계승하였다.

原文

成帝時, 修廢功, 以吉舊恩尤重, 鴻嘉元年制詔丞相御史, "蓋聞襃功德, 繼絶統, 所以重宗廟, 廣賢聖之路也. 故博陽侯吉以舊恩有功而封, 今其祀絶, 朕甚憐之. 夫善善及子孫, 古今之通誼也, 其封吉孫中郎將, 關內侯昌爲博陽侯, 奉吉後."國絶三十二歲復續云. <u>昌</u>傳子至孫, <u>王莽</u>時乃絶.

| 註釋 | ○成帝 - 재위 前 32 - 7년. ○修廢功 - 끊어진 공신의 뒤를 잇게 하다. ○鴻嘉元年 - 前 20년.

〔國譯〕

　　成帝 때 공신의 뒤를 잇게 하면서 병길의 舊恩이 너무 중하다 생각하여 鴻嘉(홍가) 원년에 승상과 어사대부에게 명령하였다.

　　"아마도 공덕을 포상하고 단절된 자리를 잇는 것은 宗廟를 중시하고 賢聖한 인재를 등용하는 길을 넓히려는 뜻일 것이다. 예전 博陽侯 丙吉은 舊恩에 공적이 많아 제후가 되었으나 지금 그 제사가 끊겼다니 짐은 몹시 애처롭게 생각하노라. 선한 행적이 자손에게 미치는 것은 고금에 두루 통하는 대의이니 병길의 손자인 中郞將이며, 관내후인 丙昌(병창)을 博陽侯에 봉하여 병길의 뒤를 받들게 하라."

　　이리하여 후국 단절 32년에 다시 이어졌다. 병창에서 그 아들과 손자까지 이어졌으나 왕망 재위 중에 단절되었다.

原文

　　贊曰：古之制名, 必繇象類, 遠取諸物, 近取諸身. 故經謂君爲元首, 臣爲股肱, 明其一體, 相待而成也. 是故君臣相配, 古今常道, 自然之勢也. 近觀漢相, <u>高祖</u>開基, <u>蕭</u>,<u>曹</u>爲冠, <u>孝宣</u>中興, <u>丙</u>,<u>魏</u>有聲. 是時, 黜陟有序, 衆職修理, 公卿多稱其位, 海內興於禮讓. 覽其行事, 豈虛乎哉!

| 註釋 | ㅇ股肱(고굉) − 넓적다리와 팔. 팔과 다리. ㅇ蕭,曹爲冠 − 蕭何
와 曹參이 으뜸이었다. ㅇ黜陟(출척) − 면직과 등용. 黜 내칠 출. 陟 오를 척.
승진하다.

〖 國譯 〗
　班固의 論贊 : 옛날에 이름을 지으며 필히 그 모습을 따라 지었으
니 멀리는 사물에서 취하고 가깝게는 몸에서 취했다. 그래서 경전에
서도 주군을 元首라 하고 신하를 팔과 다리라 하여 한몸으로 서로
의지해야 성취할 수 있음을 밝혔다. 이처럼 君臣이 서로 짝이 되는
것은 고금의 常道이었고 자연스러운 형세였다. 근래 漢의 승상을 보
면 高祖가 나라를 열 때 蕭何와 曹參이 으뜸이었고, 宣帝의 중흥에
丙吉과 魏相의 명성이 있었다. 이때 면직과 승진에도 차례가 있었고
여러 직책이 잘 운영되면서 公卿은 그 직분을 잘 수행하였고 해내에
예절과 양보의 기풍이 있었다. 지난 일을 본다면 이 어찌 빈말이겠
는가!

75 眭兩夏侯京翼李傳
〔혜,양하후,경,익,이전〕

75-1. 眭弘

原文

眭弘字孟, 魯國蕃人也. 少時好俠, 鬪雞走馬, 長乃變節, 從嬴公受《春秋》. 以明經爲議郎, 至符節令.

| 註釋 | ○眭弘(혜홍) − 인명. 眭는 볼 혜, 성씨 혜. 움펑눈 휴. ○魯國 − 치소는 魯縣(今 山東省 曲阜市). ○蕃(번) − 현명. 今 山東省 남부 棗莊市 관할의 滕州市. ○嬴公(영공) − 동중서의 제자. 소제 때 諫大夫. 88권, 〈儒林傳〉 입전. ○符節令 − 少府의 속관. 황제의 印璽(인새)와 符節(부절)을 관리. 대신이 조서를 받고 임무를 수행할 때 황제의 대행이라는 뜻으로 符節을 수여하는데 이를 假節이라 하였다. 假는 빌리다. 빌려주다(借의 뜻).

眭弘(혜홍)의 字는 孟(맹)으로 魯國 蕃縣(번현) 사람이다. 젊어 협객을 좋아하고 투계와 말 타기를 즐겼으나 성인이 되어 지조를 바꿔 嬴公(영공)을 따라《春秋》를 공부했다. 明經으로 천거되어 議郎을 거쳐 符節令(부절령)이 되었다.

原文

孝昭元鳳三年正月, 泰山, 萊蕪山南匈匈有數千人聲, 民視之, 有大石自立, 高丈五尺, 大四十八圍, 入地深八尺, 三石爲足. 石立後有白烏數千下集其旁. 是時, 昌邑有枯社木臥復生, 又上林苑中大柳樹斷枯臥地, 亦自立生, 有蟲食樹葉成文字, 曰, '公孫病已立'. 孟推《春秋》之意, 以爲'石, 柳, 皆陰類, 下民之象, 泰山者, 岱宗之岳, 王者易姓告代之外. 今大石自立, 僵柳復起, 非人力所爲, 此當有從匹夫爲天子者. 枯社木復生, 故廢之家公孫氏當復興者也.' 孟意亦不知其所在, 卽說曰,

"先師董仲舒有言, 雖有繼體守文之君, 不害聖人之受命. 漢家堯後, 有傳國之運. 漢帝宜誰差天下, 求索賢人, 禪以帝位, 而退自封百里, 如殷, 周二王后, 以承順天命." 孟使友人內官長賜上此書. 時, 昭帝幼, 大將軍霍光秉政, 惡之, 下其書廷尉. 奏賜, 孟妄設祅言惑衆, 大逆不道, 皆伏誅. 後五

年, 孝宣帝興於民間, 卽位, 徵孟子爲郞.

| 註釋 | ○孝昭元鳳三年 – 前 78년. ○萊蕪山 – 漢 泰山郡의 山名. 今 山東省 淄博市 소재. ○匈匈 – 웅성대는 소리. ○岱宗之岳 – 으뜸이 되는 산. 岱宗은 泰山. 五嶽의 으뜸. ○王者易姓告代之外 – 易姓하고 舊王朝를 대신한 공적을 외부에 알리는 것. ○僵柳(강류) – 쓰러진 버드나무. 僵은 쓰러질 강. ○繼體守文之君 – 선왕의 제위를 계승하고 선왕의 법도를 준수하는 군주. ○誰差天下 – 천하에 묻다. 誰는 묻다. 差는 擇하다. ○禪 – 禪. 天祭를 지내다. ○內官長 – 漢初에는 少府에 속했다가 나중에는 宗正에 소속된 관직명. 尺寸 등 도량형의 표준을 관리하였다. ○設祅言 – 祅言을 퍼트리다. 祅는 妖.

[國譯]

　孝昭帝 元鳳 3년 정월에 泰山 萊蕪山의 남쪽에서 수천 명이 웅성대는 소리가 났는데 백성들이 가보니 큰 돌이 저절로 일어섰는데 높이는 1丈5尺에 크기는 48아름이나 되었고 8尺 깊이에 박혔는데 3개의 돌이 다리처럼 받치고 있었다. 돌이 일어선 뒤에 흰 새 수천 마리가 주변에 모여 있었다. 이때에 昌邑의 말라죽었던 社木이 다시 살아났고, 또 上林苑의 큰 버들이 잘려 쓰러져 있었는데 저절로 일어나 살아났으며 벌레가 파먹은 나뭇잎에 문자가 만들어졌는데 '公孫病已立(공손병이가 즉위)' 라고 쓰여 있었다.

　眭孟(혜맹, 혜홍)은 《春秋》의 뜻을 근거로 '돌과 버들은 모두 陰에 속하고 백성을 상징하고, 泰山이란 五嶽의 으뜸으로 王者가 易姓(역성)하고 바뀐 공을 외부에 알리는 곳이다. 지금 큰 돌이 저절로 일어

서고 쓰러졌던 버드나무가 다시 일어선 것은 人力이 아니니 이는 필
부에서 천자가 되는 사람이 있다는 뜻이다. 말라죽었던 社木이 다시
살아났다는 것은 철폐되었던 公孫氏가 다시 흥륭한다는 뜻이다.' 라
고 생각하였다. 그러나 혜맹은 그런 사람이 어디 있는가를 알 수가
없어 이렇게 말했다.

"董仲舒 先師께서 말씀하셨는데 비록 제위를 계승하고 법도를 준
수하는 군주가 있더라도 聖人이 天命을 받는 것을 방해할 수가 없
다. 漢 종실은 堯의 후손으로 傳國의 天運을 받았다. 漢帝는 천하의
현인을 묻고 찾아 帝位로 하늘에 제사하고 그 封地를 백리의 땅으로
줄여 殷의 周 두 왕실과 같게 하면서 天命에 순응해야 한다."

혜맹은 벗인 內官長 賜(사)를 시켜 이 글을 올리게 하였다. 그때는
昭帝가 어려서 대장군 霍光(곽광)이 정권을 잡고 있었는데 그런 말
을 싫어하여 그 글을 정위에게 넘겼다. (정위는) 賜(사)와 眭孟(眭弘)
이 요언을 지어내어 백성을 현혹시키는 대역무도한 자라고 모두 처
형하였다. 그 5년 뒤 孝宣帝가 민간에 있다가 즉위하니 眭孟(眭弘)의
아들을 불러 낭관에 임명하였다.

75-2. 夏侯始昌

原文

　夏侯始昌, 魯人也. 通《五經》, 以《齊詩》,《尙書》敎授. 自董仲舒,韓嬰死後, 武帝得始昌, 甚重之. 始昌明於陰陽, 先言柏梁臺災日, 至期日果災. 時, 昌邑王以少子愛, 上爲選師, 始昌爲太傅. 年老, 以壽終. 族子勝亦以儒顯名.

| 註釋 | ○夏侯始昌 - 夏侯(하후)는 복성. ○柏梁臺(백량대) - 武帝가 미앙궁 서쪽에 元鼎 2년(前 115)에 세운 건물. 太初 원년(前 104)에 벼락에 의한 화재로 소실되었다. ○昌邑王以少子愛 - 昌邑哀王 劉髆, 母는 李夫人. 애왕의 아들 劉賀는 昭帝의 뒤를 이어 즉위 27일 만에 폐위.

〔國譯〕

　夏侯始昌(하후시창)은 魯國 사람이다.《五經》에 박통했고《齊詩》와《尙書》를 가르쳤다. 董仲舒와 韓嬰(한영)이 죽은 뒤에 무제는 하후시창을 등용해 매우 신임하였다. 하후시창은 음양술에도 밝아 柏梁臺(백량대)에 재해가 발생할 날을 예언했는데 과연 그날에 화재로 소실되었다. 그때 昌邑王은 막내아들로 사랑을 받았는데 무제가 사부를 둘 때 하후시창을 太傅에 임명하였다. 하후시창은 늙어 천수를 누리고 죽었다. 族子인 夏侯勝(하후승) 또한 유생으로 유명하였다.

75-3. 夏侯勝

原文

夏侯勝字長公. 初, 魯共王分魯西寧鄉以封子節侯, 別屬
大河, 大河後更名東平, 故勝爲東平人. 勝少孤, 好學, 從始
昌受《尙書》及《洪範五行傳》, 說災異. 後事蕑卿, 又從歐陽
氏問. 爲學精孰, 所問非一師也, 善說禮服. 徵爲博士, 光祿
大夫. 會昭帝崩, 昌邑王嗣立, 數出. 勝當乘輿前諫曰, "天
久陰而不雨, 臣下有謀上者, 陛下出欲何之?" 王怒, 謂勝爲
祅言, 縛以屬吏. 吏白大將軍霍光, 光不擧法. 是時, 光與車
騎將軍張安世謀欲廢昌邑王. 光讓安世以爲洩語, 安世實不
言. 乃召問勝, 勝對言, "在《洪範傳》曰'皇之不極, 厥罰常
陰, 時則下人有伐上者', 惡察察言, 故云臣下有謀." 光, 安
世大驚, 以此益重經術士. 後十餘日, 光卒與安世白太后,
廢昌邑王, 尊立宣帝. 光以爲群臣奏事東宮, 太后省政, 宜
知經術, 白令勝用《尙書》授太后. 遷長信少府, 賜爵關內侯,
以與謀廢立, 定策安宗廟, 益千戶.

| 註釋 | ○魯共王 - 경제의 아들, 恭王. 劉餘. ○東平 - 국명. 甘露 원년
(前 53)에 大河郡을 동평국으로 개명하였다. ○《洪範五行傳》 - 夏侯始昌의
저서. 《書經 洪範》으로 음양의 災異를 설명한 책. 失傳. 劉歆의 《洪範五行傳
論》은 별개의 저술이다. ○蕑卿(간경) - 兒寬(예관)의 門人. 蕑은 등골나무

간. ○東宮 – 태후의 거처. 미앙궁의 동쪽 長樂宮.

〔國譯〕

夏侯勝(하후승)의 字는 長公이다. 전에 魯 共王이 魯國의 서쪽 寧鄕을 분할해서 아들 節侯를 봉하고 大河郡에 소속케 했는데 대하군이 뒤에 東平國으로 이름을 바꾸었기에 東平國 사람이 되었다. 하후승은 어려 부모를 잃었으나 호학하여 하후시창에게 《尙書》와 《洪範五行傳》의 災異說을 배웠다. 뒷날 蕳卿(간경)에게 사사하였고 또 歐陽氏를 찾아가 배웠다. 하후승은 학문에 두루 정통하려고 한 스승만을 모시지 않았고 禮制의 喪服에 대하여 박통했다. 부름을 받아 박사가 되었다가 光祿大夫로 승진하였다. 그때 昭帝가 붕어하고 昌邑王이 제위를 계승하였는데 자주 出遊하였다. 하후승은 수레 앞을 가로막고 간언을 하였다. "하늘이 오랫동안 흐리나 비를 내리지 않으니 신하로서 윗자리를 모의하는 자가 있을 것인데 폐하는 어디를 가시려 합니까?" 창읍왕은 노하여 하후승이 요사한 말을 한다며 관리에게 묶어두라고 하였다. 관리가 이를 대장군 곽광에게 보고하였으나 곽광은 법대로 처리하지 않았다. 이때 곽광과 거기장군 張安世는 창읍왕을 폐할 모의를 하고 있었다. 곽광은 장안세가 기밀을 누설했다고 생각하였으나 장안세는 사실 누설하지 않았다. 이에 하후승을 불러 물으니 하후승이 대답하였다. 《洪範傳》에 '군왕이 中正에 바로 서지 않으면 皇天의 징벌로 늘 음기가 성하고 아랫사람이 윗사람을 정벌한다.' 고 하였으니, 너무 상세하게 말할 수 없어 신하가 모의한다고 말한 것입니다." 이에 곽광과 장안세는 크게 놀랐고 이후 더욱 經學者를 중시하였다. 그 10여 일 뒤에 곽광과 장안세는 태후에게 아뢴 다음 창읍왕을 폐하고 선제를 옹립하였다. 곽광은 모든 신하가 東宮(장락궁)에 보고하고 太后가 정사를 돌보아야 한다고 생각했고 經學을 알아야 해서 하후승을 시켜《尙書》를 태후에게 교수하게 하였다. 하후승은 長信少府로 승진했다가 관내후의 작위를 받았는데 선제 옹립에 동참하여 종묘를 안정케 했다 하여 식읍 1천 호를 더 받았다.

原文

宣帝初卽位, 欲襃先帝, 詔丞相御史曰,

"朕以眇身, 蒙遺德, 承聖業, 奉宗廟, 夙夜惟念. 孝武皇帝躬仁誼, 厲威武, 北征匈奴, 單于遠循, 南平氐羌, 昆明, 甌駱兩越, 東定薉, 貉, 朝鮮, 廓地斥境, 立郡縣, 百蠻率服, 款塞自至, 珍貢陳於宗廟. 協音律, 造樂歌, 薦上帝, 封太山, 立明堂, 改正朔, 易服色. 明開聖緒, 尊賢顯功, 興滅繼絕, 襃周之後, 備天地之禮, 廣道術之路. 上天報況, 符瑞並應, 寶鼎出, 白麟獲, 海效巨魚, 神人並見, 山稱萬歲. 功德茂盛, 不能盡宣, 而廟樂未稱, 朕甚悼焉. 其與列侯, 二千石, 博士議."

於是群臣大議廷中, 皆曰, "宜如詔書." 長信少府勝獨曰, "武帝雖有攘四夷廣土斥境之功, 然多殺士衆, 竭民財力, 奢泰亡度, 天下虛耗, 百姓流離, 物故者半. 蝗蟲大起, 赤地數

千里, 或人民相食, 畜積至今未復. 亡德澤於民, 不宜爲立
廟樂." 公卿共難勝曰, "此詔書也." 勝曰, "詔書不可用也.
人臣之誼, 宜直言正論, 非苟阿意順指. 議已出口, 雖死不
悔." 於是丞相義, 御史大夫廣明劾奏勝非議詔書, 毀先帝,
不道, 及丞相長史黃霸阿縱勝, 不擧劾, 俱下獄. 有司遂請尊
孝武帝廟爲世宗廟, 奏〈盛德〉,〈文始〉,〈五行〉之舞, 天下世
世獻納, 以明盛德. 武帝巡狩所幸郡國凡四十九, 皆立廟,
如高祖,太宗焉.

| 註釋 | ○詔丞相御史曰 － 이 조서는 本始 4년(前 70) 5월에 내렸다. ○氏
族(저족), 羌族(강족) － 南蠻이 아니라 중국 西南의 소수민족이었다. ○昆
明(곤명), 甌(구), 駱(락) － 지금의 廣東, 廣西, 雲南省 일대의 蠻夷(만이).
○薉,貉,朝鮮 － 薉(예)는 東濊(동예), 貉(맥)은 貉族(맥족), 朝鮮은 衛滿朝
鮮. ○款塞(관새) － 변새의 국경에 들어오다. ○上天報況 － 上天에서 보답
하여 내려주다. 況은 貺(줄 황). ○寶鼎 － 寶鼎 원년(前 116)에 汾水(분수)에
서 周代의 鼎을 건져냈다. ○白麟獲 － 元狩(원수) 원년(前 122)에 白麟을 잡
아 연호를 바꾸었다. ○物故者半 － 物故는 죽다. ○赤地 － 오래 농사를 짓
지 않은 땅. ○廣明 － 田廣明. 90권,〈酷吏傳〉에 입전.

〔國譯〕

宣帝가 새로 즉위한 이후 先帝를 기리고 싶어 丞相과 御史에게
명했다.

"짐은 미미한 처지에서 선조의 은덕을 입고 帝業을 이어받았기에
종묘를 잘 받들고자 밤낮으로 생각하노라. 孝武皇帝께서는 몸소 인

의를 실천하시고 武威를 높여 북으로 흉노를 정벌하자 선우는 멀리 도주했고 남으로 氐族(저족), 羌族(강족), 昆明(곤명)과 甌(구)와 駱(락)의 兩越을 정벌하셨으며, 東쪽으로는 東濊(동예)와 貊族(맥족), 衛滿朝鮮을 평정하고 영역을 넓히시고 군현을 설치하였기에 여러 만이들이 복종하며 스스로 국경을 찾아오고 진기한 공물을 바쳐 종묘에 진설하였도다. 효무황제께서는 音律을 제정하고 禮樂을 짓고 上帝를 제사하며 太山(泰山)에 봉선하셨으며 明堂을 지었고 正朔을 개정하였으며 服制를 변경하였도다. 성왕의 업적을 열어 현인을 우대하고 그 공을 높였으며 끊어진 世系를 이어 周의 후손을 봉했고 천지제사의 예법을 정비하였으며 학술의 길을 넓히셨도다. 하늘도 이에 보답하여 상서로운 길조가 함께 응하고 寶鼎(보정)을 내주었으며, 白麟이 출현하고 바다에 큰 물고기를 보냈으며 神人이 출현하였고 태산에 만세소리가 울렸다. 이처럼 위대한 공덕을 다 말을 할 수가 없으나 아직 묘당의 예악도 없기에 짐은 심히 애석해 하고 있다. 이에 열후와 2천석 관리, 박사들이 함께 의논하도록 하라.”

이에 群臣들은 조정에서 크게 회의를 하였고 모두가 “조서와 같이 하는 것이 옳다.”고 말했다. 그러나 長信少府인 하후승이 홀로 말했다.

“무제께서 비록 四夷를 물리치고 영역을 크게 확대하신 공적은 있으나 많은 병사를 죽게 하였고 백성의 財力을 고갈시켰으며 지나친 사치로 천하를 텅 비게 만들어 백성은 유랑하였고 죽은 자가 절반에 가까웠습니다. 蝗蟲(황충)이 자주 나타났고 황무지가 수천 리나 되며 백성들이 서로 잡아먹기도 하였으며 지금까지도 백성들 살림이 회복되지 않고 있습니다. 백성에게 베푼 은택이 없으니 廟堂의 예악을 올릴 수 없습니다."

공경들은 모두 하후승을 비난하며 말했다. "이는 폐하의 조서입니다."

그래도 하후승이 말했다. "詔書라도 받아들일 수 없습니다. 人臣의 大義로 응당 직언하고 정론을 말해야 하지 구차히 폐하의 뜻을 따라 아부할 수 없습니다. 저의 의견은 이미 말했으니 죽더라도 후회하지 않습니다."

이에 승상 蔡義와 어사대부 田廣明은 하후승이 조서를 비난하여 先帝의 덕을 훼손하는 무도한 짓을 하였다고 탄핵 상주하였으며, 丞相長史인 黃霸(황패)는 하후승의 편에 섰다 하여 탄핵은 하지 않았으나 같이 하옥하였다. 담당 관리가 孝武帝廟를 世宗廟로 높이며 〈盛德〉, 〈文始〉, 〈五行〉의 舞樂을 연주케 하고 천하가 대대로 헌납하여 성덕을 밝게 드러내겠다고 주청하였다. 그리고 武帝가 巡狩하며 다녀간 총 49개 군국에 高祖廟와 太宗廟 같은 묘당을 세우게 하였다.

勝, 霸旣久繫, 霸欲從勝受經, 勝辭以罪死. 霸曰, "朝聞道, 夕死可矣." 勝賢其言, 遂授之. 繫再更冬, 講論不怠.

至四年夏, 關東四十九郡同日地動, 或山崩, 壞城郭室屋, 殺六千餘人. 上乃素服, 避正殿, 遣使者弔問吏民, 賜死者棺錢. 下詔曰, "蓋災異者, 天地之戒也. 朕承洪業, 托士民之上, 未能和群生. 曩者地震北海,琅邪, 壞祖宗廟, 朕甚懼焉. 其與列侯,中二千石博問術士, 有以應變, 補朕之闕, 毋有所諱." 因大赦. 勝出爲諫大夫,給事中, 霸爲揚州刺吏.

| 註釋 | ○朝聞道, 夕死可矣 -《論語 里仁》. ○至四年夏 - 本始 4년(前 70). ○北海,琅邪 - 모두 군명. 북해군 치소는 營陵縣(今 山東省 濰坊市). 琅邪郡(낭야군) 치소는 東武縣(今 山東省 諸城市). ○術士 - 유학자 중에서도 음양과 五行에 밝은 사람. ○闕 - 잘못. 과오. ○給事中 - 加官의 칭호, 황제의 측근으로 매일 알현하고 자문에 응대. 尙書의 업무를 분담하는 中朝의 요직. 名儒나 황제의 인척, 大夫, 博士, 議郞 등이 받을 수 있는 加官. ○揚州刺使 - 13자사부의 하나. 九江郡, 會稽郡 등 5군과 六安國을 감찰.

〔 國譯 〕

하후승과 황패는 오랫동안 갇혀 있었는데 황패는 황후승에게 경전을 배우려 했으나 하후승은 죽을 죄인이라며 거절하였다. 그러자 황패가 말했다. "아침에 道를 깨우쳤다면 저녁에 죽어도 좋다고 하였습니다." 하후승은 옳은 말이라 생각하고 경전을 교수하였다. 그 다음 해 겨울이 지나도록 강론을 게을리 하지 않았다.

本始 4년 여름에 關東 49개 군에서 같은 날 지진이 일어나 산이 무너지거나 성곽과 가옥이 부서졌고 6천여 명이 죽었다. 선제는 소복으로 正殿을 피했고 사자를 보내 백성들을 위문하고 죽은 자를 위한 관 값을 하사하였다. 그리고 조서를 내렸다.

"이런 재해는 아마 天地가 내리는 훈계일 것이다. 짐은 제업을 이어받아 백성들 위에 있으면서 백성과 화합을 이루지 못했노라. 지난

번에 북해군과 낭야군에서 祖宗의 묘당이 무너질 때도 짐은 심히 두려웠도다. 이에 열후와 中 2천석은 術士들에게 두루 물어 변고에 대응하며 짐의 부족한 부분을 보완하되 꺼리지 말지어다."

이어 대사면령을 내렸다. 하후승은 출옥하여 諫大夫, 給事中에 임명되었고 황패는 揚州刺史가 되었다.

勝爲人質樸守正, 簡易亡威儀. 見時謂上爲君, 誤相字於前, 上亦以是親信之. 嘗見, 出道上語, 上聞而讓勝, 勝曰, "陛下所言善, 臣故揚之. 堯言佈於天下, 至今見誦. 臣以爲可傳, 故傳耳." 朝廷每有大議, 上知勝素直, 謂曰, "先生通正言, 無懲前事."

| 註釋 | ○見時謂上爲君 – 見時는 천자를 알현할 때. 천자가 대신을 지칭할 때 君이라 하였다. ○誤相字於前 – 황제 앞에서는 상대방 신하의 본명을 불러 지칭했고 字를 부를 수 없었다. ○無懲前事 – 前事는 무제를 世宗으로 추숭하는 것을 반대했던 일.

[國譯]

하후승은 사람이 질박하고 정직하였으며 소탈하여 점잖을 빼지 않았다. 천자를 알현하면서 천자를 君이라 불렀고 천자 앞에서 상대의 字를 부르기도 하였는데 선제 역시 이 때문에 더 친밀하게 생각하였다. 전에 천자를 알현하고 밖에 나가 이 말을 다른 사람에게 전했는데 선제가 이를 알고 하후승을 질책하자 하후승이 말했다.

"폐하의 말씀이 좋아 이를 알리고 싶었습니다. 堯의 말씀이 천하에 공포되었기에 지금까지도 칭송을 받고 있습니다. 저는 널리 전하는 것이 좋다고 생각하여 전했을 뿐입니다."

조정에서 큰 의논이 있을 때마다 선제는 하후승이 평소 곧다는 것을 알기에 "선생은 正言만을 말하기에 전에 있었던 일을 탓하지 않는 것이요."라고 말했다.

原文

勝復爲長信少府, 遷太子太傅. 受詔撰《尙書》,《論語》說, 賜黃金百斤. 年九十卒官, 賜塚塋, 葬平陵. 太后賜錢二百萬, 爲勝素服五日, 以報師傅之恩, 儒者以爲榮.

始, 勝每講授, 常謂諸生曰, "士病不明經術, 經術苟明, 其取靑紫如俯拾地芥耳. 學經不明, 不如歸耕."

| 註釋 | ○長信少府 – 황태후 궁전(長信宮)의 업무와 물자 공급을 담당. 질록 2천석. ○《論語》說 –《論語》에 대한 여러 학설. 說은 그 뜻을 설명한 글. 義疏(의소)와 同. 〈藝文志〉《書經》에《大小夏侯章句》는 있지만,《論語》에는 夏侯의 說이 없다는 註가 있다. ○靑紫如俯拾地芥 – 靑紫(청자)는 印綬(인수)의 색깔. 공후장군은 紫綬, 九卿과 中 2천석, 2천석 관리는 청색이었다. 俯拾(부습)은 몸을 구부려 줍다. 地芥(지개)는 땅의 지푸라기. 곧 쉽게 얻을 수 있다는 뜻. 芥는 草芥. 지푸라기. 보잘 것 없는 물건.

하후승은 다시 長信少府가 되었다가 太子太傅로 승진하였다. 명을 받아 《尙書》와 《論語》에 대한 학설을 모아 편찬하여 황금 백 근을 하사받았다. 나이 90에 관직을 갖고 죽었는데 무덤 자리를 하사받고 平陵에 묻혔다. 태후는 금전 이백만을 하사하고 하후승을 위해 5일간 소복하여 사부의 은혜를 생각하였는데 유생에게는 영광이었다.

전에 하후승은 강의할 때마다 여러 유생들에게 말했다.

"士人은 경학에 불통한 것을 걱정해야 하니 경학에 밝다면 고관이 되는 일은 허리를 굽혀 땅의 지푸라기를 줍는 것과 같다. 경전을 배워 통하지 못한다면 농사짓는 것만도 못하다."

原文

勝從父子建字長卿, 自師事勝及歐陽高, 左右釆獲, 又從《五經》諸儒問與《尙書》相出入者, 牽引以次章句, 具文飾說. 勝非之曰, "建所謂章句小儒, 破碎大道." 建亦非勝爲學疏略, 難以應敵. 建卒自顓門名經, 爲議郎, 博士, 至太子少傅. 勝子兼爲左曹太中大夫, 孫堯至長信少府, 司農, 鴻臚, 曾孫蕃郡守, 州牧, 長樂少府. 勝同産弟子賞爲梁內史, 梁內史子定國爲豫章太守. 而建子千秋亦爲少府, 太子少傅.

|註釋| ○從父 – 伯父나 叔父. ○左右釆獲 – 양쪽의 학설을 받아들이

다. 獲 얻을 획. ○相出入者 - 서로 다른 내용. ○牽引以次章句 - 牽引하여 章句로 엮다. 次는 차례에 따라 편찬하다. 章句는 문장, 구절. ○章句小儒 - 章句에만 집착하여 大義를 모르는 유생. ○自顓門名經 - 경전에서 一家의 학문 체계를 이룩하다. ○議郞 - 광록훈의 속관, 宿衛는 하지 않고 황제의 고문에 응대하며 정사 의논에 참여하는 황제의 근신. 秩는 比6百石. ○左曹太中大夫 - 左曹는 가관의 명칭. 조정 정사 논의에 참여할 수 있다. 太中大夫는 郞中令의 속관. 議論을 담당. ○豫章太守 - 豫章郡의 치소는 南昌縣, 今 江西省 南昌市.

[國譯]

　　夏侯勝 從父의 아들인 夏侯建의 字는 長卿인데, 夏侯勝과 歐陽高에게 師事하면서 양쪽의 학설을 받아들였고 여러 유학자를 따라 《五經》을 배우면서 《尙書》의 내용이 서로 다른 것을 모아 章句로 엮어 내용을 첨가하고 해설하였다. 夏侯勝은 이에 대하여 "夏侯建은 章句小儒이며 大道의 부스러기나 줍는다."며 폄하하였다. 하후건도 역시 夏侯勝의 학문 연구가 疏略(소략)하여 논쟁에 대응하지 못한다고 비난하였다. 하후건은 결국 一家之學을 이루었는데 議郞과 박사를 거쳐 태자소부에 이르렀다. 하후승의 아들인 夏侯兼(하후겸)은 左曹太中大夫이었으며, 손자인 夏侯堯는 長信少府와 대사농, 대홍려를 지냈고, 증손인 夏侯蕃은 군수와 州의 牧과 長樂少府를 역임하였다. 하후승 同腹 동생의 아들인 夏侯賞은 梁國의 內史이었고, 梁內史의 아들인 夏侯定國은 예장태수이었다. 夏侯建의 아들 夏侯千秋 역시 少府와 太子少傅를 역임했다.

75-4. 京房

京房字君明, 東郡頓丘人也. 治《易》, 事梁人焦延壽, 延壽
字贛. 贛貧賤, 以好學得幸梁王. 梁王共其資用, 令極意學.
既成, 爲郡史, 察擧補小黃令. 以候司先知姦邪, 盜賊不得
發. 愛養吏民, 化行縣中. 擧最當遷, 三老官屬上書願留贛,
有詔許增秩留, 卒於小黃. 贛常曰, "得我道以亡身者, 必京
生也." 其說長於災變, 分六十四卦, 更直日用事, 以風雨寒
溫爲候, 各有占驗. 房用之尤精. 好鐘律, 知音聲. 初元四年
以孝廉爲郎.

| 註釋 | ○京房 - 88권, 〈儒林傳〉에도 小傳을 실어 학파를 소개하였다.
○東郡 頓丘 - 東郡의 치소는 濮陽縣(복양현, 今 河南省 濮陽市 서남). 頓丘
(돈구)는 縣名. 今 河南省 濮陽市(복양시) 관할의 淸豐縣. ○梁 - 侯國. 치소
는 睢陽縣(수양현, 今 河南省 중동부의 商丘市). ○共其資用 - 學資 비용을 공
급하다. 共은 供. 極意는 盡心. ○小黃 - 縣名. 今 河南省 開封市 남쪽. ○擧
最當遷 - 最는 업무 평가의 1등. 遷은 승진하다. ○三老 - 일종의 鄕官. 주
민 중에서 40세 이상으로 덕행이 뛰어난 사람을 뽑아 주민 교화의 일익을 담
당하고 현령, 현승에게 민의를 건의하였다. ○鐘律 - 음율. ○初元四年 -
元帝의 첫 번째 연호. 前 45년. ○孝廉 - 인재 추천 영역의 하나. 효행과 淸
廉(청렴) 2개 분야임. 郡國에서 매년 1, 2명을 추천.

〖國譯〗

京房의 字는 君明인데, 東郡 頓丘縣(돈구현) 사람이다. 《易經》을 전공하여 梁人 焦延壽(초연수)를 사사하였는데 초연수의 字는 贛(장)이었다. 焦贛(초장)은 빈천하였으나 다행히도 梁王의 신임을 받았다. 梁王은 초장의 學資를 대주면서 학문에만 전념토록 하였다. 초장은 학문을 마치고 郡史가 되었다가 천거를 받아 小黃 현령이 되었다. 초장은 간악한 무리를 살펴 미리 알고 있었기에 도적이 일어나질 못했다. 초장은 백성들을 잘 다스려 소황현의 敎化가 성공하였다. 업무평가에서 최고 등급을 받아 승진하게 되자 三老와 속관들이 상서하여 초장의 유임을 요청했고, 조서로 녹봉을 늘려 유임케 하였는데 소황현에서 죽었다. 초장은 "나의 학문을 배워 몸을 망칠 자는 틀림없이 京房일 것이다."라고 자주 말하였다. 초장의 학설은 재이와 변고에 뛰어났는데 64괘를 나누어 해당 날짜에 맞춰 풀이하여 풍우와 한서를 예측하여 상당히 잘 맞았다. 경방은 초장보다 더욱 정통하였다. 경방은 음악을 좋아하여 음률에도 조예가 깊었다. 初元 4년에 효렴으로 천거되어 낭관이 되었다.

原文

永光,建昭間, 西羌反, 日蝕, 又久青亡光, 陰霧不精. 房數上疏, 先言其將然, 近數月, 遠一歲, 所言屢中, 天子說之. 數召見問, 房對曰, "古帝王以功擧賢, 則萬化成, 瑞應著, 末世以毀譽取人, 故功業廢而致災異. 宜令百官各試其功,災異可息."

詔使房作其事, 房奏考功課吏法. 上令公卿朝臣與房會議溫室, 皆以房言煩碎, 令上下相司, 不可許. 上意鄕之. 時, 部刺史奏事京師, 上召見諸刺史, 令房曉以課事, 刺史復以爲不可行. 唯御史大夫鄭私, 光祿大夫周堪初言不可, 後善之.

〖 國譯 〗

원제 永光, 建昭 연간에 西羌(서강)족이 반기를 들었고 일식이 있었으며 오랫동안 개였지만 빛이 없고 陰霧(음무)에 청명하지 않았다. 京房(경방)은 여러 번 상소하여 먼저 그럴 수밖에 없다는 것을 말하였으며 이후로 몇 달 또는 일 년 가까이 예언한 것이 모두 적중하여 원제는 경방을 좋아하였다. 원제가 경방을 자주 불러 묻자 경방이 대답하였다.

"옛 제왕은 공적에 따라 현인을 등용하여 만사와 만물이 잘 돌아
가고 길조도 부응하였으나 말세에는 명성 여부에 따라 인재를 쓰니
공적이 무시되고 재해와 이변을 불러왔습니다. 모든 관리의 공적을
잘 평가한다면 재해와 이변을 종식할 수 있습니다."

이에 조서를 내려 경방에게 계획을 세우라고 하자 경방이 관리
업무 평가 방안을 상주하였다. 원제가 이를 공경 대신과 경방이 溫
室에 모여 회의하게 하였는데 모두가 경방의 계획이 너무 번잡하고
상하가 서로를 감시해야 한다며 실행해서는 안 된다고 말했다. 원제
의 생각도 그런 쪽이었다. 그때 각 자사부의 자사가 장안에 업무보
고 차 모였기 때문에 원제는 그들을 불러 모아 경방이 설명하였는데
자사들도 시행할 수 없다고 하였다. 다만 어사대부 鄭私과 광록대부
周堪(주감)은 처음에는 안 된다고 했다가 나중에는 찬성하였다.

原文

是時, 中書令石顯顓權, 顯友人五鹿充宗爲尙書令, 與房
同經, 論議相非. 二人用事, 房嘗宴見, 問上曰, "幽,厲之君
何以危? 所任者何人也?" 上曰, "君不明, 而所任者巧佞."
房曰, "知其巧佞而用之邪, 將以爲賢也?" 上曰, "賢之." 房
曰, "然則今何以知其不賢也?" 上曰, "以其時亂而君危知
之." 房曰, "若是, 任賢必治, 任不肖必亂, 必然之道也. 幽,
厲何不覺寤而更求賢, 曷爲卒任不肖以至於是?" 上曰, "臨
亂之君各賢其臣, 令皆覺寤, 天下安得危亡之君?" 房曰,

"齊桓公, 秦二世亦嘗聞此君而非笑之, 然則任豎刁,趙高, 政治日亂, 盜賊滿山, 何不以幽,厲卜之而覺寤乎?" 上曰, "唯有道者能以往知來耳." 房因免冠頓首, 曰, "《春秋》紀二百四十二年災異, 以視萬世之君. 今陛下卽位已來, 日月失明, 星辰逆行, 山崩泉湧, 地震石隕, 夏霜冬靁, 春凋秋榮, 隕霜不殺, 水旱螟蟲, 民人饑疫, 盜賊不禁, 刑人滿市, 《春秋》所記災異盡備. 陛下視今爲治邪, 亂邪?" 上曰, "亦極亂耳. 尙何道!" 房曰, "今所任用者誰與?" 上曰, "然幸其愈於彼, 又以爲不在此人也." 房曰, "夫前世之君亦皆然矣. 臣恐後之視今, 猶今之視前也." 上良久乃曰, "今爲亂者誰哉?" 房曰, "明主宜自知之." 上曰, "不知也, 如知, 何故用之?" 房曰, "上最所信任, 與圖事帷幄之中, 進退天下之士者是矣." 房指謂石顯, 上亦知之, 謂房曰, "已諭."

| 註釋 | ○中書令石顯顓權 – 中書令은 中書謁者令의 간칭. 상주하는 문서나 詔命을 전달. 환관이 담당. 石顯(석현, ? – 前 33)의 字 君房, 환관. 元帝가 聲色에 탐닉하며 정사에 소홀하자 석현이 권력을 잡고 휘둘렀다. 93권, 〈佞幸傳〉에 立傳. 顓權(전권)은 專權. ○五鹿充宗(오록충종) – 五鹿은 복성. ○同經 – 같은 경전을 전공했다. 경방과 오록충종이 모두 《易經》을 전공했다. ○幽,厲 – 西周의 마지막 왕인 幽王(유왕, 前 872 – 771 재위)과 유왕의 祖父 厲王(여왕). 厲王이 유폐되어 있는 동안 周에서는 共和政이 있었다. ○曷爲 – 어찌하여. 무엇 때문에. 曷 어찌 갈. ○豎刁,趙高 – 豎刁은 齊 桓公의 환관인 豹(표)를 멸시하여 부르는 말. 趙高는 시황제의 환관, 2세를 즉

위시켰고 扶蘇를 죽였으며 李斯를 처형하고 2세 황제마저 죽였다. 豎 더벅
머리 수. 환관. ○ 靁 – 雷의 古字. ○ 帷幄(유악) – 휘장. 천자가 決策하는 곳.

〔國譯〕

이 무렵 中書令 石顯(석현)이 전권을 쥐고 석현의 벗인 五鹿充宗
(오록충종)이 상서령이었는데 경방과는 같은 경전을 전공했으나 논
조는 서로 달랐다. 두 사람이 권력을 쥐었을 때, 경방이 한가한 시간
에 원제를 알현하면서 물었다.

"幽王과 厲王(여왕)은 왜 위기에 몰렸겠습니까? 그리고 어떤 사람
을 등용했다고 생각하십니까?" 원제가 대답하였다. "주군은 명철하
지 못했고 간사하고 아부하는 자를 등용하였소." 경방이 또 물었다.
"간사하며 아첨하는 줄을 알고도 등용했습니까? 아니면 현명하다
고 생각했겠습니까?" 원제는 "현명하다고 여겼을 것이다."라고 말
했다. 경방이 또 물었다. "그렇다면 지금은 왜 그 사람들을 현명하
지 않다고 생각합니까?" 원제가 대답하였다. "그 시대가 난세였고
주군이 망했기에 알 수 있소." "그렇다면 현인에게 맡기면 治世이지
만, 불초한 사람에게 맡기면 혼란해지는 것은 필연의 이치입니다.
유왕이나 여왕이 왜 그것을 못 깨닫고 현인을 구하려 안 했으며 어
찌하여 끝까지 무능한 자에게 나라를 맡겨 그 지경에 이르렀겠습니
까?" 이에 원제가 되물었다. "난세에 처한 주군이라도 그 신하를 현
명하다 생각하거늘, 그런 것을 깨달았다면 나라를 망친 군주가 어디
에 있겠는가?" 이에 경방이 말했다. "齊의 桓公이나 秦의 二世라도
그런 주군에 대한 말을 들었으면 비웃었겠지만 그런데도 齊 환공은
환관 豎翌(수습)을, 2세 황제는 趙高(조고)를 등용하여 정치는 날로

어지러웠으며 도적 떼는 모든 산에 가득했었는데 왜 유왕과 여왕의 경우를 깨닫지 못했겠습니까?" 이에 원제가 대답하였다. "道를 아는 자만이 지난 일에 의거 다가올 일을 알 수 있소."

이에 경방은 관을 벗고 머리를 조아리며 말했다.

"《春秋》는 242년간의 재해와 이변을 기록하여 후대 만세의 군주에게 보여주고 있습니다. 지금 폐하께서 즉위하신 이후로 日月은 그 빛을 잃었고 星辰(성신)이 역행하고, 산이 무너지고 물이 솟으며 지진이 일어나고 운석이 떨어지며, 여름에 서리가 내리고 겨울에 천둥이 치며 봄에 낙엽이 지고 가을에 꽃이 피며 서리가 내려도 잎이 죽지 않고 수해와 가뭄과 황충의 피해가 겹쳐 백성이 기아와 질병에 시달리며 도적은 잡지 못하고 형벌 받은 사람은 거리에 가득하니 《春秋》에 기록된 재해가 모두 다 일어나고 있습니다. 폐하께서는 지금 이 시대를 治世로 보십니까? 아니면 난세입니까?"

원제가 대답하였다. "지금도 아주 난세이다. 그렇다면 무슨 수가 있겠는가!" 경방이 말했다. "지금은 어떤 사람을 등용하셨습니까?" 원제가 대답했다. "그러나 저 사람보다 이 사람이 낫다 한들 역시 그 사람 때문이라 하지 않겠는가?" 경방이 말했다. "그렇다면 前世의 주군도 다 그렇지 않겠습니까? 臣이 걱정하는 것은 후세 사람이 지금을 본다면, 지금 사람이 이전을 보는 것과 같을 것입니다." 원제는 한참 있다가 말했다. "지금의 이 혼란은 누구 때문인가?" 경방이 말했다. "明主께서 스스로 아실 것입니다." 원제가 말했다. "모르는 것이지 안다면 왜 등용하겠는가?" 경방이 말했다. "주상께서 가장 신임하시며 폐하의 최측근에서 일을 꾸미며 천하 인재의 진퇴를 쥐고 있는 사람이 바로 그 사람입니다." 경방이 석현을 지칭해서 말하는 것을 원제 역시 알고 있었기에 경방에게 말했다. "벌써 알고 있었소."

原文

房罷出, 後上令房上弟子曉知考功課吏事者, 欲試用之. 房上中郎任良,姚平, "願以爲刺史, 試考功法, 臣得通籍殿中, 爲奏事, 以防雍塞." 石顯,五鹿充宗皆疾房, 欲遠之, 建言宜試以房爲郡守. 元帝於是以房爲魏郡太守, 秩八百石居, 得以考功法治郡. 房自請, 願無屬刺史, 得除用它郡人, 自第吏千石已下, 歲竟乘傳奏事. 天子許焉

| 註釋 | ○臣得通籍殿中 - 通籍은 궁문 출입자 명부에 성명을 올리는 것. 출입자 명부에 올라가면 다른 허가 없이 궁궐에 출입할 수 있다. ○雍塞(옹색) - 壅塞(옹색). ○魏郡太守 - 魏郡은 큰 郡이었다. 치소는 鄴縣(今 河北省 邯鄲市 관할의 臨漳縣). ○秩八百石居 - 본래 태수의 질록은 2천석이었고 三河와 같은 요지의 태수는 中二千石이었다. 경방은 본래 질 6백석의 낭관으로 임시 군수로 등용하였기에 질록을 8백석으로 정한 것이다. ○自第吏千石已下 - 第는 평정하다. 已下는 以下. ○傳車 - 관리 출장이나 공문 전달을 위한 수송체계. 驛傳의 수레.

〔國譯〕

경방은 알현을 마치고 나왔는데, 그 뒤에 원제는 경방의 수제자

로 관리 업무 평정을 잘 아는 자를 추천받아 시험적으로 등용하려고
했다. 경방은 中郞인 任良과 姚平(요평)을 추천하며 말했다. "이들을
자사로 임명하여 관리 평가를 시험해 보시고, 또 臣이 어전에 출입
할 명부를 올려 업무를 아뢰는데 방해받지 않게 해주십시오."

　석현과 오록충종은 경방을 질시하여 멀리 보내려 했기에 경방을
군 태수에 임명하여 시험해 보아야 한다고 건의하였다. 이에 원제는
경방을 魏郡太守에 임명하였는데 질록은 8백석으로 정하고 치군의
실적을 평가하기로 하였다. 경방도 이를 자청하였는데 자사의 감독
을 받지 않고 타 郡의 인재도 골라 쓸 수 있으며 질록 1천석 이하의
관리를 자신이 평가하되 연말에 傳車를 통해 실적을 보고하겠다고
요구하였다. 천자는 이를 허락하였다.

原文

　房自知數以論議爲大臣所非, 內與石顯,五鹿充宗有隙,
不欲遠離左右, 及爲太守, 憂懼. 房以建昭二年二月朔拜,
上封事曰, "辛酉已來, 蒙氣衰去, 太陽精明, 臣獨欣然, 以
爲陛下有所定也. 然少陰倍力而乘消息. 臣疑陛下雖行此
道, 猶不得如意, 臣竊悼懼. 守陽平侯鳳欲見未得, 至己卯,
臣拜爲太守, 此言上雖明下猶勝之效也. 臣出之後, 恐必爲
用事所蔽, 身死而功不成, 故願歲盡乘傳奏事, 蒙哀見許.
乃辛巳, 蒙氣復乘卦, 太陽侵色, 此上大夫覆陽而上意疑也.
已卯,庚辰之間, 必有欲隔絶臣令不得乘傳奏事者."

| 註釋 | ○有隙 - 怨恨. 隙 틈 극. ○建昭二年 - 원제의 연호. 前 37년.
○拜 - 拜受官職. ○辛酉已來 - 辛酉日 이래로. ○而乘消息 - 太陰을 消라
하고, 太陽을 息이라 하며, 음과 양의 성장과 소멸을 말한다. 만물의 성장과
소멸. ○守陽平侯鳳 - 守는 求, 청하다. 陽平侯 鳳은 王鳳, 원제의 외삼촌.

[國譯]

　　京房은 여러 번의 회의를 통해 (考課 評定 方案이) 대신들에게 배
척당한 것을 알고 있으며, 안으로 石顯이나 五鹿充宗과 원한이 있어
천자의 측근에서 멀리 떠나길 원치 않았으나 이제 태수 발령을 받았
기에 걱정 속에 두려웠다. 경방은 建昭 2년 2월 초에 관직을 받았는
데 封事를 올려 말했다.

　　"신유일 이래로 어두운 기운이 사라지며 태양이 精明하여 臣은
특히나 기뻐하며 폐하에 의해 안정되어 간다고 생각하였습니다. 그
러나 少陰이 힘을 더하면서 消息(소식, 성장과 소멸, 만물의 변화)의 기
운을 조절하고 있습니다. 이에 신은 폐하께서 이 방법을 실행하여도
비록 여의하지 못할까 상당히 걱정하며 두렵습니다. 신이 陽平侯 王
鳳을 뵙고자 했으나 만나지 못했으며 기묘일에 이르러 臣이 太守를
제수 받았는데, 이는 주상께서 명철하게 이해를 하시더라도 아래에
서 오히려 폐하의 뜻을 가로막고 있는 것입니다. 신이 군으로 나간
뒤에도 틀림없이 권력을 쥔 자에 의해 막힐 것이고 제 몸은 죽게 되
고 효과를 거둘 수 없을 것이지만 신은 그래서 연말에 傳車를 통해
업적을 상주하겠다고 말씀드렸고 성은으로 승낙을 받았습니다. 이
어 辛巳日에 어두운 기운이 다시 조화의 괘를 조절하여 태양이 점차
본색을 잃어갔으니 이는 상대부가 陽의 기운을 덮자 주상의 뜻이 망

설이는 것입니다. 已卯에서 庚辰日 사이에 틀림없이 臣의 앞을 가로 막으며 傳車로 상주하지 못하게 하는 일이 있을 것입니다."

原文

房未發, 上令陽平侯鳳承製詔房, 止無乘傳奏事. 房意愈恐, 去至新豐, 因郵上封事曰, "臣前以六月中言〈遯卦〉不效, 法曰, '道人始去, 寒, 湧水爲災.' 至其七月, 湧水出. 臣弟子姚平謂臣曰, '房可謂知道, 未可謂信道也. 房言災異, 未嘗不中, 今湧水已出, 道人當逐死, 尙復何言?' 臣曰, '陛下至仁, 於臣尤厚, 雖言而死, 臣猶言也.' 平又曰, '房可謂小忠, 未可謂大忠也. 昔秦時趙高用事, 有正先者, 非刺高而死, 高威自此成, 故秦之亂, 正先趣之.' 今臣得出守郡, 自詭效功, 恐未效而死. 惟陛下毋使臣塞湧水之異, 當正先之死, 爲姚平所笑."

| 註釋 | ○承製 - 황제의 뜻을 받아 편한 대로 행사하다. ○新豐 - 縣名. 今 陜西省 西安市 臨潼區 동북. ○道人 - 道士. ○小忠 - 바른 말을 하다가 殺身의 화를 당하는 것. ○正先 - 人名. 正이 姓. 秦의 박사. 非刺는 非議. 비난하다.

〔國譯〕

경방이 출발하지 않았을 때 원제는 양평후 왕봉에게 편한대로 경방을 불러 만나 전거를 이용하여 상주하지 못하게 시켰다. 경방은 더욱 두려워서 新豐縣에 도착하면서 서신을 전달하는 인편에 封事를 올려 말했다.

"臣이 작년 6월에 〈遯卦(둔괘)〉가 나타나지 않는다고 말했는데 道法에 말하길 '道人이 떠나니 날이 차고 물이 솟아 재난이 닥친다.'고 하였습니다. 그 7월이 되자 큰물이 터져 나왔습니다. 신의 제자인 姚平(요평)이 신에게 말했습니다. '경방은 도를 알고 있다고 말할 수 있지만 도를 믿는다고는 할 수 없다. 경방이 재해와 이변을 예언하면 그대로 적중한다. 이번에 물이 크게 솟아났으니 道人이 빠져 죽을 것인데 믿지 않을 수 있겠는가?' 그래서 臣이 말했습니다. '폐하께서는 매우 인자하시고 신하에게 더욱 후덕하시니 비록 말 때문에 죽을지라도 나는 말을 할 것이다.' 그러자 요평이 다시 말했습니다. '경방의 小忠은 大忠이라고는 할 수 없다. 옛날 秦의 趙高가 권력을 잡았을 때 正先(정선)이란 박사가 있어 조고를 비판하다가 죽었는데 조고의 위세는 이후 더욱 강해졌고 秦은 크게 어지러웠는데 이는 정선이 재촉한 것이다.' 지금 신이 태수로 나가지만 스스로 위기에 처하게 되니 성과를 올리기도 전에 죽을 것을 걱정하고 있습니다. 오직 폐하께서 신으로 하여금 湧水(용수)의 재해에 걸려 정선처럼 죽음을 당하여 요평의 웃음거리가 되는 것을 막아주시기 바랍니다."

原文

房至陝, 復上封事曰, "乃丙戌小雨, 丁亥蒙氣去, 然少陰並力而乘消息, 戊子益甚, 到五十分, 蒙氣復起. 此陛下欲正消息, 雜卦之黨並力而爭, 消息之氣不勝. 强弱安危之機不可不察. 己丑夜, 有還風, 盡辛卯, 太陽復侵色, 至癸巳, 日月相薄, 此邪陰同力而太陽爲之疑也. 臣前白九年不改, 必有星亡之異. 臣願出任良試考功, 臣得居內, 星亡之異可去. 議者知如此於身不利, 臣不可蔽, 故云使弟子不若試師. 臣爲刺史又當奏事, 故復云爲刺史恐太守不與同心, 不若以爲太守, 此其所以隔絶臣也. 陛下不違其言而遂聽之, 此乃蒙氣所以不解, 太陽亡色者也. 臣去朝稍遠, 太陽侵色益甚, 唯陛下毋難還臣而易逆天意. 邪說雖安於人, 天氣必變, 故人可欺, 天不可欺也, 願陛下察焉."

房去月餘, 竟徵下獄.

| 註釋 | ㅇ至陝 – 弘農郡의 陝縣(섬현). 今 河南省 三門峽市. 陝西省과 경계. ㅇ到五十分 – 한 밤 자정을 기준으로 1일을 81分으로 나누어 계산하는 시간. 50분이면 그날 오후에 해당한다. ㅇ還風 – 旋風(선풍), 회오리바람. 還은 暴也. ㅇ爲之疑也 – 疑는 恐懼也. ㅇ議者知如此 – 議者는 石顯과 같은 무리. ㅇ易逆天意 – 易는 쉬울 이. 아무렇게나.

〖國譯〗

경방은 陝縣(섬현)에 도착해 다시 封事를 올려 말했다.

"바로 병술일에 비가 조금 내리고 정해일에 蒙氣(몽기)가 걷혔지만 少陰(소음)이 전력을 다해 消息(소식, 성장과 소멸, 만물의 변화)을 주도하여 戊子日(무자일)에는 더욱 심해지더니, 오후에는 몽기가 다시 일어났습니다. 이는 폐하께서 消息을 바로잡으려 하여도 雜卦의 무리(신하)들이 힘을 모아 대결하기에 소식의 기운이 이기지 못한 것입니다. 그러하오니 강약과 안위의 기미를 살피지 않을 수 없습니다. 기축일 밤에 돌풍이 불어 신묘일에 사라지면서 대양의 빛은 다시 약해져서 계사일에는 일월이 모두 흐려졌는데, 이는 사악한 음기가 힘을 합쳤고 태양은 이를 두려워하는 형상입니다. 신이 앞서 9년을 고치지 못하면 필히 별이 안 보이는 이변이 있을 것이라 말씀드렸습니다. 신이 (제자인) 任良(임량)을 지방관으로 보내 그 치적을 평가받고 신은 조정에 근무하면 별이 안 보이는 이변을 제거할 수 있을 것입니다. 저를 비평하는 사람들도 이것이 나에게 불리하다는 것을 알고 있지만 臣은 그만둘 수 없어 제자(任良)에게 내 주장을 시험하는 것은 아니라고 말했습니다. 신이 刺史(자사)가 된다면 평가 결과를 상주할 때 자사이기 때문에 태수가 나와 뜻을 같이 했을 것이라고 말할 것이기에 차라리 신이 태수로 평가받는 것만 못할 것이라 생각했고 (결국) 이 때문에 저들은 신을 멀리 보내는 것입니다. 폐하께서는 그들 말을 아니 들을 수 없기에 허락하셨는데 이것이 蒙氣(몽기)가 사라지지 않고 태양은 빛을 잃어가는 이유입니다. 신이 조정에서 점점 멀어질수록 太陽은 날마다 그 빛을 잃어가니 폐하께서는 저를 조정으로 부르는 것이 어렵다 생각하지 마시고 또 天意를 아무렇게나 거스르지 마시기 바랍니다. 邪說이 사람에게 먹혀들어도 天氣는 필히 바뀌는 것처럼, 사람을 속일 수는 있지만 하늘을 속이지 못하는 것이니 폐하께서 이를 잘 살펴주시기 바랍니다."

경방이 떠나간 지 한 달이 넘어 소환하여 하옥시켰다.

初, 淮陽憲王舅張博從房受學, 以女妻房. 房與相親, 每朝見, 輒爲博道其語, 以爲上意欲用房議, 而群臣惡其害己, 故爲衆所排. 博曰, "淮陽王上親弟, 敏達好政, 欲爲國忠. 今欲令王上書求入朝, 得佐助房." 房曰, "得無不可!" 博曰, "前楚王朝薦士, 何爲不可?" 房曰, "中書令石顯,尙書令五鹿君相與合同, 巧佞之人也, 事縣官十餘年. 及丞相韋侯, 皆久亡補於民, 可謂亡功矣. 此尤不欲行考功者也. 淮陽王卽朝見, 勸上行考功, 事善. 不然, 但言丞相,中書令任事久而不治, 可休丞相, 以御史大夫鄭弘代之, 遷中書令置他官, 以鉤盾令徐立代之, 如此, 房考功事得施行矣." 博具從房記諸所說災異事, 因令房爲淮陽王作求朝奏草, 皆持東與淮陽王. 石顯微司具知之, 以房親近, 未敢言. 及房出守郡, 顯告房與張博通謀, 非謗政治, 歸惡天子, 詿誤諸侯王, 語在〈憲王傳〉. 初, 房見道幽,厲事, 出爲御史大夫鄭弘言之. 房,博皆棄市, 弘坐免爲庶人. 房本姓李, 推律自定爲京氏, 死時年四十一.

| 註釋 | ○淮陽憲王 – 劉欽(유흠, ? – 前 28). 宣帝의 아들. 모친은 宣帝의 총희 張婕予. 유흠은 영특하여 선제의 총애를 받아 선제가 한때 태자로 세우려 했었다. 元康 3년에 회양왕에 봉해졌다. ○爲博道其語 – 장박에게 천자가 한 말을 말해주다. ○得無不可 – 그렇게 되지 않을 것이다. ○縣官 – 天子. ○鄭弘 – 66권,〈公孫劉田王楊蔡陳鄭傳〉에 입전. ○鉤盾令(구순령) –

少府의 屬官. 園林의 관리를 담당. ○皆持東與淮陽王 - 회양국은 關東에 있었다. 與는 予也. ○微司 - 은밀히 사찰하다. ○詿誤(괘오) - 잘못을 하도록 유인하다. 詿 그르칠 괘. ○〈憲王傳〉 - 80권, 〈宣元六王傳〉.

〖 國譯 〗

그전에, 淮陽 憲王의 외숙인 張博(장박)은 京房을 따라 배우며 딸을 경방에게 아내로 주었다. 경방도 장박과 가까워 매번 원제를 알현하고 조정에서 장박에게 원제와 나눈 이야기를 전해주었기에 장박은 원제가 경방을 등용할 뜻이 있다고 생각하였으나 여러 신하들은 장박이 자신을 해칠지 모른다 하여 배척하였다. 장박이 말했다.

"淮陽王은 폐하의 친동생으로 영특하고 정치를 좋아하며 나라를 위해 충성을 다하고 있다. 회양왕이 상서하여 입조를 허락받으려 하니 경방에게 도움이 될 것이다."

그러나 경방이 말했다. "그렇게 되지는 않을 것입니다!" 장박이 말했다. "전에 楚王도 입조하며 인재를 천거했는데 왜 안 되겠는가?" 이에 경방이 말했다.

"중서령 석현과 상서령 오록충종이 서로 협조하는 간사한 무리로 천자를 10여 년이나 섬겼습니다. 또 승상인 韋玄成(위현성)은 오랫동안 백성을 위하지 않았으니 효과가 없을 것이요. 이 사람들은 더더욱 관리 평가를 시행할 생각이 없는 자들입니다. 회양왕께서 바로 입조하여 폐하께 업무 평정을 시행하라고 권한다면 좋을 것입니다. 그렇지 않다면 승상과 중서령은 오랫동안 폐하를 섬기며 治民은 하지 않았기에 승상을 쉬게 하고, 어사대부 鄭弘(정홍)으로 승상을 대신하고 中書令을 다른 관직으로 옮기며 鉤盾令(구순령) 徐立(서립)을 후임으로 한다면 제가 주장하는 업무 평정을 시행될 것입니다."

장박은 경방과 함께 그간 논했던 재해와 이변의 내용을 정리하고 경방에게 회양왕이 상서할 초안을 만들게 하여 동쪽의 회양왕에게 보내주었다. 석현은 이를 몰래 염탐하여 다 알고 있었으나 장박이 경방과 가깝기에 말할 수 없었다. 경방이 태수로 부임해 떠나가자 석현은 장박과 경방이 공모하여 정치를 비방하고 천자를 헐뜯고 제후 왕을 나쁜 일에 끌어드리려 한다고 고발하였는데, 이는 〈憲王傳〉에 있다. 그전에 경방이 원제를 알현하고 周 幽王과 厲王에 대한 이야기도 어사대부 정홍에게 말해 주었었다. 경방과 장박은 기시의 형을 받았고 정홍은 연좌하여 면직되고 서인이 되었다. 경방의 본성은 李氏이었는데 음률을 따져 京氏로 바꿨고 죽을 때 41세였다.

75-5. 翼奉

原文

翼奉字少君, 東海下邳人也. 治《齊詩》, 與蕭望之, 匡衡同師. 三人經術皆明, 衡爲後進, 望之施之政事, 而奉惇學不仕, 好律曆陰陽之占. 元帝初卽位, 諸儒薦之, 徵待詔宦者署, 數言事宴見, 天子敬焉.

| 註釋 | ○東海 − 郡名. 치소는 郯縣(今 山東省 臨沂市 관할의 郯城縣). 下邳(하비)는 현명. 今 江蘇省 北部 徐州市 관할의 邳州市. ○蕭望之(소망지) − 78권, 〈蕭望之傳〉에 입전. ○匡衡(광형) − 81권, 〈匡張孔馬傳〉에 입전. ○同師 − 3인은 동해군의 后蒼(후창)에게서 배웠다. 후창은 88권, 〈儒林傳〉에 입전. ○待詔宦者署 − 待詔는 특수 官名. 한 가지 특기가 있어 자문에 응대하는 직책. 그 대기하는 관청에 따라 待詔公車, 待詔黃門, 待詔殿中, 待詔金馬門, 待詔丞相府 등이 있다. 특수한 분야의 전문가인 경우, 예를 들어 太史, 治曆, 音律, 本草의 경우에는 ○○待詔라고 불렸다. 宦者署(환자서)는 少府 소속의 환관을 다스리는 관청. 책임자는 宦者令.

〖 國譯 〗

翼奉(익봉)의 字는 少君으로 東海郡 下邳縣(하비현) 사람이다.《齊詩》를 전공했는데 蕭望之(소망지), 匡衡(광형)과 함께 한 스승을 모셨다. 3인이 모두 경학에 밝았는데 광형은 늦게 출사하였고, 소망지는 학문으로 정치에 종사했으며, 익봉은 학문을 돈독히 하려고 출사하지 않았는데 律曆과 陰陽에 의한 점치기를 좋아하였다. 元帝가 즉위하면서 여러 유생이 익봉을 천거하자 불러 待詔宦者署가 되어 원제가 한가할 때 자주 이야기를 하였는데 천자도 익봉을 공경하였다.

原文

時, 平昌侯王臨以宣帝外屬侍中, 稱詔欲從奉學其術. 奉不肯與言, 而上封事曰, "臣聞之於師, 治道要務, 在知下之邪正. 人誠鄕正, 雖愚爲用, 若乃懷邪, 知益爲害. 知下之術,

在於六情十二律而已. 北方之情, 好也, 好行貪狼, 申子主
之. 東方之情, 怒也, 怒行陰賊, 亥卯主之. 貪狼必待陰賊而
後動, 陰賊必待貪狼而後用, 二陰並行, 是以王者忌子卯也.
《禮經》避之,《春秋》諱焉. 南方之情, 惡也, 惡行廉貞, 寅午
主之. 西方之情, 喜也, 喜行寬大, 巳酉主之. 二陽並行, 是
以王者吉午酉也.《詩》曰, '吉日庚午'. 上方之情, 樂也, 樂
行姦邪, 辰未主之. 下方之情, 哀也, 哀行公正, 戌丑主之.
辰未屬陰, 戌丑屬陽, 萬物各以其類應. 今陛下明聖虛靜以
待物至, 萬事雖衆, 何聞而不諭, 豈況乎執十二律而御六情!
於以知下參實, 亦甚優矣, 萬不失一, 自然之道也. 乃正月
癸未日加申, 有暴風從西南來. 未主姦邪, 申主貪狼, 風以
大陰下抵建前, 是人主左右邪臣之氣也. <u>平昌侯</u>比三來見
臣, 皆以正辰加邪時. 辰爲客, 時爲主人. 以律知人情, 王者
之秘道也, 愚臣誠不敢以語邪人."

| 註釋 | ○平昌侯 王臨 － 武帝 元鼎 4年(前 113) 衛太子의 良娣인 史氏가
劉進을 낳으니, 이가 史皇孫이다. 武帝 太始 연간(前 96 － 93)에 史皇孫 劉進
과 王翁須(왕옹수)가 劉病已(유병이)를 낳으니, 이가 皇曾孫으로 뒷날의 선제
이다. 宣帝의 生母 왕옹수의 친정 오빠가 王無故인데 王臨은 그의 손자이다.
○鄕正 － 嚮正, 向正. 正의 반대 개념은 邪이다. ○六情十二律 － 인간의 好,
惡, 喜, 怒, 哀, 樂을 6情이라 하고, 大呂 등 陰 6律과 黃鐘 등 陽 6律을 12율이
라 한다. 각 율의 악기 이름은 생략. ○北方之情 － 北은 오행으로 水인데 물
은 땅을 따라 흐르고 스며드는 것으로 인간의 好의 감정 곧 소유나 탐욕을

뜻한다고 풀이하였다. 水는 申에서 생겨 子에서 가장 盛하다고 한다. 東은 木, 南은 火, 西는 金, 上方은 水와 木의 끝으로 辰과 未가 주관하고, 下方은 火와 金의 끝으로 戌(술)과 丑이 이에 해당한다고 보았다. ○《詩》曰 -《詩經 小雅 吉日》. ○不諭 - 諭는 明白하다. 다 알다. ○正月癸未日加申 - 1월 계미일 申時. 이날은 初元 2년(前 48) 1월 22일에 해당한다는 註가 있다. ○抵建前 - 앞의 主氣를 막다. ○比三 - 연이어 여러 번. ○辰爲客, 時爲主人 - 일진은 손님, 시간은 주인을 뜻하는데, 곧 손님에게는 유리하지만 주인에게는 해롭다.

〔 國譯 〕

이때 平昌侯 王臨은 宣帝의 외가 사람으로 侍中이었는데 詔命을 칭하면서 익봉을 따라 그 학문을 배우고자 했다. 그러나 익봉은 사귀려 하지 않고 封書를 올려 말했다.

"臣은 스승으로부터 治道의 요점은 아랫사람의 사악과 정직을 아는 것이라고 들었습니다. 사람이 진실로 정직하다면 우매하더라도 쓸 수 있지만, 만약 그가 사악하다면 아는 것이 많을수록 해롭다고 하였습니다. 아랫사람을 아는 방법은 6情과 12律에 있습니다. 北方의 情은 好인데 탐욕을 부리는 것으로 12支의 申과 子가 주관합니다. 동방의 정은 분노인데 화를 내거나 은밀히 해치는데 亥(해)와 卯(묘)가 주관하며, 탐욕은 은밀히 해치는 것을 기다렸다가 움직이며 은밀한 해악은 탐욕이 일어난 다음에 작동하니, 이는 두 가지 陰律이 병행하는 것이기에 군자는 子와 卯方(묘방)을 꺼려하며《禮經》에서도 이를 피하고《春秋》에서도 이를 忌諱(기휘)하였습니다. 남방의 정은 미워하는 것이니 염치나 바른 행실을 증오하며 寅과 午方가 主가 됩니다. 서방의 정은 기쁨인데 관용을 베풀며 巳(사)와 酉(유)가 주관합니다. 이 2가지 陽律이 함께 작용하기에 王者는 午와 酉方을 좋아합니다. 그래서 《詩經》에서도 '吉日은 庚日(경일)과 午日'이라고 하였습니다. 上方의 情은 쾌락인데, 쾌락은 간사한 짓이니 辰(진)과 未(미)가 주관합니다. 下方의 정은 哀이니 公正을 행하는 것으로 戌(술)과 丑(축)이 주관합니다. 辰과 未는 陰에 속하고 戌과 丑은 陽에 속하는데 만물이 각각 그 같은 종류에 감응합니다. 지금 폐하께서는 明聖하시며 虛靜으로 만물의 출현을 기다리시니 만물이 아무리 많다지만 들어(聞) 모르는 것이 없으시거늘 하물며 12律을 조정하며 六情을 통제하지 못하시겠습니까! 아래 신하들의 실정을 헤아려 알기는 매우 어려운 일이지만 만에 하나라도 틀리지 않으니, 이는 자연의 법도입니다. 이에 정월 계미일 申時에 폭풍이 서남쪽에서 불어왔습니다. 未時는 姦邪(간사)를 주관하고 申時는 탐욕을 주관하는데 바람은 大陰이 내려가 主氣를 막는 것이니, 이는 주군의 측근 邪臣의 기운입니다. 平昌侯가 연이어 3번이나 신을 만나러 왔는데 모두가 바른 날이었지만 좋지 않은 시각이었습니다. 日辰(일진)은 客이고 時는 主人입니다. 12律에 의거 人情을 아는 것은 왕자의 秘道입니다. 어리석은 臣이지만 사악한 사람과는 정말로 말하지 않을 것입니다."

原文

上以奉爲中郞, 召問奉, "來者以善日邪時, 孰與邪日善時?" 奉對曰, "師法用辰不用日. 辰爲客, 時爲主人. 見於明主, 侍者爲主人. 辰正時邪, 見者正, 侍者邪, 辰邪時正, 見者邪, 侍者正. 忠正之見, 侍者雖邪, 辰時俱正, 大邪之見, 侍者雖正, 辰時俱邪. 卽以自知侍者之邪, 而時邪辰正, 見者反邪, 卽以自知侍者之正, 而時正辰邪, 見者反正. 辰爲常事, 時爲一行. 辰疏而時精, 其效同功, 必參五觀之, 然後可知. 故曰, 察其所繇, 省其進退, 參之六合五行, 則可以見人性, 知人情. 難用外察, 從中甚明, 故詩之爲學, 情性而已. 五性不相害, 六情更興廢. 觀性以曆, 觀情以律, 明主所宜獨用, 難與二人共也. 故曰, '顯諸仁, 臧諸用'. 露之則不神, 獨行則自然矣, 唯<u>奉</u>能用之, 學者莫能行."

|註釋| ○孰與 － 孰如, 孰若. ○侍者爲主人 － 주군이 한가한 시간에 신하를 불렀을 경우에 알현하러 들어온 신하가 주인 격이라는 뜻. 곧 주군이 신하 집을 예방한 것과 같은 뜻으로 풀이하였다. ○辰疏而時精 － 가령 갑자일이라면 1晝1夜가 子日이지만 時는 12시이기에 일진은 길고 시각은 짧다는 뜻. ○必參五觀之 － 필히 함께 참고하여 보아야 한다. 五는 伍也. 參伍. 五行이란 뜻은 없음. ○察其所繇 － 繇는 由. 유래. ○六情更興廢 － 六情을 廉貞, 寬大, 公正, 姦邪, 陰賊, 貪狼으로 설명한 주석이 있다. ○觀性以曆 － 曆은 日. 日辰. ○顯諸仁, 臧諸用 － 《易經 繫辭 上》. ○唯奉能用之, 學者莫能行 － 점쟁이의 자기 자랑이며 노골적으로 관직을 갈구하는 심정을 내보인 말이다.

〖國譯〗

원제는 翼奉을 中郞에 임명하고 불러 물었다.

"지난 번에 찾아온 사람이 좋은 날 나쁜 시각에 왔다고 하였는데 그렇다면 나쁜 날 좋은 시각은 어떤 것인가?"

이에 익봉이 대답하였다.

"스승의 말씀에 日辰이라고 하고 日字라고 하지 않았습니다. 辰은 客이고 時는 주인이 됩니다. 明主를 알현할 경우 侍者(시자, 신하)가 주인이 됩니다. 일진은 좋은데 때가 나쁘다는 見者(明主)는 正하고 侍者가 나쁜 것이며, 일진이 나쁜데 때가 좋다는 것은 見者가 邪하고 侍者는 正한 것입니다. 忠正한 見者(明主)라면 侍者가 비록 나쁘더라도 辰과 時가 모두 바르며, 大邪한 見者라면 侍者가 비록 바르더라도 日辰과 時가 모두 나쁜 것입니다. 즉 이런 식으로 侍者가 나쁜 것을 알 수 있으니 時가 나쁘고, 日辰이 좋다면 見者가 반대로 나쁜 것이기에 이로써 侍者가 바르다는 것을 알 수 있고, 時가 바르고 日辰이 나쁘다면 見者가 반대로 나쁜 것입니다. 일진은 늘 하는 일이며 時는 일시적 행동입니다. 일진은 길지만 시간은 짧기에 그 효과는 마찬가지이니 반드시 함께 보아야만 알 수 있습니다. 그러하기에 그 유래를 알아보고 그 진퇴를 살펴보면서 六合과 五行을 참고한다면 그 人性을 볼 수 있고 그 人情을 알 수 있습니다. 이를 통해 외형을 살피기는 어렵지만 그 心中은 밝게 볼 수 있으며 詩에서 배울 수 있는 것은 人情과 人性뿐입니다. 五性은 서로를 해치지 않으며 六情은 교대로 흥성하거나 쇠퇴합니다. 인성을 살피는 것이 日辰이고 인정을 살필 수 있는 것이 12律인데 明主께서는 이를 홀로 잘 적용할 수 있어야 하고 2인 이상이 공유해서는 안 됩니다. 그래서 '외부에는 仁을 내보이지만 그 방법은 안에 감춰둔다.' 고 하였습니다. (明主가 이런 비법을) 노출한다면 신비로울 수 없으며 홀로 행할 수 있어야 자연스러운 것이니 臣 익봉은 이를 알지만 다른 학자는 이를 알지 못합니다."

原文

是歲, 關東大水, 郡國十一饑, 疫尤甚. 上乃下詔江海陂
湖園池屬少府者以假貧民, 勿租稅, 損大官膳, 減樂府員, 損
苑馬, 諸官館稀御幸者勿繕治, 太僕,少府減食穀馬, 水衡省
食肉獸. 明年二月戊午, 地震. 其夏, 齊地人相食. 七月己
酉, 地復震. 上曰, "蓋聞賢聖在位, 陰陽和, 風雨時, 日月光,
星辰靜, 黎庶康寧, 考終厥命. 今朕共承天地, 托於公侯之
上, 明不能燭, 德不能綏, 災異並臻, 連年不息. 乃二月戊午,
地大震於隴西郡, 毀落太上皇廟殿壁木飾, 壞敗豲道縣城郭
官寺及民室屋, 厭殺人衆, 山崩地裂, 水泉湧出. 一年地再
動, 天惟降災, 震驚朕躬. 治有大虧, 咎至於此. 夙夜兢兢,
不通大變, 深懷鬱悼, 未知其序. 比年不登, 元元因乏, 不勝
饑寒, 以陷刑辟, 朕甚閔焉, 憯怛於心. 已詔吏虛倉廩, 開府
臧, 振救貧民, 群司其茂思天地之戒, 有可蠲除減省以便萬
姓者, 各條奏. 悉意陳朕過失, 靡有所諱."

因赦天下, 舉直言極諫之士. 奉奏封事曰,

| 註釋 | ○是歲 - 初元 원년(前 48). ○損大官膳 - 태관이 준비하는 음식
을 줄이다. 大官은 太官, 곧 太官令. 少府의 속관으로 황제의 음식을 주관.
○水衡省食肉獸 - 상림원을 관리하는 水衡都尉는 육류를 먹이는 짐승을 줄

이다. ㅇ明年二月戊午 - 前 47년 2월 28일. ㅇ七月 己酉日 - 7월에 己酉日
이 없어 乙酉日(27일)의 착오일 것이라는 주석이 있다. ㅇ德不能綏 - 綏는
편안할 수. ㅇ隴西郡(농서군) - 치소는 狄道(今 甘肅省 定西市 臨洮縣). ㅇ貉
道(환도) - 농서군의 지명. 이민족의 거주지. 縣은 衍字(연자)라는 주석. ㅇ元
元因乏 - 元元은 백성. ㅇ以陷刑辟 - 陷 빠질 함. 刑辟(형벽)은 刑法. ㅇ茂
思 - 勸勉하다. ㅇ蠲除減省(견제감성) - 불편을 제거하고 부담을 줄여주다.
蠲 제거할 견.

[國譯]

이 해 關東 지역에 홍수가 나서 11개 郡國에 흉년이 들고 질병이
크게 퍼졌다. 원제는 즉시 조서를 내려 少府가 관리하는 江이나 산
판, 호수나 들판을 빈민들에게 대여하고 조세를 징수하지 말 것이며
태관의 음식을 간소하게 하고 樂府의 인원을 감축하며 宮苑에 기르
는 말을 줄이며 행차가 많지 않은 여러 궁궐의 수리하지 말고 太僕
과 少府에서도 곡식을 먹이는 말을 숫자를 줄이고 水衡都尉는 육류
를 먹이는 짐승을 줄이게 하였다. 그 다음 해 2월 戊午日에 지진이
났다. 그 여름에 齊에서는 사람이 사람을 먹었다. 七月 己酉日(기유
일)에 다시 지진이 났다. 이에 원제가 말했다.

"짐이 알기로는, 賢聖이 재위하면 음양이 조화롭고 풍우가 때를
맞추며 日月이 빛나고 星辰(성신)도 조용히 운행하며 서민도 평안히
그 명을 다 누린다고 하였도다. 지금 짐이 天下를 이어받고 公侯의
윗자리를 위탁받았지만 촛불처럼 밝은 지혜도 없고 백성을 편안케
하는 덕도 없어 재해와 이변이 한꺼번에 닥치며 해마다 그치지 않도
다. 지난 二月 무오일에 농서군에서 큰 지진이 나서 크게 태상황 묘

당의 벽 나무 장식이 떨어져 부서지고 貆道縣(환도현)의 성곽과 관사 및 민가가 무너지고 부서져 많은 백성이 많이 압사하였으며 산이 무너지고 땅이 갈라지며 물이 솟아났었다. 일 년 만에 다시 지진이 나니 하늘이 내린 재앙에 짐은 두렵기만 하도다. 짐이 잘못 다스린 허물이 이리 크도다. 밤낮으로 전전긍긍하며 큰 변고에 질려 가슴속이 모두 막히고 슬프니 이를 어찌 말하겠는가? 매년 흉년이 들어 백성들은 궁핍하며 추위와 배고픔을 이기지 못하여 죄에 걸려드니 짐은 몹시 안타깝고 참담한 마음뿐이로다. 이미 조서를 내렸지만 관리는 나라 창고의 곡식을 방출하고 나라 재물을 풀어 빈민을 구제하고 모든 관리들은 하늘의 훈계를 크게 생각할 것이며, 지방관은 불편을 제거하고 부담을 경감하여 백성들을 이롭게 할 방안을 조목별로 상주할 지어다. 짐의 잘못을 모두 다 생각해서 말하되 감추지 말지어다."

천하에 사면령을 내리고 직언과 극간을 하는 인재를 천거하게 하였다. 이에 익봉은 봉서를 올렸다.

原文

「臣聞之於師曰, 天地設位, 懸日月, 布星辰, 分陰陽, 定四時, 列五行, 以視聖人, 名之曰道. 聖人見道, 然後知王治之象, 故畫州土, 建君臣, 立律曆, 陳成敗, 以視賢者, 名之曰經. 賢者見經, 然後知人道之務, 則《詩》,《書》,《易》,《春秋》,《禮》,《樂》是也.《易》有陰陽,《詩》有五際,《春秋》有災異, 皆列終始, 推得失, 考天心, 以言王道之安危. 至秦乃不

說, 傷之以法, 是以大道不通, 至於滅亡. 今陛下明聖, 深懷
要道, 燭臨萬方, 布德流惠, 靡有闕遺. 罷省不急之用, 振救
困貧, 賦醫藥, 賜棺錢, 恩澤甚厚. 又擧直言, 求過失, 盛德
純備, 天下幸甚.」

┃註釋┃ ○以視聖人－視는 示. 나타나서 눈에 보이다. ○《詩》有五際－
五際는 君臣, 父子, 兄弟, 夫婦, 朋友의 관계. 또 다른 주장은 오행설에 따라
정치적 변화를 추론할 수 있는데 卯, 午, 酉, 戌, 亥年이 음양이 교대하는 시기
로 중대한 정치적 변화가 일어난다고 주장하였다. 五際는 卯, 午, 酉, 戌, 亥
年. 翼奉이 전공한 《齊詩》는 轅固(원고)로 부터 后蒼(후창)에게 전수되었지
만 三家詩 중에서 제일 먼저(魏代) 실전되었다.

〖國譯〗

「臣이 스승으로부터 배우길, 천지가 제자리를 잡자 해와 달이 운
행하고 별(星辰)이 제자리를 잡았으며 음양이 나눠지고 사계절이 생
기며 오행이 정해졌는데 성인은 이를 道라고 이름을 지었다고 하였
습니다. 성인은 道를 안 뒤에 王者의 통치 모습을 깨달아서 땅을 나
눠 州를 정하고 君臣 관계를 정하고 율력을 확정하고 성패를 구분하
였는데 賢者가 이를 보고서는 經이라고 이름을 지었습니다. 賢者가
經을 깨달은 뒤에야 人道의 할 일을 알게 되었으니 바로 《詩》, 《書》,
《易》, 《春秋》, 《禮》, 《樂》이었습니다. 《易》에는 음양을, 《詩》에는 五
際를, 《春秋》에는 災異를 서술하였는데 모두 일의 始終을 열거하고
득실을 추론하며 천심을 고찰하여 왕도의 安危를 말하였습니다. 그
러나 秦에서는 이를 싫어하여 法文으로 文學之士를 박해하였기에

大道가 불통했고 결국은 멸망에 이르렀습니다. 지금 폐하께서는 聖明하시어 要道를 깊이 품어 萬方을 밝히시고 은덕을 널리 베풀며 모두를 돌보셨습니다. 폐하께서는 不急한 지출을 없애시고 빈궁한 백성을 구휼하시며 醫藥을 널리 나눠주시고 관 값도 하사하시니 그 은택이 매우 많습니다. 또 직언을 하는 인재를 얻어 과실을 듣고자 하시며 모든 은덕을 다 갖추셨으니 백성에게 큰 복이 될 것입니다.」

「臣奉竊學《齊詩》, 聞五際之要〈十月之交〉篇, 知日蝕, 地震之效昭然可明, 猶巢居知風, 穴處知雨, 亦不足多, 適所習耳. 臣聞人氣內逆, 則感動天地, 天變見於星氣日蝕, 地變見於奇物震動. 所以然者, 陽用其精, 陰用其形, 猶人之有五臟六體, 五臟象天, 六體象地. 故臟病則氣色發於面, 體病則欠申動於貌. 今年太陰建於甲戌, 律以庚寅初用事, 曆以甲午從春. 曆中甲庚, 曆得參陽, 性中仁義, 情得公正貞廉, 百年之精歲也. 正以精歲, 本首王位, 日臨中時接律而地大震, 其後連月久陰, 雖有大令, 猶不能復, 陰氣盛矣. 古者朝廷必有同姓以明親親, 必有異姓以明賢賢, 此聖王之所以大通天下也. 同姓親而易進, 異姓疏而難通, 故同姓一, 異姓五, 乃爲平均. 今左右亡同姓, 獨以舅后之家爲親, 異姓之臣又疏. 二后之黨滿朝, 非特處位, 勢尤奢僭過度, 呂,

霍,上官足以卜之, 甚非愛人之道, 又非後嗣之長策也. 陰氣
之盛, 不亦宜乎!」

| 註釋 | ○〈十月之交〉－《詩經 小雅》의 편명. 재해에 따른 슬픔과 백성을
돌보지 않는 위정자들에 대한 불만을 표현하였다. ○五臟六體－五臟(오장,
곧 心, 肺, 脾, 肝, 腎)과 六體(頭, 身몸통, 四肢). ○欠伸(흠신)－하품과 기지개.
피곤한 증상. 屈伸(굴신). ○今年太陰~－今年은 初元 2년(前 47). ○大令
－황제의 조서. 나라의 곡식창고를 열고 국가 재물로 백성을 구휼하라는 조
서. ○二后之黨－선제의 외가와 처가 쪽 무리.

〖國譯〗

「臣 奉(봉)은《齊詩》를 조금 배웠는데 五際의 요점은〈十月之交〉
편에 알 수 있는데 일식과 지진의 결과는 또렷하니 마치 둥지에 사
는 새는 바람에 익숙하고, 굴에 사는 짐승은 비를 잘 아는 것처럼 이
런 것이 충분하지는 않지만 점점 익숙해진 것입니다. 臣이 알기로,
사람의 氣가 안에서 역행하면 천지를 감동케 하는데 天變은 星氣나
日蝕으로 나타나고, 地變은 기이한 사물이나 지진으로 나타납니다.
왜 그러하냐 하면 陽의 작용은 정신이고 陰의 작용은 형체이니, 이
는 몸속의 五臟과 六體가 있는 것과 같은데 오장은 하늘의 형상이고
六體는 땅의 형상입니다. 그러하기에 오장에 병이 있다면 얼굴의 기
색으로 나타나고 六體가 병들었다면 몸체에 동작으로 나타납니다.

금년은 太陰으로 甲戌年이며, 律은 庚寅日에 처음 작용하며, 曆
法의 甲午月부터 봄에 해당합니다. 책력의 甲과 庚은 曆으로는 參陽
이며 人性의 仁義에 해당하고, 性情은 公正과 貞廉으로 百年만의 精

歲입니다. 精歲를 바로잡으려면 왕위를 근본으로 삼아야 하고 해가 중천에 왔을 때 接律하면 지진이 크게 일어나며 그 이후로 몇 달을 이어 오래도록 음기가 지속될 것이라서 비록 大令을 내린다 하여도 다시 회복하기 어려울 정도로 음이 성할 것입니다. 옛날에 조정에서는 同姓이 있어 親親의 道를 밝게 펴고 반드시 異姓의 臣僚가 있어 賢賢의 道를 밝게 하였으니, 이는 聖王이 천하에 그 뜻을 크게 펼 수 있는 길이었습니다. 同姓을 가까이하면 쉽게 나아가고 異姓을 멀리하면 소통이 어렵기에 同姓 하나에 異姓 다섯의 비율이 평균이었습니다. 지금 좌우 측근으로 동성은 없고 다만 외가 사람만을 가까이하고 異姓의 신하는 더욱 소원해졌습니다. 외가와 처가의 무리만 조정에 가득하여 요직을 차지하고 있을 뿐만 아니라 그 세력이 분에 넘칠 정도로 심하며, 呂氏, 霍氏, 上官氏에 대하여 점을 쳐본다면 백성을 사랑하는 길이 결코 아니었으며 더군다나 후사를 안정케 할 좋은 방책도 아니었습니다. 그러니 陰氣가 크게 성한 것이 당연하지 않겠습니까!」

原文

「臣又聞未央,建章,甘泉宮才人各以百數, 皆不得天性. 若杜陵園, 其已御見者, 臣子不敢有言, 雖然, 太皇太后之事也. 及諸侯王園, 與其後宮, 宜爲設員, 出其過制者, 此損陰氣應天救邪之道也. 今異至不應, 災將隨之. 其法大水, 極陰生陽, 反爲大旱, 甚則有火災, 春秋宋伯姬是矣. 唯陛下財察.」

│註釋│ ○才人 - 女官의 칭호. 후궁. ○不得天性 - 不得男女之好也. 結婚하지 못해 음양의 조화를 깨다. ○杜陵園 - 宣帝의 능묘. ○太皇太后之事也 - 태황태후가 후궁을 내보내야 한다는 뜻. ○春秋宋伯姬 - 春秋시대 宋나라의 伯姬는 魯 宣公의 딸로 宋 共公의 부인(恭姬)이었다. 남편이 죽은 뒤에 수절하고 있었다. 실화로 궁중에 화재가 났는데, 伯姬는 예법에 따라 傅姆(부모)를 기다리다가 피하지 못하고 불에 타 죽었다고 한다. 그런데 이를 陰이 극성하여 陽이 생겼고 그 陽이 극성하여 화재가 일어났다고 인식하였다. ○財察 - 財는 裁.

〖國譯〗

「또 臣이 알기로는 未央宮, 建章宮, 甘泉宮의 女官들은 각각 백 단위로 세어야 한다는데 모두가 天性을 잃은 것입니다. 杜陵園의 경우 이미 총애를 받은 후궁에 대하여 신하로서 말을 하려는 자가 없지만 이는 太皇太后의 일입니다. 제후국 왕 능원의 경우 그 후궁은 응당 정원을 정하여 규정보다 초과한 여인은 내보내어야 하니, 이는 陰氣를 감소시키고 天意에 순응하여 邪氣에서 구원하는 길입니다. 지금 여러 이변에 대하여 대응하지 못한다면 재해가 뒤따라 올 것입니다. 그러한 이치는 홍수가 되어 음이 극성하면 陽이 생기나 그 반대라면 큰 가뭄이 닫치고 심하면 화재가 일어날 것이니 바로 春秋시대 宋나라의 伯姬(백희)가 그 예입니다. 이는 오직 폐하께서 미루어 살펴야 합니다.」

明年夏四月乙未, 孝武園白鶴館災. 奉自以爲中, 上疏曰,
"臣前上五際地震之效, 曰極陰生陽, 恐有火災. 不合明聽,
未見省答, 臣竊內不自信. 今白鶴館以四月乙未, 時加於卯,
月宿亢災, 與前地震同法. 臣奉乃深知道之可信也. 不勝拳
拳, 願復賜間, 卒其終始."

○明年夏四月乙未 - 初元 3년(前 46) 4월 11일. ○孝武園白鶴館
- 효무제의 능에 있는 白鶴館. ○拳拳 - 정성을 다하는 모양. 충성스런 모
양.

다음 해 여름 4월 을미일에 孝武園의 白鶴館에 화재가 났다. 익봉
은 자기의 예측이 적중했다 생각하며 상소하였다.

"臣이 지난번에 五際와 地震의 관계에 대하여 陰이 다하면 陽이
생기며 화재가 될 수 있다고 말씀드렸습니다. 폐하의 뜻에 맞지 않
아 답을 받지 못하여 신은 내심으로 확신하지 못했습니다. 이번에
白鶴館의 4월 을미일 卯時의 화재는 오랜 세월 쌓인 재앙으로 작년
의 지진과 같은 이치에서 일어난 것입니다. 신 奉은 道를 확실히 알
고 또 설명할 수 있습니다. 제 진실한 마음에 폐하께서 틈을 내어 주
신다면 災異의 始終을 다 말씀드리고자 합니다."

上復延問以得失. 奉以爲祭天地於雲陽汾陰, 及諸寢廟不
以親疏迭毀, 皆煩費, 違古制. 又宮室苑囿, 奢泰難供, 以故
民困國虛, 亡累年之畜. 所繇來久, 不改其本, 難以末正, 乃
上疏曰,

| 註釋 | ○雲陽汾陰 – 雲陽은 縣名. 今 陝西省 咸陽市 淳化縣. 汾陰(분음)
은 현명. 今 山西省 運城市 萬榮縣. ○煩費 – 과도한 지출. 소모. ○亡累年
之畜 – 畜은 蓄. 備蓄. ○乃上疏 – 疏는 황제에게 올리는 건의.

〔國譯〕

원제가 익봉을 불러 정사의 득실에 대하여 물었다. 익봉은 운양
현과 분음현에서 天地에 제사하는 것과 모든 황릉의 묘당을 親疏에
따라 차례로 철폐하지 않는다면 비용 지출이 너무 많고 고대의 禮制
에도 맞지 않는다고 생각하였다. 또 궁실과 苑囿(원유)의 과도한 사
치를 충당하기 어렵기에 백성은 곤궁하고 재정이 궁핍하여 몇 년을
지내도 비축할 수 없다고 생각하였다. 그 근원이 오래라서 근본을
바꾸지 않는다면 끝을 바로잡을 수 없다 생각해서 곧 상소하였다.

原文

「臣聞昔者盤庚改邑以興殷道, 聖人美之. 竊聞漢德隆盛,
在於孝文皇帝躬行節儉, 外省徭役. 其時未有甘泉,建章及

上林中諸離宮館也. 未央宮又無高門,武臺,麒麟,鳳皇,白虎,
玉堂,金華之殿, 獨有前殿,曲台,漸台,宣室,溫室,承明耳. 孝
文欲作一台, 度用百金, 重民之財, 廢而不爲, 其積土基, 至
今猶存, 又下遺詔, 不起山墳. 故其時天下大和, 百姓洽足,
德流後嗣.」

| 註釋 | ○盤庚(반경) − 前 1300년경의 商의 王. 쇠약해진 商을 부흥시키
려고 반대를 무릅쓰고 殷(今 河南省 安陽市 서북)으로 천도. 이를 '盤庚遷殷'
이라 한다. 천도 후 반경은 정치개혁을 실현하여 商을 부흥시켰기에 이때를
'殷商'이라 한다. 《尙書》의 〈盤庚〉참조. ○度用百金 − 用은 소요되다. 度는
예측하다. ○洽足(흡족) − 給足.

〖國譯〗
「臣이 알기로, 옛날 盤庚(반경)은 수도를 옮겨 殷을 중흥했기에 성
인도 이를 칭송하였습니다. 제가 알기로는, 漢朝의 융성은 孝文皇帝
가 몸소 절검을 실천하며 밖으로 요역을 줄이면서 시작되었습니
다. 그때에는 甘泉宮, 建章宮과 그리고 上林苑의 여러 이궁도 없었습니
다. 未央宮에도 高門殿, 武臺, 麒麟閣, 鳳皇殿, 白虎殿, 玉堂, 金華殿
도 없이 오직 前殿과 曲臺, 漸臺, 宣室, 溫室, 承明殿 뿐이었습니다.
孝文帝께서 一臺를 지으려 했으나 百金이 소요된다는 것을 예상하
고서는 民財를 중히 여겨 짓기를 그만두었기에 그 터가 지금도 남아
있으며 또 능묘에 산처럼 봉분을 만들지 말라는 조서를 내렸습니다.
그러했기에 그때 천하는 크게 안정되고 백성은 넉넉하여 그 은덕이
후세까지 이어졌습니다.」

「如令處於當今, 因此制度, 必不能成功名. 天道有常, 王道亡常, 亡常者所以應有常也. 必有非常之主, 然後能立非常之功. 臣願陛下徙都於成周, 左據成皐, 右阻黽池, 前鄉崧高, 後介大河, 建滎陽, 扶河東, 南北千里以爲關, 而入敖倉, 地方百里者八九, 足以自娛, 東厭諸侯之權, 西遠羌胡之難, 陛下共已亡爲, 按成周之居, 兼盤庚之德, 萬歲之後, 長爲高宗. 漢家郊兆寢廟祭祀之禮多不應古, 臣奉誠難但居而改作, 故願陛下遷都正本. 衆制皆定, 亡復繕治宮館不急之費, 歲可餘一年之畜.」

| 註釋 | ○成周 – 商의 洛邑. 今 河南省 洛陽市. 동북. 周公이 殷의 유민으로 이주시켜 도시를 재건하였다. ○成皐(성고) – 縣名이면서 관문 이름. 今 河南省 滎陽市 서북 汜水鎭(사수진). ○黽池(민지) – 今 河南省 三門峽市 黽池縣. ○崧高(숭고) – 현명. 今 河南省 鄭州市 관할의 登封市. 崇山과 유명한 少林寺가 있다. ○後介大河 – 뒤로 황하를 사이에 두고 있다. 介는 隔也. ○建滎陽 – 建은 鍵, 關鍵으로 하다. 滎陽(형양)은 교통, 군사상의 요지. ○河東 – 長安에서 볼 때 황하 건너 동쪽. 今 山西省 서남부. ○敖倉(오창) – 今 河南省 鄭州市 관할의 滎陽市 동북. 楚漢戰 당시 군량 창고가 있어 유명했다.

〔 國譯 〕

「지금 이 시대에 그러한 제도로서는 아마 틀림없이 공명을 이루지 못했을 것입니다. 天道은 일정하지만 王道는 常道가 없는데 상도가 없다는 것은 늘 변하기 때문입니다. 반드시 비상한 主君이 있은

뒤에야 비상한 공적을 이룰 수 있습니다. 신이 바라는 바, 폐하께서
成周(洛陽)로 천도하신다면 좌측(동편)으로는 成皐(성고)를 차지하고
우측으로는 黽池(민지)를 방어거점으로, 남쪽으로는 崧高(숭고)와 뒤
로는 황하를 사이에 두고 滎陽(형양)을 관문으로 삼아 河東을 끼고
남북 천리를 關內로 하여 敖倉(오창)을 차지하면 사방 백리의 땅을
가진 고을이 8, 9개소로 충분히 자급할 수 있으며, 동쪽으로는 제후
의 권한을 통제하고, 서쪽으로는 羌族(강족)과 흉노를 멀리할 수 있
기에 폐하께서는 無爲의 治를 펴시면서 成周의 거점을 바탕으로 盤
庚(반경)의 덕치를 행하신다면 만세 이후까지 殷 高宗처럼 되실 수
있습니다. 그리고 漢朝 교외의 寢殿(침전)과 廟堂의 제사가 너무 번
잡하며 옛 예제에도 맞지 않기에 신 익봉의 생각으로는 다만 있는
그대로의 개선은 어렵기에 폐하께서 천도를 하시어 근본을 바로 잡
아주시기 바랍니다. 모든 제도가 이미 이루어졌지만 궁궐의 불요불
급한 비용을 지급하지 않는다면 해마다 일 년치씩 비축을 늘려갈 수
있을 것입니다.」

原文

　「臣聞三代之祖積德以王, 然皆不過數百年而絶. 周至成
王, 有上賢之材, 因文,武之業, 以周,召爲輔, 有司各敬其事,
在位莫非其人. 天下甫二世耳, 然周公猶作詩,書深戒成王,
以恐失天下. 《書》則曰, ‘毋若殷王紂.’ 其《詩》則曰, ‘殷之
未喪師, 克配上帝, 宜監於殷, 駿命不易.’ 今漢初取天下,

起於豊沛, 以兵征伐, 德化未洽, 後世奢侈, 國家之費當數代
之用, 非直費財, 又乃費士. 孝武之世, 暴骨四夷, 不可勝數.
有天下雖未久, 至於陛下八世九主矣, 雖有成王之明, 然亡
周,召之佐. 今東方連年饑饉, 加之以疾疫, 百姓菜色, 或至
相食. 地比震動, 天氣混濁, 日光侵奪. 繇此言之, 執國政者
豈可以不懷怵惕而戒萬分之一乎! 故臣願陛下因天變而徙
都, 所謂與天下更始者也. 天道終而復始, 窮則反本, 故能
延長而亡窮也. 今漢道未終, 陛下本而始之, 於以永世延祚,
不亦優乎! 如因丙子之孟夏, 順太陰以東行, 到後七年之明
歲, 必有五年之餘蓄, 然後大行考室之禮, 雖周之隆盛, 亡以
加此. 唯陛下留神, 詳察萬世之策.」

| 註釋 | ○天下甫二世耳 - 周의 천하 통일을 이룩한 武王과 그 아들 成王
의 2세. 甫는 막. 마침. 剛才. ○毋若殷王紂 -《書經 周書 無逸》. ○《詩》則
曰 -《詩經 大雅 文王》. ○宜監於殷 - 殷을 거울삼아. 監은 鑑. ○駿命 - 天
命. ○豊沛 - 沛縣의 豊邑. ○八世九主 - 高祖, 惠帝, 高后, 文帝, 景帝, 武
帝, 昭帝, 宣帝, 元帝까지 9主이었으나 高后는 8世에 들어가지 않는다. ○菜
色(채색) - 초근목피로 연명하여 얼굴이 누렇게 떠서 시든 풀색이 되었다는
뜻. ○不懷怵惕(불회출척) - 怵惕은 두려워하다. 마음에 겁을 내며 조심하
다. 전전긍긍하다. 怵 두려워할 출. 惕 두려워할 척. ○萬分之一 - 社稷의
위기. ○更始 - 다시 시작하다. 更張. ○考室之禮 - 궁궐이나 능침과 종묘
를 낙성하는 대례.

「臣이 알기로는, 三代의 시조는 모두 덕을 쌓아 왕이 되었으나 그래도 수백 년을 넘기지 못하고 단절되었습니다. 周 成王은 현인을 받들 줄 아는 자질이 있었고 文王과 武王의 업적을 바탕 삼아 周公과 召公의 보필을 받았으며 관리들은 모두 그 업무에 최선을 다하고 모두 적임자 아닌 사람이 없었습니다. 周의 천하가 겨우 二世를 지났을 뿐인데도 周公은 詩와 書를 이용하여 천하를 잃게 될까 걱정하여 成王을 단단히 훈계하였습니다.《書經》에서는 '王은 殷王 紂(주)와 같이 되지 마시오.'라고 하였고, 그《詩》에서는 '殷이 군사를 잃기 전에는 上帝와 같이 하였으니, 殷을 거울로 삼아 天命을 잃지 말지어다.'라고 하였습니다. 우리 漢이 천하를 처음 차지할 때 沛縣(패현)의 豐邑에서 일어나 군사 정벌을 하였으나 德化가 미흡하였는데도 후세에는 사치하였고 국가의 비용이 여러 대의 비용에 상당하였는데 재물만 소비하였을 뿐만 아니라 또 인재들도 소모하였습니다. 무제 시대에 四夷의 땅에 죽어간 사람을 이루 다 셀 수가 없었습니다. 천하를 차지한 지 오래지 않았으니 폐하까지 8世에 9명의 주군인데 비록 成王의 명철함은 있었으나 周公과 召公같은 보좌는 없었습니다. 지금 관동 지방에 연년 기근이 들었고 거기에 질병까지 돌며 백성들은 굶주렸고 간혹 사람이 사람을 먹었습니다. 연이어 지진이 일어났고 천기는 혼탁해졌으며 日光은 빛을 잃었습니다. 이로써 말한다면 국정을 운영하는 자가 어찌 두려워하며 사직의 안위를 걱정하지 않을 수 있겠습니까! 그래서 신은 폐하께서 天變을 바탕으로 천도하시기를 바라는 것이며 이는 천하와 함께 다시 시작하는 것입니다. 天道도 순환이 한 번 끝나면 다시 시작하고 끝을 다하면 다시 근본으로 돌아가야 연장되어 끝없이 순환할 수 있습니다. 지금 漢의 국운이 끝난 것이 아니니 폐하를 本으로 삼아 시작하면 이에 永世토록 국운이 이어질 것이니 이 또한 좋지 않겠습니까! 내년 丙子年 孟夏(4월)에 太陰이 순환하여 東行하면 다음 7년 뒤에 明歲가 올 것이니 필히 5년여의 비축을 할 수 있을 것이며 그런 연후에 궁궐과 능침의 낙성의 대례를 크게 거행할 수 있을 것이니 비록 周室의 융성이라도 이보다 더하지는 못할 것입니다. 폐하께서 마음을 쓰시어 상세하게 萬世의 대책을 생각해 주시기 바랍니다.」

原文

書奏, 天子異其意, 答曰, "問奉, 今園廟有七, 云東徙, 狀何如?" 奉對曰, "昔成王徙洛, 般庚遷殷, 其所避就, 皆陛下所明知也. 非有聖明, 不能一變天下之道. 臣奉愚戇狂惑, 唯陛下裁赦."

其後, 貢禹亦言當定迭毀禮, 上遂從之. 及匡衡爲丞相, 奏徙南北郊, 其議皆自奉發之. 奉以中郎爲博士, 諫大夫, 年老以壽終. 子及孫, 皆以學在儒官.

| 註釋 | ○貢禹(공우) – 72권, 〈王貢兩龔鮑傳〉에 立傳. ○匡衡(광형) – 81권, 〈匡張孔馬傳〉에 입전. ○中郎 – 郞中令의 속관인 여러 郞官의 하나. 중랑장의 지휘를 받아 궁중 수위, 황제 시종임무 수행. 질록 6백석.

상서가 올라가자, 천자는 그 뜻이 새롭다 생각하여 답서를 보내 말하기를 "익봉에게 묻나니, 지금 園廟가 7개소가 있는데 동쪽으로 천도한다면 능원은 어찌해야 하는가?"

이에 익봉이 대답하였다. "예전에 周 成王이 낙양으로 천도하였고 般庚(반경)은 殷으로 천도하였으니 그들이 피하여 천도한 것은 폐하께서도 모두 잘 아실 것입니다. 聖明하신 분이 없다면 天道를 一變 시킬 수 없습니다. 臣 奉이 어리석고 현혹된 것도 있사오니 폐하께서 살펴 용서하십시오."

그 뒤에 貢禹(공우) 또한 순차적으로 묘당을 철폐하는 禮法을 제정해야 한다고 말했고 원제도 그에 따랐다. 匡衡(광형)이 승상이 되자 남북의 郊祭를 옮겨 지내야 한다는 의견을 상주하였는데 그런 의논은 모두 익봉이 시작하였다. 익봉은 中郞으로 博士를 거쳐 諫大夫가 되었다가 늙어 천수를 누리고 죽었다. 아들 및 손자가 모두 유학으로 관직에 나갔다.

75-6. 李尋

〖原文〗

李尋字子長, 平陵人也. 治《尙書》, 與張孺, 鄭寬中同師.

寬中等守師法教授, 尋獨好〈洪範〉災異, 又學天文月令陰陽. 事丞相翟方進, 方進亦善爲星曆, 除尋爲吏, 數爲翟侯言事. 帝舅曲陽侯王根爲大司馬票騎將軍, 厚遇尋. 是時多災異, 根輔政, 數虛己問尋. 尋見漢家有中衰厄會之象, 其意以爲且有洪水爲災, 乃說根曰.

| 註釋 | ○李尋(이심) – 尋 찾을 심. 보통의. ○平陵 – 昭帝의 능, 縣名. 今 陝西省 咸陽市 서북. ○張孺 – 張子孺의 착오. 88권, 〈儒林傳〉에 나오는 張山拊(장산부)의 제자인 張無故. 子孺는 그의 字. ○〈洪範〉 – 《書經》의 편명. 〈洪範〉은 箕子가 武王을 위해 천지의 大法과 治國平天下의 도리를 논한 것으로 '天下之事의 大者는 대개 이 한 편에 들어있다' 라고 말할 정도이다. 전국시대 齊國의 술사들은 이를 五行과 연계 推論하여 災異를 논하였다. ○月令 – 《禮記》의 편명. 일 년 12개월의 時令 및 相關 事物을 서술. ○翟方進(적방진) – 성제 때 승상 역임. 84권, 〈翟方進傳〉에 입전. ○曲陽侯 王根 – 成帝(재위 前 32 – 7년)의 외삼촌. 元延 원년(前 12)에 대사마가 되었다. 성제의 母親 王政君의 친정 오빠인 陽平侯 王鳳(왕봉) 외, 新都哀侯 王曼, 王政君, 平阿安侯 王譚, 安成共侯 王崇, 成都 景成侯 王商, 紅陽 荒侯 王立, 曲陽侯 王根, 高平戴侯 王逢時 등이 모두 일족. ○厄會(액회) – 재난이 교대로 닥치다. 厄 재앙 액.

〖 國譯 〗

李尋(이심)의 字는 子長으로 平陵縣 사람이다. 《尙書》를 전공하여 張孺(장유), 鄭寬中과 같이 師事하였다. 정관중 등은 師法을 지키며 교수했는데 이심만은 〈洪範〉의 災異(재이)를 추론하였고 천문과 月

슈, 음양학을 연구하였다. 이심은 승상 翟方進(적방진)을 섬겼는데 적방진 역시 천문을 좋아하여 이심을 관리로 삼았고 이심은 적방진에게 자주 정사를 건의하였다. 성제의 외숙으로 대사마 표기장군인 曲陽侯 王根은 이심을 잘 대우하였다. 이때는 재해가 많았는데 왕근은 정사를 보필하면서 자신을 낮추며 이심에게 자주 물었다. 이심은 漢室의 쇠약해지고 재난을 맞이할 운명이라 생각하였고 또 홍수 피해를 예상하여 왕근에게 말했다.

原文

"《書》云, '天聰明', 蓋言紫宮極樞, 通位帝紀, 太微四門, 廣開大道, 五經六緯, 尊術顯士, 翼張舒布, 燭臨四海, 少微處士, 爲比爲輔, 故次帝廷, 女宮在後. 聖人承天, 賢賢易色, 取法於此. 天官上相上將, 皆顓面正朝, 優責甚重, 要在得人. 得人之效, 成敗之機, 不可不勉也. 昔秦穆公說諓諓之言, 任仡仡之勇, 身受大辱, 社稷幾亡. 悔過自責, 思惟黃髮, 任用百里奚, 卒伯西域, 德列王道. 二者禍福如此, 可不愼哉!"

| 註釋 | ㅇ'天聰明' - '天聰明 自我民聰明 ~'《書經 虞書 皐陶謨(고요모)》. ㅇ紫宮極樞 - 紫宮(자궁)은 하늘의 北宮인 紫微垣(자미원). 極樞는 북극성(極)과 북두성(樞). ㅇ通位帝紀 - 북극 오성 중 太一은 황제를 상징, 기타의 별은 대신, 후궁, 자식을 상징하는데 이 모든 자리를 다 거느린다는 뜻.

ㅇ太微四門 – 太微는 太微星. 곧 天帝의 南宮. 四門은 午門 등 4개의 문. ㅇ五經六緯 – 5帝의 座와 6諸侯를 상징하는 星座. ㅇ尊術顯士 – 뛰어난 사대부들을 거느리다. ㅇ翼張舒布 – 少微垣(소미원)의 4星이 黃道에 분포하다. ㅇ女宮在後 – 女宮은 軒轅星(헌원성). ㅇ賢賢易色 – 賢賢은 尊上賢人, 현인을 우대하다. 易色(이색)은 女色을 멀리하다. 易는 경시하다. 무시하다. ㅇ說諓諓之言(열전전지언) – 說은 좋아하다. 諓諓은 小善之言. 말이 교묘하고 유창한 모양. 아첨하는 모양. 諓 교묘히 말할 전. ㅇ仡仡(흘흘) – 씩씩한 모양. 仡 날랠 흘. ㅇ身受大辱 – 秦 穆公은 아첨하는 신하의 말만 듣고 소국 鄭을 공격했다가 晉의 개입으로 군사가 전멸하는 치욕을 당했었다. ㅇ思惟黃髮 – 黃髮은 흰머리. 노인. ㅇ百里奚(백리해) – 인명. 목공은 蹇叔(건숙), 백리해 등을 등용하여 伯業(패업)을 이루었다. ㅇ二者 – 勝敗. 곧 아첨하는 말을 듣는 것과 노인의 말을 듣는 것.

〔國譯〕

　"《書經》에 '하늘은 총명하다'고 하였으니, 이는 아마 자미원의 북극성과 북두성이 모든 자리를 거느리며 太微星의 四門 등 大道를 廣開하며, 五帝와 六侯의 星官과 함께 사대부들을 우대하면서 황도에 널리 퍼져 사해를 밝게 비추고 少微垣(소미원)의 처사들은 무리를 지어 보필하니 이는 곧 天帝 조정의 서열이며, 女宮(軒轅星)은 뒤쪽에 배치되어 있습니다. 聖人이 하늘의 뜻을 받아 현인을 우대하고 여색을 멀리하는 것은 이를 본받은 것입니다. 天官은 上相이고 上將이며 모두 앞을 향해 천제를 받들어야 하니 그 책무가 매우 중한데 그 요점은 인재를 얻는데 있습니다. 인재를 얻는 것은 성패의 중요한 계기이니 힘쓰지 않으면 안 됩니다. 예전에 秦의 穆公은 말을 잘하는 신하를 좋아하고 씩씩한 장수만을 등용했다가 큰 치욕을 당하고 사직은 거의 망할 뻔 했습니다. 뉘우치고 자책하며 노인들의 말을 생각하여 百里奚(백리해) 등을 등용해서 결국 서쪽 땅의 패자가 되어 왕도를 성취하였습니다. 치욕과 패업의 禍福이 이와 같으니 신중하지 않을 수 없습니다!"

原文

"夫士者, 國家之大寶, 功名之本也. 將軍一門九候, 二十朱輪, 漢興以來, 臣子貴盛, 未嘗至此. 夫物盛必衰, 自然之理, 唯有賢友强輔, 庶幾可以保身命, 全子孫, 安國家.《書》曰, '曆歷象日月星辰', 此言仰視天文, 俯察地理, 觀日月消息, 侯星辰行伍, 揆山川變動, 參人民繇俗, 以製法度, 考禍福. 舉錯悖逆, 咎敗將至, 徵兆爲之先見. 明君恐懼修正, 側身博問, 轉禍爲福, 不可救者, 卽蓄備以待之, 故社稷亡憂."

| 註釋 | ○一門九候 — 王氏 일족에 제후가 9명. ○朱輪 — 漢制에 황태자, 諸侯王, 公, 列侯는 바퀴에 붉은 칠을 한 수레를 탈 수 있다. 또 二千石 이상 관리도 탈 수 있었다는 주석이 있다. ○《書》曰 —《書經 虞書 堯典》에 있는 말. ○揆山川~ — 揆는 헤아릴 규. ○繇俗 — 동요나 세상 사람들이 하는 말. 繇는 謠, 동요. 俗은 백성들이 하는 말. ○舉錯悖逆(거조패역) — 舉錯는 舉措. 제거하다.

〖國譯〗

"士人은 국가의 대보이며 功名의 大本입니다. 장군의 일족에 제후가 아홉이나 되고 붉은 수레를 타는 분이 20명이니 漢의 건국 이후 신하로서 이처럼 고귀하고 번영한 경우가 지금까지 없었습니다. 그러나 만물이 번성했으면 반드시 쇠퇴하는데, 이는 자연의 이치이나 다만 賢友가 있어 강하게 도와준다면 거의 身命을 보전하고 자손을 지키며 국가를 편안케 할 수 있을 것입니다. 《書經》에 '曆은 日月과 星辰(성신)을 본떴다.'고 하였으니, 이 말은 천문을 보고 지리를 살피며 日月의 消息(소식)을 살펴보고 별의 운행을 살피며, 산천의 변동을 헤아리고 백성의 말도 참고하여 법도를 창제하고 화복을 숙고하라는 뜻입니다. 악인을 제거해야 할 때나 재앙이 닥치려 할 때 그 징조가 미리 보입니다. 明君이 천명을 두려워하고 행실을 바로 수양하며 몸을 낮춰 널리 하문한다면 禍를 福으로 바꿀 수 있으며 피할 수 없는 재앙이라면 미리 대비해야만 나라에 걱정이 없을 것입니다."

原文

"竊見往者赤黃四塞, 地氣大發, 動土竭民, 天下擾亂之徵也. 彗星爭明, 庶雄爲桀, 大寇之引也. 此二者已頗效矣. 城中訛言大水, 奔走上城, 朝廷驚駭, 女孽入宮, 此獨未效. 間者重以水泉湧溢, 旁宮闕仍出. 月,太白入東井, 犯積水, 缺天淵. 日數湛於極陽之色. 羽氣乘宮, 起風積雲. 又錯以山崩地動, 河不用其道. 盛冬雷電, 潛龍爲孽. 繼以隕星流彗, 維,塡上見, 日蝕有背鄕. 此亦高下易居, 洪水之徵也. 不憂不改, 洪水乃欲蕩滌, 流彗乃欲掃除, 改之, 則有年亡期. 故屬者頗有變改, 小貶邪猾, 日月光精, 時雨氣應, 此皇天右漢亡已也, 何況致大改之!"

| 註釋 | ○往者赤黃四塞 - 往者는 성제 建始 원년(전 32년) 4월. 이는 봄철의 황사현상으로 파악된다. ○此二者已頗效矣 - 성제 鴻嘉 3년(前 18), 昌陵의 토목공사 중단 사태나 廣漢郡에서 鄭躬이란 사람이 山君을 자칭했으며, 永始 2년(前 15)의 소소한 민란이 그런 징조라 할 수 있다. ○訛言大水 - 訛言(와언)은 거짓말. 大水는 洪水. ○女孽入宮 - 요상한 여인이 홍수가 닥친다면서 활을 들고 미앙궁에 숨어들었던 일이 있었다. 이런 소동은 성제 建始 3년(前 30년)에 있었다. ○間者重以水泉湧溢, 旁宮闕仍出 - 間者는 근래. 重은 또(又). 湧溢(용일)은 솟아나 넘치다. 旁은 近也. 仍은 자주. ○入東井 - 28宿의 하나인 井宿. 積水는 星官(별 이름). ○缺天淵 - 缺은 스쳐 지나가다. 天淵은 별 이름. ○日數湛於極陽之色 - 湛 잠길 침. 빛을 잃다. 極陽은 모든 陽氣의 총화. 陽氣의 本源. ○羽氣乘宮 - 五音 중 羽는 北方 水의 소리인데 水는 陰이고 신하를 의미한다. 宮은 중앙의 土, 곧 주군을 의미. 이는 신하의 氣가 주군의 기를 누른다는 뜻. ○又錯以山崩地動 - 錯은 뒤섞이다. ○潛龍爲孽(잠룡위얼) - 潛龍은 우물 아래 갇혀 있는 용. 孽(서자 얼)은 蘖(싹틀 얼)과 通. ○繼以隕星流彗 - 永始 2년 2월, 元延 원년 4월에 이런 일이 있었다는 기록이 있다. ○維, 塡上見 - 維는 地維星, 塡은 四塡星은 모두 점술가가 말하는 妖星. ○日蝕有背鄕 - 태양이 가려지는 방향이 보통의 일식보다 달랐다는 뜻. 成帝 建始 3년(전 29)부터 元延 원년(전 12년)까지 일식이 10번 일어났다고 한다. ○蕩滌(탕척) - 씻어 깨끗하게 하다. 蕩 쓸어버릴 탕. 滌 씻을 척. ○則有年亡期 - 재해가 일어날 해가 정해지지 않을 것이다. 재해가 일어나지 않다. ○屬者 - 近日에. ○右 - 佑(도울 우),

祐(천지신명이 도울 우).

〖 國譯 〗

"제가 볼 때 지난 번에 적황색 구름이 사방을 뒤덮었는데 이는 땅
의 기운이 크게 일어난 것으로 큰 토목공사가 백성을 지치게 하고
천하가 소란할 징조였습니다. 혜성이 日月처럼 밝았는데, 이는 庶人
이 우두머리가 되려 하는 의미이며 외부 도적의 침입을 예고한 것으
로 이 두 가지는 실제로 있었습니다. 또 큰 홍수가 닥친다는 요언이
성중에 떠돌아 백성들이 성 위에 올라가는 소동이 벌어졌고 조정의
신하들도 놀랐으며 요상한 여자가 미앙궁에 몰래 들어간 일은 맞지
않았습니다. 요즈음에는 또 물이 솟아 넘친다는 소문이 있었는데 궁
궐 근처에서 물이 자주 솟아났습니다. 달과 太白星(金星)이 東井星
에 들었고 積水星을 범했으며 天淵星을 스쳐 지나갔습니다.(이는
큰 수재가 닥칠 조짐이다). 태양은 여러 번 그 밝은 색을 잃었습니
다. 羽(陰, 臣)의 氣가 宮(陽, 主君)의 기를 이기고 바람이 불어 구름을
일으켰습니다. 또 여러 기운이 뒤섞여 산이 무너지고 지진이 났으며
황하는 물길을 바꿔 흘렀습니다. 한 겨울에 천둥과 번개가 쳤으니
이는 잠룡이 깨어난 것이며 계속해서 운석이 떨어지고 혜성이 나타
났으며, 地維星과 四塡星(사진성) 같은 妖星(요성)이 나타났고 일식이
반대로 진행되었습니다. 이 역시 위아래가 바뀐 것이며 홍수의 징조
입니다. 이를 걱정하지도 않고 고치지도 않는다면 홍수는 다 씻어버
리려 할 것이며 혜성은 모든 것을 다 쓸어내려 할 것인데 이를 바로
잡는 일이란 재해가 일어날 시기를 없애는 것입니다. 이렇듯 요즈음
변고가 자주 일어나지만 간사한 자를 물리치면 일월은 밝게 빛날 것

이며 때맞춰 비도 오고 일기도 좋을 것이니, 이는 하늘이 漢을 끝없이 돕는 것이오니 어찌 힘써 노력하지 않을 수 있겠습니까!"

"宜急博求幽隱, 拔擢天士, 任以大職. 諸闟茸佞讇, 抱虛求進, 及用殘賊酷虐聞者, 若此之徒, 皆嫉善憎忠, 壞天文, 敗地理, 湧趯邪陰, 湛溺太陽, 爲主結怨於民, 宜以時廢退, 不當得居位. 誠必行之, 凶災銷滅, 子孫之福不旋日而至. 政治感陰陽, 猶鐵炭之低卬, 見效可信者也. 及諸蓄水連泉, 務通利之. 修舊堤防, 省池澤稅, 以助損邪陰之盛. 案行事, 考變易, 訛言之效, 未嘗不至. 請徵韓放, 掾周敞,王望可與圖之."

| 註釋 | ○拔擢天士 - 천도를 아는 자를 발탁하다. ○諸闟茸佞讇(諂) - 모든 무능력자나 아첨하는 무리. 闟茸(탑용)은 저능한 사람. 무능력자. 闟은 작은 다락 문. 茸은 작은 풀. 讇은 諂(아첨할 첨)의 古字. ○湧趯邪陰 - 湧 샘솟을 용. 趯 뛸 적(약). 躍과 같음. ○銷滅 - 녹아 없어지다. 銷 쇠를 녹일 소. ○猶鐵炭之低卬 - 天秤(천칭)에 쇠와 숯(炭)을 같은 무게로 얹어 놓았을 때 冬至에는 陽의 기운이 나타나서 쇠가 밑으로 내려가고 숯이 올라가나 夏至에는 陰이 시작되는 날이기에 숯이 내려가고 쇠가 올라간다고 한다. ○周敞(주창) - 58권, 〈儒林傳〉에 입전.

"숨어있는 인재를 급히 널리 찾으시고 天道를 아는 인재를 발탁하여 요직을 맡겨야 합니다. 무능력자나 아첨하는 사람들, 위선으로 출세하려는 자나 잔인하고 가혹하다고 소문난 자 등 이런 무리 모두는 선량하고 충성스런 자를 질투 중오하여 천도를 깨트리고 地利를 허물며 사악한 음모를 발휘하여 太陽의 道를 점차 잠식하여 주군으로 하여금 백성의 원성을 듣게 하니 응당 수시로 물리치고 등용되지 못하게 해야 합니다. 이를 제대로 실천한다면 흉재는 녹아 소멸할 것이며 자손에게 미칠 복은 금방 찾아올 것입니다. 政治는 음양에 감응하여 마치 쇠와 숯이 평형에서 기우는 것처럼 믿을 만한 결과를 볼 수 있습니다. 또 모든 강이나 호수 등을 연결시켜 잘 흐르게 해야 합니다. 낡은 제방을 수리하고 연못이나 저수지에 대한 세금을 철폐하여 음기가 자라는 것을 막아야 합니다. 이런 일을 시행하고 변화를 상고하면 訛言(와언)에 따른 소요는 일어나지 않을 것입니다. 韓放과 掾吏 周敞(주창), 王望 등을 불러 함께 일을 해보시기를 청원합니다."

原文

根於是薦尋. 哀帝初卽位, 召尋待詔黃門, 使侍中衛尉傅喜問尋曰, "間者水出地動, 日月失度, 星辰亂行, 災異仍重, 極言毋有所諱." 尋對曰.

| 註釋 | ○待詔黃門 - 待詔는 특수 官名. 황제의 자문에 응대하는 직책. 그 대기하는 관청에 따라 待詔公車, 待詔黃門, 待詔殿中, 待詔金馬門, 待詔丞相府 등이 있다. ○傅喜(부희) - 82권, 〈王商史丹傅喜傳〉에 입전.

〖國譯〗

王根은 이에 李尋(이심)을 천거하였다. 哀帝는 즉위하고 곧 이심을 불러 待詔黃門에 임용하였는데 侍中衛尉인 傅喜(부희)를 시켜 이심에게 물었다.

"지난번에 물이 솟고 지진이 났으며 日月이 정상이지 못했고 星辰도 멋대로 운행하면서 재해도 빈번히 발생하였는데 이에 대하여 아무 거리낌 없이 다 말해주기 바라노라."

이에 이심이 대답하였다.

原文

"陛下聖德, 尊天敬地, 畏命重民, 悼懼變異, 不忘疏賤之臣, 幸使重臣臨問, 愚臣不足以奉明詔. 竊見陛下新卽位, 開大明, 除忌諱, 博延名士, 靡不並進. 臣尋位卑術淺, 過隨衆賢待詔, 食太官, 衣御府, 久汚玉堂之署. 比得召見, 亡以自效. 復特見延問至誠, 自以逢不世出之命, 願竭愚心, 不敢有所避, 庶幾萬分有一可采. 唯棄須臾之間, 宿留瞽言, 考之文理, 稽之《五經》, 揆之聖意, 以參天心. 夫變異之來, 各應像而至, 臣謹條陳所聞."

| 註釋 | ○靡不並進 – 靡不은 無不. 並進은 함께 나오게 하다. 모두를 등
용하다.   ○過隨衆賢~ – 過는 잘못을 저지르다. 동사로 쓰였다. 자신을 낮
추는 겸양의 표현.   ○久汚玉堂之署 – 玉堂은 未央宮의 전각 이름.   ○比得
召見 – 比는 자주, 빈번히(頻仍).   ○唯棄須臾之間 – 唯는 ~하기 바라다. 희
망을 표현. 棄 버릴 기. 須臾(수유)는 잠시. 須 모름지기 수. 臾 잠깐 유.   ○宿
留瞽言 – 宿留(숙류)는 마음에 담아 기다리다. 瞽言(고언)은 본 것도 없는 맹
인의 말. 瞽 소경 고. 맹인.

〔國譯〕

　　"폐하께서는 聖德으로 하늘과 땅을 높이고 공경하시며 천명을 경
외하시고 백성을 중히 여기시면서 재해를 두려워하시어 소원하거
나 미천한 신하도 잊지 않으시고 중신을 보내 물으셨는데, 어리석은
저는 명철하신 조서에 답변을 올리기에는 부족합니다. 제가 볼 때,
폐하께서는 즉위하신 지 오래지 않지만 명철하신 지혜로 꺼리고 싫
어하시지 않고 명사를 널리 초빙하시며 많은 인재를 등용하셨습니
다. 신 尋(심)은 지위도 낮고 천박한 학문인데도 여러 현자와 함께
待詔가 되어 太官의 음식을 먹고 나라에서 주는 옷을 입으며 오랫동
안 조정을 더럽히는 잘못을 저질렀습니다. 그간 여러 번 폐하를 알
현하였지만 제가 도움이 된 것도 없었습니다. 다시 또 지성으로 저
에게 물어 주시니 저로서는 평생에 드문 어려운 하명을 받은 것이라
생각하면서 저의 어리석음을 다 바쳐 걱정하여 피하는 일 없이 말씀
드리오나 혹 만분의 일이라도 채용할만한 것이 있을지 모르겠습니
다. 잠깐 보시고 버릴지라도 저의 어리석은 생각을 文理와 《五經》에
근거하여 말씀 드려 聖意를 헤아리고 天心에 동참하고자 합니다. 재

해가 나타날 것 같은 여러 조짐의 출현에 대하여 臣은 아는 바를 삼가 조목별로 진술해 보겠습니다."

原文

「《易》曰, '縣象著明, 莫大乎日月.' 夫日者, 衆陽之長, 輝光所燭, 萬里同晷, 人君之表也. 故日將旦, 清風發, 群陰伏, 君以臨朝, 不牽於色. 日初出, 炎以陽, 君登朝, 佞不行, 忠直進, 不蔽障. 日中輝光, 君德盛明, 大臣奉公. 日將入, 專以壹, 君就房, 有常節. 君不修道, 則日失其度, 晻昧亡光. 各有云爲. 其於東方作, 日初出時, 陰雲邪氣起者, 法爲牽於女謁, 有所畏難, 日出後, 爲近臣亂政, 日中, 爲大臣欺誣, 日且入, 爲妻妾役使所營. 間者日尤不精, 光明侵奪失色, 邪氣珥蜺數作. 本起於晨, 相連至昏, 其日出後至日中間差瘉. 小臣不知內事, 竊以日視陛下志操, 衰於始初多矣. 其咎恐有以守正直言而得罪者, 傷嗣害世, 不可不愼也. 唯陛下執乾剛之德, 强志守度, 毋聽女謁邪臣之態. 諸保阿乳母甘言悲辭之托, 斷而勿聽. 勉强大誼, 絶小不忍, 良有不得已, 可賜以貨財, 不可私以官位, 誠皇天之禁也. 日失其光, 則星辰放流. 陽不能制陰, 陰桀得作. 間者太白正晝經天. 宜隆德克躬, 以執不軌.」

| 註釋 | ○《易》曰 -《易經 繫辭 上》. ○縣象著明 - 縣은 懸(매달 현)의 本字. 縣象은 하늘에서 그 모양을 드러내다. 著明(저명)은 환히 나타나다. ○萬里同晷(만리동구) - 晷 그림자 구, 햇빛 구. 原音 귀. ○晻昧 - 暗昧. 晻은 햇빛 침침할 엄. 어둘 암. 暗昧(암매). ○各有云爲 - 각자 할 일이 있다. 云은 語助詞로 實意가 없다. ○其於東方作 - 作은 起也. 東方作은 해가 뜨면서 잠자리에서 일어나다. ○法爲牽於女謁 - 法은 占卜의 法. 女謁(여알)은 여인의 청탁. 謁은 請, 곧 請託. ○有所畏難 - 단절하지 못하다. 畏 두려울 외. ○爲妻妾役使所營 - 營은 현혹되다. 縈惑(요혹). ○珥蜺(이예) - 햇무리. 무지개. 珥 햇무리 이, 귀고리 이. 蜺 무지개 예. ○差瘉(차유) - 조금 낫다. 瘉는 愈(병 나을 유). 낫다. ○諸保阿乳母~ - 당시 애제는 환관 董顯(동현)과 유모 王阿(왕아)의 말을 잘 따랐기에 이런 말을 했다는 註가 있다. 保阿乳母는 아이를 보육하는 여인. ○勉强大誼 - 勉强은 힘쓰다. 大誼는 大義. ○桀得作 - 桀 빼어날 걸. 특출하다. ○以執不軌 - 執은 견제하다. 不軌는 불법. 모반.

〔國譯〕

　《易經》에 '하늘에 뚜렷하게 보이는 것으로 日月보다 큰 것은 없다.' 고 하였습니다. 태양은 모든 陽의 으뜸으로 찬란한 빛을 내어 온 세상에 같은 그림자를 드리우니 人君의 표상입니다. 그리하여 해가 뜨려할 때 맑은 바람이 불며 모든 陰이 굴복하며 人君이 조정에 나갈 때는 여색에 끌리지 않습니다. 해가 막 뜨면서 양기를 발사하고, 인군이 조회에 임하면 아첨이 통하지 않고 충직한 신하가 등용되며 앞을 막지 못할 것입니다. 해가 중천에서 찬란한 빛을 내는 것은 人君의 덕이 밝고 성한 것이며 大臣은 나라를 위해 일합니다. 해가 지는 것은 한결같은 것이기에 인군이 침전에 드는 것도 일정한 절도가 있어야 합니다. 만약 인군이 대도를 따르지 않는다면 태양이 그 節度를 잃는 것으로 해가 져 빛이 없는 것과 같습니다. 이처럼 모든 현상에 感應이 있습니다. 해가 동방에서 처음 떠오를 때, 어두운 구름과 邪氣가 일어난다면 占卜에서는 이를 人君이 여인의 청탁에 끌려가는 것이라고 보는데 이는 결단을 두려워하는 것입니다. 일출한 뒤에 그런 일이 있다면 근신들이 정치를 어지럽히는 것이고, 한낮의 邪氣는 대신이 속임수를 당하는 것이며, 해가 지려 할 때 邪氣가 일어나는 것은 처첩에게 현혹되는 것입니다. 최근에 일광이 더욱 흐릿하고 광명이 그 빛을 잃는 것은 邪氣의 햇무리가 자주 일어나기 때문입니다. 본래 새벽에 일어나면서 저녁까지 하나로 연결이 되는데 일출 후 한낮이 될 때까지의 차이가 비교적 큽니다. 소신은 內事를 알지 못하나 요즈음에 폐하의 志氣나 節操를 살펴보면 즉위 초보다 많이 약해졌습니다. 그런 허물이 있는 것은 아마 守正하며 직언을 하다가 得罪하는 신하가 있다는 뜻이겠지만 그런 사람의 후사까지 다치게 할 수 있는 일은 신중히 처리하지 않을 수 없습니다. 폐하께서는 강건한 덕을 견지하시고 강한 의지로 절도를 지키면서 여인의 청탁이나 사악한 신하의 아첨을 따르지 마십시오. 여러 보모나 유모가 애절하게 말하는 청탁을 딱 잘라버리고 듣지 말아야 합니다. 힘써 大義를 따르고 私情을 끊어버려야 하나 정말 어쩔 수 없다면 재물을 하사할 수야 있겠지만 인정을 베풀어 벼슬을 주어서는 안 되며 이는 바로 皇天에서 금하는 것입니다. 태양이 그 빛을 잃는다면 星辰(성신)도 멋대로 운행합니다. 陽이 陰을 제어하지 못하면 陰은 더 강해집니다. 얼마 전에 太白星이 한낮에 하늘을 가로 질렀습니다. 그러하오니 덕을 더 쌓고 안일을 이겨내며 무법자를 견제해야 합니다.」

「臣聞月者, 衆陰之長, 銷息見伏, 百里爲品, 千里立表, 萬里連紀, 妃后大臣諸侯之象也. 朔晦正終始, 弦爲繩墨, 望成君德, 春夏南, 秋冬北. 間者, 月數以春夏與日同道, 過軒轅上后受氣, 入太微帝廷揚光輝, 犯上將近臣, 列星皆失色, 厭厭如滅, 此爲母后與政亂朝, 陰陽俱傷, 兩不相便. 外臣不知朝事, 竊信天文卽如此, 近臣已不足仗矣. 屋大柱小, 可爲寒心. 唯陛下親求賢士, 無彊所惡, 以崇社稷, 尊彊本朝.」

| 註釋 | ○銷息見伏 – 銷息은 消息, 消長. 곧 달이 커지거나 작아지는 것. 見伏은 나타나거나 안 보이는 것. ○百里爲品 – 品은 同也. 달의 운행을 함께 관찰할 수 있다. ○望成君德 – 해가 진 다음에 달이 보이므로 달(臣下)은 해(主君)의 德을 보완한다는 뜻. ○春夏南, 秋冬北 – 달의 위치가 黃度의 남쪽 북쪽에 있다는 뜻. ○過軒轅上后受氣 – 軒轅星을 后라고 한다. 上后는 正后. ○太微帝廷揚光輝 – 太微星은 天帝의 南宮. ○厭厭如滅 – 厭厭(염염)은 희미하거나 미약한 모양.

〖 國譯 〗

「臣이 알기로, 달은 모든 陰의 으뜸이며 차고 기울거나 나타나거나 감춰지는 것이 백리 안에서는 같이 볼 수 있지만 千里 밖에도 그림자를 드리우며 만 리 밖까지 하나로 이어지니, 이는 后妃와 大臣과 諸侯를 상징합니다. 그믐과 초하루는 통치의 시작이면서 끝이며 시작이고, 상현과 하현은 먹줄로 그은 것은 규칙이며 법으로 만월은

人君의 德이 성취된 것과 같으며, 봄과 여름에는 태양이 운행하는 궤도인 黃道의 남쪽에, 가을과 겨울에는 黃道의 북쪽으로 보입니다. 요즈음에 달이 자주 봄여름인데도 태양과 궤도를 같이하며 軒轅星(헌원성) 上后를 지나면서 기운을 받고, 太微星의 帝廷에 들어가 빛을 발하며 上將과 近臣을 범하니, 列星이 모두 그 빛을 잃고 사라질 듯 희미한데, 이는 母后가 정사에 간여하여 조정을 혼란케 하는 형상이라 음과 양이 모두 상처를 입으며 둘 다 서로 편하지 않을 것입니다. 臣은 外臣이라서 조정의 일은 잘 모르지만 천문의 이러한 현상을 본다면 近臣은 아마 믿을 수가 없을 것입니다. 마치 지붕은 크나 기둥이 작은 것 같아 한심할 뿐입니다. 폐하께서는 친히 賢士를 등용하시어 간사한 아첨꾼을 강하게 만들지 마시고 사직을 위하며 漢朝를 받들어 강하게 하셔야 합니다.」

原文

「臣聞五星者, 五行之精, 五帝司命, 應王者號令爲之節度. 歲星主歲事, 爲統首, 號令所紀, 今失度而盛, 此君指意欲有所爲, 未得其節也. 又塡星不避歲星者, 后帝共政, 相留於奎,婁, 當以義斷之. 營惑往來亡常, 周歷兩宮, 作態低卬, 入天門, 上明堂, 貫尾亂宮. 太白發越犯庫, 兵寇之應也. 貫黃龍, 入帝庭, 當門而出, 隨熒惑入天門, 至房而分, 欲與熒惑爲患, 不敢當明堂之精. 此陛下神靈, 故禍亂不成也. 熒惑厥弛, 佞巧依勢, 微言毀譽, 進類蔽善. 太白出端門, 臣有不臣者. 火入室, 金上堂, 不以時解, 其憂凶. 塡,歲相守, 又主內亂. 宜察蕭牆之內, 毌急親疏之微, 誅放佞人, 防絶 萌牙, 以蕩滌濁滅, 消散積惡, 毌使得成禍亂. 辰星主正四 時, 當效於四仲, 四時失序, 則辰星作異. 今出於歲首之孟, 天所以譴告陛下也. 政急則出蚤, 政緩則出晩, 政絶不行則 伏不見而爲彗茀. 四孟皆出, 爲易王命, 四季皆出, 星家所 諱. 今幸獨出寅孟之月, 蓋皇天所以篤右陛下也, 宜深自 改.」

| 註釋 | ○五星과 五帝 − 歲星〔木星, 東方, 春, 靑龍, 太皥(태호), 伏義〕, 熒 惑星(형혹성, 火星, 南方, 夏, 朱鳥, 炎帝), 太白星〔金星, 西方, 秋, 白虎, 少昊(소 호)〕, 辰星〔水星, 北方, 冬, 玄武, 顓頊(전욱)〕, 鎭星〔塡星, 土星, 中央, 制四方, 黃 龍, 黃帝〕. ○后帝共政 − 고대에 歲星은 제왕의 상징이고 塡星(진성)은 女主 의 상징이라 생각하였다. ○相留於奎,婁 − 서방의 奎와 婁. 28宿의 별 이름. ○營惑往來亡常 − 營惑은 熒惑. 往來에 일정한 常道가 없다. ○周歷兩宮 − 북의 紫微宮과 남쪽의 太微宮. ○入天門, 上明堂 − 天門은 角宿, 明堂은 房 宿. ○貫尾亂宮 − 尾는 별 이름. ○發越犯庫 − 發越은 빨리 달리는 모양. 庫 는 天庫, 곧 軫南(진남) 성좌의 10개의 별. ○厥弛(궐이) − 흔들리는 모양. ○出端門 − 太微星의 正南門. ○火入室, 金上堂 − 火入室은 화성이 명당에 들어감. 金上堂은 금성이 房(별 이름)에 들어가다. ○蕭牆之內 − 담장 안. 집 안 내부. ○蕩滌濁滅(탕척탁예) − 蕩滌은 깨끗하게 씻어내다. 濁滅는 더러운 것. ○四仲 − 사계절의 중간 달. 春의 경우 2월을 仲春이라 한다. 四孟은 사 계절의 첫 달. ○歲首之孟 − 곧 正月. ○爲彗茀 − 彗茀(혜불)은 彗星(혜성). 茀은 孛星(패성, 혜성). ○篤右 − 돈독하게 돕다. 右는 祐(도울 우).

〔國譯〕

「臣이 알기로, 五星이란 五行의 정수이고, 五帝의 명을 실행하며, 王者의 호령에 부응하여 법도를 지킵니다. 歲星은 歲事를 주관하여 우두머리가 되어 그 호령은 紀綱(기강)이 되는데 지금은 절도를 잃고 크게 성하니, 이는 주군의 뜻이 무엇인가 성취하고자 하나 그 법도를 얻지 못하는 것입니다. 그리고 塡星(鎭星, 土星)이 歲星을 피하지 않는 것은 女后와 皇帝가 같이 정사를 담당하는 것이며 서로 奎와 婁(루)에 머무는 것은 의리에 따른 단절이라 할 수 있습니다. 螢惑星(형혹성, 火星)은 왕래에 常道가 없으며 자미궁과 태미궁을 왕래하는데 그 작태는 오르내리면서 天門에 들어갔다가 明堂에도 올라가면서 尾星을 관통하며 어지럽히고 있습니다. 太白星(金星)은 빨리 치달리며 天庫를 범하였는데 이는 외병의 침입에 상응합니다. 태백성은 黃龍(軒轅星)을 관통하고 帝庭(太微星)에 들어가 문으로 나오는 형세인데 형혹성을 따라 天門에 들어가 房宿에 이르러 갈라져 螢惑星과 함께 환난을 일으키려 했으나 明堂之精을 감당하지 못하였습니다. 이는 폐하께서 神靈하시기에 禍亂이 일어나지 않은 것입니다. 螢惑星은 흔들거리는데 이는 교묘한 말로 아첨하며 권세에 의지하며 은미한 말로 헐뜯어 같은 黨類(당류, 무리)를 끌어들이며 선한 자를 가로막는 것입니다. 太白星은 端門으로 나왔는데 이는 신하 중에 반역할 자가 있는 것입니다. 火星이 明堂에 들어가고 金星이 房宿에 들어간 것은 시기에 맞는 것이 아니기에 이것 또한 걱정해야 할 흉사입니다. 塡星(전성, 土星)과 歲星(木星)이 서로 지키는 것은 또 내란을 주동하는 것입니다. 따라서 집안 내부를 잘 살피며 친소 간의 미세한 일이라도 급히 서둘지 말며 아부하는 자를 처단하여 그

싹을 자르고 더러운 것을 씻어내고 악폐를 없애어 禍亂으로 커가지 못하게 해야 합니다. 辰星(진성, 水星)은 四時를 바로 하는 일을 주관하는데 응당 四仲(사중)에 있어야 하며 만약 4계절이 차례를 잃게 되면 辰星이 이변을 낳습니다. 금년은 정월에 나타났는데 이는 폐하에게 하늘이 보낸 경고입니다. 정사가 촉박하면 일찍 나타나고, 정사가 완만하면 늦게 출현하고, 정사가 단절되어 실행되지 않으면 숨어 보이지 않다가 혜성이 됩니다. 四孟에 모두 나타난다면 王命을 바꿔야 하며 사계에 모두 나타날 경우는 점성가도 꺼리는 일입니다. 금년에는 다행히도 홀로 정월에 출현하였으니, 이는 아마도 하늘이 폐하를 아주 돈독히 도와주는 뜻이니 깊이 스스로 개혁해야 할 것입니다.」

原文

「治國故不可以戚戚, 欲速則不達. 經曰, '三載考績, 三考黜陟'. 加以號令不順四時, 旣往不咎, 來事之師也. 間者春三月治大獄, 時賊陰立逆, 恐歲小收, 季夏擧兵法, 時寒氣應, 恐後有霜雹之災, 秋月行封爵, 其月土濕奧, 恐後有雷雹之變. 夫以喜怒賞罰, 而不顧時禁, 雖有堯,舜之心, 猶不能致和. 善言天者, 必有效於人. 設上農夫而欲冬田, 肉袒深耕, 汗出種之, 然猶不生者, 非人心不至, 天時不得也.《易》曰, '時止則止, 時行則行, 動靜不失其時, 其道光明'.《書》

曰, '敬授民時'. 故古之王者, 尊天地, 重陰陽, 敬四時, 嚴月令. 順之以善政, 則和氣可立致, 猶枹鼓之相應也. 今朝廷忽於時月之令, 諸侍中, 尙書近臣宜皆令通知月令之意, 設群下請事, 若陛下出令有謬於時者, 當知爭之, 以順時氣.」

| 註釋 | ○故不可以戚戚 - 故는 일. 事也. 戚戚(척척)은 마음이 조급하고 안달하다. 戚은 슬플 척. 겨레. 친족. 재촉할 촉. ○經曰 - 《書經 虞書 舜典》. ○三載考績 - 3년에 한번 그 치적을 고찰하다. ○設上農夫 - 設은 만일. 上은 높이다. 받들다. ○《易》曰 - 《易經 艮卦》 象辭. ○《書》曰 - 《書經 虞書 堯典》. ○枹鼓(부고) - 枹는 북채 부. 졸참나무 포. 鼓는 북 고. 두드리다.

〔國譯〕

「國事 처리는 서둘러서 되는 것이 아니며 서두른다면 목표에 도달할 수 없습니다. 經典에는 '3년에 한 번 치적을 심사하여 3번 심사한 뒤에 내치거나 승진시켜야 한다.'고 하였습니다. 정령을 내렸으나 四時에 순응하지 못하거나, 지난 일에 대하여 또다시 그 허물을 문책하지는 않는다 하더라도 그런 과오는 앞일에 대한 스승이라고 볼 수 있습니다. 지난 봄철 3월에 큰 옥사를 겪었는데 그때 陰氣가 극성하여 양기를 막은 것이라서 흉년이 들까 걱정이 되었으며, 여름 끝 무렵에 군사를 동원하였는데 이는 寒氣에 응하는 것이기에 뒤에 서리나 우박의 재해가 걱정이 되었으며, 가을 달에 작위를 봉하였는데 그 달은 땅이 습하기에 뒷날 천둥이나 우박의 변고가 있을까 걱정이 되었습니다. 喜怒의 감정으로 상벌을 내리거나 계절의 금기를 생각하지 않는다면 堯와 舜 같은 마음이 있더라도 조화를 이룰 수 없습니다. 하늘에 대한 말을 잘하는 자는 필히 인간에게도 도움이 될 것입니다. 가령 농부를 시켜 겨울에 농사를 짓게 하면 웃통을 벗고 깊이 땅을 갈고 땀을 흘리며 씨앗을 뿌려도 싹이 나지 않는 것은 사람이 정성이 모자라서가 아니라 天時가 맞지 않기 때문입니다.《易經》에서도 '멈춰야 할 시기에 멈추고 가야할 때에 가면서 그 動靜이 때를 잃지 않는다면 그 도가 빛날 것이다.' 라고 하였습니다.《書經》에서도 '삼가 백성의 때에 맞춰 명을 내린다.' 고 하였습니다. 그래서 옛날의 王者는 天地를 받들고 陰陽을 중시하며 四時에 맞춰 근신하면서 月令을 잘 지켰습니다. 때에 맞춰 선정을 베풀면 和氣를 불러올 수 있으니 마치 북채와 북이 상응하는 것과 같습니다. 지금 조정에서 계절을 무시한 정령을 시행하는데 모든 侍中과 尙書 같은 근신에게 月令의 뜻을 알도록 명을 내려야 하며 설령 아래에서 정사를 상주하더라도 폐하께서 명을 내려 계절에 맞지 않는 일이 있다면 당연히 바로잡게 하여 계절의 기운에 순응해야 합니다.」

原文

「臣聞五行以水爲本, 其星玄武婺女, 天地所紀, 終始所生. 水爲準平, 王道公正修明, 則百川理, 落脈通, 偏黨失綱, 則踴溢爲敗.《書》云'水曰潤下', 陰動而卑, 不失其道. 天下有道, 則河出圖, 洛出書, 故河,洛決溢, 所爲最大. 今汝,潁畎澮皆川水漂踴, 與雨水並爲民害, 此《詩》所謂, '燁燁震

電, 不寧不令, 百川沸騰'者也. 其咎在於<u>皇甫</u>卿士之屬. 唯
陛下留意詩人之言, 少抑外親大臣.」

| 註釋 |　○玄武婺女 - 玄武七宿(斗, 牛, 女, 虛, 危, 室, 壁)의 하나인 女宿을
婺女(무녀)라고도 한다. 婺 별 이름 무.　○落脈通 - 경락과 혈맥이 통하다.
落은 經絡(경락). 脈은 血脈.　○踊溢爲敗 - 踊溢(용일)은 물이 넘치다. 涌溢
(용일).　○《書》云 - 《書經 周書 洪範》.　○汝,潁畎澮皆川水漂踊 - 汝水와 潁
水(영수)는 황하의 지류. 畎澮(견회)는 작은 냇물. 畎 물을 댈 견. 밭도랑. 澮
봇도랑 회. 漂踊(표용)은 물이 넘치다.　○《詩》所謂 - 《詩經 小雅 十月之交》.
○爗爗震電 - 爗爗(엽엽)은 빛이 나다. 爗은 燁(빛날 엽).　○不寧不令 - 寧
은 安寧. 令은 善也.　○皇甫 - 西周 幽王의 신하. 褒姒(포사)의 親黨.

〖 國譯 〗

　「臣이 알기로, 五行은 水를 근본으로 하며 그 별은 玄武이며 婺女
(무녀)로 천지의 기강이며 음양의 시작과 끝입니다. 水가 고른 것은
王道의 公正과 修明을 뜻하고, 百川을 다스려 경락과 혈맥을 통하는
것이며, 만약 한 편에 치우치면 기강을 잃고 물이 넘쳐 패망하게 됩
니다.《書經》에서는 '水는 백성을 윤택하게 한다.' 고 하였으며, 陰
은 낮게 움직이기에 그 道에서 벗어나지 않으며 황하에서 圖版이 나
오고 洛水(낙수)에서 八卦의 무늬 그림이 나왔기에 河水와 洛水를
잘 흐르게 하는 일이 중요했습니다. 지금 汝水와 潁水(영수)나 작은
도랑들에 모두 물이 넘쳐 비라도 내리면 백성들에게 피해를 주는데
이는《詩經》에서 말한 '번쩍번쩍 천둥과 번개는 편안하지도 착하지
도 않고 온 냇물은 넘쳐흐르네.' 와 같습니다. 그 허물은 바로 皇甫

氏(황보씨)와 6卿에게 있었습니다. 폐하께서는 시인의 말을 잘 유념하시며 외척의 대신을 좀 억제하시기 바랍니다.」

「臣聞地道柔靜, 陰之常義也. 地有上,中,下, 其上位震, 應妃后不順, 中位應大臣作亂, 下位應庶民離畔. 震或於其國, 國君之咎也. 四方中央連國歷州俱動者, 其異最大. 間者關東地數震, 五星作異, 亦未大逆, 宜務崇陽抑陰, 以救其咎, 固志建威, 閉絶私路, 拔進英雋, 退不任職, 以彊本朝. 夫本彊則精神折衝, 本弱則招殃致凶, 爲邪謀所陵. 聞往者淮南王作謀之時, 其所難者, 獨有汲黯, 以爲公孫弘等不足言也. 弘, 漢之名相, 於今亡比, 而尙見輕, 何況亡弘之屬乎? 故曰朝廷亡人, 則爲賊亂所輕, 其道自然也. 天下未聞陛下奇策固守之臣也. 語曰, 何以知朝廷之衰? 人人自賢, 不務於通人, 故世陵夷.」

| 註釋 | ○地有上,中,下 － 上中下는 地形을 구분하여 언급하였다. 上은 높은 지대. 中은 중앙부. 下는 변두리 중 낮은 지역. 중국 지형은 서북쪽이 높고 동남이 낮다. ○離畔 － 離叛(이반). ○折衝(절충) － 충돌하며 위해를 가하는 세력을 꺾다. ○汲黯(급암) － 회남왕 劉安이 武帝 元狩 元年(前 122년)에 모반하면서 "급암은 직간을 잘하고 절의를 지켜 죽을 것이나 공손홍 등을 설득하기는 어린아이 가르치는 것과 같을 것이다."라고 말했다. 50권,

〈張馮汲鄭傳〉참고.   ㅇ通人 – 인재를 천거하다.   ㅇ陵夷(능이) – 평평해지다. 쇠퇴하다.

〚 國譯 〛

「臣이 알기로, 땅의 道는 柔(유)와 靜(정)인데 이는 陰의 常義입니다. 땅에 上,中,下가 있는데 높은 땅의 지진은 后妃의 不順에 대한 상응이며, 中位의 지진은 大臣의 作亂에 상응하며, 하위의 지진은 백성의 이반에 상응합니다. 지진이 어떤 나라에서 일어났느냐는 바로 그 國君의 허물입니다. 四方과 中央 그리고 제후국이나 여러 주군에 걸쳐 함께 일어났다면 그 재이는 매우 큰 것입니다. 지난번에 관동지역에서 지진이 여러 번 일어났고 五星이 운행을 달리하였으나 大逆에 이르지는 않았는데, 이에 陽을 높이고 陰을 억제하여 그 허물을 고치고 의지를 굳건히 하여 권위를 세우며, 私的 통로를 막아버리고 영특한 인재를 등용하며 무능한 자를 물리쳐서 조정을 강화시켜야 합니다. 대개 근본이 강하면 정신적으로도 외부의 충격을 이겨내지만 근본이 약하면 재앙이나 흉사를 일어나고 사악한 음모에 능멸 당하게 됩니다. 들은 바에 의하면, 옛날에 淮南王이 모반하려할 때 가장 어려워한 사람은 汲黯(급암)뿐이었고 公孫弘 등은 말할 것이 못 된다고 했습니다. 공손홍은 지금은 그에 견줄만한 사람이 없는 漢의 名相인데도 무시당했는데, 하물며 공손홍만한 사람도 없다면 어떠하겠습니까? 그리하여 조정에 인재가 없다면 亂賊에게도 멸시당하는 게 자연스런 이치입니다. 백성들은 폐하에게 奇策을 올리거나 원칙을 고수하는 신하가 있다는 말을 듣지 못하고 있습니다. 사람들이 조정이 쇠약해진 것을 어떻게 알 수 있느냐면 사람마다 잘났다고 하면서 인재를 천거하지 않기 때문에 지금 세상은 쇠퇴했다고 생각합니다.」

原文

「馬不伏歷, 不可以趨道, 士不素養, 不可以重國.《詩》曰
'濟濟多士, 文王以寧,' 孔子曰, '十室之邑, 必有忠信,' 非
虛言也. 陛下秉四海之衆, 曾亡柱幹之固守聞於四境, 殆聞
之不廣, 取之不明, 勸之不篤. 傳曰, '士之美者善養禾, 君
之明者善養士', 中人皆可使爲君子. 詔書進賢良, 赦小過,
無求備, 以博聚英雋. 如近世貢禹, 以言事忠切蒙尊榮, 當
此之時, 士厲身立名者多. 禹死之後, 日日以衰. 及京兆尹
王章坐言事誅滅, 智者結舌, 邪僞並興, 外戚顓命, 君臣隔
塞, 至絶繼嗣, 女宮作亂. 此行事之敗, 誠可畏而悲也.」

| 註釋 | ○馬不伏歷 – 말을 槽櫪(조력, 구유통)에서 먹이지 않다. 마구간
에서 충분히 잘 먹여야 한다는 뜻. ○趨道(촉도) – 길을 빨리 달리다. 빠를
촉. 달릴 추. ○《詩》曰 –《詩經 大雅 文王》. ○孔子曰 –《論語 公冶長》. ○無
求備 – 才德을 다 갖춘 사람을 구하려 하지 않다. ○貢禹(공우) – 72권,〈王
貢兩龔鮑傳〉에 立傳. ○王章 – 成帝 때 경조윤. 당시 권세가인 王鳳을 비판.
대역죄로 옥사. 王尊, 王駿과 함께 三王이라 불렸다. 72권,〈王貢兩龔鮑傳〉
참고. ○結舌 – 입을 닫다. ○女宮作亂 – 成帝의 총애를 받던 趙飛燕 자매
의 일을 지칭.

　「말을 구유에서 먹이지 않는다면 빨리 달릴 수 없고, 士人을 평소
에 양성하지 않는다면 나라에서 중히 쓸 수 없습니다.《시경》에 '많
고 많은 인재들이 있어 문왕은 평안하시네.' 라고 하였고, 공자는
'작은 마을에도 반드시 충직한 사람이 있다.' 고 하였으니, 이는 빈
말이 아닙니다. 폐하께서는 천하의 민중을 거느렸지만 일찍이 기둥
과 같은 신하가 정도를 고수한다고 사방에 알려진 일이 없는 것은
아마 널리 구하지 않았고 명철한 자를 등용하지 못했으며 독실하게
권하지 않았기 때문입니다. 경전에 말하기를 '뛰어난 사람은 농사
를 잘 짓고 명철한 군주는 인재를 잘 키운다.' 고 하였으니, 보통 사
람이라면 모두 군자가 되게 할 수 있습니다. 詔書를 내려 賢良한 인
재를 천거케 하고 작은 잘못을 용서하며, 완전한 인재를 얻으려 하
지 말고 널리 영재를 모아야 합니다. 최근에 貢禹(공우)가 충성을 다
해 섬겨 존중과 영화를 누리자 그 당시에 수신에 힘써 이름을 날린
사람이 많았습니다. 공우가 죽은 뒤로는 날마다 쇠퇴하였습니다.
그러다가 京兆尹 王章이 말을 잘못하여 처형된 뒤로 지혜로운 자들
은 모두 입을 닫았고 사악과 위선이 판을 치고 외척이 정권을 쥐자
군신 간의 소통은 막혔고 단절된 제후의 뒤를 잇게 해 주었으나 女
宮의 혼란이 있었습니다. 이러한 실패 사례는 정말 두렵고도 슬픈
일이었습니다.」

「本在積任母后之家, 非一日之漸, 往者不可及, 來者猶可追也. 先帝大聖, 深見天意昭然, 使陛下奉承天統, 欲矯正之也. 宜少抑外親, 選練左右, 舉有德行道術通明之士充備天官, 然後可以輔聖德, 保帝位, 承大宗. 下至郎吏從官, 行能亡以異, 又不通一藝, 及博士無文雅者, 宜皆使就南畝, 以視天下, 明朝廷皆賢材君子, 於以重朝尊君, 滅凶致安, 此其本也. 臣自知所言害身, 不辟死亡之誅, 唯財留神, 反覆覆愚臣之言.」

| 註釋 | ○選練左右 - 選練은 선발하다. ○宜皆使就南畝 - 南畝는 농사짓다. ○唯財留神 - 唯는 ~하기 바라다. 財는 裁와 同, 裁量하다. 고찰하다. 留神은 마음에 두다. ○反覆覆愚臣之言 - 覆은 깊이 살피다. 覆 글자 하나는 衍字라는 註도 있다.

〖國譯〗

「나라의 근본을 母后의 집안에 의지한 것은 하루에 그렇게 된 것이 아니나 지난 일은 어쩔 수 없다지만 앞으로의 일은 바로잡을 수 있습니다. 先帝의 大聖으로 天意가 밝게 빛나는 것을 확실하게 보시고 폐하로 하여금 天統을 이어 받아 바로 잡게 하였습니다. 외친을 좀 억제하면서 측근을 잘 뽑고 德行이 있으며 道術에 밝은 자를 天官에 임명한 뒤에 聖德을 보필 받고 帝位를 보전하며 大宗의 전통을 계승하여야 합니다. 아래로는 낭관이나 시종까지도 업무 수행 능력이 없거나 한 가지 재주도 없는 자, 또 文才나 학식이 없는 박사라면 모두 농사를 짓게 하면서 이를 천하에 알려야 합니다. 그리하여 조정의 모든 신하가 賢材이고 군자라는 것을 확실히 보여주면 조정을 중히 여기고 군주를 존경할 것이며 흉사를 없애고 사직을 안정시켜 근본이 강화될 것입니다. 臣은 이런 말로 해를 당하고 죽음을 피할 수 없음을 알고 있사오니 폐하께서는 裁量으로 생각하시며 어리석은 신하의 말을 생각해 주시기 바랍니다.」

原文

是時, 哀帝初立, 成帝外家王氏未甚抑黜, 而帝外家丁,傅新貴, 祖母傅太后尤驕恣, 欲稱尊號. 丞相孔光,大司空師丹執政諫爭, 久之, 上不得已, 遂免光,丹而尊傅太后. 語在〈丹傳〉. 上雖不從尋言, 然采其語, 每有非常, 輒問尋. 尋對屢中, 遷黃門侍郎. 以尋言且有水災, 故拜尋爲騎都尉, 使護河堤.

| 註釋 | ○丁,傅 − 定陶王 劉康(유강)은 元帝의 次子로 모친은 傅昭儀(부소의)이었다. 유강이 일찍 죽자 아들 劉欣(유흔, 母親은 丁氏)은 정도왕이 되었다가 성제가 아들이 없이 죽자 뒤를 이어 제위에 올랐다(哀帝). 애제의 할머니가 정식 태후가 되려 하니 성제의 모친 王太后와의 호칭 문제가 일어났다. ○孔光 − 81권,〈匡張孔馬傳〉에 입전. ○師丹 − 86권,〈何武王嘉師丹傳〉에 입전. ○執政諫爭 − 執政은 持正. ○黃門侍郎 − 給事黃門郞의 간칭. 황제를 시종하며 顧問에 응대하고 朝廷의 여러 일을 담당.

　이 무렵, 哀帝가 새로 즉위하여 成帝의 외가인 王氏를 다 억제하지 못한 상태에서 애제의 외가인 丁氏와 진외가인 傅氏가 새로 세력을 얻었는데 祖母인 傅太后는 더욱 교만 방자하여 존호를 받으려 하였다. 丞相인 孔光과 大司空인 師丹은 정론으로 諫諍(간쟁)하였으나 얼마 후 애제는 부득이 孔光과 師丹을 면직시키고 傅太后를 존칭하였다. 이는 〈何武王嘉師丹傳〉에 있다. 애제가 비록 李尋(이심)의 건의를 다 따르지는 못했지만 그 건의에 따라 비상한 일이 있으면 이심을 불러 자문을 구했다. 이심의 대답이 여러 번 적중하자 黃門侍郎으로 승진되었다. 또 이심의 건의에 수해가 있을 것이라 하여 이심을 騎都尉에 임명하여 황하의 제방을 지키게 하였다.

原文

　初, 成帝時, 齊人甘忠可詐造《天官曆》,《包元太平經》十二卷, 以言‘漢家逢天地之大終, 當更受命於天, 天帝使眞人赤精子, 下敎我此道.’ 忠可以敎重平夏賀良,容丘丁廣世, 東郡郭昌等, 中壘校尉劉向奏忠可假鬼神罔上惑衆, 下獄治服, 未斷病死. 賀良等坐挾學忠可書以不敬論, 後賀良等復私以相敎. 哀帝初立, 司隷校尉解光亦以明經通災異得幸, 白賀良等所挾忠可書. 事下奉車都尉劉歆, 歆以爲不合《五經》, 不可施行. 而李尋亦好之. 光曰, “前歆父向奏忠可下獄, 歆安肯通此道?” 時, 郭昌爲長安令, 勸尋宜助賀良等.

尋遂白賀良等皆待詔黃門, 數詔見, 陳說, "漢歷中衰, 當更受命. 成帝不應天命, 故絶嗣. 今陛下久疾, 變異屢數, 天所以譴告人也. 宜急改元易號, 乃得延年益壽, 皇子生, 災異息矣. 得道不得行, 咎殃且亡, 不有洪水將出, 災火且起, 滌蕩民人."

| 註釋 | ○重平 — 발해군의 현 이름. 今 山東省 德州市. ○容丘 — 東海郡의 縣名. 今 江蘇省 徐州市 관할의 邳州市. ○東郡 — 치소는 濮陽縣, 今 河南省 濮陽市. ○司隷校尉 — 처음에는 중앙관서에서 사역하는 노예를 감독하는 직책이었으나 나중에서 경사 및 三輔와 三河, 弘農郡 등 7개의 범법자를 규찰하는 임무를 수행하였다. 질록 2천석. 성제 때 폐지되었다가 애제 때 다시 설치하였는데 명칭을 司直이라 하였다. 司隷校尉는 전의 명칭을 그대로 사용한 것이다. ○白賀良等 — 白은 아랫사람이 윗사람에게 아뢰다.〔禀白(품백)〕. 설명하다. 호소하다. 賀良은 夏賀良. 人名. ○劉向, 劉歆 — 父子. 36권,〈楚元王傳〉에 입전. ○屢數 — 여러 번. 자주.

〔國譯〕

그전에 成帝 때, 齊의 甘忠可(감충가)란 사람이《天官曆》과《包元太平經》12권을 거짓 내용으로 저술하여 '漢家는 天地의 大終을 당할 것이라서 응당 다시 천명을 받아야 하는데 天帝는 眞人 赤精子를 보내어 나에게 이 도를 가르치게 하였다.'고 말하였다. 감충가는 또 重平縣 夏賀良(하하량)과 容丘縣의 丁廣世, 東郡의 郭昌 등을 가르쳤는데 中壘校尉(중루교위)인 劉向은 감충가가 귀신을 이용하여 사람들을 현혹시킨다고 상주하여 하옥시켜 자백을 받으려 했으나 조사를 마치기 전에 병사하였다. 하하량 등은 감충가의 책을 갖고 다닌다 하여 불경죄로 판결되었는데 뒤에 하하량 등은 이를 다시 여러 사람에게 가르쳤다.

애제가 즉위한 뒤에 사례교위인 解光(해광) 또한 경학에 밝고 재이에 능통하여 애제의 인정을 받았는데 하하량 등이 감충가의 책을 갖고 다녔다는 일을 아뢰며 변호하였다. 사안이 奉車都尉인 劉歆에게 넘어갔는데, 유흠은 다만 《五經》에 불합하기에 사면을 시행할 수 없다고 생각하였다. 그러나 李尋(이심)도 감충가의 주장을 좋아하였다. 그러자 해광은 "그전에 유흠의 부친 유향은 상주하여 감충가를 하옥시켰는데 유흠이 어떻게 이런 도를 이해할 수 있겠는가?"라고 말했다.

그때 郭昌이란 사람은 長安令이었는데 이심에게 하하량 등을 도와주어야 한다고 권유했다. 이에 이심은 상주하여 하하량 등을 모두 待詔黃門에 임명케 했고 이들은 자주 애제를 알현하면서 "漢은 중간 쇠퇴기를 겪고 있으니 다시 천명을 받아야 합니다. 成帝께서는 天命에 불응하였기에 후사가 없었습니다. 지금 폐하께서는 오랫동안 앓고 계시고 재이가 자주 발생하였는데 이는 하늘이 인간에게 알려주는 견책입니다. 빨리 改元하여 호칭을 바꿔야만 수명을 연장할 수 있을 것이며 皇子가 태어나고 재해가 사라질 것입니다. 道를 알았지만 실행하지 않는다면 재앙을 당해 망할 것이며, 홍수가 닥치지 않는다면 화재가 닥쳐서 백성들을 싹 쓸어버릴지도 모릅니다."라고 설명하였다.

哀帝久寢疾，幾其有瘳，遂從賀良等議．於是詔制丞相御史，"蓋聞《尙書》'五曰考終命'，言大運一終，更紀天元人元，考文正理，推歷定紀，數如甲子也．朕以眇身入繼太祖，承皇天，總百僚，子元元，未有應天心之效．卽位出入三年，災變數降，日月失度，星辰錯謬，高下貿易，大異連仍，盜賊並起．朕甚懼焉，戰戰兢兢，唯恐陵夷．惟漢興至今二百載，歷紀開元，皇天降非材之右，漢國再獲受命之符，朕之不德，曷敢不通夫受天之元命，必與天下自新．其大赦天下，以建平二年爲太初元將元年，號曰陳聖劉太平皇帝．漏刻以百二十爲度．佈告天下，使明知之．"

後月餘，上疾自若．賀良等復欲妄變政事，大臣爭以爲不可許．賀良等奏言大臣皆不知天命，宜退丞相御史，以解光，李尋輔政．上以其言亡驗，遂下賀良等吏，而下詔曰，"朕獲保宗廟，爲政不德，變異屢仍，恐懼戰慄，未知所繇．待詔賀良等建言改元易號，增益漏刻，可以永安國家．朕信道不篤，過聽其言，幾爲百姓獲福．卒無嘉應，久旱爲災．以問賀良等，對當復改制度，皆背經誼，違聖制，不合時宜．夫過而不改，是爲過矣．六月甲子詔書，非赦令，它皆蠲除之．賀良等反道惑衆，姦態當窮竟．"皆下獄，光祿勳平當，光祿大夫毛莫如與御史中丞，廷尉雜治，當賀良等執左道，亂朝政，傾覆國家，誣罔主上，不道．賀良等皆伏誅．尋及解光減死一等，徙敦煌郡.

|註釋| ○幾其有瘳 – 幾는 희망하다. 有瘳은 병이 낫다. 차도가 있다.
○詔制 – 制詔의 착오. 어떤 사람에게 명령을 내릴 때 '制詔某某'라 한다.
○五曰考終命 – 五는 五福의 다섯 번째. 考終命은 늙어 천수를 다하다. 《書
經 周書 洪範》의 글. '五福은 一曰壽, 二曰富, 三曰康寧, 四曰攸好德, 五曰考
終命'. ○卽位出入三年 – 出入은 대략. 즉위한 지 대략 3년이다. ○高下貿
易 – 산천의 높낮이가 바뀌다. 산이 무너지고 강물이 마르다. 貿易(무역)은
뒤바뀌다. ○降非材之右 – 재능이 없는 나에게 하늘이 도움을 주셨다. 非材
는 不材. 애제 자신에 대한 겸칭. 右는 祐(도울 우. 신령의 도움). ○建平二年
爲太初元將元年 – 建平 二年은 前 5년인데, 이를 太初元將元年으로 改元했
으나 개원이 취소되어 다시 건평 2년이 되었다. ○陳聖劉太平皇帝 – 陳聖劉
는 聖人 劉氏의 덕을 널리 펴는(陳은 敷陳) 太平皇帝란 뜻. ○漏刻以百二十爲
度 – 누각의 시계를 120刻으로 나누어 재다. 종래는 1일을 100刻이라 하였
는데 100刻을 12時(子時~亥時)로 나눌 경우 1時가 8.33刻이었다. 1일을 120
刻으로 고치면 1時가 10刻이 된다. 왕조가 바뀌면 歲首를 바꾸듯, 왕조가 바
뀌면 一刻의 길이를 달리해야 한다는 이런 주장은 齊人 甘忠可가 주장하였
다고 한다. ○上疾自若 – 自若은 마찬가지이다. ○過聽其言 – 그 말을 따
르는 잘못을 범했다. ○它皆蠲除之 – 它는 他. 其他. 蠲除(견제)는 제거하
다. 취소하다. ○姦態當窮竟 – 窮竟(궁경)은 철저히 조사하다. ○雜治 – 합
동으로 조사하다. ○左道 – 邪道. ○當賀良 ~ – 當은 죄명을 확정하다. 판
결하다.

〖國譯〗

哀帝는 오랫동안 병석에 있으면서 병이 낫기를 바라고 있어 결국
夏賀良(하하량) 등의 건의를 따르기로 하였다. 이에 승상과 어사대부

에게 조서를 내려 말했다.

"대개《尙書》에 '다섯 째 늙어 죽는 것(考終命)'이 복이라 하였으니, 이는 大運이 한번 끝나면 天元과 人元의 시작을 바꾸는 것인데 옛글을 숙고하고 이치를 따져도 역법에서 기원을 정하는 것과 같고 甲子부터 세는 것과 같을 것이다. 짐은 낮은 자리에 있다가 태조의 뒤를 이어 皇天을 받들고 모든 臣僚를 통솔하며 백성을 자식으로 여겼으나 천심에 부응하는 일이 없었도다. 즉위한 지 대략 삼 년이지만 재해가 자주 나타났고 일월과 성신의 운행이 어긋나고 아래위가 바뀌는 등 큰 이변이 이어졌으며 도적떼가 곳곳에서 일어났었다. 짐은 이를 몹시 두려워하고 전전긍긍하며 오직 멸망할까 걱정하였도다. 생각해보면 漢이 성립되어 지금까지 2백 년이니 年紀을 세고 개원한 이후로 皇天은 재주가 없는 짐에게 신령한 도움을 주웠으니, 漢國은 다시 천명을 받는 상서로움이 있어야 하나 짐이 부덕하니 어찌 감히 하늘의 큰 명을 받을 수 있도록 천하를 스스로 새롭게 하지 않을 수 있겠는가? 이에 천하를 대사면하고 建平 2년을 太初元將 원년으로 개원하고 陳聖劉太平皇帝라고 改號하노라. 또 시각을 1日 120刻으로 하나니 이를 천하에 포고하며 이를 확실하게 알리도록 하라."

그 한 달 뒤에도 애제의 병은 그대로였다. 하하량 등은 다시 정사를 멋대로 바꿔보려 하였으나 대신들이 다투어 허락해서는 안 된다고 말하였다. 하하량 등은 대신들은 아무도 천명을 알지 못한다며 승상과 어사대부를 면직시키고 解光과 李尋이 정사를 보필해야 한다고 상주하였다. 그러나 애제는 그 말을 신뢰할 수 없다고 생각하여 하하량을 옥리에게 넘긴 뒤에 조서를 내렸다.

"朕은 종묘를 보호하며 지켰지만 정사를 펴면서 덕행이 없어 재해가 여러번 일어나 두려워 전율했으나 그 유래를 알지 못했도다. 待詔인 夏賀良 등이 改元하고 易號하며 漏刻(누각)을 늘리면 나라가 오래도록 편안할 것이라고 건의했었다. 짐의 믿음이 독실하지 못하여 그런 건의에 따르며 백성들이 복 받기를 바라는 과오를 저질렀었다. 끝내 상서로운 조짐은 없고 가뭄은 오랫동안 계속되었다. 이를 하하량 등에게 물었더니 다시 제도를 바꿔야 한다고 하였는데 이는 경전의 대의에 맞지 않고 聖制와도 어긋나며 시의에 합당하지도 않도다. 대개 잘못을 하고서도 고치지 않는 것이 더 큰 잘못이다. 6월 갑자일의 조서에서 사면령을 제외한 모든 것을 전부 취소하겠노라. 하하량 등은 나쁜 주장으로 중인을 현혹시켰으니 그 간악한 짓을 끝까지 밝히도록 하라."

이에 모두 하옥하였고 光祿勳 平當과 光祿大夫인 毛莫如, 그리고 御史中丞과 廷尉들이 합동으로 심문하였는데 하하량 등이 邪道를 고집하며 조정의 정치를 혼란하여 국가를 기울게 하였으며 주상을 속여 대역무도로 판결되었다. 이에 하하량 등은 모두 주살되었다. 이심과 해광 등은 사형에서 일등을 감하여 돈황군으로 이주시켰다.

原文

贊曰, 幽贊神明, 通合天人之道者, 莫著乎《易》,《春秋》. 然子贛猶云 '夫子之文章可得而聞, 夫子之言性與天道不可得而聞' 已矣. 漢興, 推陰陽言災異者, 孝武時有董仲舒,夏侯始昌, 昭,宣則眭孟,夏侯勝, 元,成則京房,翼奉,劉向,谷永, 哀,平則李尋,田終術. 此其納說時君著明者也. 察其所言, 彷彿一端. 假經設誼, 依托象類, 或不免乎'億則屢中'. 仲舒下吏, 夏侯囚執, 眭孟誅戮, 李尋流放, 此學者之大戒也. 京房區區, 不量淺深, 危言刺譏, 構怨彊臣, 罪辜不旋踵, 亦不密以失身, 悲夫!

ㅣ註釋ㅣ ○幽贊神明 - 幽는 깊이. 깊게. 贊은 明也. ○子贛 - 子貢, 공자의 수제자. 贛 줄 공. 貢과 同. ○夫子之文章~ - 《論語 公冶長》. 文章은 《易經》의 〈繫辭〉, 〈文言〉, 《春秋》를 공자의 문장으로 인식. ○夏侯始昌 - 75권, 〈眭兩夏侯京翼李傳〉에 입전. ○眭孟 - 본명은 眭弘, 孟은 字. 眭은 볼 혜, 성씨 혜. 움푹눈 휴. ○田終術 - 翟方進의 제자. 84권, 〈翟方進傳〉, 〈王莽傳〉 참고. ○彷彿一端 - 彷彿(방불)은 거의 비슷함. 멍하여 분명하지 않은 모양. ○'億則屢中' - 子貢이 장사를 할 때 그 예상이 잘 맞았기에 큰돈을 벌었다. 이를 億則屢中이라 하였다. 《論語 先進》. ○京房區區 - 區區는 여기서 '변변치 못하다.' ○罪辜不旋踵 - 罪辜(죄고)는 허물. 旋踵(선종)은 발꿈치를 돌리다. 짧은 시간. ○亦不密以失身 - 주군이 철저하지 못하면 신하를 잃고, 신하가 칠칠치 못하면 자신의 몸을 잃는다고 하였다.

〔國譯〕

班固의 論贊 : 神明을 깊이 잘 알 수 있으며 天人의 道를 잘 通合한 것으로는 《易》과 《春秋》보다 확실한 것은 없다. 그러나 子貢은 '夫子(孔子)의 문장은 읽어 알 수 있으나 人性과 天道에 대한 스승의 말씀은 듣지 못하였다.' 라고 하였다. 漢이 건국된 이후로 음양을 추론하여 災異를 말한 자로는 무제 때 董仲舒(동중서)와 夏侯始昌(하후시창)이 있었고, 소제와 선제 때는 眭孟(혜맹)과 夏侯勝(하후승)이 있었으며, 원제와 성제 때는 京房(경방), 翼奉(익봉), 劉向, 谷永(곡영)이 있고, 애제와 평제 때에는 李尋(이심)과 田終術(전종술)이 있었다. 이들이 그 주장을 펼 때 주군에게 이름이 잘 알려졌었다. 그들이 한 말을 보면 일단 비슷한 데가 있다. 경전의 뜻을 미루어 의미를 정한 뒤 그와 비슷한 형상에 의탁하였으나 가끔은 '어쩌다가 그 추측이 맞아 떨어진 것' 뿐이었다. 동중서는 옥리에게 불려갔었고 하후시창은 죄수로 갇혔으며 혜맹은 처형되었고 이심은 방출되었으니 학자들은 이 점을 크게 조심하여야 한다. 京房(경방)은 변변치 못하여 깊고 얕은 것을 헤아리지 못하면서 큰 소리로 비꼬아 강한 신하의 미움을 받아 허물이 잠시도 떠나지 못했는데 이 역시 철저하지 못하여 몸을 망친 것이니 슬플 뿐이다!

저자 약력

陶硯 진기환 陳起煥

서울 대동세무고등학교 교장을 역임하였고 개인 문집으로《陶硯集》출간.
주요 저서로는 중국 고전소설《儒林外史》국내 최초 번역,《史記講讀》,《史記 人物評》,
《中國의 土俗神과 그 神話》,《中國의 신선이야기》,《上洞八仙傳》,《三國志 故事成語 辭
典》,《三國志 故事名言 三百選》,《三國志의 지혜》,《三國志 人物評論》,《精選 三國演義
原文 註解》,《中國人의 俗談》,《水滸傳 評說》,《金甁梅 評說》,《논술로 읽는 論語》,《十八
史略 中(下)·下(上)·下(下)》,《唐詩三百首 上·中·下》共譯,《唐詩逸話》,《唐詩絶句》,《王維》,
《漢書(一)·(二)·(三)·(四)·(五)권》외

E-mail : jin47dd@hanmail.net

原文 註釋 國譯

漢書(六)
한 서

초판 인쇄　2017년 4월　5일
초판 발행　2017년 4월 15일

역　주 | 진기환
발행자 | 김동구
디자인 | 이명숙·양철민
발행처 | 명문당(1923. 10. 1 창립)
주　소 | 서울시 종로구 윤보선길 61(안국동)
　　　　　우체국 010579-01-000682
전　화 | 02)733-3039, 734-4798(영), 733-4748(편)
팩　스 | 02)734-9209
Homepage | www.myungmundang.net
E-mail | mmdbook1@hanmail.net
등　록 | 1977. 11. 19. 제1~148호

ISBN 979-11-88020-10-2 (04910)
ISBN 979-11-85704-78-4 (세트)
30,000원

* 낙장 및 파본은 교환해 드립니다.
* 불허복제